Sein Erfolg ist der Geschmack. Feine Zungen haben es längst herausgefunden, daß die Natur diesem Mineralwasser etwas Besonderes mitgegeben hat: den besonders guten Geschmack. Wer es kennt, bleibt dabei. Kein Wunder, denn Wasser ist nicht gleich Wasser.

Das Neue
Deutschland

Im Jahre 1987 startete APA Publications das erste Deutschlandbuch-Projekt. Damals ging es quasi nur um das „halbe" Land, denn die Reisebeschränkungen für die DDR waren so einschneidend, daß sich relativ wenige Besucher hinter den Eisernen Vorhang begaben.

Der deutsche Schauplatz hat sich seit Oktober 1989 dramatisch verändert, und APA Publications trägt dem nun mit einem von Grund auf neuen Deutschland-Reisebegleiter Rechnung. Der *APA Guide Das neue*

Deutschland befaßt sich mit der Bundesrepublik nach der Erweiterung um die fünf östlichen Bundesländer. Das internationale Interesse am wiedervereinigten Deutschland ist stark, und so wird dieses Buch auch in sechs Sprachen rund um den Globus erhältlich sein.

Für den Verleger **Hans Höfer**, der die APA Guides entwikkelte, war die Arbeit an diesem Projekt eine Art Rückkehr in die Heimat. Höfer ließ sich vor über 20 Jahren in Asien nieder, wo er nach dem Erfolg seines *APA Guide Bali* einen Verlag gründete, der

bis heute über 100 weitere Reiseführer und Bildbände in vielen Sprachen herausgegeben hat. Die Verbindung von bestechender Fotografie und visueller Präsentation mit einfühlsamen, genau recherchierten Texten zeichnet die APA Guides aus.

Weitere deutsche Titel dieser Serie sind der *APA Guide Der Rhein* sowie die *APA City Guides* über Berlin und München. Ihnen folgen bald Städteführer über Dresden, Hamburg und Köln.

Herausgeber, Autoren und Verlag stellten sich der schwierigen Aufgabe, den *APA Guide Das neue Deutschland* im Prozeß der immer rasanteren Wiedervereinigung zu schreiben. Sie mußten das Beständige im Wandel erfassen, sich den aktuellen Tagesfragen stellen und zugleich die grundlegenden Reiseinformationen vermitteln, die Bestandteil eines jeden APA Guide sind. *Das neue Deutschland*

APA GUIDE
SPECIAL
Das Neue
DEUTSCHLAND

**DIESES BUCH ENTSTAND UNTER
MITARBEIT VON:**
Dieter Vogel
(verantwortlich für die Redaktion)

Herbert von Brandenstein,
Annette Marin Cardenas,
Jörg Schüller
(Satz)

Maria Lehner,
Daniela Modlinger
(Herstellung)

**ZUSCHRIFTEN ZU DIESEM BUCH
RICHTEN SIE BITTE AN:**
Hans Höfer
Höfer Media
38 Joo Koon Road
Singapur 2262
Fax: (65) 8616438

**IM DEUTSCHSPRACHIGEN RAUM ER-
SCHEINEN APA GUIDES BEI:**
RV
Reise-und Verkehrsverlag GmbH
Neumarkterstr. 18
8000 München 80
Tel: (089) 43189-0
Telefax: (089) 4312836

VERTRIEB:
Geocenter Verlagsvertrieb GmbH München
Neumarkterstr. 18
8000 München 80
Tel: (089) 43189-0
Telefax: (089) 43189555

ANZEIGENVERKAUF DIESER AUSGABE:
KV Kommunalverlag GmbH   Verlagsbüro
Arabellastr. 4/XII   Gila van Delden
Postfach 810565   Fischweg 7
8000 München 81   4802 Halle-Westfalen
Tel: (089) 928096-30   Tel: (05201) 2055
Telefax: (089) 928096-20   Telefax: (05201) 2058
Teletex 17 898 397 komver

DRUCK UND VERARBEITUNG:
Graphischer Großbetrieb Pößneck GmbH, Pößneck
Printed in Germany

möchte nicht nur Reisewege, Städte und Sehenswürdigkeiten vorstellen, sondern auch Menschen miteinander bekannt machen, dem gegenseitigen Verständnis und der Verständigung dienen. Das wirklich Neue an Deutschland sind die 80 Millionen Menschen, die jetzt in einem Land zusammenleben.

Die Aufgabe, die geeigneten Autoren zu finden und die Fäden in der Hand zu halten, übernahm **Wieland Giebel**. Er bringt den lokalen Hintergrund und globalen Durchblick mit, der für diese Aufgabe nötig war. Geboren in Schmalkalden in Thüringen, wuchs er in Kassel in Hessen auf, arbeitete im Ruhrgebiet und im Herzen Afrikas, schrieb mehrere Bücher über Nordirland und berichtete über Umweltskandale in vielen Ländern für den Funk und die Berliner Tageszeitung *taz*. Zuletzt war er Referent im Europäischen

Parlament. Er führt auch bei den gleichzeitig erscheinenden APA Guides *Berlin* und *Dresden* Regie. Für *Das neue Deutschland* schrieb Giebel mehrere Beiträge über seine alte Heimat, den südlichen Teil der ehemaligen DDR.

Dem Geschichtsteil des Buches kommt nicht unerhebliche Bedeutung zu, denn gerade die deutsche Einheit hat viele historische Fragen aufgeworfen. Jeder Beitrag zu diesem Thema wurde mindestens ebensooft besprochen, verworfen, verändert und redigiert wie die Beiträge im Reiseteil.

Zwei pädagogisch ausgebildete Historiker zeichnen die Windungen und

Wendungen der deutschen Geschichte in einer für ein breites Lesepublikum verständlichen Form nach. **Roger Jopp** aus Düsseldorf war Geschichtslehrer, gibt jetzt Schulbücher heraus und schrieb über die Ursprünge deutscher Geschichte, die deutschen Wissenschaftler und die Hanse, den mittelalterlichen Städtebund.

Martin Clemens, der in München lebt und im Bayern-Archiv arbeitet, stellt „Das Deutsche Reich von 1800 bis 1945" vor.

Herbert Ammon aus Berlin, der über die Nachkriegszeit schreibt, ist von Beruf Lehrer, war in vielen politischen Bewegungen der letzten Jahre aktiv und hat sich mit Büchern und Aufsätzen zur Nachkriegspolitik einen Namen gemacht. Über die Wende im Osten sollte jemand berichten, der auf beiden Seiten der Mauer hautnah dabei war. **Matthias Geis**, der DDR-Experte der *taz* in Berlin, beschreibt die letzten Züge des Greisenregimes.

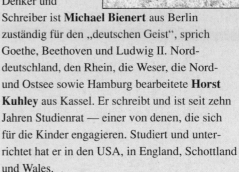

Es fehlt der Platz, alle Autoren aufzuführen, die die zahlreichen Beiträge über die deutschen Reiselandschaften beigesteuert haben. Ganz neu dabei waren: **Barbara Hinz**, die den Norden Ostdeutschlands beschrieb und fotografierte. Frau Hinz ist in Brandenburg aufgewachsen, wurde in der DDR zur Fotografin ausgebildet und lebt jetzt in München. Gebürtige Berlinerin und seit den aktuellen Ereignissen Tag und Nacht mit Berlin, seiner Geschichte und seinen Menschen befaßt, ist die Buchautorin und Journalistin **Petra Dubilski** von der Redaktion der *taz*. Von derselben Zeitung kommt auch deren langjähriger Ruhrgebiets-Redakteur **Walter Jakobs**, dessen Beitrag man die Liebe zu seiner industriellen Heimat anmerkt.

Als Germanist, Denker und Schreiber ist **Michael Bienert** aus Berlin zuständig für den „deutschen Geist", sprich Goethe, Beethoven und Ludwig II. Norddeutschland, den Rhein, die Weser, die Nord- und Ostsee sowie Hamburg bearbeitete **Horst Kuhley** aus Kassel. Er schreibt und ist seit zehn Jahren Studienrat — einer von denen, die sich für die Kinder engagieren. Studiert und unterrichtet hat er in den USA, in England, Schottland und Wales.

Das Design des Deutschland-Buches und die Fotoauswahl besorgte **Prof. V. Barl** aus Düsseldorf in Zusammenarbeit mit Hans Höfer in Singapur.

Ein Großteil der Bilder stammt von dem Berliner Elektroingenieur **Erhard Pansegrau**, der bei seinen Reisen durch Afrika und Asien zu fotografieren begann. Seine Bilder sind in vielen Büchern und Kalendern über Deutschland und Asien zu finden. Aus Berlin kommen auch fast alle anderen Fotografen: **David Baltzer**, der Chilene **Victor Barrientos**, **Harald Hauswald**, **Michael Hughes**, **Sabine** und **Karl-Heinz Kraemer**, **Kai-Uwe Müller** und **Stefan Maria Rother**. Auch **Wolfgang Fritz** aus Köln und **Rainer Kiedrowski** aus Düsseldorf waren mit von der Partie. Die Redaktion hatte **Dieter Vogel**, der auch die Produktion des Buches leitete.

Allen Beteiligten ein herzliches Dankeschön für ihren Beitrag.

APA PUBLICATIONS

INHALTSVERZEICHNIS

KURZFÜHRER

Im Herbst 1989 ist Deutschland in den Blickpunkt der Weltöffentlichkeit gerückt. Tief eingeprägt haben sich die Bilder, die um die Welt gingen: Die Berliner Mauer verliert ihren Schrecken, sie wird erklommen, abgetragen, geschleift; das Brandenburger Tor geöffnet; Tränen des Glücks auf beiden Seiten der offenen Grenze. Die Teilung Deutschlands, Ergebnis des Zweiten Weltkriegs, ist binnen Jahresfrist überwunden, der Kalte Krieg für beendet erklärt. Aus Gegnern sind Partner geworden.

Welche Herausforderung, diese atemberaubende Entwicklung in Wort und Bild einzufangen und das Reiseland Deutschland, Ost und West, Nord und Süd, neu zu erschließen. Ein symbolisches Bild steht am Anfang: Der Trabi durchbricht die Mauer. Der tiefe Wunsch nach Reisefreiheit war eine der wichtigsten Triebkräfte der Wende in der ehemaligen DDR. Keine noch so hohe Mauer konnte den Willen der Menschen unterdrücken, die Welt mit eigenen Augen erleben zu wollen. Das Volk hat sich selbst den Weg geöffnet – und dem Trabi, dem Wagen aus den fünfziger Jahren, der zugleich für den Entwicklungsstau steht und für die Antriebskräfte, diesen entwürdigenden Zustand zu beenden. Mit dem Durchbruch des Trabi durch die Mauer wurde aber auch umgekehrt das lange verschlossene Land für Besucher geöffnet.

Weltweite Anteilnahme: Die Neugier auf dieses neue, wiedervereinigte Deutschland, seine Geschichte, seine Menschen, ist groß. Fernsehteams und Journalisten aus aller Welt waren bei den spektakulären Ereignissen live dabei. Die Anteilnahme nimmt erstaunliche Formen an: In den Kaufhäusern von New York, Tokio und Melbourne werden Mauerstücke angeboten. Hinter dieser vordergründigen Sensationslust steht der Hunger nach Informationen über das Land, seine Bewohner und seine

Geschichte. Wer sind diese Deutschen, welchen Weg wird die neue Großmacht gehen? Der APA Guide *Das neue Deutschland* trägt diesem Bedürfnis nach fundierten Informationen Rechnung.

Neugierig sind vor allem die Deutschen selbst. Viele attraktive und liebenswerte Reiseziele direkt vor ihrer Haustür stehen ihnen jetzt offen. Und dieses Deutschland bietet touristische Attraktionen in unerschöpflicher Vielfalt. Menschen aus Ostdeutschland sehen sich im Süden um, erleben die Alpenstraße,

die Romantische Straße, suchen die märchenhaften Schlösser der Weser-Renaissance, stehen vor dem Kölner Dom. Sie können die Alte Oper in Frankfurt und die Musical-Spektakel in Hamburg besuchen.

Westdeutsche können auf den Spuren Goethes wieder den Rennsteig im Thüringer Wald erwandern, Pracht und Glanz von August dem Starken in Dresden bewundern oder entlang der Schlösser und Katen der 650 Seen der Mecklenburgischen Seenplatte paddeln. Und wer den Trubel sucht, kommt in den Großstädten mit ihrem umfassenden Kultur- und Freizeitangebot auf seine Kosten, vor allem in der alten und neuen Hauptstadt Berlin.

Vorherige Seiten: Kontinuität im Wandel: Am Reichstag in Berlin feiern die Menschen am 3. Oktober 1990 den Tag der deutschen Einheit. Traditionen, Wälder und Hi-Tech. <u>Links</u> und <u>oben</u>: Suche nach Geborgenheit und persönlichem Glück sowie der Protest gegen kleinbürgerlichen Mief – zwei Aspekte deutschen Lebens.

Sprechen nicht vielerlei Gründe dafür, diese attraktiven und liebenswerten Reiseziele direkt vor der Haustür einmal anzusteuern? Die Meldungen über verschmutzte Strände am Mittelmeer reißen nicht ab, und manches Sonnenerlebnis in den Tropen ist durch verspätete Flüge teuer erkauft. Der Wunsch nach dem individuellen Urlaubserlebnis in naturnaher, ökologisch intakter Umwelt wird immer stärker. Viele Gemeinden und Verkehrsämter, oft im Verein mit der Bundesbahn, bieten inzwischen die familienfreundlichen Alternativen des „sanften Tourismus" zu Fuß, mit dem Rad oder auf dem Wasser. Allein im Gebiet der ehemaligen DDR werden drei Naturparks, sechs Biosphärenreservate und fünf neue Nationalparks eingerichtet. Spätestens wenn Sie dieses Deutschlandbuch durchblättern, bekommen Sie Lust auf das Reisen in diesem Land.

Abwechslungsreiche Szenen prägen die Landschaften von der Norddeutschen Tiefebene mit ihren hanseatischen Backsteinbauten entlang der Küste der Nord- und Ostsee, über die von Stadtmauern geschützten bischöflichen und freien Städte im Mittelgebirge bis zu den romantischen Dörfern in den Alpen. In vielen Städten ist der Hauch vergangener Jahrhunderte mit dem modernen Leben von heute harmonisch verknüpft. Sie sind Sinnbilder der Beständigkeit im Wandel, steingewordene deutsche Geschichte.

Menschen machen die Geschichte: Neue architektonische Formen beruhen auf neuen Lebensvorstellungen. Die mittelalterliche Enge wurde gesprengt durch die materiellen und geistesgeschichtlichen Entwicklungen in Deutschland, dem Land der Dichter und Denker. Deutscher Geist hat sich gegen die römischen Päpste behauptet und den Protestantismus hervorgebracht. Die Ideen des wissenschaftlichen Sozialismus wurden von Deutschen erarbeitet und später in ihrer Ausprägung als DDR-Sozialismus nach vierzig Jahren unter Einfluß der Protestanten gekippt.

Der Hintergrund vieler Sehenswürdigkeiten erschließt sich erst durch die Menschen, die hier komponiert und gedichtet, geliebt und gebaut, regiert und gelitten haben. Dem neu entdeckten Interesse an deutscher Geschichte kommt der umfangreiche historische Teil entgegen. Auf den Fahrten durch das Land will dieses Reisebuch die Frauen und Männer in den Vordergrund stellen, die den Wandel zum Positiven, zum Fortschritt, zu einer humanen Gesellschaft beeinflußt haben.

Wenn die sehenswerten Reiseziele, beeindruckenden Kirchen und bedeutenden Museen vorgestellt werden, sollen die Schattenseiten Deutschlands nicht ausgeblendet bleiben – die Gedenkstätten der Konzentrationslager, die uranverseuchten Gebiete um Ronneburg, die Verschmutzung der Gewässer, die kranken Wälder. Schönheit kann man gerade dann genießen, wenn man weiß, wie gefährdet sie ist und wenn man sich die Bewahrung der Schöpfung als konkrete Aufgabe stellt. In diesem Sinne ist das Buch sehr konservativ.

Das neue Deutschland wurde ein Jahr nach dem Fall der Mauer am 12. September 1990 mit der Unterschrift der Außenminister der vier Siegermächte und damals noch beider

deutscher Staaten souverän. Noch nie hatte sich die Auflösung eines Staates in friedlichen Zeiten so schnell und radikal vollzogen. Mit der Anerkennung der Oder-Neiße-Grenze zu Polen wurde ein Schlußstrich auch unter dieses offene Kapitel der Geschichte gezogen. Dieses Buch kann daher zu Recht behaupten, ein gesamtdeutsches Reisebuch zu sein.

Im Herzen Europas: Deutschland liegt geographisch zentral in Europa. Alle europäischen Verbindungswege kreuzen sich hier. Um Deutschland zu durchqueren, muß man in List auf Sylt beginnen und wird nach 876 Kilometern in Oberstdorf im Allgäu seine Reise beenden. Von Aachen im Westen bis

Görlitz im Osten sind es rund 630 Kilometer Luftlinie. Deutschland hat jetzt eine Fläche von 357 000 Quadratkilometern und ist mit fast 80 Millionen Einwohnern der bevölkerungsreichste Staat Europas. 35 Millionen Autos rollen heute auf deutschen Straßen, im Jahr 2000 werden es 42 Millionen sein. Die Nord-Süd-Verbindungen in Deutschland gehören zu den meistbefahrenen Routen der Welt. Der Verkehr auf den Autobahnen und Fernstraßen bricht immer wieder trotz gut ausgebauter Straßen zusammen. Neben dem innerdeutschen Flugverkehr sorgt vor allem die Bahn für schnelle, bequeme und ökologisch sinnvolle Verbindungen zwischen den Ballungszentren.

tholiken. In der Bundesrepublik lagen sie mit 26,3 gegenüber 24,9 Millionen Protestanten noch vorn, deren Anzahl gesamtdeutsch auf rund 30 Millionen Menschen angewachsen ist. Nicht einmal ein Prozent der Bevölkerung in der ehemaligen DDR waren Ausländer, die isoliert blieben und wenig Einfluß auf die Gesellschaft hatten. In der alten Bundesrepublik lebten 7,6 Prozent Ausländer.

Fünf neue Länder für Europa: Der Westen Deutschlands ist mit 250 Einwohnern pro Quadratkilometer dichter besiedelt als der Osten mit 150. Was nicht darüber hinwegtäuschen darf, daß die Gebiete um Halle und Leipzig hoch industrialisierte Ballungsräume sind. Immer noch leben jedoch fast ein Viertel

Die deutsche Wirtschaftsmacht und die sprichwörtliche Gründlichkeit der Deutschen werden von den Nachbarn respektiert und auch gefürchtet. Ihre enge Einbindung in die Europäische Gemeinschaft, die Konferenz für Sicherheit und Zusammenarbeit in (Gesamt-) Europa (KSZE) werden die historisch begründete Sorge über diese europäische Zentralmacht in Grenzen halten.

Religion: Größte religiöse Minderheit in Deutschland sind mit 27,3 Millionen die Ka-

der Bewohner Ostdeutschlands in Gemeinden mit weniger als 200 Einwohnern; im Westen sind es nur noch sechs Prozent. Europa hat einen Staat verloren, aber fünf neue Länder gewonnen. Die neue Bundesrepublik besteht seit dem 3. Oktober 1990 aus 16 Bundesländern: Bayern, Baden-Württemberg, Rheinland-Pfalz, Hessen, Nordrhein-Westfalen, Niedersachsen, Schleswig-Holstein, das Saarland und die Stadtstaaten Hamburg und Bremen sind die „alten Länder". Dazu kommen die fünf neuen Länder Thüringen, Sachsen, Brandenburg, Sachsen-Anhalt, Mecklenburg-Vorpommern und natürlich Berlin als eigenes Land und neue Hauptstadt.

Links und **oben**: Freiheit – der Trabi durchbricht die Mauer – und Einheit: Deutschlands Wiedergeburt in Schwarz-Rot-Gold.

21

Ur- und Vorzeit: Schon die Steinzeitmenschen müssen den idyllischen Flecken am Neckar geschätzt haben, denn die ältesten bekannten menschlichen Knochen auf deutschem Gebiet wurden bei Heidelberg gefunden: Alter des *homo heidelbergiensis* – etwa 500 000 Jahre! Auch der Neandertaler lebte schon vor rund 50 000 Jahren im Westen Deutschlands, in der Nähe des heutigen Düsseldorf.

Am Bodensee fanden sich Reste von jungsteinzeitlichen Siedlungen, die vor etwa 8000 Jahren zum Schutz vor Tieren und Feinden auf Pfählen im Wasser angelegt worden waren. In der Lüneburger Heide schließlich sind noch heute die riesigen Steingräber aus dieser Zeit zu sehen, die in Norddeutschland Hünengräber genannt werden, denn man glaubte, nur Hünen (= Riesen) könnten solch riesige Steinbrocken bewegt haben.

Die Kelten: Um etwa 800-400 v. Chr. existierte eine erste mitteleuropäische Kultur, die Latenkultur, getragen von den Kelten, deren Herkunft im Dunkeln liegt. Sie siedelten von Nordfrankreich bis zum Balkan und lebten vom Ackerbau und vom Handel. Im Gegensatz zu den nördlich von ihnen siedelnden Germanen legten sie Städte an, die von den Römern *oppida* genannt wurden. Das größte *oppidum* südlich der Donau lag bei Manching in der Nähe von Ingolstadt.

Bis zur Mitte des ersten Jahrhunderts v. Chr. drangen die Germanen gegen keltisches Gebiet nach Süden vor. Mit der Eroberung des keltischen Galliens (58 v.Chr.) versuchten die Römer ebenfalls, ihre Grenze nach Osten zum Rhein und zur Donau vorzuschieben. In kurzer Zeit gehörte das gesamte keltische Siedlungsgebiet zum römischen Imperium, waren die Kelten romanisiert und die Germanen zu direkten Nachbarn der Römer geworden.

Die Germanen: „Blaue Augen und rötliches Haar, ein mächtiger Körperbau, besondere Kraft im Angriff, aber zu schwerer Arbeit nicht in gleichem Maße geeignet...", so charakterisierte Tacitus, der römische Geschichtsschreiber, 60 n. Chr. Angehörige des mächtigsten Reiches der damaligen Zeit, die

Germanen. Beschrieben war damit eine Vielzahl von Stämmen, die an den nördlichen Grenzen des römischen Imperiums und teilweise auch auf römischem Gebiet lebten. Wild und barbarisch mußten diese Stämme dem kultivierten Römer vorkommen, kannten sie doch keine Städte, betrieben nur die notwendigste Landwirtschaft und lebten zu allem Unglück noch in einem für Südeuropäer grauenerregenden Klima.

Römer in Deutschland: Um Christi Geburt waren die Rollen noch anders verteilt! Unter Kaiser Augustus versuchten die Römer, ihre Macht nach Norden auszudehnen. Sie überschritten Rhein und Donau mit ihren Legionen, um auch Germanien dem römischen Imperium einzuverleiben. Die Krieger des germanischen Volkes der Cherusker unter ihrem Führer Arminius aber bereiteten drei der besten Legionen (ca. 20 000 Mann) 9 n. Chr. im Teutoburger Wald eine derart vernichtende Niederlage, daß es die Römer vorzogen, Rhein und Donau als Grenze zu akzeptieren und das Land vor den Germanen zu sichern, indem sie einen 550 Kilometer langen Grenzwall, den Limes, anlegten.

Es entstanden Städte nach römischem Vorbild, wie z. B. Mainz, Trier, Augsburg. Für die „Barbaren" entfaltete sich hier ein unvorstellbarer Luxus. Theater, Bäder, befestigte Straßen, Brücken, kunstvoll verzierte Häuser und Villen – Dinge, die die römischen Soldaten von ihrer Heimat kannten, wurden im fernen, unwirtlichen Germanien nachgebaut, um das Leben erträglicher zu machen.

Spätestens jedoch im Jahr 406 n. Chr., als germanische Vandalen in großer Zahl den Rhein überschritten, leiteten die Germanen das Ende des wirtschaftlich, politisch und militärisch zerrütteten römischen Reiches ein.

Chlodwig, König der Franken: Dieses Schicksal blieb den Franken erspart. Sie hatten sich seit Mitte des vierten Jahrhunderts n. Chr. im heutigen Belgien niedergelassen und sich nicht auf weitere Wanderungen begeben, sondern sich auf kleinere Eroberungszüge ins römische Gallien beschränkt.

Dies änderte sich mit dem Aufstieg des 15jährigen Chlodwig aus dem Königsgeschlecht der Merowinger, der 481 n. Chr. Herrscher der Franken wurde. In den dreißig

Links: Minnesänger Walther von der Vogelweide (der *Manessischen Handschrift* entnommen).

Jahren seiner Regierung bildete er aus seinen fränkischen Kriegern eine schlagkräftige Armee und erweiterte sein Reich nach Osten bis an den Rhein, nach Westen bis an den Atlantik und im Süden bis nach Spanien.

Wo die Franken vordrangen, saßen die Bischöfe, Statthalter der katholischen Kirche, die seit 380 n. Chr. Staatskirche im römischen Imperium war, schon fest im Sattel. Sie hatten, während das römische Reich in Auflösung begriffen war, wichtige Verwaltungsfunktionen übernommen, und so war es ein Handel zum beiderseitigen Vorteil, wenn sich Chlodwig 496 n. Chr. taufen ließ. Er konnte sich auf die Verwaltungsstruktur der Bistümer stützen; diese

wiederum gewannen an Sicherheit durch die Macht und Autorität des Königs. Das königliche Beispiel leitete die Christianisierung der Franken ein, und mit dem weiter expandierenden Reich breitete sich auch das Christentum immer mehr aus.

Mit Hilfe der Kirche gelang es, dieses große, zusammengeraffte Reich zu erhalten, obwohl Verrat und Meuchelmord, Reichsteilungen und -erweiterungen in den nächsten 150 Jahren zum politischen Alltag gehörten.

Das Reich Karls des Großen: Seit 768 n. Chr. war Karl Herrscher über das größte Reich des Abendlandes. Wie seine Vorgänger, so besaß auch Karl keine feste Residenz, er zog vielmehr ständig mit seinem Gefolge durch das Land und wohnte dabei in bestimmten Königsgütern, den Pfalzen. Hier hielt er Hof, empfing Gesandte oder saß zu Gericht.

Die Geschichte Karls, dem die Nachwelt den Beinamen „der Große" verliehen hat, könnte als Abfolge von Kriegen erzählt werden. Mehr als dreißig Jahre benötigte Karl, um die germanischen Völker in blutigen und grausamen Unternehmungen zu unterwerfen, zu christianisieren und sie dem Frankenreich einzugliedern.

Das Ergebnis war, daß Karl, der fränkische Stammeskönig, als Führer des christlichen Abendlandes anerkannt wurde. Nur England, Südspanien und Süditalien lagen außerhalb seines Machtbereichs. Er verstand sich als legitimer Erbe der römischen Kaiser. Die Kaiserkrönung am Weihnachtstag des Jahres 800 n. Chr. in Rom war deshalb nur konsequent.

Karolingische Renaissance: Dieses Reich zu verwalten und auch kulturell aufzubauen, gehört zu den eigentlichen Leistungen Karls. Er vereinheitlichte die Rechtsbücher für die verschiedenen Stämme seines Reiches, teilte das Reich in Grafschaften auf und besetzte diese mit ihm verantwortlichen Führern; auch zog er systematisch gut ausgebildete Leute an seiner Lieblingspfalz in Aachen zusammen; überall im Reich richtete er in den Klöstern Schulen ein, um den Bildungsstand zu heben. Die Klöster waren aber mehr als die Bildungsstätten des karolingischen Großreiches. Sie bildeten neben den königlichen Besitzungen sozusagen die Mustergüter des Reiches, auf denen neue Früchte angebaut oder neue Anbaumethoden, wie die Dreifelderwirtschaft, ausprobiert wurden.

Mit Hilfe von Klerikern und im Kloster geschulten Laien gelang es Karl, im Reich als offizielle Amtssprache das Lateinische einzuführen. Die Kloster- und Palastschulen vermittelten die Kunst der Buchmalerei, fertigten Verträge an, schufen Übersetzungen von antiken Autoren und legten Bibliotheken an, denen wir die Kenntnis der Schriften Caesars, Tacitus' und Juvenals verdanken.

Beginn der deutschen Geschichte: Karl der Große war weder Deutscher noch Franzose, er war Franke. Die Aufteilung in ein germanisches Ostreich und ein romanisches Westreich war zu seiner Zeit noch undenkbar. Und doch wurde sie schon dreißig Jahre nach seinem Tod Wirklichkeit: 843 n. Chr.

teilten sich seine Enkel im Vertrag von Verdun das Reich, und mit diesem Jahr beginnt die eigentliche deutsche Geschichte. Jener erste König des östlichen Reichsteils, Ludwig der „Deutsche" (843-876), herrschte über ein Land, das als erstes „deutsch" genannt werden kann.

Otto der Große: Otto blieb es vorbehalten, eine der wichtigsten Entscheidungen für das Abendland herbeizuführen, die Abwehr der Ungarn. 955 stellte sich Otto mit einem Heer aus allen deutschen Stämmen am Lechfeld im Südwesten Deutschlands den Invasoren entgegen und schlug sie vernichtend.

Auch eine andere Gefahr, die Zersplitterung des Reichs durch ehrgeizige Herzöge,

politischen Wirren in Rom einzugreifen und die westlichen Slawen in die katholische Christenheit einzubeziehen.

Kirche und Kaisertum: Seit 962 n. Chr., ohne Unterbrechung bis 1806, dem Ende des Reichs, war die Kaiserwürde gebunden an die des deutschen Königs; niemand wurde zum Kaiser gekrönt, der nicht zuvor deutscher König war. So ist auch der später verwendete Ausdruck zu erklären: „Heiliges Römisches Reich Deutscher Nation". Damit war die Sonderstellung des deutschen Kaisers ausgedrückt, nämlich die Herrschaft über das „ewige" Rom zu besitzen und als deutscher König wie als römischer Kaiser zu handeln.

bannte er durch eine kluge Personalpolitik und die starke Einbindung der katholischen Kirche in sein Herrschaftssystem: Die Bischöfe der Kirche rückten häufig in wichtige politische Ämter auf, sie waren gebildet, erfahren in der Verwaltung und hatten vor allem keine Erben, die dem König hätten gefährlich werden können.

So gestärkt, gelang es Otto, wie Karl dem Großen, die eiserne Krone des Langobardenkönigs zu gewinnen, ordnend in die

Links: Römischer Wachturm am Limes. **Oben links:** Deutsches Kaiser-Zepter und **rechts:** Büste von Karl dem Großen.

Der Kampf zwischen Kaiser und Papst: Die Beziehungen zwischen den Karolingern und der Kirche waren von beiderseitigem Nutzen: Karl der Große eroberte im Namen der Kirche, die Kirche breitete sich aus. Sie wurde unentbehrlich bei der Verwaltung des Reichs und sicherte sich damit das Wohlwollen des Kaisers. Unter Otto schließlich wurde die Kirche zum Mittel, die Einheit des Reichs gegenüber dem aufstrebenden Adel zu bewahren. Doch so gut diese Partnerschaft auch war, sie barg von Anfang an in sich den Konflikt, der im 11. und 12. Jahrhundert zum Ausbruch kam und die abendländische Christenheit zutiefst erschütterte. Die Kirche hatte zunehmend weltliche Aufgaben übernommen, ihre Bischöfe waren häufig zugleich Landesfürsten, eingesetzt vom Kaiser. Was lag näher, als schon bei der Wahl zum Bischof einzugreifen, nur solchen Persönlichkeiten geistliche Ämter zu geben, die auch der weltlichen Macht genehm waren?

Der offene Kampf zwischen Papst und Kaiser begann im Jahre 1076, als Kaiser Heinrich IV. aus alter Tradition den neuen Erzbischof von Mailand berief; Papst Gregor VII., der ihn aufforderte, die Entscheidung zu revidieren, wurde von ihm für abgesetzt erklärt. Der Papst aber schlug zurück, schloß Heinrich aus der Kirche aus und untersagte ihm „die Regierung des Königreichs der

König werden sollte, sondern die Wahl durch die Adligen. Auch die glanzvollen Herrscher der Stauferzeit, Friedrich Barbarossa (1152-1190), Heinrich VI. und Friedrich II. (1212-1250), die von vielen als Höhepunkt der mittelalterlichen Kaiserherrschaft angesehen werden, konnten die alte Stellung des König- und Kaisertums nicht auf Dauer wiedergewinnen.

Die Romanik: Diese politisch so unruhige Zeit, etwa von der Jahrtausendwende bis ins 14. Jahrhundert, war kulturell ungeheuer fruchtbar. Es entsteht zum ersten Mal eine eigenständige deutsche Literatur, aber auch die Architektur erhält neue Impulse. Der neue Baustil, der sich um das Jahr 1000 entwickelt,

 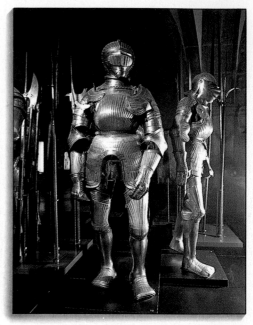

Deutschen und Italiens". Die höchsten christlichen Autoritäten im Streit! Wer hatte die eigentliche Macht?

Der Kaiser, geschwächt durch die sofort aufflammende Adelsopposition in Deutschland, war gezwungen, 1077 eine Bußfahrt zu Papst Gregor zu unternehmen, um sich vom Kirchenbann zu lösen. Er gewann damit zwar seine Stellung zurück, aber die geistliche Autorität des Kaisertums war schwer erschüttert.

Auswirkungen auf das Königtum: Die großen Fürsten des Reichs erkannten die Macht des Kaisers nicht mehr wie früher an. Nicht die Geburt sollte von nun an entscheiden, wer

die Romanik, verwendet zwar auch römische Formen wie den Rundbogen, ist aber insgesamt asketischer, erdverbundener als die früheren Baustile. Die Romanik, vor allem für Kirchen verwendet, sollte auch den Machtanspruch der Kirche symbolisieren; gewaltige, breit hingelagerte Steinmassen und trutzige Türme überragen die weltlichen Bauten oft um ein Vielfaches.

Mittelalterliche Literatur: Die Ursprünge der deutschen Literatur liegen im Dunkeln. Sie wurzeln in der meist mündlich überlieferten germanischen Dichtung (Heldenlieder), in Sprichwörtern und Zauberformeln wie den Merseburger Zaubersprüchen. Die germanisch-heidnischen alten Heldenlieder werden seit dem 8. Jahrhundert niedergeschrieben; ihre Helden rufen, wie im Hildebrandslied, den christlichen Gott an, doch die traditionellen germanischen Tugenden – Kampfesmut, Ehre und Stolz – nehmen immer noch die zentrale Stellung ein.

Eine eigenständige Dichtung in deutscher Sprache existierte um das Jahr 1000 kaum; wie die Politik jener Zeit, so ist auch die Literatur fast ausschließlich auf Italien, auf Rom gerichtet, man schreibt Lateinisch.

Höfische Ritterdichtung: Daneben entsteht aber langsam auch eine weltliche Dichtung. Die Erzählstoffe werden aus mündlich überlieferten einheimischen Märchen und Sagen

schersitzen, den Höfen; „höfisch" wird gleichbedeutend mit „wohlerzogen", „tapfer", „rein". Der Ritter benötigt Mut, Kraft und Gewandtheit, aber auch innere Ausgeglichenheit, Selbstbeherrschung, Streben nach Ehre, Treue und Mitleid zeichnen ihn aus. Diese Tugenden müssen von ihm durch harten inneren Kampf erworben werden, damit er dem Standesideal gerecht wird.

Minnelyrik: Neben diese Abenteuer-Dichtung tritt als weiteres zentrales Thema die Leidenschaft der Liebe, die Anbetung einer reinen, adligen Frau – die Minne, wie dieses Werben um die Gunst einer solchen Dame genannt wurde. Die ritterlichen Minnesänger, die an verschiedenen Höfen im Reich

übernommen, aus Berichten fahrender Sänger und orientalischen Märchen, die man durch die Kreuzzüge kennengelernt hat.

Um 1170 beginnt der eigentliche Höhepunkt der mittelalterlichen deutschen Dichtung. Ein Stand ist es besonders, der hier beschrieben und verherrlicht wird: der Ritterstand, denn er spielt im Hochmittelalter die wichtigste Rolle. Große Dichtungen entstehen an den mittelalterlichen Herr-

Von links nach rechts: Das Kloster Maria Laach, der Höhepunkt romanischer Architektur. Ritterrüstungen. Historische Illustration vom Bau einer mittelalterlichen Stadt. Ritterkampfspiel.

dichten, zeigen die Freude, aber auch den Schmerz, den die Liebe auslöst. So behauptet Heinrich von Morungen (um 1200): „Wenn sie sterben würde, so wäre ich tot", „...schreit alle, daß mein Schmerz ihr Herz durchdringt; sie quält mich allzulange...".

Ritter und Burgen: In der Ritterdichtung werden die Ideale beschrieben, nach denen ein Ritter streben soll. Die Ideale galten im gesamten christlichen Europa. Dazu beigetragen hatten vor allem die Kreuzzüge, zu denen sich vom 11.-13. Jahrhundert Ritter aus ganz Europa sammelten, um die heiligen Stätten der Christenheit von den „Ungläubigen", den Arabern, zu befreien. Zwar waren **27**

die Kreuzzüge, die ungeheure Opfer und Grausamkeiten mit sich brachten, insgesamt militärisch ein Mißerfolg, doch gerieten damit Abendland und Morgenland in eine enge und teilweise fruchtbare Berührung.

Das Leben eines Ritters war alles andere als romantisch! Schon die Ausbildung war recht hart; mit sieben Jahren kamen die adligen Jungen als Edelknaben auf eine fremde Burg, mußten Dienste verrichten, lernten aber auch gesellschaftliches Auftreten und gute Tischsitten. Wie niedrig die Tischkultur gewesen sein muß, lassen einige der „Benimmregeln" erahnen, die es zu beherzigen galt: „Nicht rülpsen beim Essen!" „Nicht ins Tischtuch schneuzen!" „Nicht mit den Fingern essen!"

engen Mauern umschlossen, eingeengt durch Viehställe, Waffenschuppen, Pulverkammern und Geschützstände...Überall im Haus riecht es nach Pulver, Vieh- und Hundekot... Den ganzen Tag über Lärm und Geschrei – Schafe blöken, Rinder brüllen, Hunde bellen, und es ist nichts Seltenes, daß man nachts in den Wäldern die Wölfe heulen hört..."

Mit der Erfindung und Verwendung von Feuerwaffen werden Ritter-Rüstungen zunehmend unnütz. Der ehemals so stolze und vornehme Kriegerstand mit seinen Idealen und Tugenden löste sich mehr und mehr auf und verarmte.

Städte im Mittelalter: Die wenigen Städte, die bis zur Jahrtausendwende in Deutsch-

Mit 14 Jahren wurden die Edelknaben zu „Knappen", sie dienten nun einem Ritter bei Turnieren und im Kampf, übten Fechten, Reiten und Speerwerfen. Mit etwa 20 Jahren konnten sie dann die Ritterwürde erhalten. Lesen und Schreiben war dazu nicht erforderlich, das beherrschten höchstens die Geistlichen oder manche adligen Mädchen. Die Ritterwürde war nicht gleichbedeutend mit dem Besitz einer Burg! Viele lebten als Gefolgsleute bei einem reichen Standesgenossen oder zogen gar als „arme Ritter" ohne festen Wohnsitz durchs Land.

Ulrich von Hutten (1488-1523) beschreibt die Zustände auf der väterlichen Burg: „Von

land existierten, wie Trier, Köln, Augsburg, Regensburg, gehen fast alle auf ehemals römische Anlagen zurück. Oft wurden gerade diese wenigen Plätze von der sich ausbreitenden katholischen Kirche als Bischofssitze verwendet und so am Leben erhalten. Kristallisationskerne für spätere Städte werden Klöster (München), Burgen (Nürnberg), Flußübergänge (Frankfurt) oder die Schnittpunkte der wenigen europäischen Handelswege. Auch die Fürsten erkannten mit der Zeit die Vorteile, die ihnen aus diesen Siedlungen erwuchsen. Sie bekamen Zölle und Steuern, seltene Waren, gute Handwerker und sichere Plätze, um ihr Gebiet besser zu kontrollieren. Zwischen 1100 und 1250 verzehnfachte sich so die Zahl der Städte in Deutschland. Wer immer in die aufstrebenden Gemeinwesen kam, sollte nach einer gewissen Frist frei sein und nicht mehr ausgeliefert werden dürfen. Die Siedlungen wuchsen und deren Reichtum häufig auch, und mit dieser zunehmenden Prosperität stieg auch das Selbstbewußtsein ihrer Bürger. Eine „einfache" Stadt hatte etwa 2500 Einwohner, für uns heute wohl eher ein Dorf, aber es gab auch damals schon große Städte wie Mailand und Venedig mit mehr als 100 000 Einwohnern!

Die Städte wurden sich ihrer wichtigen Funktion als Ort des Handels schnell bewußt

und verstanden es häufig, sich immer mehr zu lösen von der Vormundschaft ihres Stadtherrn, sei es ein Bischof oder ein mächtiger Adliger. Vielen Städten gelang es, nur noch einem Herrn untertan zu sein, der ihre errungene Unabhängigkeit gegen allzu begehrliche Fürsten garantierte, nämlich dem Kaiser. Diese Städte trugen stolz den Titel „Freie Reichsstadt" wie Nürnberg, Regensburg und andere.

Kaufleute und Handwerker: Altes Recht schenkte jedem Stadtbürger zwar gewisse Freiheiten, das bedeutete aber nicht, daß in der engen, mittelalterlichen Stadt nur Freie und Gleiche zusammenlebten!

Die wichtigste Schicht in der Stadt war die, denen der Ort meist seinen Reichtum verdankte, die Schicht der Kaufleute, zusammengeschlossen in „Gilden", die die Stadt kontrollierten. Nur sie saßen zunächst im Rat und führten die Regierungsgeschäfte.

Vom 13. bis 15. Jahrhundert erkämpfte sich die zweite wirtschaftlich wichtige Schicht ihren Anteil an der Herrschaft in vielen Städten, die Handwerker, organisiert in „Zünften". Jeder Handwerksberuf hatte seine Zunft, die Preis, Qualität und Menge der hergestellten Produkte festlegte, Übertretungen bestrafte, Meister zuließ oder abwies; sie kam auch für nicht mehr arbeitsfähige Mitglieder auf und versorgte Witwen. Diese Zünfte organisierten Aufstände in Augsburg, Nürnberg und vielen anderen Städten, und es gelang ihnen oft, Vertreter in den Rat der Stadt zu bringen.

Die gotischen Dome: Kaum etwas zeigt das Selbstbewußtsein, aber auch die handwerkliche Kunstfertigkeit und den Reichtum der Stadtbewohner deutlicher als die großen, himmelwärts strebenden gotischen Dome, die ab dem 13. Jahrhundert in Freiburg, Straßburg, Ulm, Köln oder Regensburg begonnen wurden und viele Jahrhunderte bis zu ihrer Fertigstellung benötigten.

Städtische Unterschichten: Doch die mittelalterliche Stadt kannte nicht nur die reichen Kaufleute und kunstfertigen Handwerker. Ein bis zwei Drittel der Stadtbevölkerung waren Mitglieder der Stadt ohne Bürgerrechte. Zu ihnen zählten alle Knechte, Mägde und Dienstboten, unehelich Geborene, Bettler und Aussätzige sowie Menschen mit verachteten Berufen wie die Henker oder die Totengräber. Dieser Personenkreis war häufig angewiesen auf die sozialen Einrichtungen der Kirche oder Stiftungen reicher Mitbürger.

Nur wer Armen etwas abgab, konnte auf Gnade vor Gott hoffen. So entstanden in vielen deutschen Städten Krankenhäuser, Altenheime oder, wie in Augsburg, Wohnsiedlungen für die Armen der Stadt.

Die Juden: Völlig außerhalb der städtischen Gesellschaft lebten die Juden. In jeder mittelalterlichen Stadt existierten jüdische Gemeinden, meist auch räumlich abgeschlossen von den Christen; und immer wieder waren Juden das Ziel von Pogromen und Vertreibung, zumindest aber von strengen Verordnungen ihrer katholischen Mitbürger.

Links: Mittelalterliche Bauern bei der Arbeit. Oben: In der Werkstätte eines Schuhmachers.

Die Ausschreitungen gegen die Juden wurden meist religiös begründet. Man zieh sie des Mordes an Jesus Christus und machte sie für Ritualmorde an Kindern verantwortlich. Meist waren aber wirtschaftliche Gründe bestimmend. Vielerorts bestanden Verbote für Juden, „bürgerliche" Berufe auszuüben, so daß viele von ihnen gezwungen waren, z.B. vom Pfandleihen zu leben, denn Christen war es offiziell verboten, Pfänder gegen Geld zu nehmen oder Geld gegen Zinsen zu verleihen. In wirtschaftlich schwierigen Zeiten waren deshalb oft viele Bürger bei jüdischen Pfandleihern hochverschuldet – die Vertreibung oder gar der Tod der Gläubiger waren nicht selten die Folge.

In ganz Europa erlebten die Juden während des Mittelalters Verfolgungen. Im Laufe des 15. Jahrhunderts führte dies schließlich in Deutschland zur Auflösung vieler Judengemeinden (Mainz 1438, Augsburg 1439).

Die Pest: Die Pest, der „Schwarze Tod", vermutlich eingeschleppt von zurückkehrenden Kaufleuten aus Asien, bewirkte im 14. Jahrhundert schwere Rückschläge in der mittelalterlichen Stadtgesellschaft. Der Handel stockte, die Versorgung der Städte brach zusammen, ganze Handwerkszweige verödeten.

Die Bauern: Auch auf dem Land bei den Bauern, die neunzig Prozent der Gesamtbevölkerung ausmachten, forderte die Pest ungeheure Opfer. Hier traf sie zudem auf eine Gruppe, deren Lebensbedingungen für den Großteil ihrer Mitglieder noch selten befriedigend gewesen waren.

Die Germanen kannten ursprünglich nur den „freien Mann". In den Jahrhunderten des Umbruchs, mit seinen nicht enden wollenden Kriegen und Konflikten, gab es neueroberetes Land im Überfluß und es bildete sich eine Schicht großer, meist adliger Grundbesitzer heraus. Viele kleinere Bauern, die durch die ständigen Aufgebote zum Kriegsdienst in Schwierigkeiten gerieten, übereigneten ihr Land einem dieser großen Grundherren und kauften sich damit vom Kriegsdienst los.

Von ihrem neuen Herrn erhielten sie dann das Land zur Bearbeitung zurück – gegen Abgaben und festgelegte Dienste, wie Wegebau und Erntehilfen. Sie sanken zu Hörigen herab, halbfreien Bauern, die keinen Grundbesitz erwerben durften. Von einigen Phasen relativer wirtschaftlicher Besserung abgesehen, verschlechterte sich die ökonomische und rechtliche Lage der meisten Bauern im Mittelalter. Viele konnten nicht einmal das Existenzminimum erwirtschaften.

Volksfrömmigkeit und Aberglaube: Viele Menschen fanden in diesen schwierigen Zeiten Trost bei der christlichen Religion, die für irdische Leiden Genugtuung im Jenseits versprach. Das Volk in den Städten wie auch auf dem Land war durchdrungen von einer das gesamte Dasein beherrschenden Frömmigkeit, die sich in den vielen Kapellen und Wallfahrtskirchen, in den Reliquienverehrungen und den populären religiösen Erbauungsschriften dieser Zeit ausdrückte. Doch auch ein dunkles Kapitel schrieb dieser christliche Eifer: den Hexenwahn, der sich im Spätmittelalter in ganz Europa ausbreitete. Im 16. Jahrhundert, auf dem Höhepunkt der Hexenverfolgungen, lebten besonders Frauen in ständiger Furcht vor Verleumdung und Anklage. Man schätzt, daß in Deutschland bis zu 100 000 Menschen als Hexen verfolgt und getötet wurden. Erst 1749 wurde die letzte deutsche „Hexe" hingerichtet.

Die Krise der Kirche: Auf dem Hintergrund der Volksfrömmigkeit wurden die Mißstände der Kirche in Deutschland besonders stark empfunden. Der moralische Niedergang des Papsttums, die unersättliche Geldgier der Kirche und die theologische Ignoranz der Geistlichkeit waren die wichtigsten Kritikpunkte. Die Kirche benutzte die Angst der

Gläubigen vor Fegefeuer und Verdammnis, um Geld für aufwendige Bauten und luxuriöses Leben zu pressen. Gegen bestimmte Beträge konnte sich jeder von Sünden freikaufen, die Dauer im Fegefeuer verkürzen. Dieser „Ablaßhandel" war einträglich für die Eintreiber, die Fürsten und die Kirche.

Während des 15. und 16. Jahrhunderts griffen immer wieder kritische Theologen die Mißstände der Kirche an. Der deutsche Augustinermönch Martin Luther versuchte ab 1517 durch provokante Thesen, die er öffentlich anschlug, die Kirche zu reformieren. Luther leugnete die Autorität des Papstes, verwarf die Sonderstellung des Geistlichen als Mittler zwischen Gott und den Gläubigen und formulierte statt dessen die Lehre vom allgemeinen Priestertum jedes Gläubigen.

Der Bauernkrieg: In allen sozialen Schichten, beim niederen Adel, beim Stadtbürgertum und bei den verarmten Bauern fand Luther Anhänger. Zusammen mit den wirtschaftlichen und rechtlichen Benachteiligungen, denen die Bauern ausgesetzt waren, führte Luthers Empörung gegen die Autorität der Kirche auf dem Lande zum Aufstand gegen die Autoritäten allgemein. Im Frühjahr 1525 brannten die ersten Klöster und Burgen im Südwesten Deutschlands, der Aufstand breitete sich unter der Führung verarmter Adliger wie Florian Geyer wie ein Flächenbrand aus. Unter der Gegenoffensive des Adels brach jedoch der militärisch schlecht geführte Bauernaufstand 1526 zusammen. Mehr als 100 000 Bauern verloren im Kampf und in den nachfolgenden Strafgerichten das Leben.

Die Einigkeit der Kirche war zerbrochen, die abendländische Christenheit konfessionell in Katholiken und sogenannte Protestanten gespalten. Im Kampf der nach Unabhängigkeit strebenden Fürsten gegen Kaiser und Papst war die lutherische Lehre für viele Fürsten, vor allem in Nord- und Mitteldeutschland, eine willkommene Waffe; Religion wurde zur Territorialsache, die jeder Landesherr nach eigener Überzeugung für sein Gebiet und seine Untertanen entscheiden konnte. Damit verfestigte sich die Zersplitterung Deutschlands in Territorialstaaten.

Der Beginn der Neuzeit: Die Erfolge Luthers wären nicht möglich gewesen ohne ein verändertes Weltbild und die damit ver-

bundenen neuen Entwicklungen in Wissenschaft, Technik und Wirtschaft. Galt dem mittelalterlichen Menschen das irdische Dasein nur als harte Prüfung für das spätere ewige Leben, so veränderte sich diese Haltung im Verlauf des 14. und 15. Jahrhunderts. Man versuchte, den Gesetzmäßigkeiten der Welt mit logischen Methoden auf die Spur zu kommen, sah die Enträtselung der Welt als gottgefällig an. Die Erde wurde als Kugel erkannt, Christoph Kolumbus entdeckte Amerika, Gutenberg erfand 1445 den Buchdruck und damit die Möglichkeit, die neuen Ideen und Erfindungen im Volk zu verbreiten. Einer Expansion von Bildung war so der Weg bereitet. Im 15. Jahrhundert

wurde in Deutschland eine Vielzahl von Universitäten errichtet (z.B. Leipzig 1409, Freiburg 1455), die immer mehr zu Ausbildungsstätten für weltliche Aufgaben wurden. In den Städten entstanden Lese- und Schreibstuben, denn die Bürger waren mit wachsendem Selbstbewußtsein und auch aus kaufmännischen Gründen daran interessiert, ihren Kindern eine bessere Ausbildung zu ermöglichen.

Dreißigjähriger Krieg (1618-1648): Trotz aller Versuche der katholischen Kirche, den lutherischen Protestantismus aufzuhalten und verlorenes Gebiet zurückzugewinnen, wurde dieser bis 1600 zur stärksten religiös-politischen Kraft in Europa. Vermischt war dieser religiöse Konflikt mit der Rivalität der neu entstandenen Nationalstaaten und dem Kampf zwischen Kaiser und Fürsten.

1618 begannen die militärischen Auseinandersetzungen in Böhmen und weiteten sich bald über ganz Mitteleuropa aus. Frankreich und Schweden griffen auf protestantischer, Spanien und England auf katholischer Seite ein. Die Söldner wurden von den jeweiligen Plünderungen ernährt und bezahlt und kämpften auch schon einmal für die Gegenseite. Es wurde gefoltert, vergewaltigt, belagert und in Brand gesetzt – im Namen Jesu Christi. Nach 30 Jahren war Mitteleuropa so erschöpft, daß Friedensverhandlungen endlich zum Erfolg führten. Der „Westfälische Frieden" brachte

die Anerkennung der jeweiligen Konfessionen und die faktische Auflösung des Deutschen Reiches in etwa 1800 Territorien. Als schwaches einigendes Band fungierten lediglich noch der Kaiser und die gemeinsame Sprache.

Die deutsche Bevölkerung war um über ein Drittel dezimiert, Seuchen grassierten, der Hunger regierte, und das Heilige Römische Reich Deutscher Nation hatte seinen Einfluß in Europa völlig verloren.

Aufstieg neuer Großmächte: Die Lebensverhältnisse verbesserten sich allmählich, begünstigt durch den monarchischen „Absolutismus", den viele Fürsten in Anlehnung an das Vorbild des französischen Königs Ludwig XIV. pflegten. Die Fürsten sahen sich als Zentrum des Staates, eingesetzt von Gott und nur ihm verpflichtet. Damit gelang es in vielen Staaten, die Landwirtschaft wiederaufzubauen, Bürger neu anzusiedeln und Ordnung und Sicherheit zu verbessern. Zum Reich gehörten zwei größere Staaten, das österreichische Habsburg und Brandenburg-Preußen, die im 17. und 18. Jahrhundert zu neuen Großmächten aufstiegen – Österreich, indem es sich auf Kosten der Türken nach Südosten ausdehnte, Preußen, indem es das zersplitterte Gebiet unter anderem mit Hilfe seiner starken Armee abrunden konnte. In beiden Staaten gelangten im 18. Jahrhundert Herrscher auf den Thron, die sich eher als „erste Diener des Staates" denn als dessen Eigner verstanden. Sie leiteten ihre Macht nicht von Gott ab, sondern von der Vernunft. Vor allem König Friedrich II., der Große, von Preußen sowie Kaiser Joseph II. von Österreich waren stark beeinflußt von einer neuen Geisteshaltung, die die Welt verändern sollte: der Aufklärung.

„Habe Mut, Dich Deines Verstandes zu bedienen!" war ein revolutionärer Schlüsselsatz für die Aufklärung, die nicht nur die Wissenschaft beeinflußte, sondern alle Lebensbereiche. Philosophen wie Locke, Montesquieu oder Rousseau entwickelten neue Ansichten über die Freiheit des Menschen und die rechtmäßige Ausübung von Herrschaft. Monarchen wie Friedrich II. und Joseph II. wurden Fürsprecher dieser Bewegung. Sie bemühten sich, die Forderungen der Aufklärung und den absoluten Machtanspruch der Fürsten miteinander in Einklang zu bringen.

Unter Friedrich II. schaffte Preußen die Folter ab, trat für religiöse Toleranz ein und sicherte die persönlichen Rechte des Bürgers. Gleichzeitig aber führte der Preußenkönig blutige Expansionskriege, genoß der Adel alle Vorrechte und blieben die Bauern in völliger Abhängigkeit von ihren Gutsherrn.

Joseph II. ging in Österreich zwar weit über die Positionen Friedrich II. hinaus, doch die meisten seiner Reformen waren zu überstürzt und wurden von seinem Nachfolger wieder zurückgenommen. In beiden Staaten aber wurden mit der Aufklärung die notwendigen Schritte zum modernen, zentralisierten Staat gemacht.

<u>Oben</u>: König Friedrich II., der Große, von Preußen.
<u>Rechts</u>: Porträt des Reformators Martin Luther.

JE FACHINGER-

DESTO GESÜNDER

Weil Fachinger wirkt. Jahrhundertelange Erfahrung beweist dies. 42 wertvolle Mineralstoffe beheben Sodbrennen, mildern Reizungen des Magens, regulieren die Verdauung und regen den Stoffwechsel an. Fachinger stabilisiert den Kreislauf, gleicht Mineralstoffmangel aus und schafft neue Leistungskraft. Ständige Kontrollen garantieren, daß dieses kohlensäurearme Heilwasser immer rein und natürlich bleibt. Deshalb ist Fachinger das Lieblingswasser der Gesundheitsbewußten.

STAATL. FACHINGEN

DER GESUNDBRUNNEN

STAATL. FACHINGEN: Für Magen, Darm und Galle, gegen Mineralstoffmangel und Sodbrennen.
Staatl. Mineralbrunnen, 6251 Fachingen/Lahn

Mit dem ausgehenden Mittelalter war auch in Deutschland die alte Feudalgesellschaft in Auflösung begriffen. Die Bindungen von Adligen und Bauern aneinander zerbröselten in Kriegen und in den ökonomischen Umwälzungen, die mit neuen Erfindungen einhergingen. Die großen Gewinner dieser Umwälzungen waren die Städte. In ihnen entwickelte sich aus den einfachen Handwerkern und Händlern des Mittelalters ein selbstbewußtes Bürgertum, dessen freiere Lebensumstände und rationales Denken und Handeln alte Schranken durchbrach. Davon profitierten auch die Handwerker und Künstler, die für die neue, zahlungskräftige Kundschaft auch neue Techniken und „Produkte" entwickelten.

Die Renaissance brachte mit der Rückkehr zu den klassischen Idealen der Kunst und der Wissenschaft die Befreiung von Jahrhunderten der religiös motivierten Denkverbote. Während der Würzburger Altarmaler **Mathias Grünewald** (wahrscheinlich 1460-1528), noch ganz im Einflußbereich seines Bischofs, religiöse Themen wählte, damit er seinen bis dahin ungekannten Naturalismus und seine genau berechneten Farb- und Lichteffekte ohne Gefährdung seiner Person zeigen konnte, ging **Albrecht Dürer** (1471-1528) aus Nürnberg einen anderen Weg. Reisen nach Holland und Italien gaben Dürer die Fähigkeiten und Kenntnisse, Werke zu schaffen, die eine Brücke zwischen der Spätgotik und der Moderne bilden. Dieser *homo universalis*, ein Multitalent als Goldschmied, Maler, Künstler, Grafiker und Schriftsteller, hatte Kenntnisse in Anatomie und in der Technik der Perspektive, die ihn deutlich als deutschen Hauptbeitrag zu den humanistischen Idealen der Renaissance aus der Masse seiner Zeitgenossen herausheben. Seine Porträts haben jahrhundertelang Maßstäbe gesetzt. Berühmt sind sein *Selbstporträt* (1500), das *Porträt von Hieronymus Holzschuher* und die Kohlezeichnung *Die Mutter des Künstlers*.

Dürers Zeitgenossen **Hans Holbein der Ältere** (1465-1524) und **Hans Holbein der Jüngere** (1497-1543), sein Sohn, sind wichtige Vertreter der deutschen Renaissance. Der

letztere war Hofmaler bei Heinrich VII. und schuf großartige Bildnisse englischer Edelleute, bevor er an der Pest verstarb. Sein Holzschnittzyklus vom *Totentanz*, ein Höhepunkt der deutschen Grafik, ist ein aufschlußreiches Beispiel der Renaissance im Norden Europas.

Dürers Schüler **Hans Baldung** (1485-1545) verließ den blanken Naturalismus und schuf mit den absichtlich verzerrten Proportionen seiner Figuren eine frühe Form des Manierismus, die durch die Verzerrung der Vorbilder zu genauem Hinsehen anregen wollte. Der

erste Maler, der im Stil der klassischen Renaissance malte, war der Wittenberger **Lucas Cranach der Ältere**. Der Hofmaler porträtierte oft seinen Zeitgenossen Martin Luther und dessen Familie.

Vom Mystizismus zur Reformation: Der Dominikanermönch **Meister Eckart** (1260-1327) formulierte ein frühes Bekenntnis zur direkten Ansprache Gottes durch den Menschen in der *unio mystica*, in der die Seele zum Mittler zwischen Gott und den Geschöpfen Gottes dient. Die Einheit der Seele mit Gott kann durch konsequente Askese und mit der Gnade Gottes hergestellt werden. Gedanken solcher Art gefielen dem Erzbischof von Köln gar

Links: *Wanderer über dem Nebelmeer* von Caspar David Friedrich. **Oben:** Albrecht Dürer, Selbstbildnis.

nicht, denn wo blieb denn bei dieser privaten Seligkeit die entscheidende Rolle der Kirche? Folgerichtig wurden 28 religiöse Prinzipien Meister Eckarts als Ketzerei verdammt. Verhindert wurde damit nicht, daß diese Prinzipien in den nächsten 200 Jahren die deutsche Philosophie und die deutsche Theologie nachhaltig beeinflußten. Eckarts Werk wurde fortgeführt von seinem Ordensbruder **Johannes Tauler** (1300-1361), der klugerweise sein Hauptwerk *Theologia Deutsch* gegen Ende des 14. Jahrhunderts in Frankfurt anonym herausgeben ließ und der die politische Sprengkraft des Mystizismus mit seiner anti-päpstlichen und anti-kaiserlichen Forderung nach deutscher Eigenständigkeit erhöhte.

schen Fürsten und deutschem Volk schmieden konnte, das allein dem Ansturm der Restauration hätte standhalten können. Beide Seiten mußten erkennen, daß sie den Konflikt nicht zu ihren Gunsten entscheiden konnten. Dieses Ende der Reformationszeit prägte Deutschlands politische Geschichte nachhaltig, indem die Idee eines politisch-einheitlichen Nationalstaats vorerst zu den Akten gelegt wurde.

Die Thesen der Aufklärung aber, die Befreiung des Denkens von scholastischen Zirkelschlüssen und kirchlicher Dominanz, setzten sich in ganz Deutschland durch. Endlich durften die lange geheimgehaltenen Werke der Griechen öffentlich studiert, zitiert und übersetzt werden. Endlich durfte man die Welt mit

Die Reformation konnte sich deswegen in Deutschland so rasch verbreiten, weil **Martin Luther** auf die Sehnsucht der Deutschen nach einer Kirche, die ihre Sprache sprach, die richtige Antwort gab. Nur in Deutschland sammelten sich genügend Unzufriedene in allen Schichten des Volkes, die bereit waren, einen Konflikt mit Papst und Kaiser durchzustehen. Nur hier konnte es sich ein kleiner Mönch leisten, öffentlich eine päpstliche Bannbulle zu verbrennen und die Exkommunizierung in Kauf zu nehmen. Aber der Kampf zwischen Prinzen und Kaiser, zwischen Reformation und Gegenreformation endete in einem Patt, weil Luther nicht das Bündnis zwischen deut-

Versuch und Irrtum so zu ergründen suchen, wie sie ist, und nicht, wie sie zu sein hatte.

Ein Humanist war jemand, der um des Fortschritts der Menschen willen anfing, Erkenntnisse zu sammeln und zu veröffentlichen, die schon die alten Griechen und Römer niedergeschrieben hatten. **Philipp Melanchthon** (1497-1560) studierte schon mit zwölf Jahren an der Heidelberger Universität und wurde mit 21 Jahren Professor für Griechisch in Wittenberg, wo es ihm gelang, Luther in mancherlei Dingen zu einem klareren Standpunkt zu bringen. Mit seiner Hilfe gelang Luther die Bibelübersetzung und die einprägsame Formulierung der Ideen der Reformation.

Zwei andere deutsche Humanisten teilten die Kritik der Reformatoren an der Verknöcherung von Papsttum und Kaiserreich. Einer von ihnen war Melanchthons Großonkel **Johann Reuchlin** (1455-1522), der ein profunder Kenner des Hebräischen war und beim Vergleich des Urtextes mit der griechischen Übersetzung durch die Herausgabe einer hebräischen Grammatik entscheidende Hilfestellung leistete. Der andere war **Ulrich von Hutten** (1488-1523), der mit den *Dunkelmännerbriefen* seinem Zorn und seiner Empörung über den moralischen Verfall der römischen Kirche Luft machte.

Von deutscher Dichtung: Auf deutschem Boden wurde der Humanismus von **Cola di**

Rienzo und **Petrarca** zuerst in Prag gelehrt. Der Kanzler Karls IV. in Prag, **Johann von Neumarkt**, sah eine reformierte Sprache als Basis für die von ihm angestrebte Kultur des deutschen Denkens an, die italienischer und griechischer Denktradition ebenbürtig sein sollte. Seine Kanzleisprache beeinflußte die Sprache von Rechtsprechung und Verwaltung in ganz Deutschland. Dann schuf Martin Luther (1483-1546) mit seiner Bibelübersetzung, seinen Polemiken, Briefen, Hymnen und Reden die Grundlage der modernen

Links: Isenheimer Altar von Mathias Grünewald.
Oben: Madonna von Tilman Riemenschneider.

deutschen Sprache. „Man muß dem Volk auf's Maul schauen", war der Rat Luthers an alle Schriftgelehrten, und dieser Kontakt zum Volk brachte Leben in das verstaubte Schriftdeutsch seiner Zeitgenossen.

Die Auseinandersetzungen der Reformationszeit mit dem beiderseitigen Appell an das Volk machte den Deutschen bewußt, daß ihr Land als Sprachgemeinschaft und Kulturnation erst noch entstehen mußte. Das Volk begann zu dichten. Der Wettstreit um den *Meistergesang* und die Komödien des Nürnberger Schuhmachers **Hans Sachs** (1494-1576), die Satire *Das Narrenschiff* von **Sebastian Brant** (1457-1521) und **Jörg Wickrams** Romane (er starb um 1562) machten Deutsch als Sprache von Reimen und Prosa „salonfähig".

Vanitas vanitatum: Das Glück am Rande des Abgrunds zu finden, oder dafür mit ewiger Verdammnis zu bezahlen, alles ist eitel; dieses Gefühl der Vergänglichkeit und Überheblichkeit alles irdischen Strebens beherrschte die Denk- und Gefühlswelt der Deutschen am Ausgang des Mittelalters. Mit seinen Kriegen, Seuchen und Ketzerverfolgungen erschien den Menschen ihr Zeitalter als Epoche des schlechten Lebens vor allzufrühem Tod.

Mit der Verbreitung des Humanismus verwandelte sich diese Weltsicht in einen positiven Fortschrittsglauben. Erkenntnis war nun nicht mehr Teufelswerk, das Höllenqualen nach sich zog. Der Arzt und Alchimist **Paracelsus** (1493-1541) stellte die deutsche Medizin auf eine erste wissenschaftliche Grundlage. Und **Martin Opitz** (1596-1639) formulierte in seinem *Buch der deutschen Poeterey* als erster normative Setzungen für gute Sprache und Dichtung. Poesie fand zunächst die Form der Hymne (**Angelus Silesius**, 1624-77) und des Sonetts bei **Andreas Gryphius**, (1616-64), der auch Komödien und Tragödien für ein breites Publikum schrieb. Durch Gryphius wurde **Daniel Caspar von Lohenstein** (1635-83) zu seinen Dramen in der blumenreichen Sprache des Manierismus inspiriert. Der lyrische Dichter und Jesuit **Friedrich von Spee** (1591-1635) wagte es in seiner Polemik *Cautio Criminalis*, die Hexenverfolgung als grausame Abirrung von vernünftigem Verhalten darzustellen.

Die völlige Zersplitterung Deutschlands und die Auslöschung von etwa 40 Prozent seiner ehemals 17 Millionen Einwohner im Dreißigjährigen Krieg schildert **Hans Jakob von Grimmelshausen** (1622-76) als Geschichte **37** seines Lebens: Mit zwölf von der Soldateska entführt, erlebte er hautnah 14 Jahre Krieg. *Der abenteuerliche Simplicissimus Teutsch* (1699) beschreibt den sinnlosen Krieg mit ätzender Ironie und rabenschwarzem Humor.

Die höfische Geometrie der Macht: Die Zerstörung des Heiligen Römischen Reiches Deutscher Nation ergab eine Landkarte Deutschlands, die wie ein Flickenteppich aussah. Mehr als 300 verschiedene Fürsten und Herrscher hatten jeweils einen Zipfel der Macht des Kaisers an sich gerissen. Die Souveränität ihrer handtuchgroßen Herrschaftsgebiete hüteten sie eifersüchtig und von mancherlei Händeln begleitet gegen den Nachbarn von nebenan. Derweil war jenseits des Rheins in

keit dieses Stils vertrieb die strenge Gotik, oft um den Preis einer Verspieltheit, die den Proportionen der Räume nicht mehr gerecht wurde. Die Würzburger Residenz und das Schloß Sanssouci in Potsdam sind typische Bauwerke dieses Stils. Die geometrische Anlage eines Schlosses (wie in Sanssouci und in der Eremitage in Bayreuth) wurde zum Ausdruck des ordnenden Gestaltungswillens des Fürsten.

In die Atmosphäre von Parks, Schloßhöfen, Spiegelsälen und Räucherkabinetten gehören die *Brandenburgischen Konzerte* von **Johann Sebastian Bach**. Der große Musiker wurde 1685 in Eisenach (Thüringen) in eine Musikerfamilie hineingeboren. Nach dem Tod seiner Eltern wurde er von seinem ältesten

aller Stille ein Nationalstaat herangewachsen, der mit absoluter Gewalt zentralistisch regiert wurde. Der „Sonnenkönig" Ludwig XIV. konnte ohne Einschränkung von sich behaupten: „Der Staat bin ich!" und sein Schloß in Versailles verlieh durch seine Größe und die prächtige Anlage und Ausstattung diesem Machtanspruch Ausdruck. Jeder Potentat eines deutschen Kleinstaates maß sich an diesem Vorbild und versuchte ihm nachzueifern.

Was der Baustil des Barock für die sakralen Bauten nördlich der Alpen seit 1600 war, wurde der Stil des Rokoko mit seinen reich ornamentierten Bauten und seinen vielfältigen Formen für die weltlichen. Die Leichtig-

Bruder erzogen und als Musiker ausgebildet. Bach wurde 1723 Kantor der Thomaskirche in Leipzig. Neben vielen Konzerten erreichten *Die Kunst der Fuge* und das *Wohltemperierte Klavier* weite Verbreitung, ebenso wie die Choräle, Kantaten, Oratorien und die *Matthäuspassion,* bevor Bach am 28. Juli 1750 starb. Sein Zeitgenosse **Georg Friedrich Händel** (1685-1795) begann sein Schaffen ebenfalls als Musiker. Aber anders als Bach war Händel nicht so tief in den Familienbanden verwurzelt. Nach zwei Fehlschlägen mit großen Opern kam der Durchbruch mit dem Oratorium *Der Messias,* das in Dublin und London aufgeführt wurde. Händel starb am 14. April 1795.

Das neue Denken: Von Frankreich kam nicht nur die verschwenderische Fülle des Hofes, sondern auch das revolutionäre Motto des *cogito ergo sum* („Ich denke, also bin ich") von René Descartes, das die Wissenschaft endgültig von den Fesseln der Religion befreite. Erkenntnis beruhte nun auf realen Erfahrungen, konnte ihren eigenen Gesetzmäßigkeiten folgen. Die logische Schlußfolgerung wurde zur schärfsten Waffe der Philosophen gegen vorwissenschaftliche Borniertheit.

Gottfried Wilhelm Leibniz (1646-1716) begann dieses Werk der Aufklärung in Deutschland, lange bevor der Begriff dafür geprägt wurde. Bereits als Kind hochbegabt, studierte er mit 15 Jahren Jura, Naturwissen-

schaften und Philosophie und errang bereits mit 20 Jahren die Doktorwürde. Er war ein Genie auf vielen Gebieten mit einem Schwerpunkt in der Mathematik, für die er die Infinitesimalrechnung und das duale Zahlensystem entdeckte, was es ihm ermöglichte, eine Rechenmaschine zu bauen. Als Philosoph glaubte er an die Harmonie, die dem Verhältnis von Mensch und Gott, Körper und Geist zugrundeliegt. Diese Monade ist nach Leibniz die Ureinigkeit, aus der das gesamte Universum hervorging.

Links: Eingangsportal des Kölner Doms. Oben: Der Komponist Johann Sebastian Bach.

Gotthold Ephraim Lessing (1729-81) war in seinen Dramen wie in seinen theoretischen Schriften ein Anwalt des neuen Denkens. Er forderte die Loslösung des Dramas von selbstauferlegter Abgehobenheit und erstarrtem Formalismus. Bei ihm durfte die Adlige *Minna von Barnhelm* in einer Komödie auftreten, während die bürgerliche *Miss Sara Sampson* eine tragische Heldin wurde. In *Emilia Galotti* beschrieb er 15 Jahre vor dem Sturm auf die Bastille den Konflikt zwischen dem Adel und den unteren Schichten des Volkes, während *Nathan der Weise* mit seinem Plädoyer für religiöse Toleranz zwischen Christentum, Judentum und Islam beängstigend aktuell geblieben ist.

Der Freiheitskampf der nordamerikanischen Kolonien gegen England und die ersten Vorboten der Französischen Revolution wurden begleitet von einer Flut von über 200 philosophischen Traktaten in Deutschland. Das Thema dieser Schriften war *Die Aufklärung: Der Ausgang des Menschen aus seiner selbstverschuldeten Unmündigkeit,* und die Forderung lautete: *Habe den Mut, deinen eigenen Verstand zu gebrauchen!* Der Autor war ein gewisser **Immanuel Kant** (1724-1804), Philosoph und Lehrer für Logik und Metaphysik an der Universität von Königsberg.

An Leibniz anknüpfend, war Kants Interesse auf die Möglichkeiten und Grenzen menschlicher Erkenntnis gerichtet. Mit einer Synthese aus Empirie und Rationalismus kann, so Kant in der *Kritik der Reinen Vernunft* (1781), der kritische Geist das Wesen einer Sache von den belanglosen Einzelphänomenen unterscheiden. Für das Verhältnis von Individuum und Gemeinschaft formulierte Kant in seiner *Kritik der Praktischen Vernunft* (1788) eine Freiheitsidee mit dem „kategorischen Imperativ", der die Verallgemeinerbarkeit persönlicher Moral fordert: „Handle so, daß die Maxime deines Willens jederzeit zur Grundlage allgemeiner Regeln werden kann!" Die *Kritik der Urteilskraft* (1790) untersucht die Regelhaftigkeit von ästhetischen Kategorien, um sie dem rationalen Gedankenaustausch zugänglich zu machen.

Weimarer Klassik: Aufklärung und Rationalismus waren von England und Frankreich ausgegangen, um ihren intellektuellen Höhepunkt in Kants idealistischer Philosophie zu erfahren. Während in Frankreich das Zeitalter der Aufklärung politische Konsequenzen hatte, die in der erfolgreichen Französischen

Revolution von 1789 gipfelten, blieben sie in ihrer idealistischen Ausformung in Deutschland ohne direkte politische Auswirkungen. Die Orientierung von Philosophie und Literatur an der Formensprache und den Themen der Antike brachte die Weimarer Klassik (1780-1830) hervor, die besonders gemeint ist, wenn von Deutschland, dem Land der Dichter und Denker, die Rede ist.

Das kleine Fürstentum Weimar schwang sich zum intellektuellen Zentrum Europas auf, als Herzog Karl August im Jahre 1775 **Johann Wolfgang von Goethe** (1749-1832) mit dem Jenaer Geschichtsprofessor **Friedrich Schiller** (1759-1805) zusammenbrachte. Schillers Abneigung gegen den Despotismus

dium gezwungen wurde. Goethe wurde ein großer Generalist, der in seinen Interessen nicht auf ein Gebiet festgelegt war. Nach Studium und beruflicher Tätigkeit in Leipzig, Straßburg, Frankfurt und Wetzlar unternahm er eine Reise in die Schweiz, bevor er 1775 nach Weimar kam. Seine Italienreise (1786-88) gilt als grundlegend für die literarische Bewegung der Weimarer Klassik (Classicus, lat. = Mitglied der höchsten Steuerklasse, herausgehobener Mensch).

Die Weimarer Klassik forderte von jedem einzelnen den verantwortlichen Gebrauch der Freiheit. Die Pflicht des freien Menschen zum moralischen Handeln, zum Maß und zur Schönheit wurde abgeleitet von dem

Leibniz in Berlin.

in jeglicher Erscheinungsform ging auf seine eigene Jugend zurück, in der er zu einer Ausbildung in Theologie, Jura und Medizin gezwungen wurde. Als Reaktion darauf schrieb er *Die Räuber* (1780) und schickte das Stück dem Theater in Mannheim, wo es einen handfesten Skandal auslöste. Als er daraufhin mit Schreibverbot belegt wurde, gelang es ihm, nach Mannheim zu fliehen. Seine Berufung nach Jena im Jahr 1790 ließ ihm gerade noch fünfzehn Jahre Zeit für den fruchtbaren Austausch mit Goethe.

Goethe, der in Frankfurt geboren wurde, genoß eine gründliche Erziehung durch Hauslehrer, bevor er von seinem Vater zum Jurastu-

Gedanken der harmonischen Ausgewogenheit der Natur, die der Mensch in der Kultur ebenfalls anzustreben habe. Die antiken Vorbilder aus dem klassischen Altertum gaben den Maßstab für die Werke der Weimarer Klassiker ab. Schillers *Maria Stuart, Don Carlos, Die Jungfrau von Orleans, Wallenstein* und die politische Schrift *Zur Ästhetischen Erziehung des Menschen* entstanden unter diesen Vorzeichen ebenso wie Goethes *Iphigenie, Egmont, Torquato Tasso, Faust* und die Romane *Wilhelm Meisters Lehrjahre* und *Wilhelm Meisters Wanderjahre*, die weit in die Zukunft vorauswiesen. **Friedrich Hölderlin** folgte ihnen später mit weniger Erfolg beim Publikum bei dem Versuch einer Wiederbelebung der Klassik.

Wiener Klassik: Mit dem 18. Jahrhundert kam Wien als Hauptstadt einer neuen musikalischen Bewegung ins Blickfeld. Die formalisierte, seelenlose Musik der Salons und Pavillons ließ keinen Raum für den Ausdruck von Persönlichkeit. Mit **Christoph Willibald Gluck** (1717-87) wurde eine durchgreifende Reform der Opernmusik eingeleitet.

Joseph Haydn (1732-1809) wurde für den Wiener Knabenchor als Talent entdeckt und lernte in Wien das Komponieren. Seine erste Anstellung bei Prinz Esterhazy in Eisenstadt gab ihm ein sicheres Auskommen und ermöglichte ihm die Vollendung zahlreicher Kom-

vor den Großen der damaligen Zeit spielte. Als Chormeister des Bischofs von Salzburg, der mit dem unruhigen Genie nicht viel anfangen konnte, wurde Mozart finanziell ziemlich kurz gehalten. Seine letzten zehn Jahre verbrachte er ohne festes Einkommen, von Hunger und Krankheit geplagt, dennoch rastlos schaffend, in Wien. 600 Kompositionen Mozarts sind erhalten: die Opern *Idomeneo*, *Die Hochzeit des Figaro*, *Don Giovanni* und *Die Zauberflöte* sowie viele Symphonien, Konzerte, Sonaten und Kirchenmusik wie das *Requiem*.

Der erste freie Komponist in der Musikgeschichte war **Ludwig van Beethoven**. Am 17. Dezember 1770 in Bonn geboren, lernte er als Schüler Haydns das Komponieren und war

positionen. Nach Wien zurückgekehrt, schuf er *Die Schöpfung* (1789) und *Die vier Jahreszeiten* (1804). Für Kaiser Franz I. von Österreich schrieb er die Kaiserhymne, die heute die deutsche Nationalhymne ist.

Sein Zeitgenosse **Wolfgang Amadeus Mozart** (1756-91), das Wunderkind aus Salzburg, gab sein erstes Konzert mit sechs Jahren. Seine Kindheit und Jugend verbrachte Mozart auf Tourneen durch ganz Europa, bei denen er

<u>Links:</u> **G.W. Leibniz hält einen Vortrag am Hof.**
<u>Oben links:</u> **G.E. Lessing, der Wegbereiter der Aufklärung,** und <u>**rechts**</u>: **Immanuel Kant, der führende Vertreter des deutschen Idealismus.**

bereits ein bekannter Mann, als ihn Liebeskummer und die ersten Anzeichen beginnender Taubheit in tiefe Verzweiflung stürzten. Man meint sie aus dem Anfang der 5. Symphonie herauszuhören, die in jener Zeit entstand. Von 1816 an teilte sich Beethoven Besuchern durch „Konversationsbücher" mit. Seine 9. Symphonie, eine Vertonung von Schillers *Ode an die Freude,* zeigt seine Verbundenheit mit den Idealen der Klassik. Musik war für ihn eine Möglichkeit, die Menschen mit starken Gefühlen zu konfrontieren und sie so innerlich zu bewegen.

Der einzige Komponist der Wiener Klassik, der wirklich in Wien geboren wurde, war **41**

Franz Schubert (1797-1828), der elf Jahre lang mit großartigen Kompositionen der Kammer- und Orchestermusik, mit Messen und Tänzen und mit neun Symphonien die Musikwelt bereicherte. Sein besonderer Beitrag waren 600 Lieder und Liederzyklen wie *Die Winterreise*, die eine Periode der romantischen Musik in Deutschland einleiteten.

Liberalismus und Nationalismus: Im Jahre 1806 hörte das Heilige Römische Reich auf zu existieren, nachdem Napoleon Österreich und Preußen besiegt hatte. Auf dem Wiener Kongreß sollte eine neue Friedensordnung für Europa gefunden werden, aber heraus kam eine Beschreibung des Status quo, mit der keine Macht zufrieden war. In Preußens dunkelster Stunde entstand in Berlin an der neugegründeten Universität (1810) ein intellektuelles Zentrum. Die Brüder **Wilhelm von Humboldt** (1767-1835) als Sprachforscher und **Alexander von Humboldt** (1769-1859) als Entdecker und Naturwissenschaftler bildeten den Kern einer Gruppe von Menschen, die eine Reform des preußischen Staates auf der Grundlage der humanistischen Ideale anstrebten. Wilhelm von Humboldt errichtete als Erziehungsminister erstmals überall in Preußen Grundschulen, um das Bildungsniveau der Landbevölkerung zu heben. Kanzler **Freiherr vom Stein** und der **Prinz von Hardenberg** transformierten den Feudalstaat mit ihren Reformen zu einem neuzeitlichen Nationalstaat. Durch die Jahre der napoleonischen Besetzung wurden deutscher Liberalismus und Nationalismus im zunächst versteckten, dann offenen Kampf gegen die Besatzer untrennbar miteinander verknüpft. **Johann Gottlieb Fichte** formulierte beschwörende *Aufrufe an die Deutsche Nation*. Die Dichter **Ernst Moritz Arndt** und **Friedrich Jahn** schrieben von der Kraft und dem lauteren Charakter des freien und einigen deutschen Volkes. Nach der Vertreibung Napoleons saßen die alten Herren jedoch bald wieder im Sattel, und die Reformatoren wurden kaltgestellt.

Aufstieg des deutschen Idealismus: Die Berliner Universität knüpfte da an, wo Kant stehengeblieben war. Johann Gottlieb Fichte (1762-1814) schuf eine Wissenschaftslehre (1794), die davon ausging, daß ein Ding-an-sich, wie Kant es zur Grundlage seiner Erkenntnistheorie gemacht hatte, nicht existierte. Die Philosophie mußte sich entscheiden: Entweder konnte sie materialistisch von dem Ding ausgehen, oder sie ging vom subjektiv erkennenden Menschen aus, der das Ideal im Ding sieht. Fichte entschied sich für das letztere und prägte damit die Wissenschaftsrichtung des deutschen Idealismus.

Fichtes Nachfolger war **G. W. F. Hegel** (1770-1831), der die Spaltung in Materialismus und Idealismus durch die Formulierung einer geschichtlichen Dialektik überwinden wollte. Für Hegel ist die Selbstentfremdung des Weltgeistes (Gott) in die Natur der Beginn eines Prozesses, an dessen Ende das Subjekt durch Erkenntnis der Ideale des Weltgeistes mithilft, daß Gottes Plan umgesetzt wird.

Obwohl Hegel im preußischen Staat eine angemessene Verwirklichung des Weltgeistes erblickte, war seine Philosophie dem

preußischen König Friedrich Wilhelm III. doch zu revolutionär. Dieser holte bald nach Hegels Tod den religiösen Philosophen **F.E.J. Schelling** nach Berlin. Schelling sah die Weltseele als pantheistische Naturidee. Die Aufgabe der Künstler war für ihn die Befriedigung des Verlangens der menschlichen Seele nach dem Wieder-Eins-Sein mit der Natur. Die zentrale Idee der Romantik war geboren.

Deutsche Romantik: Die deutschen Romantiker sahen in Aufklärung und Klassik eine Einengung des Menschenbildes auf das bloß Rationale und Logische, während der Mensch doch wesentlich auch durch irrationale und subjektive Kräfte getrieben werde.

Das Ziel von **Friedrich** und **August Wilhelm Schlegel, Ludwig Tieck**, **Novalis** und **W.H. Wackenroder** war die Integration der alten deutschen Sagen und Märchen und des mittelalterlichen Mystizismus in eine „universelle Poesie". Die Spätromantiker um **Joseph Görres, Clemens Brentano** und **Joseph von Eichendorff** machten den Versuch einer neuen Synthese von Gefühlen und Vernunft.

E.T.A. Hoffmann (1776-1822) brachte die romantischen Ideen in die Oper ein. Sein ideeller Nachfolger wurde **Richard Wagner** (1813-86), der in der Vollendung der romantischen Ideen auch eine Epoche von neunzig Jahren abschloß, in der die deutsche Seele sich ungehemmt ausdrücken konnte.

Bekenntnis zum schaffenden Subjekt in *Also sprach Zarathustra* sah als universelle Triebkraft aller menschlichen Existenz nur den „Willen zur Macht".

Ein anderer Kritiker des deutschen Idealismus formulierte: „Die Philosophen haben die Welt nur verschieden interpretiert; es kommt darauf an, sie zu verändern!" Folgerichtig lieferte **Karl Marx** (1818-1883) zusammen mit **Friedrich Engels** (1820-1895) in seinem Hauptwerk *Das Kapital* (1876) eine Analyse der Prinzipien des Kapitalismus, die darlegen sollte, durch welche Kräfte die ökonomisch-politischen Grundlagen der bestehenden Gesellschaft verändert werden könnten. Im Proletariat machten sie den Antagonisten der

Der Wille zur Macht: In Anlehnung an den deutschen Idealismus sah erstmals **Arthur Schopenhauer** (1788-1860) auf explizit nicht-christliche Weise *Die Welt als Wille und Vorstellung* (1819) des Subjekts. Diese Sicht wurde von **Friedrich Nietzsche** weiter radikalisiert: „Gott ist tot" war sein Glaubensbekenntnis, von dem aus er mit beißendem Spott und scharfem Blick alle Gewißheiten der Philosophen zu entlarven suchte. Sein

<u>Von links nach rechts</u>: Das Universalgenie Wilhelm von Humboldt. Die beiden bedeutendsten Vertreter der deutschen Klassik, Johann Wolfgang von Goethe und Friedrich Schiller.

herrschenden Klasse der Kapitalisten aus und prophezeiten den Übergang in die „Diktatur des Proletariats", bevor die Menschheit in der klassenlosen Gesellschaft zu sich selbst finden würde. Die Ideologie von Marx und Engels hat den Lauf der Geschichte in diesem Jahrhundert wie keine zweite beeinflußt. Ohne Marx hätte es weder die sozialdemokratische Reformpartei in Deutschland gegeben, noch die Oktoberrevolution in Rußland, noch die deutsche Teilung. Ob mit dem Zusammenbruch des kommunistischen Machtblocks auch die Ideologie von Marx und Engels endgültig überholt ist, wird die Zukunft zeigen.

Deutschland am Ende des 18. Jahrhunderts – das war kein Reich, kein Staat und keine Macht. Deutschland sah aus wie ein Flickenteppich aus 350 Fürstentümern und über tausend Kleinstaaten. Könige, Kurfürsten, Herzöge, Grafen, Ritter, Klöster und Städte pochten auf ihre verbrieften Hoheitsrechte, Bischöfe regierten als weltliche Machthaber. Nur zwei Mächte von Rang und Ansehen standen in diesem Augiasstall kleiner Potentaten: Preußen und Österreich. Der buntscheckige Staatenbund mit dem hochtrabenden Namen „Heiliges Römisches Reich Deutscher Nation" leistete sich einen nichtsnutzigen Immerwährenden Reichstag in Regensburg, der vergebliche Versuch, das Kaiserreich ohne Zentralgewalt durch eine Klammer zu stabilisieren. Der Kaiser verfügte über keine einheitliche Reichssteuer und kein allgemeines Heer.

So präsentiert sich uns ein Deutschland – steckengeblieben im Mittelalter, seit 200 Jahren aus der Bahn geworfen, verzopft und provinziell. Kurzum: Ein heiliger Strohsack deutscher Nation.

Adel und Bauern: Vier Fünftel der 23 Millionen Einwohner dieses merkwürdigen Reiches lebten auf dem Lande und von der Landwirtschaft. Im Westen mußten die Bauern ihren feudalen Grundherren Abgaben in Geld und Naturalien leisten, dazu unbezahlte Dienste und Transporte. Die Kirche verlangte den zehnten Teil der bäuerlichen Ernte. Nur wenigen Bauern gehörte das Land, das sie bestellten. Als Untereigentümer waren die meisten ihren Grundherren auf Gedeih und Verderb ausgeliefert.

In den weiten Ebenen Preußens östlich der Elbe lebten die Bauern und ihre Familien noch als erbliche Untertanen adeliger Gutsherren. Als Leibeigene mußten sie in der Woche auf dem Gut des Ritters oder Bischofs Fronarbeit leisten. Sie durften nicht frei heiraten und das Gut nicht ohne Erlaubnis des Gutsherrn verlassen. Der Stock regierte. Der Gutsbesitzer war zugleich Richter. Was nützte da in einer Provinz wie Pommern ein Prozeß? Dazu kam noch die Last der königlichen Kriege. Während Hof und Ernte verfielen, mußten sich die Bauern in Heer und Troß aufreiben. Jeder preußische Bauer war ein Soldat des Königs.

In Preußens Armee erwarteten ihn unmenschlicher Drill und Schikanen. Nur Adelige konnten Offizier werden.

Ein freier Markt muß her: Die deutsche Kleinstaaterei behinderte die Entwicklung von Handel und Industrie. In jedem Staat und Städtchen herrschten andere Gewerbebedingungen, andere Maße, Münzen und Gewichte. Kein Wunder, daß man im Ausland das Geld der deutschen Kleinstaaten verlachte und zurückwies. Zunft- und Zollschranken blockierten den freien bürgerlichen Wettbe-

werb. Jeder Zunftmeister durfte nur eine streng vorgeschriebene Rohstoffmenge mit Hilfe einer genau festgelegten Anzahl von Gesellen verarbeiten. Strenge Heimatgesetzgebungen verhinderten die Freizügigkeit der Bevölkerung und erschwerten den Unternehmern die Konzentration von Arbeitskräften an einem Ort. So wie es war, konnte es nicht bleiben, seit die Französische Revolution die politische und soziale Landschaft Europas verändert hatte. Die wirtschaftliche Einheit Deutschlands wurde immer mehr zum dringenden Gebot.

Ein Kaiserreich zerfällt: Unter dem Druck Frankreichs begann dann 1803 eine radikale

Flurbereinigung im zersplitterten Deutschland. Viele Kleinstaaten verloren ihre Unabhängigkeit. Napoleon erklärte Bayern und Württemberg zu Königreichen. Schließlich begingen sechzehn süd- und westdeutsche Fürsten offenen Reichsverrat und gründeten unter Napoleons Protektorat den Rheinbund. Fortan mußten deutsche Bauern auf Geheiß ihrer Fürsten in der französischen Armee dienen.

Das 900jährige Heilige Römische Reich Deutscher Nation hatte faktisch zu bestehen aufgehört. Es zerfiel. Nachdem Preußen in den Krieg gegen das revolutionäre Frankreich eintrat, offenbarte die Niederlage bei Jena und Auerstedt (Okt. 1806) das ganze Ausmaß seiner inneren Schwäche. Das Heer löste sich sang-

und klanglos auf, der König floh. Napoleon zog kampflos in Berlin ein. Der größte Militärstaat Europas mit seinen 200 000 Soldaten und vergreisten Offizieren war wie ein Kartenhaus zusammengebrochen. Im Frieden von Tilsit verlor Preußen die Hälfte seiner Territorien und Einwohner. Daß es nicht vollends ausgelöscht wurde, hatte es nur dem russischen Zaren zu verdanken. Drückend lastete die französische Fremdherrschaft auf Preußen und den anderen Ländern Deutschlands.

Vorherige Seiten: Die Proklamation des zweiten Deutschen Reiches in Versailles. **Oben**: Das Hambacher Fest im Jahre 1832.

Reformen und Befreiungskrieg: Geschlagene Armeen lernen gut. Auch die Preußen lernten. Reformer traten auf den Plan: Freiherr vom Stein, Graf Hardenberg, Offiziere wie Scharnhorst, Gneisenau und Clausewitz. Man dekretierte eine Bauernbefreiung, hob die Zunftordnung in einigen Gewerbezweigen auf und regelte die städtische Verwaltung neu. Vor allem reformierte man das Heer. Söldnerwesen, Spießrutenlaufen und das Adelsmonopol auf Offiziersstellen wurden abgeschafft, die allgemeine Wehrpflicht eingeführt.

In Deutschland wuchs eine nationale Freiheitsbewegung heran. Der Philosoph Fichte hielt in Berlin feurige Reden an die deutsche Nation. Gneisenau forderte die Mobilisierung zum allgemeinen Volksaufstand gegen die französische Fremdherrschaft. Nach Napoleons vernichtender Niederlage in Rußland (1812) war die Zeit reif. Der zögernde preußische König wurde von den Patrioten vor vollendete Tatsachen gestellt. Im Frühjahr 1813 brachen in ganz Deutschland antifranzösische Aufstände aus. Unterstützt von Rußland, England und Österreich erklärte Preußen schließlich Frankreich den Krieg.

Die Völkerschlacht bei Leipzig (17. Okt. 1813) brachte eine weltgeschichtliche Wende. Napoleons Heer wurde umzingelt und geschlagen. Frankreich mußte sich wieder hinter den Rhein zurückziehen und Napoleon nach der Niederlage von Waterloo abdanken. Deutschlands weiteres Schicksal sollte sich auf dem Kongreß der Sieger in Wien entscheiden.

Triumph der Restauration: Zwei Kaiser, sechs Könige, gut hundert Fürsten, Diplomaten und eine Unmenge von adeligen Schlachtenbummlern, Händlern, Kurpfuschern, Dienern, Glücksrittern und Kurtisanen vertanzten und verpraßten dort in fünf Monaten rund zwanzig Millionen Gulden. Tausende Bauern mußten für die Jagden der feinen Herrschaften Frondienste leisten. Europas Monarchen gaben sich auf dem Wiener Kongreß ein glänzendes Stelldichein.

Und darum wurde verhandelt: Der politische Kopf der Donaumonarchie Österreich, Fürst von Metternich, knüpfte die Fäden bei der Neuordnung Mitteleuropas. Deutschland und Italien wurden wieder in Kleinstaaten zersplittert, Kongreßpolen Rußland einverleibt; Ungarn blieb unterdrückt. Die europäische Reaktion triumphierte. Das Königtum **47** von Gottes Gnaden, Feudalherrschaft und Kirche kehrten wieder in ihre angestammten Positionen zurück. Endlich waren diese „französischen Zustände" beseitigt.

Die Zeit des konservativen *Roll Back* begann. Die Bürger speiste man mit dem Versprechen auf Verfassungen ab. Für die Fürsten gab es appetitliche Beutehappen. Preußen durfte sich nach Westen ausdehnen und avancierte zur bedeutendsten innerdeutschen Macht. Österreichs Schwerpunkt verlagerte sich nach Osten in den außerdeutschen Raum. 34 Fürstentümer und vier Freie Städte vereinigte man zu einem losen Deutschen Bund ohne Oberhaupt. Als einziges gesamtdeutsches Organ figurierte der Bundestag in

Frankfurt 1848, ein schwerfälliger Gesandtenkongreß. Das Fazit von Wien: Deutschland blieb zum Vorteil seiner Nachbarn zersplittert und folglich ohnmächtig.

Den Schlußakkord des großen Fürstenkongresses intonierten die Monarchen von Rußland, Preußen und Österreich. Sie gründeten die „Heilige Allianz" der Ostmächte, ein Bündnis des wehrhaften Absolutismus.

Demokraten im Gefängnis: An den deutschen Universitäten organisierten Studenten eine Protestbewegung gegen den Bund der Fürsten. Ihr Symbol: die schwarz-rot-goldene Fahne. Als 1819 ein Student den prorussischen Schriftsteller Kotzebue ermordete, reagierte

Metternich mit den Karlsbader Beschlüssen. Jede Opposition wurde unterdrückt, die Burschenschaften verboten und Universitäten unter Polizeiaufsicht gestellt. Viele Demokraten wanderten ins Gefängnis, noch mehr ins Exil. Die dunkle Zeit der Demagogenverfolgungen senkte sich über das Land.

Vormärz: Im Juli 1830 stürzte das Volk von Paris seinen König vom Thron. Das war ein Signal für einen allgemeinen Ausbruch der Unzufriedenheit in Europa. Aufstand in Leipzig, Empörung und Schloßbrand in Braunschweig, Zerstörung des Polizeihauses in Dresden, Aufstand in Brüssel und zum Jahresabschluß: Revolution in Polen. Der Protest wurde erstickt. Die „Heilige Allianz" reagierte ganz irdisch: mit Truppeneinsätzen, doch die bürgerlich-demokratischen Oppositionsbewegungen konnte man nicht mehr aus der Welt schaffen. Im Mai 1832 forderten 30 000 Teilnehmer einer beeindruckenden Volkskundgebung auf Schloß Hambach bei Neustadt an der Haardt ein „freies, einiges Deutschland". Bürger, Bauern, Handwerker und Studenten verliehen in leidenschaftlichen Reden ihrer Erbitterung über die elenden Zustände Ausdruck: ewiger Fluch den Königen, diesen Verrätern an den Völkern. Noch saßen die so Verfluchten allerdings an den Schalthebeln der Macht. Metternichs Polizei verhaftete die Redner des Festes. Das Tragen der Farben Schwarz-Rot-Gold wurde verboten.

Zwei Jahre später sollte der Dichter Georg Büchner in der Flugschrift „Hessischer Landbote" die Bauern zur Rebellion gegen ihre Herren aufrufen. Gelehrte wie die Brüder Grimm propagierten die geistige deutsche Einheit. Auf Sängertreffen und den Sportfesten des Turnvaters Jahn gewann die deutsche Nationalbewegung an Popularität.

Die Opposition der deutschen Bürger gegen den herrschenden Adel äußerte sich in einer liberalen Bewegung. Die Liberalen forderten Repräsentativverfassungen und bürgerliche Grundrechte. In den süddeutschen Staaten hatten die Monarchen Verfassungen gewährt und den Bürgerlichen eine gewisse Mitsprache in sogenannten Zweiten Kammern eingeräumt. In Preußen, Österreich und etlichen anderen Staaten waltete jedoch nach wie vor finsterster Absolutismus, Alleinherrschaft der Monarchen. Heinrich Heine: „Denk ich an Deutschland in der Nacht, bin ich um den Schlaf gebracht." Radikale Demokraten stritten für eine demokratische Republik, für das

Prinzip der Volkssouveränität und für den gewaltsamen Sturz der Monarchie. Ihr wichtigstes Presseorgan war bis zu ihrem Verbot 1843 die „Rheinische Zeitung" mit Karl Marx als Chefredakteur.

Eisenbahnen und Armut: Literarische Salons und gemütlicher Biedermeier – wer es sich leisten konnte, pflegte einen kultivierten Lebensstil. Natürlich gehörten auch Aktien dazu, klopfte doch die industrielle Revolution immer vernehmlicher auch an Deutschlands Türen. In Preußen verdreifachte sich in 20 Jahren die Zahl der Dampfmaschinen. Der Eisenbahnbau florierte. 1835 fuhr die erste deutsche Eisenbahn die sechs Kilometer lange Strecke von Nürnberg nach Fürth. Die Nation

mußten sich als Tagelöhner oder Landarbeiter bei reichen Großgrundbesitzern verdingen.

Aus gescheiterten Handwerkern und Gesellen wurden Lohnarbeiter in den neuen Fabriken. Unmenschliche Arbeitszeiten von 12 bis 16 Stunden bei geringstem Lohn erzeugten in vielen Familien Verzweiflung und Verbitterung. In Schlesien erhoben sich 1844 verelendete Weber und zerschlugen die Maschinen: Frühkapitalismus in Deutschland. Die soziale Not trieb viele zur Auswanderung. In der Schweiz und Frankreich formierten sich geheime revolutionäre Handwerkerbünde, die einen utopischen Gleichheitskommunismus forderten. Karl Marx und Friedrich Engels arbeiteten in Paris, Brüssel und London an den

war begeistert. Mit Eisenbahnen, Kanälen und neuen breiten Straßen, mit Geld und Dampf unterminierte das aufstrebende Bürgertum die alte Feudalgesellschaft. Seit 1834 gab es einen deutschen Zollverein. Er umfaßte 18 Staaten mit 23 Millionen Einwohnern. Ein wichtiger Schritt zu einem einheitlichen Binnenmarkt war getan, wenngleich Österreich abseits blieb. Die Kehrseite des wirtschaftlichen Aufschwungs zeigte sich in der wachsenden Armut der unteren Klassen. Arme Bauern

theoretischen Grundlagen des wissenschaftlichen Sozialismus. Die Luft des Vormärz roch nach radikaler Veränderung.

Deutschland auf den Barrikaden: Das Jahr 1847 brachte ganz Europa eine allgemeine Wirtschaftskrise, Mißernten, Teuerung, Hungersnot, Bankenkrach, Produktionsrückgang, Arbeitslosigkeit, Krieg um Kartoffeln. Ein harter Winter 1847/1848 folgte; erste Tumulte und Unruhen in den Städten. Wieder beginnt Paris mit dem Kampf. Im Februar werden dort Barrikaden gebaut und Waffenlager gestürmt. Der „Bürgerkönig" Louis Philippe und seine Minister müssen fliehen, in Frankreich wird die Republik ausgerufen. Schnell breitet sich **49**

Links: Barrikadenkämpfe im Revolutionsjahr 1848. **Oben:** Das erste deutsche Parlament in der Frankfurter Paulskirche.

die revolutionäre Woge nach Deutschland aus. Bauern brennen Schlösser nieder, zahlen keine Steuern und Abgaben mehr. Volksversammlungen fordern Reformen und ein Parlament. Den Monarchen fährt der Schreck in die Glieder. Um Schlimmeres zu verhindern, machen sie Zugeständnisse. Bürger werden Minister, die Bourgeoisie darf mitregieren, ja sogar bewaffnete Bürgerwehren aufstellen.

In Wien bricht ein Volksaufstand aus. Metternich flieht, als Frau verkleidet, nach England. Der Kaiser verspricht eine Verfassung. In Mailand, Venedig, Ungarn und Böhmen müssen die österreichischen Truppen vor den Volkserhebungen zurückweichen. Am 18. März revoltiert auch Berlin. Barrikaden in der

Revolution kommen? Würde sich die Nationalversammlung in Permanenz erklären, die Souveränität der Nation verkünden und den Adel abschaffen? Nichts dergleichen geschah. Die deutschen Bürger redeten und redeten, aber die alten Gewalten ließen sie unangetastet. Die Nationalversammlung ließ den Einzelstaaten ihre Armeen. Sie schuf kein machtvolles Volksheer unter ihrem Kommando. Ohne Gewehre nahm sie niemand ernst. Die liberale Mehrheit fürchtete sich vor den radikalen Forderungen der demokratischen Linken, die eine Republik wollten, und weigerte sich, die entschädigungslose Aufhebung aller noch auf den Bauern lastenden feudalen Abgaben zu verkünden.

Stadt. Der preußische König muß seinen Truppen den Rückzug befehlen und eine liberale Regierung einsetzen. In Posen fordern die Polen einen eigenen Staat. In den Mitgliedsstaaten des Deutschen Bundes werden Parlamente gewählt. Schließlich trat am 18. Mai 1848 in der Frankfurter Paulskirche eine gewählte deutsche Nationalversammlung zusammen. Rechtsanwälte, Professoren, Beamte und Gutsbesitzer – insgesamt 586 Abgeordnete – bildeten das erste gesamtdeutsche Parlament. Alle Augen blickten gespannt nach Frankfurt.

Vom Scheitern einer Revolution: Würde es zu
einer deutschen Ausgabe der Französischen

Die deutsche Revolution blieb auf halbem Wege stecken. Sie rollte vollends zurück, als das liberale Bürgertum – erschreckt von den blutigen Kämpfen im Pariser Juni – sich offen auf die Seite des Adels stellte. Die absolutistischen Herren wußten ihre Macht zu nutzen. Die aufständischen Wiener wurden von Feldmarschall Windischgrätz zusammengeschossen. Die Berliner bekamen es mit dem General Wrangel zu tun. Gegen die rebellischen Ungarn setzte man den Knüppel der europäischen Reaktion in Marsch – die russische Armee. Die Paulskirchenversammlung, die sich gescheut hatte, zum Schwert zu greifen, wurde von Schwertern auseinandergejagt.

Im Frühsommer 1849 griff das Volk noch einmal zu den Waffen, um eine Reichsverfassung zu erkämpfen. Eine Reihe regionaler Aufstände scheiterte. Ohne organisierendes Zentrum waren die Truppen der Fürsten nicht zu besiegen. Im Juli kapitulierte die letzte Bastion der Revolution, Rastatt, vor preußischen Truppen. Die Revolution hatte verloren. Der Adel blieb an der Macht.

Bismarck und das zweite Deutsche Reich: Ruhe und Ordnung zogen in Deutschland wieder ein, Erschöpfung und Grabesstille. Die Revolution war beseitigt, doch die Probleme, die sie verursacht hatten, waren geblieben. Der Nationalstaat mußte geschaffen werden, wenn nicht auf revolutionär-demokratischem oder

landbesitzenden, märkischen Rittmeisters und einer gutbürgerlichen Mutter, absolvierte er die humanistische Schulbildung, Jurastudium, Studentenstreiche, Freigeisterei. Mit der Heirat fand er zum christlichen Glauben zurück. Bald sollte sich der Abgeordnete der Sächsischen Ritterschaft als wütender Kämpfer gegen alles Liberale in Preußen einen Namen machen. In der Revolution von 1848 sehen wir ihn als Mitarbeiter der prorussischen und erzkonservativen „Kreuzzeitung" für einen gegenrevolutionären Staatsstreich werben. Immerhin ging er auch schon am preußischen Königshofe ein und aus.

Der König behielt denn auch diesen jungen „tollen" Bismarck im Gedächtnis. Acht Jahre

liberalem Weg, dann eben auf reaktionärem, wenn nicht als großdeutscher Staat (mit Einschluß Österreichs), dann eben als kleindeutscher (ohne Österreich und unter Preußens Führung). So oder so. Es mußte etwas geschehen. Was dann wirklich geschah, ist unauflöslich mit dem Namen Otto von Bismarck verbunden. Was war das für ein Mann, dieser Bismarck?

Königstreuer Konservativer: Geboren 1815, im Jahr des Wiener Kongresses, als Sohn eines

Links: Die erste deutsche Eisenbahnstrecke zwischen Nürnberg und Fürth. Oben: Eisen- und Stahlkocherei, Gemälde von Adolph von Menzel.

lang lernte er als preußischer Gesandter am Bundestag in Frankfurt die hohe Kunst der diplomatischen Intrige. Er erkannte, daß Preußens Aufstieg nur über den Niedergang Österreichs erfolgen konnte. In diesen Jahren sehen wir Bismarck viel mit der Eisenbahn reisen, die Zigarre im Mund, maßlos im Essen und Trinken. Erste Rundungen unter den Augen sind zu erkennen. Von 1859 bis 1862 hatte er als Gesandter am Hof des Zaren in St. Petersburg Gelegenheit, seine prorussische Haltung zu festigen. Er sollte sie Zeit seines Lebens beibehalten. Nach ein paar Monaten Diplomatentätigkeit in Paris war es im Oktober 1862 endlich so weit.

Krieg gegen Dänemark: König Wilhelm I. berief Bismarck an die Spitze der preußischen Regierung. Er sollte die Liberalen im Parlament zur Räson bringen. Ohne Rücksicht auf Parlament und Verfassung setzte er die Modernisierung der preußischen Armee durch. Ein Jahr später folgte sein erstes Meisterstück. Um die beiden kleinen Länder Schleswig und Holstein von Dänemark zurückzuerobern, gewann er Österreich für eine gemeinsame Aktion. Kein Volkskrieg und auch kein Krieg aller deutschen Länder wies das übermütige Dänemark in seine Schranken. Nein, ausgerechnet die beiden konservativen Dynastien bekränzten sich mit dem Lorbeer des siegreichen Kampfes um die Souveränität der

das allgemeine Wahlrecht gewettert. Jetzt brachte er selber dieses verruchte liberale Wahlrecht in den Bundestag ein – als Schachzug gegen Österreich. Bismarck wurde zum königlich-preußischen Revolutionär. Er brach gegen den Willen der deutschen Kleinstaaten einen überlegen kalkulierten Krieg gegen die österreichische Habsburgermonarchie vom Zaun. 1866 entschieden bei Königgrätz in Böhmen die Waffen. Die preußische Armee kämpfte mit Zündnadelgewehren und gewann. Bismarck wurde über Nacht zum Helden Preußens.

Seine Revolution von oben veränderte die Landkarte Deutschlands. Preußen annektierte große Gebiete einschließlich Schleswig-

deutschen Nation. Das kleine Dänemark war schnell geschlagen. Über die Verteilung der Beute gerieten sie sich prompt in die Haare. Wer hat in Deutschland das Sagen? Berlin oder Wien? Die Hohenzollern oder die Habsburger? Diese Frage mußte entschieden werden. Nicht durch Reden und Resolutionen, sondern durch „Blut und Eisen".

Königgrätz – ein deutscher Bürgerkrieg: Die Jahre 1866 bis 1870 waren Bismarcks beste Zeit. Geschickt hielt er die anderen europäischen Mächte aus dem deutschen Bürgerkrieg heraus. Österreich fand sich plötzlich in der Zange eines Zweifrontenkrieges wieder. 1848 hatte Bismarck noch Zeter und Mordio gegen

Holstein; Österreich und Frankreich mußten dem zustimmen. Der Deutsche Bund zerfiel. Preußen hatte Österreich aus Deutschland verdrängt und im neu gegründeten Norddeutschen Bund seine unangefochtene Hegemonie errichtet. Bismarck hatte den Liberalen die nationalen Wünsche auf Kosten ihrer demokratischen erfüllt.

Deutsch-Französischer Krieg: Nach dem Sieg über Österreich gab es für Preußen nur noch einen großen Konkurrenten in Mitteleuropa: Frankreich. Bismarck nutzte einen verwaisten Thron in Spanien zu einer Provokation Napoleons III. Ein Hohenzollernprinz sollte in Madrid residieren. Der Franzosenkaiser konnte eine preußenfreundliche Regierung im Hinterland Frankreichs unmöglich dulden. Als Napoleon III. eine für Preußen demütigende Verzichtserklärung verlangte, konnte und wollte der preußische König sich nicht darauf einlassen. Bismarck verschärfte den Ton der Antwortdepesche, und der gewünschte Krieg kam zustande. Geführt von dem Haudegen General von Moltke, besiegten die überlegenen deutschen Truppen am 1. September 1870 bei Sedan die französische Armee. Napoleon wurde gefangengenommen.

In Frankreich erklärte ihn das Volk kurzerhand für abgesetzt und proklamierte erneut die Republik. Die deutschen Truppen drangen bis Paris vor, wo im März 1871 die arbeitende

Stadtbevölkerung die rote Fahne der sozialen Revolution aufgepflanzt hatte. Paris erlebte die Tage der Kommune und das Abschlachten der Kommunarden durch Versailler Regierungstruppen, die zuvor mit Bismarcks Unterstützung um die Hauptstadt zusammengezogen worden waren.

Frankreich mußte einen bitteren Friedensschluß hinnehmen. Deutschland verleibte sich Elsaß-Lothringen ein und kassierte satte fünf Milliarden Francs Kriegsentschädigung.

Links: *Der Aufstand der Weber*, **Radierung von Käthe Kollwitz. Oben: Otto von Bismarck, der „Eiserne Kanzler".**

Ein kaiserlicher Nationalstaat: Auf denkwürdige Weise kamen die Deutschen zu ihrem neuen Reich. Nicht in Deutschland wurde es gegründet, sondern in Frankreich, im Spiegelsaal des Versailler Schlosses. Nicht in einer demokratischen Volksbewegung wurde es geboren, sondern durch diplomatische Verträge deutscher Fürsten und Könige; nicht als Sieg des Bürgertums über den Adel, sondern als Sieg von Königtum und Junker über die Bürger kam es auf die Welt. Keine Republik, sondern ein Kaiserreich proklamierte man am 18. Januar 1871.

47 Jahre sollte dieser kaiserliche Nationalstaat existieren, ehe er in der Novemberrevolution von 1918 zusammenbrach. In ihm lebten nicht nur Deutsche. Unterdrückt und gegen ihren Willen gehörten auch Polen, Dänen und Elsässer zum Deutschen Reich.

Deutschland wird Industriestaat: Lebten zu Beginn des 19. Jahrhunderts vier Fünftel der Bevölkerung auf dem Lande und von der Landwirtschaft, so war es an seinem Ende nur noch ein Fünftel. Deutschland wandelte sich vom Agrarland zum Industriestaat. Städte wie Hamburg, Köln, München, Leipzig und Frankfurt wuchsen um Millionen. Die Fortschritte in Medizin und Hygiene trugen zum raschen Bevölkerungswachstum bei.

Die fünf Milliarden Francs Kriegsbeute verhalfen der deutschen Wirtschaft zu einem Boom ohnegleichen. In den „Gründerjahren" (1871 bis 1874) schossen die Aktiengesellschaften wie Pilze aus dem Boden. Das Ruhrgebiet entwickelte sich zum größten Industriezentrum Europas. Allein der Kanonenfabrikant Krupp in Essen beschäftigte 50 000 Arbeiter. Die finanzielle Macht der großen Geldinstitute Deutsche Bank, Dresdner Bank und Commerzbank durchdrang immer gebieterischer Industrie und Handel. Aus den Konzentrationsprozessen entstanden gigantische Monopole, die ihr Geld auch zunehmend im Ausland investierten. Die deutsche industrielle Gesamtproduktion überflügelte in den siebziger Jahren des vorigen Jahrhunderts die französische und zog um 1900 mit der englischen gleich, die sie im Ersten Weltkrieg sogar übertreffen sollte.

Aufstieg der Sozialdemokratie: Die industrielle Revolution zu fördern und zu leiten war nicht mehr Bismarcks Sache. Die neue Zeit ging über ihn und seine bonapartistische Diktatur hinweg. Er wurde überflüssig. Die Junkerklasse, die er vertrat, repräsentierte das **53**

Land, den Stock und die Vergangenheit. Bismarck blieb Zeit seines Lebens ein Gegner des Parlamentarismus, der Demokratie und ganz besonders der sozialdemokratischen Arbeiterschaft. Die Sozialdemokratie gewann in der Zeit ihres Verbots durch die Sozialistengesetze (Okt.1878 bis Jan.1890) an Stimmen und Autorität. 1912 wurde sie die stärkste Partei im Reichstag. Die Arbeiter forderten den Achtstundentag, die Republik und die politische Macht. Bismarck mußte letztendlich 1890 als gescheiterter Politiker abtreten. Der junge neue Kaiser Wilhelm II. bedurfte seiner nicht mehr.

Kanonenbootpolitik: Deutsche Kaufleute und Truppen eroberten Kolonien. In Südwestafrika,

Ostafrika, Togo, Kamerun und im chinesischen Kiautschou wurde die schwarz-weiß-rote Flagge des deutschen Kaiserreiches gehißt. Krupp, Kirdorf, Hapag, Kaiser Wilhelm und der Deutsche Flottenverein machten Stimmung für deutsche Kolonialpolitik. Vom „Platz an der Sonne" war die Rede. Dem Hauptkonkurrenten England sollte auf seinem ureigenen Terrain Paroli geboten werden: zur See. Der deutsche Imperialismus stürzte sich in Flottenbauprogramme. Die Deutsche Bank engagierte sich im Türkeigeschäft. 1902 sprach ihr der türkische Sultan die Konzession für den Eisenbahnbau bis Bagdad zu. Alle europäischen Großmächte rüsteten auf für einen großen Krieg um die Neuverteilung von Kolonien und Märkten.

Nach zwei Marokko-Krisen und Balkankriegen hatten sich die imperialistischen Mächte für den seit langem in der Luft liegenden Krieg gruppiert: Deutschland und Österreich-Ungarn gegen die Entente von Frankreich, Rußland und England. Als serbische Nationalisten den österreichischen Thronfolger Franz Ferdinand in Sarajewo ermordeten, nutzte die Berliner Regierung entschlossen die historische Stunde, durch einen Präventivkrieg zur Weltmacht aufzusteigen.

Das Deutsche Reich drängte seinen Bündnispartner in Wien zum Krieg gegen Serbien und warf Rußland und Frankreich den Fehdehandschuh hin. Ein „Stahlbad" der Nation sollte es werden, ein kurzer, nur wenige Wochen oder Monate dauernder Waffengang. So dachten von Moltke, sein Generalstab und auch sehr viele von patriotischem Kriegstaumel verblendete Deutsche. Sie alle sollten sich täuschen. Die Kriegslawine, einmal losgetreten, begrub den alten Knochenhaufen Europa volle vier Jahre unter sich.

Deutsche Kriegsziele: „Ich kenne keine Parteien mehr, ich kenne nur noch Deutsche", verkündete Kaiser Wilhelm zu Beginn des Krieges. Beifall von allen Seiten – auch von einer, den die Regierung erleichtert vernahm. Reichstagsfraktion und Parteivorstand der Sozialdemokratie stimmten für den sozialen Burgfrieden und sagten ja zu den Kriegskrediten. Nur Karl Liebknecht verweigerte seine Zustimmung. Später sollte er zusammen mit Rosa Luxemburg die Kommunistische Partei Deutschlands gründen.

Reichskanzler von Bethmann Hollweg hatte in einer geheimen Denkschrift die Kriegsziele seiner Regierung dargelegt: Eroberung des Erzbeckens von Briey, Schwächung Frankreichs auf lange Zeit, Unterwerfung Belgiens, Luxemburgs und der von Rußland beherrschten nichtrussischen Völker. Aufbau eines mitteleuropäischen Wirtschafts- und Zollverbandes unter deutscher Führung. Verwirklicht wurde zuletzt kein einziges. Es gelang nicht, Frankreich in einem Blitzkrieg zu besiegen. Über eine Million Soldaten fielen allein in den monatelangen Schlachten bei Verdun und an der

Oben: Wilhelm Conrad Röntgen, der erste Träger des Nobelpreises für Physik (1901). **Rechts:** Albert Einstein mußte 1933 Deutschland verlassen.

NATURWISSENSCHAFTEN IN DEUTSCHLAND

Deutschland gilt vielen als das Land der Dichter und Denker. Kommt das Gespräch darauf, fallen Namen wie Goethe, Schiller, Kant oder Marx dabei wie von selbst. Nur wenige aber wissen, daß Deutschland zumindest für eine gewisse Zeit auch das Land der (Natur-)Wissenschaften war.

Fast jeder von uns wurde schon mit „Röntgenstrahlen" durchleuchtet – Entdecker dieser Strahlen war Wilhelm Conrad Röntgen, ein Deutscher, der dafür 1901 mit dem ersten Nobelpreis für Physik ausgezeichnet wurde. Tetanus und Diphtherie sind dank der von Emil von Behring entwickelten Impfungen heute kaum mehr ein Problem (Nobelpreis für Medizin, 1901). Die Tuberkulose raffte Hunderttausende dahin, bis der Bakteriologe Robert Koch den Weg zeigte, ihrer Herr zu werden. Nicht wenige Menschen stöhnen heute unter der Flut von Informationen, die uns Massenmedien wie Rundfunk und Fernsehen vermitteln – doch wie dem auch sei, ohne diese Medien wäre eine moderne Kommunikationsgesellschaft undenkbar. Die technischen Grundlagen dafür legten deutsche Wissenschaftler wie Heinrich Hertz, Karl Ferdinand Braun und Adolf Slaby. Unser Wissen über physikalische Vorgänge hat sich in den letzten 100 Jahren ungeheuer erweitert, vor allem

durch die bahnbrechenden Arbeiten von Max Planck (Quantentheorie), Albert Einstein (Relativitätstheorie), Werner Heisenberg (Quantenmechanik), Otto Hahn (Kernspaltung) u.v.a.

Doch nicht nur Wissenschaftler, auch geniale Techniker und Tüftler aus Deutschland leisteten ihren unverzichtbaren Beitrag zum Fortschritt. Man denke dabei nur an Namen wie Nikolaus Otto, Carl Benz und Gottlieb Daimler, ohne die wir unsere Zigaretten vielleicht immer noch zu Fuß statt mit dem Auto holen müßten.

Zwischen 1901, dem Jahr, als der erste Nobelpreis verliehen wurde, und 1933, als die Nationalsozialisten in Deutschland die Macht an sich rissen, galt Deutschland unbestritten als die „Supermacht" der Naturwissenschaften. Einunddreißig Nobelpreise gingen in dieser Zeit an deutsche Wissenschaftler (USA: 6), aber auch bei der großtechnischen Umsetzung von wissenschaftlicher Forschung z.B. in der Chemie oder der Elektrotechnik waren deutsche Unternehmen wie Siemens oder AEG weltweit führend. Die Grundlagen für dieses hohe technisch-wissenschaftliche Niveau waren schon 1871, zu Beginn des Deutschen Reiches, gelegt worden: Interessierte Wissenschaftler wie der Mathematiker Felix Klein und vorausschauende Beamte wie Friedrich Theodor Althoff gründeten um diese Zeit wissenschaftliche Vereinigungen (z.B. für angewandte Mathematik und Physik), um eine engere Verbindung von Universität und Wirtschaft, von Theorie und Praxis herzustellen. Auch die neu installierten Technischen Hochschulen wurden rasch zu Keimzellen des deutschen „Wissenschaftswunders".

Aus nationalen, militärischen und merkantilen Interessen förderte der Staat erfolgversprechende Forschungsarbeiten.

Unter den Wissenschaftlern, die Glanzleistungen in so großer Zahl hervorbrachten, waren auch viele mit jüdischem Glauben. Der von den Nationalsozialisten entfesselte Rassenwahn trieb viele der hervorragendsten Köpfe wie Albert Einstein und Otto Hahn in das Exil, vor allem in die USA. Von diesem Aderlaß hat sich die deutsche Wissenschaft bis heute noch nicht völlig erholt. Zwischen 1933 und 1990 gingen 136 Nobelpreise an die USA, 22 an Deutschland.

Manche deutschen Nobelpreise nach dem Krieg, wie der Physikpreis von 1986, gehen noch immer auf wissenschaftliche Leistungen von vor 1933 zurück. Der damals schon 79jährige Physiker Ernst Ruska erhielt 1986 den Preis „für eine der wichtigsten Erfindungen des 20. Jahrhunderts", wie es in der Preisrede hieß, für das Elektronenmikroskop, entwickelt 1930-1933!

Nicht mit dem Nobelpreis bedacht wurde eine deutsche Entwicklung, mit der Hitler den Zweiten Weltkrieg zu gewinnen hoffte: die Rakete V 2 und ihre Vorläufer, die von Wernher von Braun und seinem Team entwickelt wurden – die Raketen, mit denen London bombardiert wurde. Von Braun arbeitete ab 1959 für die NASA, entwickelte die Trägerrakete *Saturn* für das amerikanische Raumfahrtprogramm und hatte entscheidenden Anteil am Mondflugprogramm.

Somme (1916). Der Übergang zum unbeschränkten U-Bootkrieg bedeutete den Anfang vom Ende, da nun auch noch die USA in den Krieg gegen Deutschland eintraten.

Niederlage und Revolution: Deutschland verwandelte sich in eine Militärdiktatur. Belagerungszustand, Zensur und Zwangsarbeit bestimmten das politische Leben. Das Volk darbte. Gold wurde für Eisen ausgegeben. Mit immer neuen Anleihen wurde der zunehmend verhaßte Krieg finanziert. Hunger, Kohlrüben und Kriegsgemüse taten das ihre. Rußland war nach der Februar- und der Oktoberrevolution des Jahres 1917 durch den Frieden von Brest-Litowsk im Frühjahr aus dem Krieg ausgeschieden, ein Erfolg des Militärs im Osten.

Der Krieg war militärisch nicht mehr zu gewinnen. Ende September 1918 kapitulierte der Bündnispartner Bulgarien. Deutschland war damit von der Ölzufuhr aus dem Balkanland abgeschnitten. In dieser Situation machte der Generalquartiermeister Ludendorff Geschichte. Selbst ein strammer Monarchist und von Kopf bis Fuß konservativ, überzeugte er Hindenburg und den Kaiser, daß es nötig sei, sofort um einen Waffenstillstand nachzusuchen und eine parlamentarische Regierung zu bilden, die „die Suppe auslöffeln" solle. So erfuhr das deutsche Volk Anfang Oktober 1918 vom Eintritt der SPD in die neue Regierung des Prinzen Max von Baden und vom Ersuchen um einen Waffenstillstand. Der Krieg war verloren und die parlamentarische Monarchie nicht mehr zu retten. Die Revolution rollte heran.

Räte oder Nationalversammlung: In der Woche vom 3. bis zum 10. November 1918 verwandelte sich Deutschland aus einer Militärdiktatur in eine Räterepublik. Überall wurden die Fürsten und Militärbehörden gestürzt. Bewaffnete Arbeiter und Soldaten bildeten Arbeiter- und Soldatenräte, die die lokale Macht übernahmen. Kaiser Wilhelm floh nach Holland ins Exil. Es kam die Stunde der Sozialdemokratie und ihres Vorsitzenden Friedrich Ebert. Der „Rat der Volksbeauftragten" – so nannte sich die sechsköpfige, rein sozialdemokratische Regierung – müsse Kurs auf die Errichtung einer sozialistischen Räterepublik nehmen, forderten Arbeitervertreter im ganzen Land. Doch Ebert wollte keine Räteherrschaft. Heimlich versicherte er sich der Unterstützung der deutschen Reichswehr. Die kaiserlichen Generäle standen der Sozialdemokratie für den Kampf gegen die eigenen Arbeiter und Soldaten zur Seite.

Mitte Dezember 1918 tagte in Berlin der erste Reichsrätekongreß. Die große Mehrheit der 489 Abgeordneten kam aus der SPD. Man beschloß, Wahlen zu einer Nationalversammlung abzuhalten und übertrug die gesamte politische Macht dem Ebertschen Rat der Volksbeauftragten. Damit war die deutsche Revolution aufs parlamentarische Gleis rangiert. Gustav Noske, der sozialdemokratische Oberbefehlshaber („Einer muß der Bluthund werden"), ließ die rebellischen Arbeiter durch Regierungstruppen und reaktionäre Freikorps zusammenschießen. In Berlin tobte der Bürgerkrieg. Rosa Luxemburg und Karl Liebknecht fielen einem Meuchelmord von Reichswehrsoldaten zum Opfer. Mitten in einer Atmosphäre des erbitterten Kampfes versammelten sich im ruhigen Weimar die Abgeordneten der Nationalversammlung und wählten Friedrich Ebert zum Reichspräsidenten der ersten deutschen demokratischen Republik, der Weimarer Republik.

Nach der Novemberrevolution: Kaiser, Könige und Fürsten waren geflohen, die Dynastien beseitigt. Deutschland war nun eine Republik mit allgemeinem Stimmrecht für Männer und Frauen, Achtstundentag und anerkannten Gewerkschaften. Ein starkes konservatives Lager versammelte unverbesserliche Monarchisten, alte Generäle, ausrangierte Soldaten und deklassierte Kleinbürger, ostelbische Junker und giftige Antisemiten, Bankiers und mächtige Pressezaren. Diese Kräfte webten an der Legende, der Krieg sei wegen des „Dolchstoßes" von innen verlorengegangen.

Angeprangert wurde das „Diktat von Versailles". Dort hatte Deutschland als Verlierer des Ersten Weltkrieges im Juni 1919 einen demütigenden Vertrag unterschreiben müssen: Verlust aller Kolonien, Verlust Elsaß-Lothringens an Frankreich, Danzigs an den Völkerbund, Abtretung Westpreußens, von Teilen Pommerns und Oberschlesiens an Polen. Besetzung der linksrheinischen Gebiete durch Truppen der Siegermächte, das Saargebiet unter Völkerbundsverwaltung gestellt, Verlust der Kohlegruben an der Saar an Frankreich, Reparationszahlungen in Milliardenhöhe, Verbot des Anschlusses Deutsch-Österreichs an die Republik. In Paragraph 231 wiesen die Sieger Deutschland die Alleinschuld am Ersten Weltkrieg zu. Eine Welle von neuem deutschem Chauvinismus und

Revanchismus ging hoch. „Kriegsschuldlüge" und „Zinsknechtschaft" schrien am lautesten die braunen Anhänger der „Nationalsozialistischen Bewegung". Ihr Führer hieß Adolf Hitler.

Hitlers Aufstieg zur Macht: Für manche Christen war Hitler der Teufel in Menschengestalt, das personifizierte Böse. Andere hielten ihn für einen Psychopathen, Hochstapler, Größenwahnsinnigen oder Kriminellen. Auf alle Fälle war er Produkt und Ausdruck der Gesellschaft seiner Zeit: ein gescheiterter Künstler mit kleinbürgerlichem Hintergrund, der ohne Ausbildung und Beruf in Wien strandete. Dort verfiel er dem osteuropäischen Antisemitismus und großdeutschen Nationalismus. Er

mit der SA über eine schlagkräftige Bürgerkriegsarmee, propagierte die Ausrottung von Marxismus und Judentum und versprach, Deutschlands Größe in der Welt wiederherzustellen. Den Mann und seine Partei, die Nationalsozialistische Deutsche Arbeiterpartei (NSDAP) konnte man gebrauchen. Stahlbaron Fritz Thyssen bekannte später in einem Buch: "I paid Hitler". Andere sollten ihm folgen, so der Berliner Großindustrielle Borsig, der Kölner Bankier Kurt von Schröder, der Ruhrindustrielle Emil Kirdorf, der Direktor der Deutschen Bank Emil Georg von Strauß und Friedrich Flick. Als sich auf der Höhe der Wirtschaftskrise die politischen Gegensätze zuspitzten und die parlamentarische Demo-

war Gefreiter im Ersten Weltkrieg, Spitzel in den Diensten der Reichswehr, Redner einer kleinen reaktionären Nachkriegspartei in Münchner Bierkellern, ein 1923 gescheiterter Putschist. Ohne Versailles, ohne die Wirtschaftskrise mit ihren sechs Millionen Arbeitslosen, ohne mächtige Hintermänner, Drahtzieher und Förderer in Wirtschaft, Staat und Reichswehr wäre dieser skrupellose Demagoge gewiß nicht an die Spitze des Weimarer Staates gekommen. Er hatte eine chauvinistische Massenbewegung organisiert, gebot

kratie nicht mehr funktionierte, favorisierten reaktionäre Kreise die Übertragung der Macht auf die NSDAP. Nachdem die Kabinette von Brüning, Papen und Schleicher zerschlossen waren, ernannte Reichspräsident von Hindenburg am 30. Januar 1933 Adolf Hitler zum Reichskanzler.

Die Nazis an der Macht: Der Vorhang öffnete sich für die Barbarei des Dritten Reiches. Zwölf Jahre lang herrschte der braune Terror in Deutschland. Zunächst wurde die KPD verboten, ihre Funktionäre ins Exil getrieben oder in Konzentrationslager geworfen. Nach den nächsten Wahlen, bei denen die NSDAP

Überschäumender Nationalismus: Massen beim Hitlergruß wärend eines Reichsparteitages.

knapp 44 Prozent erreichte, akzeptierten die **57**

Parteien im Reichstag mit Ausnahme der SPD das Ermächtigungsgesetz. Die NSDAP kam legal an die Macht, ohne Putsch. Danach wurden die Gewerkschaften zerschlagen, zuletzt alle Parteien aufgelöst. „Führerprinzip" nannten die Nationalsozialisten ihre Einparteidiktatur. Fabriken, Büros, Schulen, Universitäten, Rundfunk und Presse – fast das gesamte gesellschaftliche Leben wurde gleichgeschaltet und durchorganisiert. Da gab es SA (Sturmabteilungen) und SS (Schutzstaffeln) der NSDAP, Deutsche Arbeitsfront, NS-Frauenschaft, Bund deutscher Mädel, Hitler-Jugend, „Kraft durch Freude" und „Schönheit der Arbeit". Ein ganzes Volk wurde erfaßt. Pompös inszenierte Massenkundgebungen, Fackelmärsche, Reichsparteitage und der Terror der Gestapo sollten den „Aufbruch der Nation" signalisieren. Das Volk bekam einmal wöchentlich Eintopf verordnet und erfuhr von korrupten Nazis, daß „Gemeinwohl vor Eigennutz" geht. Die Juden erklärte man zu Bürgern zweiter Klasse, überfiel und beraubte sie in einer Reichspogromnacht am 9. November 1938 und führte sie ab 1941 der „Endlösung" zu. Millionen europäischer Juden starben einen qualvollen Tod in Vernichtungslagern wie Auschwitz, Treblinka, Majdanek und Buchenwald.

Weltkrieg und Kapitulation: Vor Befehlshabern des Heeres und der Marine brachte Hitler kurz nach seinem Machtantritt Deutschlands zukünftige Außenpolitik auf den Begriff: „Erkämpfung neuer Exportmöglichkeiten", „Eroberung neuen Lebensraumes im Osten und dessen rücksichtslose Germanisierung". Um die Kriege der Zukunft gegen die Weltmächte USA und Sowjetunion siegreich bestehen zu können, mußte das zersplitterte Europa zu einer einheitlichen Großraumwirtschaft zusammengefaßt werden, natürlich unter deutscher Führung. Die Nazis stellten einen Vierjahresplan der Kriegsvorbereitung auf. Bald rollten die Panzer auf den neuen Autobahnen. In fünf Jahren hatte Hitler ein Großteil dessen wieder zusammengebracht, was Deutschland in Versailles verloren hatte. 1935 wurde das Saargebiet wieder der „deutschen Mutter angeschlossen", ein Jahr später rückte die Wehrmacht ins Rheinland ein. Im März 1938 erfolgte der Anschluß Österreichs. Nach der Münchener Konferenz wurde das Sudetenland in der Tschechoslowakei Teil des Deutschen Reiches.

Die Politik des *appeasement,* des Zögerns, des Nachgebens und der Zugeständnisse durch London und Paris auf der Münchener Konferenz 1938 war gescheitert. Stalin entschied sich mit dem deutsch-sowjetischen Nichtangriffspakt vom 23. August 1939 für einen Räuberpakt mit Hitler. In Absprache und engster Koordinierung überfielen deutsche und russische Truppen im September Polen. Es wurde mit über 50 Millionen Toten der größte und grauenvollste Krieg der Menschheitsgeschichte. Zwei Jahre lang marschierten deutsche Truppen, unterstützt von ihren Verbündeten, von Sieg zu Sieg. Sie verbreiteten blutigen Terror, aber auch Zwietracht und Opportunismus unter den geschlagenen Völkern, die Zwangsarbeit leisten mußten. 1941 beherrschten die Faschisten Europa und streckten im Bündnis mit Italien die Hände nach Afrika aus. Das Blatt begann sich zu wenden, als Hitlers Angriff auf die Sowjetunion im Dezember 1941 vor Moskau zum Stehen kam. Wenige Tage nach dem japanischen Angriff auf Pearl Harbor bestätigte Hitler durch eine förmliche Kriegserklärung den Eintritt der USA in den Weltkrieg. England, die USA und die Sowjetunion bildeten jetzt eine militärisch überlegene Allianz. Der Untergang der 6. Armee in Stalingrad und die Landung der Alliierten in der Normandie signalisierten das Scheitern der Weltherrschaftsträume.

Mehrere Versuche von militärischen und zivilen Widerstandsgruppen, das NS-Regime zu beseitigen, schlugen fehl. Am 20. Juli 1944 überlebte Hitler in seinem Hauptquartier in Ostpreußen einen Bombenanschlag, den der junge Generalstabsoffizier Graf Stauffenberg als Kopf der Verschwörung ausgeführt hatte.

Das Ende des Dritten Reiches kam mit der bedingungslosen Kapitulation am 7./9. Mai 1945. Hitler hatte für Deutschland „Lebensraum" erobern und es als Weltmacht unbesiegbar machen wollen. Jetzt lag Deutschland in Trümmern, von Bomben zerstört, besetzt und geteilt. Zum Schock der totalen Niederlage kam die bittere Erkenntnis, daß durch die Herrschaft des Nationalsozialismus die auf ihre Kulturleistungen einst so stolze Nation auf dem moralischen Tiefpunkt ihrer Geschichte angelangt war.

Adolf Hitler genoß dank seiner demagogischen Rhetorik bei den vom Ausgang des Ersten Weltkrieges enttäuschten Deutschen den Nimbus des nationalen Missionars.

Bedingungslose Kapitulation: Mit der Schlacht um Berlin kam das Ende des Dritten Reiches. Am 30. April 1945 beging Hitler im Bunker der Reichskanzlei Selbstmord. Am 1. Mai hißten Rotarmisten auf der Ruine des – 1933 ausgebrannten – Reichstags die sowjetische Fahne. Am 7. Mai 1945 unterzeichnete die Wehrmachtsführung die bedingungslose Kapitulation im Hauptquartier der Westalliierten in Reims, am 9. Mai wurde der Kapitulationsakt im sowjetischen Hauptquartier Berlin-Karlshorst wiederholt.

Die alliierten Pläne: Trotz beiderseitigen Mißtrauens, vor allem zwischen Stalin und Churchill, hielt die Kriegskoalition bis zum Sieg über Hitler-Deutschland. Das gemeinsame Kriegsziel war nicht nur, die faschistische Aggression niederzuwerfen, sondern Deutschland als europäische Großmacht für immer auszuschalten.

Die Pläne, Deutschland zu zersplittern, hatte man jedoch – abgesehen von den zusehends größeren Gebietsabtretungen – bei Kriegsende wieder ad acta gelegt. Vor allem Stalin versprach sich von einem territorial und wirtschaftlich geschwächten, aber ungeteilten Deutschland eine Stärkung seiner Machtposition im Nachkriegseuropa.

Am 5. Juni 1945 kündigte die Vier-Mächte-Erklärung von Berlin die gemeinsame Verwaltung des in vier Besatzungszonen aufgeteilten Landes an: Die Sowjets erhielten die östliche Zone, die Amerikaner den Süden, die Briten den Nordwesten und die Franzosen den Südwesten. Die frühere Reichshauptstadt Berlin bekam – wie schon im Londoner Protokoll vom 9. September 1944 vorgesehen – einen Sonderstatus als Vier-Sektoren-Stadt.

Das Potsdamer Abkommen: Auf der Potsdamer Konferenz (17. Juli bis 1. August 1945) einigten sich die Großen Drei (Stalin, Truman, Churchill/Attlee) auf die Grundsätze des gemeinsamen Besatzungsregimes: Entmilitarisierung, Entnazifizierung, Demokratisierung, Dezentralisierung in der Wirtschaft (= Entflechtung der Konzerne) und im Staat. Deutschland sollte wirtschaftlich als Einheit

behandelt werden. Wirtschaftliche und politische deutsche Zentralbehörden waren vorgesehen. Nach einer zeitlich unbegrenzten Besatzungszeit wurde ein Friedensvertrag in Aussicht gestellt. Die „Umsiedlungen" aus den Gebieten östlich von Oder und Neiße sollten „in geregelter und humaner Weise" fortgesetzt werden. Damit wurde faktisch die Abtretung der ostdeutschen Gebiete, vor allem von Schlesien und Pommern an Polen – bis zur endgültigen Fixierung durch einen Friedensvertrag – sanktioniert.

„Die Idee, Deutschland gemeinsam mit den Russen regieren zu wollen, ist ein Wahn", schrieb der amerikanische Diplomat Kennan 1945 in Moskau. Schon das Potsdamer Abkommen verdeckte mit Kompromißformeln machtpolitische und ideologische Gegensätze; hinter Begriffen wie „Frieden" und „Demokratie" steckten grundsätzlich verschiedene Vorstellungen. Dennoch brachen die Widersprüche zwischen den Supermächten nicht sofort in aller Schärfe auf. Der Weltfrieden schien gesichert, nachdem am 26. Juni 1945 fünfzig Nationen die Charta der UNO unterzeichnet hatten. Erst Anfang 1947 wurden die Weichen zur Teilung Deutschlands gestellt. **61**

Links: Die letzten Kriegsgefangenen kehrten 1955 in die Heimat zurück. **Oben:** Eine der legendären deutschen „Trümmerfrauen" nach 1945.

Deutschland in der „Stunde Null": Das Dritte Reich hatte Deutschland in eine Ruinenlandschaft verwandelt. Städte wie Hamburg, Köln, Magdeburg, Nürnberg, Würzburg und Dresden waren durch Bombenangriffe mehr als zur Hälfte verwüstet, Berlin und viele andere in Bodenkämpfen eroberte Städte glichen einem Trümmerfeld. Insgesamt war etwa ein Viertel aller Wohngebäude in den Gebieten westlich von Oder und Neiße völlig zerstört oder erheblich beschädigt.

Der Krieg hatte ein Fünftel der Industriekapazität vernichtet. Die Produktion ging auf ein Drittel des Standes von 1936 zurück, mitverursacht durch den Zusammenbruch des Transportsektors, die Zerstörung von Bahnhöfen,

1946/47. Tauschhandel, Hamstern, Schwarzmarktgeschäfte und Diebstähle gehörten noch jahrelang zu den Überlebenstechniken. Die Stadtbewohner fuhren aufs Land, um Klaviere, Teppiche und Schmuck gegen Eier, Speck und Kartoffeln zu tauschen. Auf dem Schwarzmarkt dienten amerikanische Zigaretten als „Währung", da das Geld zusehends an Wert verlor.

Inmitten von Zerstörung, Elend und allgemeiner Demoralisierung versuchte die Bevölkerung, ihr Überleben zu organisieren. In den Städten holten die „Trümmerfrauen" aus den Ruinen die Ziegel für den Wiederaufbau von Häusern. Während die Besatzungsmächte mit der Demontage von Industrieanlagen began-

Brücken und Tunnels. Es gab keine einzige tragfähige Brücke über den Rhein. Zudem beschränkten die Besatzungsbehörden noch über längere Zeit die industrielle Produktion und blockierten sowohl den Außenhandel als auch den Handel zwischen den Besatzungszonen. Für den Hausbrand in den Städten stand nur 1/4 der benötigten Kohle zur Verfügung.

In das zerstörte, territorial um ein Viertel reduzierte Land strömten 1945-1948 noch insgesamt zwölf Millionen Deutsche. Bei Flucht und Vertreibung kamen über zwei Millionen Menschen um.

Ein Großteil der Deutschen litt unter Hunger und Krankheit, vor allem im „Hungerwinter"

nen, wurden Werkshallen, Eisenbahngleise, Brücken und Maschinen repariert, so daß die Industrieproduktion wieder in Gang kam. Für die meisten Deutschen war der Alltag von der Beschaffung von Wohnraum, Nahrung, Kleidung und Heizmaterial ausgefüllt, so daß viele das politische Geschehen nur passiv zur Kenntnis nahmen.

Ungeachtet des selbsterlittenen Schreckens hielten gerade die Anti-Nazis, darunter viele Überlebende der Zuchthäuser und Konzentrationslager, am Recht der Deutschen auf demokratische Selbsterneuerung fest. In vielen Städten entstanden spontan sogenannte „antifaschistische Ausschüsse" für den politischen und wirtschaftlichen Aufbau, die jedoch von den Besatzungsbehörden bald wieder aufgelöst wurden. Das Schicksal Deutschlands lag in den Händen der Siegermächte.

Deutsche Schriftsteller und Künstler, darunter die ersten aus dem Exil zurückgekehrten, erkannten als erste das Ausmaß der moralischen Katastrophe, in die der NS-Faschismus ihr Land geführt hatte: „Nacht über Deutschland" lautete der Titel eines Triptychon-Gemäldes des Berliner Künstlers Horst Strempel.

Nürnberger Prozesse und Entnazifizierung: Am 24. November 1945 begannen die Nürnberger Prozesse gegen führende Vertreter des NS-Regimes. 24 Politiker, Ideologen, Militärs und

ten lebenslänglich, die anderen Freiheitsstrafen zwischen zehn und 20 Jahren, drei wurden freigesprochen.

Die Kriegsverbrecherprozesse wurden bis 1950 fortgesetzt. Sie konfrontierten die Deutschen, von denen viele zuvor den Charakter des NS-Regimes nicht hatten wahrnehmen wollen oder können, mit den maßlosen Verbrechen des Nationalsozialismus.

Während manche an schweren Verbrechen Schuldige untertauchen konnten, erfaßte die „Entnazifizierung" das ganze Volk, klassifiziert in fünf Kategorien von „Hauptschuldigen" bis zu „Entlasteten". In der amerikanischen Zone mußte jeder Einwohner über 18 Jahre einen Fragebogen mit 131 Fragen ausfüllen. Auf-

Industrielle, unter ihnen Hermann Göring, Alfred Rosenberg, Wilhelm Keitel und Gustav Krupp, wurden wegen Verbrechen gegen den Frieden, Kriegsverbrechen und Verbrechen gegen die Menschlichkeit angeklagt. Anklage und Prozeß sollten – als Präzedenzfall – neue Normen des Völkerrechts setzen. Am 1. Oktober 1946 verkündete der Internationale Militärgerichtshof die Urteile: Zwölf Angeklagte (darunter Bormann in Abwesenheit) wurden zum Tode verurteilt, drei erhiel-

Links: Die Angeklagtenbank bei den Nürnberger Kriegsverbrecherprozessen. **Oben:** „Rosinenbomber" während der Blockade von Berlin 1948.

grund derartiger Angaben reichten die Urteile der „Spruchkammern" von zehn Jahren Gefängnis bis zur Aberkennung des Wahlrechts. Zur bürokratischen Praxis kam bei den Amerikanern in der US-Zone der moralische Vorwurf der „Kollektivschuld". Gerade deutsche Antifaschisten wiesen diesen Begriff stets als verfehlt zurück.

Bei der Masse der „Mitläufer" schlug der Schuldvorwurf in Zynismus um, wenn sich herausstellte, daß die Sieger selbst einige hochrangige Verbrecher in Dienst nahmen, wie z.B. den Gestapochef von Lyon Klaus Barbie, der den Dienst beim amerikanischen Geheimdienst CIA antrat.

In der sowjetischen Zone trug die antifaschistische Säuberung von Anbeginn Züge des stalinistischen Terrors. In den Jahren 1945-50 kamen in Lagern wie Buchenwald und Sachsenhausen nicht nur Funktionsträger und Anhänger des NS-Regimes zu Tode, sondern es starben auch Zehntausende von willkürlich verhafteten Denunzianten.

Besatzungspolitik und erste Konflikte: Ungeachtet des Kontrollrats verfolgten die Besatzungsbehörden unter den Militärgouverneuren ihre eigene Besatzungspolitik. In der sowjetischen Zone fand unter dem Schlagwort „antifaschistisch-demokratische Umwälzung" eine Revolution von oben statt, um die „Wurzeln für Faschismus, Militarismus und

Auch in den Westzonen wurden die Demontagen der Industrieanlagen noch bis 1949 fortgesetzt, was vielfach Arbeitslosigkeit verursachte. Eine Sonderrolle spielte über Jahre hin Frankreich, das jede deutsche Zentralinstanz ablehnte, eine Internationalisierung des Ruhrgebiets forderte und das Saargebiet in das französische Wirtschaftsgebiet eingliederte. Dennoch setzten viele Deutsche ihre Hoffnungen auf „den Westen", vor allem auf die Amerikaner. Zu dieser Einstellung, die vor allem durch die Erfahrungen im Osten bedingt war, trugen auch die privaten amerikanischen Hilfsaktionen („Care-Pakete") bei, die den schlimmsten Hunger in den Westzonen und in West-Berlin lindern halfen.

Krieg" auszurotten. Dazu gehörte eine umfassende Bodenreform, die Verstaatlichung der Banken, die Enteignung aller „Kriegsinteressenten", umfangreiche Demontagen von Betriebsanlagen sowie die Gründung von „Sowjetischen Aktiengesellschaften" (SAG), die mehr als 30% der Industriekapazität übernahmen. Hierzu gehörte auch der (für den Bau der sowjetischen Atombombe) mit Zwangsarbeit betriebene Uranbergbau in Sachsen. Nachdem – auch wegen der schlechten Ernährungslage – über eine Million Menschen aus der Ostzone geflohen waren, sperrte die Sowjetische Militäradministration (SMAD) im **64** Sommer 1946 die Zonengrenze.

Etwas später als die sowjetische Besatzungsmacht ließen die westlichen Militärregierungen die politische Betätigung von Parteien und Gewerkschaften in ihren Zonen zu. Im späten Sommer und Herbst 1945 ernannten sie Regierungen in den neu gegliederten Ländern, ab Ende des Jahres 1945 wurden die ersten Landtage gewählt, die – unter der Kontrolle der Besatzungsbehörden – parlamentarische Regierungen bildeten. Nach anfänglichem Zögern waren die Amerikaner daran interessiert, den wirtschaftlichen Wiederaufbau in den Westzonen unter privatkapitalistischen Bedingungen voranzutreiben.

Im Sommer 1946 beantragte der amerikanische Militärgouverneur im Kontrollrat, in den vier Zonen zentrale Wirtschaftsverwaltungen zu errichten. Frankreich und die UdSSR lehnten ab. Anfang September 1946 wurden die Gegensätze in der Deutschlandpolitik der vier Alliierten deutlicher. Die Amerikaner und die Briten vereinbarten die Bildung der Bizone – ein gemeinsames Wirtschaftsgebiet für ihre beiden Besatzungszonen – für Anfang 1947. Am 6. September 1946 lehnte der US-Außenminister Byrnes in Stuttgart den Industrieplan ab, forderte eine gemeinsame deutsche Regierung (auf Länderbasis) und stellte für den deutschen Friedensvertrag eine Revision der Ostgrenze (Oder-Neiße-Linie) in Aussicht.

Gegen die Einrichtung der Bizone protestierten die Sowjets und die Franzosen, die die Internationalisierung des Ruhrgebiets forderten.

Kalter Krieg: Die unterschiedlichen Praktiken in den Besatzungszonen spiegelten die Systemunterschiede wie auch die zunehmenden Interessengegensätze der beiden Supermächte. 1947/48 brach der Ost-West-Konflikt an zahlreichen Schauplätzen in Europa und –

Links: Die Straßenkämpfe in Ost-Berlin am 17. Juni 1953 folgten auf die willkürliche Erhöhung der Arbeitsnormen. Oben: Konrad Adenauer, der erste Kanzler der Bundesrepublik, verfolgte den Kurs der Westintegration.

aufgrund der globalen Übertragung des Konfliktschemas – in Asien auf. In Osteuropa, in der in Jalta (Februar 1945) Stalin zugestandenen Einflußsphäre, installierten die Kommunisten in den „Volksdemokratien" stalinistische Diktaturen. Als in Griechenland der Sieg der Linkskräfte im Bürgerkrieg drohte und es auch in der Türkei zu bürgerkriegsähnlichen Spannungen kam, verkündete der amerikanische Präsident die Truman-Doktrin gegen die Ausweitung der kommunistischen Regimes. Der Kalte Krieg hatte begonnen. Der „Eindämmung" der sowjetischen Expansion diente der groß angekündigte Marshall-Plan (Europäisches Wiederaufbauprogramm), auf den Polen auf Druck Stalins verzichten mußte. Im Februar 1948 ergriffen die Kommunisten in Prag die Macht. Hingegen brach im selben Jahr der jugoslawische Staatschef Tito – ungeachtet seines stalinistischen Systems im Inneren – mit Stalin. Während der „Eiserne Vorhang" Europa teilte, war allen Beteiligten klar, wo das politisch-strategische Konfliktzentrum des Kalten Krieges lag: im besiegten und besetzten Deutschland.

Der Weg in die Spaltung 1947-1949: Die Entscheidung für die Teilung und die Gründung eines Weststaates ging hauptsächlich aus wirtschaftlichen Gründen von den Westmächten aus. England und Frankreich konnten ihre Nahrungsmittellieferungen nach Deutschland nur mit amerikanischer Devisenhilfe bezahlen. Der Militärgouverneur Clay machte in Washington wiederholt deutlich, daß die Deutschen für die Importe selbst zahlen sollten, was nur durch Steigerung ihrer industriellen Produktion und Exporte möglich war. Da eine Einigung mit den Sowjets in diesen Fragen nicht möglich schien, bereitete man die westdeutsche Staatsgründung vor.

Die einzige nennenswerte Initiative seitens deutscher Nachkriegspolitiker, die sich abzeichnende Spaltung abzuwenden, scheiterte im Juni 1947. Als in München eine vom bayerischen Ministerpräsidenten einberufene Konferenz der Ministerpräsidenten aus allen Zonen stattfinden sollte, waren die Vertreter der Westzonen von den Besatzungsbehörden angewiesen worden, nur über Wirtschaftsfragen zu verhandeln. Dagegen forderten die sowjetzonalen Ministerpräsidenten – ihrerseits auf Anweisung der sowjetischen Besatzungsmacht – , über Fragen einer Zentralregierung zu verhandeln. Als ihr Geschäftsordnungsantrag abgelehnt wurde, reisten sie ab. **65**

Die Frontlinien des einsetzenden Kalten Krieges verliefen bereits mitten durch Deutschland.

In den Westzonen verfolgte der CDU-Vorsitzende Konrad Adenauer einen strikten Westintegrationskurs für die Westzonen. Auch der SPD-Vorsitzende Kurt Schumacher, der zehn Jahre in den Konzentrationslagern der NS-Faschisten gelitten hatte, lehnte jegliche Zusammenarbeit mit den Kommunisten ab. Er nahm dafür zunächst die Teilung in Kauf. Man tröstete sich mit der „Magnettheorie".

Die Gründung des Weststaates: Auf der vom 23. Februar bis 7. Juni 1948 in London tagenden Sechs-Mächte-Konferenz (USA, GB, Frankreich und die Benelux-Länder) fielen die letzten Entscheidungen: Man einigte sich

auf die Einbeziehung Westdeutschlands in den europäischen Wiederaufbau (OEEC), eine internationale Kontrolle des Ruhrgebiets und auf die Gründung eines westdeutschen Bundesstaates. Aus Protest gegen diese Beschlüsse verließ der sowjetische Vertreter am 20. März 1948 den Alliierten Kontrollrat in Berlin.

Am 20. Juni 1948 wurde in den Westzonen die in London beschlossene Währungsreform durchgeführt, am 23. Juni antwortete die SMAD mit einer Währungsreform in der Ostzone. Der Konflikt spitzte sich dramatisch zu, als die Sowjets im Streit um die neue Währung mit der völligen Blockade der Westsektoren Berlins reagierten. Die Westmächte organi-

sierten die Luftbrücke: „Rosinenbomber" versorgten bis zur Aufhebung der Blockade (12.5.1949) die Westberliner Bevölkerung mit Lebensmitteln und Kohle. Im September 1948 kam es zur endgültigen Spaltung Berlins. Unter der Führung des Regierenden Bürgermeisters Ernst Reuter (SPD) wandelte sich Berlin in den Augen der (westlichen) Weltöffentlichkeit vom Herrschaftszentrum der braunen NS-Diktatur zum Symbol demokratischen Freiheitswillens.

Ab 1. September 1948 arbeitete der von den Westmächten beauftragte Parlamentarische Rat, gewählt aus Vertretern der westdeutschen Landtage, auf Schloß Herrenchiemsee eine provisorische Verfassung, das „Grundgesetz" aus. Nach seiner Ratifizierung durch die Landtage wurde das Grundgesetz der „Bundesrepublik Deutschland" am 23. Mai 1949 verkündet. Im September 1949 trat der neugewählte Bundestag zusammen. Theodor Heuss (FDP) wurde zum ersten Bundespräsidenten gewählt, Konrad Adenauer (CDU) wurde Bundeskanzler an der Spitze einer bürgerlichen Koalition. Der Weststaat bildete eine parlamentarische Demokratie mit föderalistischer Struktur in den Ländern. Das Besatzungsstatut blieb de jure noch bis 1955 in Kraft. Die Westmächte sorgten dafür, daß West-Berlin in seiner Schlüsselfunktion für „Deutschland als Ganzes" nicht unter Bonner Regierungsverantwortung fiel.

Der andere deutsche Staat: Während die SED mit patriotischen Einheitsparolen die „Spaltungspolitik" der westdeutschen Politiker attackierte, betrieb sie im Gegenzug die Gründung des deutschen Oststaates. Am 29. Mai 1949 billigte der nach Einheitslisten gewählte 3. Volkskongreß in Ost-Berlin eine – ebenfalls auf ganz Deutschland bezogene – Verfassung der „Deutschen Demokratischen Republik". Am 7. Oktober 1949 setzte die (aus dem Volkskongreß hervorgegangene provisorische) Volkskammer die Verfassung in Kraft. Wilhelm Pieck wurde Staatspräsident, Otto Grotewohl, ehedem Sozialdemokrat, fungierte als Ministerpräsident einer SED-Regierung, an der die nicht-sozialistischen „Blockparteien" formal beteiligt waren. Das Machtzentrum lag beim SED-Politbüro, die wichtigste Position besetzte der SED-Generalsekretär Walter Ulbricht.

Die als „antifaschistisch-demokratische Umwälzung" deklarierte Besatzungs- und Verstaatlichungspolitik der ersten Phase ging

1952 in einen forcierten Kurs zum „Aufbau des Sozialismus" über. Die Kollektivierung sollte außer den industriellen „Volkseigenen Betrieben" (VEB) weitere Produktionszweige wie das Handwerk und die Landwirtschaft (in den LPGs) erfassen.

Nach dem Tode Stalins (6.3.1953) versuchten führende SED-Funktionäre um Rudolf Herrnstadt und den Sicherheitschef Wilhelm Zaisser einen „Neuen Kurs" der Mäßigung durchzusetzen. Im Zusammenspiel mit dem sowjetischen Botschafter und Hochkommissar Semjonow sollte Ulbricht abgesetzt und ein Kurswechsel in Richtung deutsche Wiedervereinigung eröffnet werden – ein sorgfältig geplanter Schachzug im Kalten Krieg zur Verhinderung der westdeutschen militärischen Westintegration.

Der 17. Juni 1953: In diese kritische Phase fiel der Aufstand am 17. Juni 1953. Auf eine Erhöhung der Arbeitsnormen reagierten Bauarbeiter in Ost-Berlin mit Streik und Massendemonstrationen, die sich zu einer Aufstandsbewegung in der ganzen DDR ausweiteten. Die Streikparolen mündeten folgerichtig in die Forderung nach freien Wahlen und deutscher Wiedervereinigung. Auf Drängen Ulbrichts intervenierte die sowjetische Besatzungsmacht und warf den Aufstand mit Panzern nieder. Der Volksaufstand in der DDR sicherte nicht nur das politische Überleben des SED-Chefs Ulbricht, sondern verhalf auch dem Bonner Kanzler Adenauer im September 1953 zum Wahlsieg und zur Festigung seines Westintegrationskurses. In der Bundesrepublik wurde seitdem der 17. Juni als „Tag der deutschen Einheit" begangen.

Das westdeutsche „Wirtschaftswunder": Mit einer gewissen Verzögerung zeitigte im Westen Deutschlands die mit der Währungsreform beabsichtigte Stabilisierung ökonomischen Erfolg. Die vollen Schaufenster nach dem Währungsschnitt 1948 bewirkten zunächst eine Produktionssteigerung im Konsumgütersektor. Einen weiteren, psychologisch wichtigen Schub brachte der Marshall-Plan, dem die Bundesrepublik am 15. Dezember 1949 beitrat. Danach flossen über drei Milliarden DM in Form von Sachleistungen und Krediten aus den USA in die westdeutsche Produktion. Ein Boom setzte mit dem Korea-

Krieg (1950-53) ein, der die Nachfrage nach deutschen Exportgütern gewaltig steigerte.

In den fünfziger Jahren erlebte die Welt das westdeutsche „Wirtschaftswunder": hohe Wachstumsraten um durchschnittlich 8%, Abbau der Arbeitslosigkeit und langsam steigender Wohlstand. Der wirtschaftliche Aufschwung geschah im Zeichen der „sozialen Marktwirtschaft". Dieses Konzept, mit dem sich Wirtschaftsminister Ludwig Erhard (CDU) durchgesetzt hatte, gründete auf der Dynamik des freien Marktes und des Privateigentums an Produktionsmitteln. Die Auswüchse des reinen liberalkapitalistischen Systems sollten jedoch durch staatliche Wettbewerbskontrollen sowie Sozialpolitik korrigiert werden.

Das System war auch deshalb erfolgreich, weil die westdeutschen Gewerkschaften insgesamt eine zurückhaltende Lohnpolitik verfolgten. Die starken Gewerkschaften unter ihrem Dachverband DGB beschränkten den Klassenkampf auf Rhetorik und fungierten eher als Träger des Wirtschaftssystems („Sozialpartner"). Ähnlich strichen die westdeutschen Sozialdemokraten den Marxismus aus Theorie und Praxis und machten keynesianische Umverteilungskonzepte zum Inhalt ihres Godesberger Programms (1959).

Ende der fünfziger Jahre produzierte die westdeutsche Wirtschaft die Hälfte aller Industriegüter in der Europäischen Wirtschaftsgemeinschaft, **67**

Links: Italienische Gastarbeiter treten die Rückreise in ihr Heimatland an. **Oben:** Rudi Dutschke, eine Leitfigur der 68er Studentenbewegung.

die als Grundlage weiterer wirtschaftlicher und politischer Integration Westeuropas 1957 gegründet wurde. VW-„Käfer" und Mercedes-Stern erstrahlten weltweit als Symbole des deutschen Wirtschaftswunders, „made in Germany" verlieh dem Exportboom das Markenzeichen. Außenhandels- und Zahlungsbilanzen waren ab 1952 positiv, die Bundesbank sammelte bis 1969 30 Milliarden DM Devisen an, die Reallöhne stiegen von 1950 bis 1966 um 139%.

Ein wesentlicher Faktor für diesen Boom war das Angebot an hochqualifizierten, disziplinierten Arbeitskräften, die sich in erster Linie aus Flüchtlingen aus den früheren Ostgebieten und der DDR rekrutierten.

Ruinenlandschaft und wandten sich den angenehmeren Seiten des Lebens zu: essen, neue Möbel, der erste Fernseher, Reisen nach Italien. Die Jugend begeisterte sich zum Entsetzen der Erwachsenen, die sentimentale Heimatfilme bevorzugten, für die Rock'n'Roll-Könige Bill Haley und Elvis Presley. Als Integrationsideologie der „Ära Adenauer" diente der – im Blick auf das östliche Gegenbild verständliche – Antikommunismus.

In der Rückschau galten die fünfziger Jahre als spießig-provinziell und reaktionär. In Bezug auf den NS-Faschismus hätten sich die West-Deutschen der „Verdrängung" hingegeben. In Wirklichkeit entsprangen die politischen und privaten Verhaltensweisen der

Als brutalen Ausweg, die seit 1959 wieder wachsende Fluchtbewegung zu stoppen, verfiel die DDR-Führung auf den Bau der Berliner Mauer am 13. August 1961. Jetzt wurde für die westdeutsche Wirtschaft die bereits Ende 1955 initiierte Anwerbung von ungelernten Arbeitskräften aus Italien und Südeuropa interessant. Der Zustrom von Hunderttausenden weiterer „Gastarbeiter" aus der Türkei setzte nach der Rezession 1966/67 ein – eine Migration, deren sozial-kulturelle Folgen erst viel später in den achtziger Jahren ins öffentliche Bewußtsein rücken sollten.

Die Ära Adenauer: Mitte der fünfziger Jahre nahmen die Westdeutschen Abschied von der

Mehrheit den Realitäten des Neuaufbaus und dem simplen Ruhebedürfnis nach Jahren der Massenmobilisierung und -zerstörung.

Blockintegration und Verfestigung der Teilung: Während der fünfziger Jahre war die deutsche Frage ein Hauptthema der Politik der Großmächte gewesen. Den Westmächten ging es um die Eingliederung des Potentials in ihren Interessenbereich. 1949 wurde die NATO gegründet, *„to keep the Russians out, to keep the Americans in, and to keep the Germans down"*.

Unter dem Eindruck des Korea-Kriegs (1950-53) drängten die Westmächte auf die Wiederaufrüstung des westdeutschen Staates. Bundeskanzler Adenauer nutzte dieses militärische Interesse zur Gewinnung weitergehender Souveränität für die Bundesrepublik. Dabei ging es dem konservativen Katholiken kaum um die Wiedervereinigung, sondern um die gleichberechtigte Stellung des deutschen Weststaates in einem vereinten (West-) Europa. Die wirtschaftliche Integration Westeuropas wurde 1957 mit den Römischen Verträgen (Gründung der EWG) begonnen.

Aus sowjetischer Sicht bedeutete die westdeutsche Wiederbewaffnung in einem starken westlichen Militärbündnis eine nicht kalkulierbare Herausforderung. Um die militärische Westintegration zu verhindern, bot Stalin 1952 einen Friedensvertrag für ein wiedervereinigtes, neutralisiertes Deutschland an. Die

sowjetischen Angebote wurden bis zum Eintritt der Bundesrepublik in die NATO 1955 mehrere Male erneuert. Die Sowjetunion war wohl mehrfach bereit, ihren östlichen deutschen Staat für einen politischen Preis zu opfern. Hier lagen Chancen für eine deutsche Wiedervereinigung, die aber von Adenauer, der jedes Neutralisierungskonzept ablehnte, bewußt ignoriert wurden.

Links: Willy Brandts historischer „Kniefall" in der Gedenkstätte für die Millionen ermordeter polnischer Juden in Warschau. **Oben:** Hunderte, dann Tausende erhoben sich bei den Montagsdemonstrationen in Leipzig.

Als machtpolitische Alternative zum Abzug der Amerikaner verfolgte die Sowjetunion den Ausbau ihres Hegemonialbereichs. 1955 erhielt die DDR eine Armee und wurde in den neu gegründeten Militärblock WVO (Warschauer Pakt) aufgenommen.

Nach der Herausbildung des Blocksystems zeigten die Vier Mächte kein ernsthaftes Interesse mehr an der Lösung der deutschen Frage. Zu einer Zuspitzung kam es noch einmal, als der sowjetische Führer Chruschtschow 1959 einen Friedensvertrag mit beiden deutschen Staaten und für West-Berlin den Status einer „Freien Stadt" (ohne Westalliierte) anbot. Diese Berlin-Krise endete mit dem Bau der Berliner Mauer am 13. August 1961, die mit Wissen und Billigung der US-Regierung errichtet wurde.

Neue Ostpolitik und Status quo: Da sich die Supermächte nach der Kuba-Krise 1962 anscheinend auf „Entspannung" verständigt hatten, zielte die „neue Ostpolitik" der sozialliberalen Koalition (SPD/FDP) unter Willy Brandt auf die Bewahrung der Einheit der deutschen Nation unter den Bedingungen der Teilung. In Berlin und in Deutschland mußten die Menschen sich wieder sehen können, menschliche Kommunikation war die Grundbedingung für den Fortbestand der Nation. Auf der internationalen Ebene zielte die von Egon Bahr konzipierte Ostpolitik darauf ab, durch die „Anerkennung der Realitäten", d.h. der Nachkriegsgrenzen in Europa, eine Auflockerung der Blockstruktur zu erreichen.

Mit Willy Brandt, dem langjährigen Westberliner Bürgermeister, wurde 1969 ein Mann zum Bundeskanzler gewählt, der, von seinen Gegnern wegen seiner antifaschistischen Emigration nach Norwegen oft aus wahltaktischen Motiven geschmäht, gleichwohl das „andere Deutschland" repräsentierte. An seine Person knüpften gerade die DDR-Bürger große Hoffnungen, die ihn bei den ersten Verhandlungen mit dem DDR-Ministerpräsidenten Willi Stoph in Erfurt stürmisch begrüßten. Für die Welt verband sich der Begriff „neue Ostpolitik" mit jener symbolischen Bußgeste, die der Antifaschist Brandt den jüdischen Opfern des Warschauer Ghettos erwies.

Nach den Ostverträgen mit Moskau und Warschau schloß die Bundesrepublik 1972 den „Grundlagenvertrag" mit der DDR, der „gute Nachbarschaft" zum Ziel hatte.

Studentenprotest und die Generation von 1968: In der Entwicklung der Bundesrepublik markierten die späten sechziger Jahre eine Zäsur **69**

in der Nachkriegsgeschichte. 1966/67 erlebte der westdeutsche Staat seine erste, durch Strukturkrisen der Kohle- und Stahlindustrie bedingte schwere Rezession. Nach staatsinterventionistischen Maßnahmen der Großen Koalition (CDU/CSU-SPD) 1966-69 ging die Krise in eine neue Hochkonjunktur über.

Mehr als vom vorübergehenden Aufkommen der rechtsradikalen NPD schien die Bundesrepublik nach langjähriger Immobilität von der Revolte an den Universitäten erschüttert zu werden. Nur einige Aktivisten im Freundeskreis des Westberliner Studentenführers Rudi Dutschke träumten bei ihrem Aufbegehren gegen „autoritäre Strukturen" in Universität, Staat und Gesellschaft auch von der Beseitigung

Determinanten eines neuen Lebensgefühls. Auf Umwegen mündete die 68er-Bewegung in die ökologische Bewegung der „Grünen". Als brisantes Erbe hinterließ die Studentenrebellion im Zeichen des Kampfes gegen „Faschismus" und „Imperialismus" eine von der „Roten Armee-Fraktion" (RAF) initiierte Tradition des politischen Terrorismus, der sich bereits über mehrere Jugendgenerationen fortsetzt. (Die ermüdeten RAF-Veteranen fanden Aufnahme in Honeckers DDR.)

Kritik und Apologie des Status quo: Die langfristig auf die deutsche Neuvereinigung gerichtete Perspektive der sozialliberalen „Ostpolitik" ging in den siebziger und achtziger Jahren mehr und mehr verloren. Vor allem

der Mauer und von der sozialistischen Revolution in ganz Deutschland. Die Mehrheit protestierte gegen den schmutzigen Krieg der Modelldemokratie USA in Vietnam und suchte in den Bewegungen der Dritten Welt das revolutionäre Subjekt der globalen Emanzipation. Ho Chi-Minh, Mao ze-dong und Che Guevara erkoren die Studenten zu ihren Idolen.

Bedeutsamer als diese ideologischen Konstruktionen war auf Dauer die Revolutionierung des deutschen Alltags durch die Generation der „68er": Sexuelle Tabus wurden beiseite geräumt, ein neuer Erziehungsstil wurde praktiziert, die Leitbegriffe „Emanzipation" und „Selbstbestimmung" wurden zu

unter deutschen Intellektuellen verband man eine moralisierende Geschichtsinterpretation mit der Verteidigung der deutschen Zweistaatlichkeit. Nur gelegentlich, als im November 1976 die SED den Dichter und Sänger Wolf Biermann in die Bundesrepublik hinauswarf, geriet die Ideologie der Teilung in Zweifel.

Anfang der achtziger Jahre kamen aus der Friedensbewegung, dem Protest gegen eine neue Runde des Wettrüstens auf deutschem Boden, Signale nationaler Unzufriedenheit mit dem Status quo. In der von der protestantischen Kirche getragenen pazifistischen DDR-Opposition bildete sich eine wichtige Strömung, die bei der deutschen demokratischen Revolution im Jahre 1989 zutagetrat.

Fall der Mauer und Wiedervereinigung: Die deutsche Einheit kam über Nacht, als sie niemand mehr erwartete. Das gigantische Wettrüsten der siebziger und achtziger Jahre hatte die ökonomisch-technologischen Ressourcen des sowjetischen Systems überfordert – „Neues Denken" war die Parole der neuen Sowjetführung unter Michail Gorbatschow. Während die in der Friedensbewegung aktivierte DDR-Opposition Hoffnungen auf den sowjetischen Reformer setzte, versäumte die stalinistisch geprägte, überalterte DDR-Führung die Chance einer Liberalisierung und Modernisierung des Regimes.

Im September 1987, als Honecker bei seinem Staatsbesuch in Bonn von Kanzler Kohl mit allen Ehren eines gleichberechtigten Staatsoberhaupts und eines (fast) souveränen Staates empfangen wurde, mochte er sich am Ziel seiner Karriere fühlen: Demonstrierte nicht der Staatsbesuch die Existenz zweier gleichrangiger deutscher Staaten? Der Kalender der Politiker war auf die Herstellung des europäischen Binnenmarktes 1992 – und die Verewigung der deutschen Teilung – ausgerichtet.

Links und **oben**: Gorbatschows Reformkurs ließ die Mauer bröckeln – sie überwinden muß das Volk aus eigener Kraft.

Nur wenige im Westen deuteten die steigenden Zahlen von Ausreisewilligen als Symptom einer bevorstehenden Revolution. Als im Sommer 1989 die ungarischen Reformkommunisten, die den Anschluß an die westeuropäische Integration nicht verpassen wollten, die Grenze zu Österreich öffneten, strömten die Flüchtlinge aus der DDR über die „grüne Grenze". Auf die Massenflucht reagierte die SED-Führung mit trotzigen Gesten staatlicher Souveränität: Die Züge mit Flüchtlingen aus Prag sollten über DDR-Gebiet in die BRD ausreisen. Auf dem Bahnhof in Dresden spielten sich bürgerkriegsähnliche Szenen ab.

Die vom deutschen Volk errungene Wiedervereinigung weckte bei den Regierungen in den Nachbarstaaten keineswegs ungeteilte Sympathie. Vergeblich versuchten in der Anfangsphase der friedlichen Revolution die westlichen Verbündeten Bonns, die Dynamik in Deutschland noch zu bremsen. Entscheidend war letztlich die Haltung der beiden Supermächte, die die revolutionäre Bewegung hin zur deutschen Einheit weder blockieren konnten noch wollten, so daß es im Jahre 1990 zu einer schnellen Einigung über die ungelöste deutsche Friedensfrage kam. Die von Außenminister Genscher erfundene Formel 2+4 (2 deutsche Regierungen plus 4 Siegermächte) ermöglichte die Regelung der europäischen Sicherheitsprobleme (anstelle des nie zustandegekommenen Friedensvertrags für Deutschland). Im Juli 1990 akzeptierte Gorbatschow die Mitgliedschaft eines wiedervereinigten, aber militärisch abgerüsteten Deutschlands in der NATO – die amerikanische Bedingung für die deutsche Wiedervereinigung. Am 3. Oktober 1990 feierten die Deutschen ihren Zusammenschluß. Die Nachkriegszeit war definitiv zu Ende.

Die Herausforderungen der Zukunft: Unter glücklichen Umständen gelang den Deutschen im Herbst 1989 eine friedliche Revolution. Am Ende des 20. Jahrhunderts erhält Deutschland, das durch den Nationalsozialismus auf den Tiefpunkt seiner Geschichte gesunken war, durch nationale Einheit die Chance zum historischen Neuanfang. Wie steht es mit der Gefahr der Wiederkehr nationaler Hybris und machtpolitischer Arroganz? Droht nicht die Gefahr deutscher Hegemonie in Europa? Die Antwort gab Vaclav Havel, der Dichter-Präsident der Tschechoslowakei, der meinte, vor einem demokratischen Deutschland brauche sich niemand zu fürchten.

WIR SIND DAS VOLK

Ironie der Geschichte: Die DDR feierte am 7. Oktober 1989 ihren vierzigsten Geburtstag unter dem Motto: „Die Entwicklung der DDR wird auch in Zukunft das Werk des ganzen Volkes sein." Der Wahlspruch sollte sich bewahrheiten – jedoch ganz anders, als das Altherren-Regime der SED es sich erhofft hatte.

In den folgenden Wochen zogen Millionen von DDR-Bürgern unter der Parole „Wir sind das Volk" durch die Straßen, um ihren Anspruch auf demokratische Rechte, freie Wahlen, Reisefreiheit und bessere materielle Lebensverhältnisse durchzusetzen. Weder mit Repression noch mit Reformzugeständnissen gelang es der Partei, die Protestbewegung zu brechen oder zu vereinnahmen. Am 18. Oktober stürzt der 77jährige Parteichef Erich Honecker. Am 9. November fällt unter dem Druck der immer selbstbewußter agierenden Massenbewegung die Mauer in Berlin. Der Führungsanspruch der Partei wird aus der Verfassung gestrichen. Im Dezember etabliert sich in Berlin der Runde Tisch, an dem die Opposition mit der Partei über die Zukunft des Landes verhandelt.

Freie Wahlen, bis dahin undenkbar, werden für das Jahr 1990 vereinbart. Doch noch bevor das erste frei gewählte Parlament in der Geschichte der DDR zusammentritt, steht seine eigentliche Aufgabe schon fest: die Liquidierung der DDR als eigenständiger Staat und die Herstellung der deutschen Einheit. Der 40. Geburtstag der DDR war ihr letzter.

Die Initialzündung: Noch während sich am Abend des 40. Gründungstages in Ost-Berlin die Führer der sozialistischen Welt beim Festbankett treffen, formieren sich auf dem nahegelegenen Alexanderplatz einige tausend Menschen zu einer spontanen Demonstration, die mit der Parole „Wir sind das Volk" unter den Augen der Journalisten aus aller Welt zum Ort der offiziellen Feierlichkeiten zieht. Mit „Gorbi, Gorbi"-Rufen fordern sie die Reform des starren DDR-Sozialismus. Zunächst überrascht, knüppeln Betriebskampfgruppen, Volkspolizei, Wachregimenter und der berüchtigte Staatssicher-

heitsdienst (Stasi) wahllos friedliche Demonstranten nieder. In Berlin und in anderen Großstädten des Landes werden mehrere tausend Personen abtransportiert, tagelang festgehalten und verhört. Die Verbitterung in der Bevölkerung über diese beispiellose Brutalität entwickelt sich in den kommenden Wochen zu einem entscheidenden Impuls der Revolution.

Wer zu spät kommt, den bestraft das Leben: Seit Monaten verließen täglich Tausende resignierter Bürger das Land über die seit

Juni 1989 offene Grenze in Ungarn. Vor den Augen der Weltöffentlichkeit präsentieren die Übersiedler dem unbeweglichen Regime in Ost-Berlin die spektakuläre Rechnung für seinen reformfeindlichen Kurs. Seit dem Amtsantritt Gorbatschows 1985 hatte die SED keinen Zweifel daran gelassen, notfalls auch gegen den Reformer im Kreml an ihrem dogmatischen Kurs festzuhalten.

Die DDR-Ökonomie war zwar die leistungsfähigste innerhalb der sozialistischen Länder, doch die materiellen Lebensverhältnisse blieben, gemessen am westlichen Standard, ärmlich. Daß es in der DDR keine Obdachlosen und keine Arbeitslosigkeit gibt, **73**

Links: Tausende von Grenzsoldaten der ehemaligen DDR sind arbeitslos geworden. **Oben:** Die „Mauerspechte" sichern sich ein Souvenir.

ist gerade den jungen Bürgern zu wenig. Während allabendlich das Westfernsehen die Bilder vom Ausreisestrom in die ostdeutschen Wohnstuben trägt, setzt die SED-Führung weiter auf Propaganda. Die Dienstleistungen und die Produktion verschlechtern sich wegen des Exodus der Fachkräfte. Michail Gorbatschow schreibt der reformunwilligen SED-Führung ins Stammbuch, was sich bald schon als historisches Verdikt erweisen wird: „Wer zu spät kommt, den bestraft das Leben."

Die Opposition formiert sich: Unter dem Druck der Ausreisekrise wandelte sich auch das Bild der DDR-Opposition. Bis Mitte 1989 gab es nur versprengte oppositionelle

veröffentlichte. Er war genau auf die Stimmungslage der Bevölkerung zugeschnitten und forderte einen breiten Dialog über die akuten Probleme und die gemeinsame Suche nach Lösungen. Bereits nach wenigen Wochen hatten sich an die hunderttausend Bürger in die Listen des Neuen Forums eingetragen. Repressives Vorgehen gegen die neue Opposition, wie es sonst schon bei sehr viel unspektakuläreren Aktivitäten üblich war, blieb vorerst aus. Die DDR-Führung, deren internationale Reputation mit der Ausreisewelle schon gegen Null tendierte, wollte vor dem Republik-Geburtstag nicht auch noch durch harte innenpolitische Maßnahmen für weitere negative Schlagzeilen sorgen.

Umwelt-, Friedens- und Menschenrechtsinitiativen, die unter dem Dach der evangelischen Kirche arbeiteten. Ihr oppositioneller Einfluß war, gemessen an Ländern wie Polen oder Ungarn, verschwindend gering. Immerhin hatte es im Zuge der Kommunalwahlen im Mai, bei denen sich das Regime wieder ein Ergebnis von knapp hundert Prozent attestierte, erstmals landesweite Protestaktionen gegen die Wahlfälschung gegeben. Doch eine breite Bewegung entwickelte sich erst im Laufe des Septembers, als ein Initiatorenkreis von hundert Personen unter dem Eindruck der Ausreisewelle den „Aufruf 89" zur Gründung des „Neuen Forums"

Das Volk erzwingt den Kurswechsel: Vor der Montagsdemonstration am 9. Oktober in Leipzig, seit Monaten findet diese allwöchentlich statt, spitzt sich die Lage dramatisch zu. Einsatztruppen werden in Alarmbereitschaft versetzt und in den örtlichen Krankenhäusern Blutkonserven bereitgestellt. Die endgültige Unterbindung „konterrevolutionärer Aktionen", notfalls auch „mit der Waffe in der Hand", wird in der Presse angekündigt. Doch am Abend erlebt Leipzig mit 70 000 Teilnehmern die größte Demonstration seit dem Aufstand am 17. Juni 1953. Die Staatsmacht hält sich zurück. Am Nachmittag hatte der Chef des Gewandhausorchesters, Kurt

Masur, zusammen mit drei Sekretären der Leipziger Bezirksleitung der SED einen Aufruf zur Besonnenheit gestartet, der über den örtlichen Rundfunk verbreitet wird. Die Beteiligung der Parteibezirkssekretäre ist eine Sensation. Die Parteizentrale in Berlin ist nicht mehr in der Lage, den harten Kurs durchzusetzen. Der Umbruch ist nicht mehr aufzuhalten: Die bis dahin streng SED-hörige Liberal-Demokratische Partei unterstützt jetzt offen die Forderungen der Demonstranten, immer mehr Künstler und Theatermacher beteiligen sich an kirchlichen Protestveranstaltungen, Betriebsbelegschaften treten aus dem parteigesteuerten Gewerkschaftsbund aus. Während am 16. Oktober 1989 in Leipzig bereits 120 000

Trotz dieser Veränderungen im ZK gehen am Montag in Leipzig 300 000 Menschen auf die Straße. Einen Tag später läßt sich Krenz zum Staatsoberhaupt wählen und signalisiert damit, daß die Partei an der Alleinherrschaft festhalten will. Die Parteispitze in Berlin hat die Zeichen der Zeit nicht erkannt. Statt in Verhandlungen mit den oppositionellen Gruppen einzutreten, versucht sie, sich mit Reformbekundungen in ruhigere Zeiten zu retten. Die stehen nicht bevor: Am 4. November erlebt Berlin mit über einer Million Teilnehmern die live im DDR-Fernsehen übertragene größte Demonstration seit der Novemberrevolution 1918. Der Tenor: Für eine pluralistische Demokratie, in der

Menschen auf die Straße gehen, ist in Berlin der Sturz Honeckers schon besiegelt. Am Mittwoch, dem 18. Oktober tritt der Staats- und Parteichef zurück. Mit ihm gehen seine engsten Vertrauten, der uneingeschränkte Herrscher über die DDR-Wirtschaft, Günter Mittag, und der oberste Zensor des Landes, Joachim Herrmann. Honeckers Nachfolger wird Egon Krenz, der schon seit Jahren als Kronprinz gehandelt wurde und bisher im Politbüro für Sicherheitsfragen zuständig war.

Links: Honeckers Verharren in Breschnews Ära der Stagnation förderte den grenzenlosen zivilen Ungehorsam der Bevölkerung (oben).

den Bürgern alle Freiheitsrechte der westlichen Gesellschaften gewährt werden.

Als die Regierung zwei Tage nach der historischen Demonstration ein neues Reisegesetz veröffentlicht, das noch immer vor jeder Reise einen Antrag verlangt, kennt die Empörung keine Grenzen. „Visafrei bis nach Hawaii" lautet die Parole des Volkes. Zwei Tage später reicht das gesamte Kabinett seinen Rücktritt ein, am 9. November tritt fast das gesamte verbliebene Honecker-Politbüro zurück. Doch die neuen Köpfe sind abermals keine entschiedenen Reformbefürworter. Immerhin wird der Dresdner Parteichef Hans Modrow, der als einziger 75

FLÜCHTLINGSSTRÖME

„Die Abstimmung mit den Füßen" im Sommer und Herbst 1989, die zum Fall der Mauer führte, war nicht die erste, nicht einmal die letzte, mit der die Bevölkerung der DDR ihren Unwillen ausdrückte. Selbst nach dem Fall der Mauer verließen bis zur Wiedervereinigung am 3. Oktober 1990 noch 300 000 Menschen die DDR.

Die Bundesrepublik hat seit Kriegsende rund 16 Millionen Flüchtlinge, Heimatvertriebene und Umsiedler aufgenommen. Diese Menschen stellen damit mehr als ein Viertel der Bevölkerung in der alten Bundesrepublik. Gegen Ende und direkt nach dem Zweiten Weltkrieg kamen etwa sieben Millionen Deutsche vor allem aus Schlesien, welches heute in Polen gelegen ist. Aus den Sudeten in der nördlichen ČSFR flüchteten rund drei Millionen Deutsche. Aus Ungarn, Rumänien und Jugoslawien flohen etwa 1,8 Millionen Menschen.

Exakter sind die Zahlen der Übersiedler aus der DDR und der Aussiedler aus den anderen Ländern seit 1950. Bis zum Jahr 1988 kamen 1,6 Millionen aus Osteuropa und der Sowjetunion.

Wegen der veränderten politischen Verhältnisse und freieren Ausreisebestimmungen stieg die Anzahl der Aussiedler 1988 und 1989 sprunghaft an. Aus Polen kamen 1988 rund 140 000 Menschen (1989: 250 000), und aus der Sowjetunion wanderten 47 500 (100 000) nach Deutschland aus.

Aus der DDR kamen bis zum Bau der Mauer am 13. August 1961 etwa 2,7 Millionen Menschen über die offiziellen Notaufnahmelager in die Bundesrepublik. Hinzu kommen noch etwa eine Million Flüchtlinge, die nicht registriert wurden, weil sie direkt von Verwandten oder Bekannten aufgenommen wurden. Zu einem ersten Höhepunkt kam es 1953 (17. Juni) mit 331 000 Flüchtlingen. Nach dem Mauerbau gelangten bis 1988 weitere 616 000 Menschen mit Ausreiseanträgen oder durch Flucht in die Bundesrepublik. Im Jahre 1989 erzwangen über Budapest, Prag und Warschau 340 000 Übersiedler ihre Ausreise. Über ein Viertel der Bewohner der DDR setzte sich im Laufe der Jahre ab.

Ausschlaggebend für die hohen Übersiedlerzahlen waren neben der politischen Lage die wirtschaftliche Rückständigkeit der DDR gegenüber dem Westen. Während in der Bundesrepublik auf hundert Haushalte 152 Personenkraftwagen kamen, waren es in der DDR 52. 94 Westhaushalte hatten einen Farbfernseher, aber nur 52 in der DDR. Nur neun Haushalte von 100 konnten in der DDR von zu Hause aus telefonieren, in der alten BRD waren es 98 Haushalte.

Kurzfristig kommt es bei jeder neuen Welle von Flüchtlingen zu Belastungen für die öffentlichen Haushalte. Langfristig jedoch wird nicht nur durch die hohe Arbeitsmotivation der Neubürger die Wirtschaft in Schwung gebracht – die gesamtwirtschaftliche Produktion und die Nachfrage werden erheblich gestärkt. Besonders günstig wirkt sich auch das überwiegend junge Arbeitskräftepotential auf die „Rentenbilanz" aus, also das Verhältnis zwischen Erwerbstätigen und Rentnern. Im Jahr 2000, so errechnete das Institut der deutschen Wirtschaft, wird die gesamtwirtschaftliche Wertschöpfung um etwa 80 Milliarden höher liegen als ohne Aus- und Übersiedler.

Ein Einwanderungsgebiet ist die Bundesrepublik aber auch wegen der rund 4,5 Millionen Arbeitsimmigranten, die etwa 7,6 Prozent der Bevölkerung der alten Bundesrepublik ausmachten. Bis 1973 wurden sie gezielt angeworben. 70 Prozent der ausländischen Arbeitnehmer leben schon über acht Jahre in der Bundesrepublik. Von ihnen besitzen aber nur 460 000 den nach acht Jahren erwerbbaren höchsten Aufenthaltsstatus, die Aufenthaltsberechtigung.

Die Anzahl der anerkannten Asylanten ist im Verhältnis zu Aus- und Übersiedlern und den Arbeitsimmigranten gering. Von den seit 1953 etwa 150 000 anerkannten Asylanten leben noch rund 80 000 in der Bundesrepublik. Zusätzlich werden de facto 300 000 Flüchtlinge geduldet, die zwar nicht als Asylanten anerkannt sind, aber aus humanitären Gründen nicht in ihr Heimatland abgeschoben werden dürfen. Die Hälfte dieser Flüchtlinge kommt aus den Staaten des ehemaligen Ostblocks. Für sie galt seit 1966 ein genereller Abschiebestop.

Damit waren sie privilegiert gegenüber den tamilischen, iranischen oder kurdischen Flüchtlingen, die ihre Verfolgungsgründe dezidiert nachweisen müssen und selbst im Fall der Foltergefahr aus Deutschland abgeschoben werden können.

prominenter SEDler den Nimbus des geradlinigen Reformers genießt, Ministerpräsident.

Die Mauer fällt: Günter Schabowski, im Politbüro zuständig für Pressearbeit, erklärt am Ende einer Pressekonferenz verklausuliert, daß die Ausreiseregelung hinfällig ist. Im Klartext: die Mauer ist auf.

Wenige Stunden später spielen sich an den innerstädtischen Grenzübergängen in Berlin unbeschreibliche Freudenszenen ab. Wo 29 Jahre lang bis an die Zähne bewaffnete DDR-Grenzer den Sozialismus bewachten, wechseln in dieser Nacht Hunderttausende ungehindert in den Westteil der Stadt. In den kommenden Wochen scheitern alle Bemühungen der Partei, sich an die Spitze

ehemalige Ministerpräsident Stoph, Günter Mittag und einige andere hohe SED-Politiker, die über Jahrzehnte die Politik der DDR bestimmten, werden wegen Amtsmißbrauch und Korruption verhaftet. Die Partei hat abgewirtschaftet. Daran kann auch ihr neuer Name „Partei des demokratischen Sozialismus" nichts ändern. Im Laufe weniger Monate verliert sie zwei Drittel ihrer ehemals 2,3 Millionen Mitglieder. Mit der Entscheidung des Runden Tisches für freie Wahlen am 18. März 1990 wird das Signal für das Ende der SED-Ära gesetzt.

Die Öffnung der Grenzen am 9. November hat nicht nur alle Versuche der SED scheitern lassen, wenigstens einen Teil ihrer

der Reformbewegung zu setzen. Auch die Wahl Hans Modrows zum Regierungschef bringt die Partei nicht aus der Defensive. Mit Hilfe der Medien kommt jetzt das ganze Ausmaß von Korruption und Privilegienwirtschaft im SED-Staat ans Tageslicht. Unter dem Druck der Parteibasis tritt Egon Krenz am 3. Dezember 1989 vom Amt des Parteichefs zurück. Fast die gesamte Führung um Erich Honecker wird aus der Partei ausgeschlossen. Ex-Stasi-Chef Mielke, der

Oben: Glückstrahlend kommen die Menschen am 9. November 1989 aus dem Osten Berlins durch die offene Mauer nach West-Berlin.

Macht zu behaupten; sie hat auch der in der Opposition dominierenden Vorstellung eines demokratischen Sozialismus in der DDR den Boden entzogen. Aus der Herbstparole der Bevölkerung „Wir sind das Volk" war jetzt die Losung „Wir sind ein Volk" geworden. Bei den Wahlen am 18. März erhielten die Parteien, die konsequent für die Vereinigung beider Staaten eintraten, weit über siebzig Prozent der Stimmen. Bei den ersten Bundestagswahlen im vereinigten Deutschland am 2. Dezember 1990 wurde diese Tendenz mit 55 Prozent für Bundeskanzler Helmut Kohl und die Regierungskoalition von CDU/CSU und FDP bestätigt.

Das hätte ihnen auf der ganzen Welt keiner zugetraut: Tränen der Rührung und der Freude, jubelnde Menschen, die sich in die Arme fallen. In dieser Nacht des 2. November 1989 sind innere Mauern gebrochen, Ideologien in sich zusammengefallen. Was ist los mit den „Hunnen", den „Teutonen", den „Krauts"? Wird ihnen die unerwartete Wiedervereinigung in den Kopf steigen? Kommt nach der Sentimentalität die Überheblichkeit? Werden sie sich bald wieder als die Lehrmeister der Welt aufspielen?

Demonstranten griffen weder zu Steinen noch zu Waffen, selbst der Staat verzichtete nach einigen Drohgebärden auf Gewalt. Und auch im Westen fanden in den letzten zehn Jahren Kriegsdienstverweigerer und die Friedensbewegung in der Öffentlichkeit mehr Unterstützung als die Kalten Krieger. Der Versuch, in den Schulen Wehrkundeunterricht einzuführen, scheiterte. Kriegsspielzeug ist verpönt und wird kaum angeboten. Auch in Comics spielen rassistische oder kriegsverherrlichende Inhalte keine Rolle. Die Verbündeten in

Es ist nicht so schlimm gekommen, wie im Ausland befürchtet wurde. Die durch die Vereinigung ausgelöste Welle nationaler Begeisterung schwappte nicht über. Deutsche Fahnen – ja, aber sie wehten nicht als chauvinistisches Symbol deutscher Überlegenheit von einst, sie waren Ausdruck des Wunsches nach Zusammengehörigkeit.

Obwohl Größe und Stärke Deutschlands unvermeidlich zu Sorgen der Nachbarn Anlaß geben, von den nationalen Ideologien, die zu zwei Weltkriegen führten, ist nichts zu spüren. Pazifismus scheint in beiden Teilen Deutschlands die vorherrschende Strömung. Die DDR-Revolution verlief vollkommen friedlich. Die

den Vereinigten Staaten, Großbritannien und Frankreich machten sich gar Sorgen um Bündnistreue und Verteidigungsfähigkeit der alten Bundesrepublik.

Der Deutsche an sich – ein Phantom: Läßt sich Nationalcharakter der Deutschen beschreiben? Um die typischen Eigenschaften der verschiedenen Regionen herauszuarbeiten, mußten lange die Bayern und die Preußen herhalten. Preußen als Staat ist Vergangenheit, der Preuße an sich auch. Trotzdem halten sich vorgefertigte Bilder über die Menschen einzelner Regionen: Der Bayer läuft in Lederhosen herum, trägt einen Gamsbart-Hut und stemmt Bierkrüge. Der Schwabe baut sein

Häusle und achtet darauf, daß sein Daimler in der Garage bleibt und geschont wird. Der Mann vom Pütt macht Kohle lose und hält im Dach des Zechenhauses Flugtauben, der Bauer in Niedersachsen schließlich vermehrt sein Vieh und stemmt den Korn.

Weiter im Klischee: Jeder dieser typischen Deutschen ist gut aufgehoben in mindestens einem Verein oder auch Klub; im Sport-, Heimat-, Trachten-, Kleintierzüchterverein, im Klub der Schrebergärtner, Briefmarkensammler, Kegler oder Sparer. Ein Vorstand wird gewählt, ein Sprecher, ein Kassenwart: Überparteilich, konfessionell nicht gebunden und als gemeinnützig im Vereinsregister eingetragen sind die deutschen Vereinigungen.

Die Vereine sind Bindeglieder, die die Deutschen zusammenhalten. Die Deutschen? In der DDR konnte sich ein Vereinswesen gegen die Bürokratie nicht durchsetzen. Initiative, Power und ehrenamtlicher Einsatz waren nicht gefragt.

Es zeigt sich, daß Nord und Süd mehr gemeinsam haben als zunächst vermutet – zum Beispiel, seitdem Anfang der siebziger Jahre die Bürgerinitiativen aktiv wurden. Bayern kämpften gegen den neuen Flugplatz in München-Erding und gegen die atomare Wiederaufbereitungsanlage in Wackersdorf. Schwaben organisierten sich im „Bundschuh" gegen die Daimler-Teststrecke auf der Alb, der Mann (und die Frau)vom Pütt verhinderten eine neue Autobahn quer durchs Ruhrgebiet.

Initiativen nicht gefragt: In der ehemaligen DDR war jeder selbständige Zusammenschluß von Menschen suspekt. Im Westen sind Bürgerinitiativen und Selbsthilfegruppen seit Ende der sechziger Jahre Bestandteil jeder Auseinandersetzung um AKWs, Autobahnen, Kindergärten; in der DDR galt „Selbsthilfe" als bedenklicher Begriff, weil der DDR-Bürger es nicht nötig hatte, sich selbst zu helfen. Das erledigte der Staat.

Der Psychiater Hans-Joachim Maaz konnte in seiner Arbeit die DDR-Bürger ganz unverstellt kennenlernen. Zehn Jahre leitete er die psychotherapeutische Klinik im evangelischen Diakoniewerk in Halle, wo weit über 5000 Patienten behandelt wurden, die mit dem Alltag der DDR nicht zurechtkamen. Seine sorgfältige und einfühlsame Arbeit „Gefühlsstau" ist eine einzigartige Analyse dessen, wie das menschenfeindliche System der DDR seine Bürger zu deformieren versuchte, jede eigene Initiative verhinderte und damit die Weiterentwicklung des Gemeinwesens erstickte. In den letzten 45 Jahren wurden die Deutschen also stärker dadurch geprägt, daß sie östlich oder westlich der Mauer aufwuchsen, als durch ihre Zugehörigkeit zu historischen Stämmen.

Während die Menschen im Westen bis hin zur Rücksichtslosigkeit ihre Ellenbogen einsetzen mußten, um Erfolg zu haben, hatten die Menschen im Osten sich als Untertanen zu profilieren. Kaum einer konnte sich dem System ohne Schädigungen entziehen. Zustimmungs- und Loyalitätserklärungen wurden laufend erpreßt, Verlogenheit war überlebensnotwendig.

Im Westen galten nach der antiautoritären Revolte Ende der sechziger Jahre Selbständigkeit, Kreativität, Eigenverantwortlichkeit als bestimmende Erziehungsziele. Eltern, die mit den traditionellen Kindergärten unzufrieden waren, gründeten selbstverwaltete Kinderläden, deren Erziehungsmethoden auf die konventionellen Kindergärten abfärbten.

Anders in der DDR. Die repressiven Normen wurden vor allem in Schulen, Kinderkrippen und -gärten durchgesetzt und bestimmten schließlich auch die familiären Beziehungen. Erziehung zur Verlogenheit, zur Doppelzüngigkeit und unechten Fassade waren die

Regel. Viele Menschen fühlten sich in ihrer Kindheit nie richtig angenommen und verstanden. Dadurch wollte der DDR-Staat ein chronisches Mangelsyndrom erzeugen, das Menschen labil und abhängig macht.

So negativ die Bilanz aus westlicher und kritischer östlicher Sicht auch auszusehen scheint, die Ostdeutschen sollen nicht disqualifiziert werden. Das demütigende System, das den Menschen jede Lebensfreude nahm, hat zwar viele Jahre durchgehalten, aber letztlich versagte es und brach in sich zusammen. Der Versuch, die Bürger in allen Lebensbereichen zu deformieren, lief ins Leere. Mit der Parole „Wir sind das Volk" haben die Bürger der ehemaligen DDR ihr verschüttetes

und neu erwachtes Selbstvertrauen deutlich und erfolgreich demonstriert.

Auffällig ist, daß die Deutschen in ihrem jeweiligen gesellschaftlichen System außerordentlich erfolgreich waren. Welche Eigenschaften sind es, die die Bundesrepublik zur mächtigsten Handelsmacht des Westens und die DDR zur erfolgreichsten Wirtschaftsmacht des Ostens werden ließen? Die deutschen Tugenden, das sind Fleiß, Pünktlichkeit und Redlichkeit, diese sogenannten Sekundärtugenden, die zum Bösen wie zum Guten führen können. Wichtigste Tugend aber ist die deutsche Gründlichkeit. Ordnung muß sein. Strukturen müssen her. Kreatives Chaos wie in den

Mittelmeerländern ist dem Deutschen unerträglich. Protestantisches Arbeitsethos dominiert in Ost und West. Er kann es nicht haben, eine Arbeit nur unvollständig, schlampig oder nicht zur rechten Zeit fertigzustellen. Schlendrian ist ihm ein Greuel – und ihr auch.

Selbst die Alternativen, die mit der bürgerlichen Gesellschaft wenig zu tun haben wollen, können die deutschen Tugenden nicht abschütteln. Öko-Freaks schließen sich zu Vereinen und Verbänden zusammen; lustvolle Kommunen gehen unter im Kampf um die Abwasch-Ordnung; die Grünen verlieren ihr gemeinsames Ziel aus den Augen und reiben sich in Prinzipienreiterei auf. Schon vor einiger Zeit hat der Zyniker Lenin herzlich über seine deutschen Genossen gespottet: Wenn sie die Revolution machen wollen, kaufen sie sich vorher eine Bahnsteigkarte.

Irgendwann müssen auch die Deutschen von ihrer Gründlichkeit ausspannen. Einmal im Jahr fliegen sie in Urlaub und machen nach der englischen Devise „My home is my castle" eine ordentliche Sandburg in Gran Canaria. Spannt man in Deutschland aus, geht der Wessi in seinen Schrebergarten und der Ossi in die Datsche. Deutsche Gemütlichkeit, das ist nicht mehr nur Wandschrank, in Eiche furniert, und Kuckucksuhr an der Wand, sondern auch die Verbundenheit mit der Natur. Säen, pflanzen, wachsen lassen, ernten und umgraben – die Schrebergartenlaube, neben der der Großvater die Karnickel hält und in der der Enkel sein erstes Schäferstündchen hat.

Schrebergartenfeste und Gartenzwerge: In der Regel arbeitet der Gartenzwerg. Er ist schließlich Deutscher, Ost oder West. Es kommt vor, daß er die Gitarre rausholt oder eine Grillparty gibt. Aber nie ist der Gartenzwerg bewaffnet. Er war es nicht im Westen, und auch im Osten mußte er nicht an paramilitärischen Übungen teilnehmen. Gartenzwerge sind wahre Vorbilder für das friedliche Miteinander.

Manches trennt, vieles verbindet die Deutschen in Ost und West. Die Entwicklung seit dem Fall der Mauer hat vor allem eines gezeigt: Die Deutschen können auch gut weiterleben, ohne sich gegenseitig als Feindbild zu dienen.

IMMER MEHR LEUTEN GEHT EIN LICHT AUF.

Das leuchtet ein: Wenn eine Lampe 80% weniger Energie braucht und auch noch achtmal so lange hält, kann die Glühlampe noch so billig sein.

Unterm Strich ist sie teuer.

Immer mehr Leute drehen deshalb die Elektronische Stromsparlampe DULUX® EL in ihre Leuchten ein.

Die ist zwar eine echte Investition. Aber eine, die sich später garantiert auszahlt. Denn sie schafft mit 7,11,15 und 20 Watt ein ebenso helles Licht wie die Glühlampe mit 40, 60, 75 und 100 Watt. Mit 23 Watt ist sie sogar noch heller.

Außerdem bleiben Ihnen siebenmal die Auswechselkosten erspart, denn die DULUX® EL hält nicht die üblichen 1000, sondern 8000 Stunden.

Wer also statt der Glühlampe eine DULUX® EL eindreht, spart eine Menge Strom.

Mit nur 7 statt 40 Watt spart sie beim üblichen Strompreis von 0,25 DM pro kWh im Lauf ihres langen Lebens etwa 66,– DM Strom. Mit 11 statt 60 Watt ca. 98,– DM. Mit 15 statt 75 Watt ca. 120,– DM. Mit 20 statt 100 Watt ca. 160,– DM. Und mit 23 Watt ca. 194,– DM Strom. Mehr als vier neue kosten.

Darüber hinaus aber leuchtet es immer mehr Leuten ein, daß man auch der Umwelt zuliebe Energie sinnvoller einsetzen kann, als sie in Glühlampen zu verheizen.

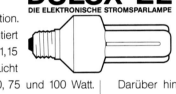

DULUX® EL
DIE ELEKTRONISCHE STROMSPARLAMPE

OSRAM, WI, Postfach 90 06 20, 8000 München 90, Btx ✳ 21 423 #

5.37

HELL WIE DER LICHTE TAG **OSRAM**

Krone
erbaut
1480

Einbahnstraße

Kolzhäuser Straße

10 – 24 h   8 – 10 h

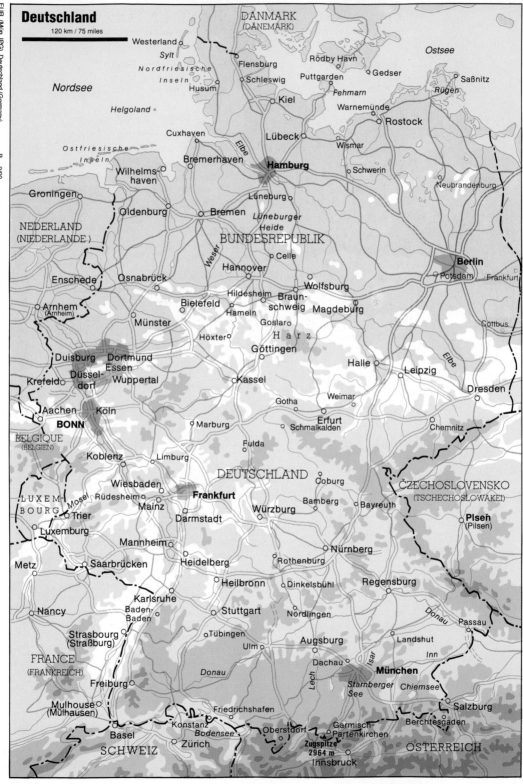

Fünf neue Länder und Berlin in seinen alten Grenzen. Das ist das neue Deutschland aus westlicher Perspektive. Für die Bürger der ehemaligen DDR verhält es sich gerade umgekehrt: Von Flensburg bis Füssen erstreckt sich das neue Land.

Ausgangspunkt der Entdeckungsreise ist der urdeutsche Rhein. Entlang der Burgen und Schlösser, durch Weindörfer zur Loreley, erschließt sich das romantische Deutschland. Nach dem Besuch von Bonn läßt sich das Wissen über die römische Geschichte anhand vieler erhaltener und wieder ausgegrabener Bauten und der Museen in Köln vertiefen. Ein eigenes Kapitel ist dem Ruhrgebiet gewidmet.

Durch zwei unterschiedlich strukturierte Bundesländer führt dieser erste Teil der Reise: zunächst durch das eher landwirtschaftliche Rheinland-Pfalz mit knapp 3,7 Millionen Einwohnern auf 19 848 qkm. Der Wirtschaftsriese Nordrhein-Westfalen (NRW) dagegen hat mit 17 Millionen Einwohnern mehr Bürger als die fünf neuen Bundesländer mit 16 Millionen Menschen zusammen.

Die Scharen amerikanischer und japanischer Touristen belegen, daß Heidelberg unangefochten die Hitparade romantischer süddeutscher Städte anführt. Die Industriezentren um Mannheim und Ludwigshafen, die Landeshauptstadt Stuttgart und viele kleine Orte ließen das Bundesland Baden-Württemberg auch zum cleveren Spitzenreiter deutscher Technologie werden.

Abseits der großen Städte liegen die uralten Siedlungen Frankens. Auf der Romantischen Straße von Würzburg bis zum Märchenschloß Neuschwanstein lernt man einen der charmantesten Teile der Republik kennen. Die Tour um den Bodensee und zum Schwarzwald wendet sich bewußt von den großen Straßen ab. Der südlichste Teil der Reise führt zu den grandiosen Pfaden durch die deutschen Alpen. Nach dem Besuch Münchens schlagen wir vor, die alten Städte und tiefen Wälder Ostbayerns zu besuchen.

Die Reise in den Norden starten wir in der Bankenmetropole Frankfurt und folgen den Spuren der Brüder Grimm durch Hessen und das Weserbergland. Eine ganz andere Siedlungsstruktur begegnet uns entlang der Küste der Nord- und Ostsee: Große Einzelgehöfte, weites Land, das Wattenmeer und Strandkörbe bestimmen die Szenerie. Die Handelsstadt Hamburg verbindet moderne Weltstadtatmosphäre mit hanseatischem Understatement.

Die klassische Kultur stellen wir auf dem Weg von Kassel durch das grüne Herz Deutschlands, den Thüringer Wald, nach Weimar vor. Ausschweifendster Barock, von August dem Starken geplant und gelebt, kennzeichnet das wiederaufgebaute Dresden. Den mittleren Teil der ehemaligen DDR, Magdeburg, den Harz und das industrielle Zentrum Ostdeutschlands um Halle und Leipzig, lernen Sie durch eine Fahrt kennen, die in die älteste und aktuellste Geschichte Deutschlands zurückversetzt. Von Berlin aus führen zwei Touren zur Küste der Ostsee und in die Mecklenburgische Seenplatte, das am dünnsten besiedelte Gebiet des Landes.

Vorherige Seiten: Die Kutschenfahrt im Watt macht Spaß. Kunstvoll restauriertes Fachwerkhaus aus dem 15. Jahrhundert.

Der Rhein

16 km / 10 miles

Düsseldorf · Wuppertal · Hilden · Dormagen · Solingen · Stommeln · Monheim · Lannenfeld · Remscheid · Pulhm. · Leichlingen · Köln · Wermelskirchen · Hürth · Dom · Leverkusen · Bergisch-Gladb. · Brühl · Lindlar · Wesseling · Rhein · Troisdorf · Much · BONN · Siegburg · Neunkirchen-Seelscheid · St. Augustin · Beuel · Hennef · Petersberg · Merkerheim · Königswinter · Drachenfels · Eitorf · Bad Honnef · Remagen · Burg Ockenfels · Linz · Schloß Ahrenfels · Godesburg · Bad Hönningen · Bad Breisig · Höchstenbach · Ruine Hammerstein · Dierdorf · Burg Rheineck · Andernach · Kloster Maria Laach · Neuwied · Freilingen · Plaidt · Ransb.-Baumb. · Wirges · Alter Krahnen · Schloß Stolzenfels · Deutsches Eck · Kobern-Gondorf · Koblenz · Rittersturz · Festung Ehrenbreitstein · Mosel · Burg Lahneck · Alken · Lahnstein · Marksburg · Nassau · Boppard · R. Liebenstein · Lahn · Limburg · Rhein · Burg Maus · Hahnstätten · Ruine Rheinfels · St. Goarshsn. · Nastätten · St. Goar · Loreley · Oberwesel · Burg Gutenfels · Burg Stahleck · Kaub · Bacharach · Lorch · Wisper · Bad Schwalbach · Taunus-stein · Niederheimbach · Ruine Ehrenfels · Burg Sooneck · Niederw.-Denkm. · Schloss Rheinstein · Wiesbaden · Rüdesheim · Mäuseturm · Geisenheim · Eltville · Bingen · Ingelheim · Mainz

FAHRT AM RHEIN

Von alters her war Vater Rhein ein Schicksalsstrom der Deutschen. Schon im Jahre 55 vor unserer Zeitrechnung, als Julius Caesar bei Andernach die erste Rheinbrücke errichten ließ, markierte der Rhein die Grenze des römischen Reiches mit den germanischen Stämmen. Unwiderruflich wurden die Germanen in den Prozeß der Weltgeschichte hineingezogen, als die Römer den Strom überschritten. Zahllose Weinberge und Burgen, idyllische Städte und düstere Sagen symbolisieren den Zwiespalt des „deutschen Wesens": Lebenslust und Sentimentalität auf der einen Seite, dumpfes Brüten und Verschlossenheit auf der anderen. Kriegerisches und Romantisches, Geschäftiges und Idyllisches existieren gleichzeitig in der Landschaft am Rhein. Vater Rhein zeigt seinen Januskopf.

Seine 1320 Kilometer (davon 867 Kilometer in Deutschland) machen den Rhein nach Wolga und Donau zum drittgrößten Fluß Europas. Er entspringt am Fuß des Gotthardmassivs in den Schweizer Alpen und mündet bei Rotterdam in die Nordsee. Von Rheinfelden bei Basel an ist er auf seinen 883 schiffbaren Kilometern der meistbefahrene Wasserweg Europas. Fast 10 000 Frachtschiffe monatlich transportieren alle Arten von Gütern *auf* dem Rhein, während *im* Rhein vornehmlich der Abfall zum Meer transportiert wird, der bei der Erzeugung oder Weiterverarbeitung der Güter entsteht. Nicht nur nach Großkatastrophen wie dem Brandunfall bei Sandoz in Basel im Jahr 1986, sondern auch im „Normalfall" ist das Rheinwasser ein Gemisch von mindestens 60 000 verschiedenen Chemikalien, die – erlaubterweise – von den Chemiekonzernen entlang des Rheins eingeleitet werden dürfen.

Trotzdem hat der Rhein nichts von seinem romantischen Zauber verloren, und für die Millionen von Touristen aus aller Welt, die ihn jährlich besuchen, ist er sowohl Symbol deutscher Geschichte wie des deutschen Geistes. Und die deutschen Romantiker haben in der Tat diese Symbolik nahegelegt, wie etwa Heinrich **91** von Kleist: „Von Mainz aus fuhr ich mit Ulriken auf dem Rheine nach Koblenz – Ach, das ist eine Gegend, wie ein Dichtertraum, und die üppigste Phantasie kann nichts Schöneres erdenken, als dieses Tal...".

Folgt man Kleists Weg den Rhein entlang, zusammen mit vielen Hunderten von Touristen täglich, wird man trotz der Geschäftigkeit unserer Zeit und der Aufdringlichkeit, mit der hier eine Landschaft vermarktet wird, etwas von dem Gefühl erahnen, das den Romantiker bewog, in solcher Weise von diesem Strom und seinem Tal zu schwärmen.

Johann Gutenbergs Werkstatt: Unweit der Mündung des Mains in den Rhein liegt das im Jahr 38 vor unserer Zeitrechnung als „Mongotiacum" gegründete **Mainz** (187 000 Einwohner). Nach einigen hundert Jahren des Niedergangs nahm die ehemalige Hauptstadt der römischen Provinz *Germania superior* einen neuen Aufschwung, als Bonifatius, der „Apostel der Deutschen", es 747 zum Sitz eines Erzbischofs machte. Dadurch wurde die Stadt zum Mittelpunkt der germanischen Christenheit. Die Mainzer Erzbischöfe waren nicht nur geistliche Hirten, sondern als Reichserzkanzler und Kurfürsten gleichzeitig eine der stärksten weltlichen Mächte des Heiligen Römischen Reiches Deutscher Nation und erfolgreiche Gegenspieler so mancher Kaisers und Königs. Mainz war im Mittelalter eine der Städte, die es sich erlauben konnten, gewisse Freiheiten von den engen feudalen Fesseln zu ertrotzen. Als führendes Mitglied im Rheinischen Städtebund seit 1254 erreichte Mainz die Vernichtung des Raubritterunwesens entlang des Rheins, das sich in den Jahren des Interregnums (1250-1273) überall in Deutschland ausbreitete.

Ganz sicher haben es die weitläufigen Mainzer Handelskontakte und die finanziellen Ressourcen des Kaufmanns Johann Fust auch dem mittellosen Tüftler Johannes Gutenberg erst ermöglicht, hier eine der wichtigsten abendländischen Erfindungen zu machen: den Buchdruck mit beweglichen Lettern. Am **Marktplatz** steht im **Gutenbergmuseum** die Nachbildung der Werkstatt des Meisters.

Vorherige Seiten: Das Rheintal bei Bingen. Winzer am Rhein bei der Probe eines kühlen Tropfens. Unten: Blick auf Mainz im Abendlicht.

Es zeigt neben alten Druckvorrichtungen als größte Kostbarkeit eine von den 47 erhaltenen Bibeln, die damals den Beweis für die Massentauglichkeit des neuen Mediums lieferten. Wenig später (1477) bekam Mainz seine Universität, die den Namen Gutenbergs trägt.

Der mächtige romanische **Dom** (975) gegenüber dem Gutenbergmuseum beherrscht mit seinen sechs Türmen aus rotem Sandstein weithin sichtbar das Stadtbild der nach dem Zweiten Weltkrieg originalgetreu wiederaufgebauten Stadt. Mainz ist Hauptstadt des 1949 neugegründeten Bundeslands Rheinland-Pfalz. Ebenfalls restauriert wurde das **Kurfürstliche Schloß**, ein spätes Renaissancebauwerk, das heute das **Römisch-Germanische-Zentral-Museum** und die Festsäle beherbergt, in denen die Karnevalsveranstaltungen stattfinden, die alljährlich vom Fernsehen europaweit übertragen werden. Vom Schloß aus hat man einen guten Blick auf die Schwesterstadt **Wiesbaden** (280 000 Einwohner), Hauptstadt des Bundeslandes Hessen. Auch außerhalb der

Karnevalszeit sollte man einen abendlichen Bummel durch die Gassen der Altstadt einplanen, um dann in einer der vielen Weinstuben Bekanntschaft mit dem leichten, weißen Rheinhessenwein zu schließen. Ein „Handkäs' mit Musik" (mit Essig, Öl und gehackten Zwiebeln angemachter Handkäse) rundet das Erlebnis kulinarisch ab.

Ein Glas Wein in Rüdesheim: Von Mainz an beginnt das Rheintal seine engen Windungen zwischen Taunus und Hunsrück, und neben den Lastkähnen beherrschen nun auf dieser „romantischen" Strecke unzählige Vergnügungsdampfer das Bild des Rheins, während sich an Land ein ständig wechselndes Panorama von schmucken Dörfchen mit nadelspitzen Kirchtürmen, goldenen Wetterhähnen, tiefen Schluchten und Weinbergen bietet. Des Dichters Spuren Richtung Koblenz folgend, kommt man zunächst nach **Eltville,** dem „alta villa" der Römer, 150 Jahre lang Residenz der Kurfürsten von Mainz. Der **Wohnturm** der kurfürstlichen Burg erinnert an die Zeiten, als sich die Mainzer Erzbischöfe

Unten: In Rüdesheim. Rechts: Burg Katz in der Nähe der Loreley.

während der Kriege und Rebellionen hier in Sicherheit brachten. Zahlreiche Bürger- und Adelshäuser aus dem 16. und 17. Jahrhundert im Stadtkern sind neben der **Pfarrkirche St. Peter und Paul** (12. Jahrhundert) sehenswert. Die historische Rheinpromenade wurde von Eltviller Bürgerinitiativen erfolgreich vor der Zerstörung durch geplante Bahn- und Straßentrassen verteidigt. Am nördlichen Rand von Eltville zweigt eine kleine Straße zum Weindorf **Kiedrich** mit den Ruinen der **Burg Scharfenstein** und dem alten **Kloster Eberbach** ab. Hier bauten die Augustinermönche seit 1116 den Rheingau-Wein an, den sie dann im eigenen Weinkeller in Köln für liturgische Zwecke kunstvoll ausbauten.

Irgendwie hat **Rüdesheim** es geschafft, sich und seine **Drosselgasse** einem Millionenpublikum von Reisenden als Musterexemplar eines Weindorfs zu verkaufen. Trotz **Brömserburg** (9. Jahrhundert, älteste Burg am Rhein) unterscheidet sich Rüdesheim mit seinen Fachwerkhäusern und Weinstuben jedoch nicht sehr von anderen Dörfern am Rhein. Am besten hält man sich hier etwas abseits von den Touristenströmen und der Drosselgasse. Hier gibt es auch kleine Gasthäuser im Familienbetrieb, in denen man Rüdesheim erstaunlich preiswert genießen kann.

Germania, eine Walküre: Von Rüdesheim führt eine Seilbahn zum 37 Meter hohen **Niederwalddenkmal** (1883 eingeweiht), dessen Ausmaße und Lage in der Tat atemberaubend sind. Die „**Germania**" genannte Statue, symbolhaft als schwertschwingende Walküre dargestellt, blickt herausfordernd 'gen Westen. Errichtet als Ausdruck Wilhelminischen Großmachtstrebens nach dem Deutsch-Französischen Krieg (1870-71), wären bei der Einweihungsfeier beinahe die versammelten Spitzen des Deutschen Reiches mit 16 Pfund Dynamit in die Luft gesprengt worden, hätten die beiden Anarchisten Reinsdorf und Küchler nicht die 50 Pfennig Mehrkosten für wasserfeste Zündschnüre gescheut. Der Regen in der Nacht vor der Einweihung rettete die Noblen und kostete den beiden Attentätern das Leben.

Der Mäuseturm bei Bingen.

Von Rüdesheim aus führt eine Rheinfähre nach **Bingen** an der Mündung der Nahe in den Rhein. Die **Burg Klopp** kontrollierte zusammen mit dem **Mäuseturm** (eigentlich „Mautturm") in der Mitte des Rheins den Strom für den Mainzer Bischof Hatto, der den Handelsverkehr auf und am Rhein zu einer Einnahmequelle machte. Später diente der Turm als Signalturm für das **Binger Loch**, ein Quarzitriff, das vor einigen Jahren aus der Fahrrinne geräumt wurde.

Burg an Burg: Die nächsten sechzehn Kilometer nach dem Binger Loch machen klar, warum der Rhein in so vielen Märchen und Sagen, Legenden und Liedern eine Rolle spielt. Tausende von Fahrgästen der Bundesbahn genießen täglich auf dieser Strecke die Aussicht auf den Fluß und die Inseln, die Lastkähne und Ausflugsdampfer. Der majestätische Strom zwischen den Steilhängen, die bewaldeten Höhen, das Muster der Weinberge und die dichte Folge der Burgruinen ziehen nicht nur romantische Gemüter in ihren Bann. Die Burgen zeugen von einer Zeit, als die Raubritter den

Strom mit eisernen Ketten sperrten und die Landwege unsicher machten, um ihre Einnahmen auf Kosten der Kaufleute aufzubessern. Jede dieser Burgen ist zu irgendeinem Zeitpunkt in der Vergangenheit einmal belagert und geschleift worden; Stoff für blutrünstige Dramen und schaurig-schöne Geschichten.

Kurz vor Assmannshausen (bekannt für guten Rotwein) taucht die Festung **Ehrenfels** auf der rechten Rheinseite auf, gegenüber die Festung **Rheinstein**. Hinter Assmanshausen liegt **Drachenstein** mit der Nachbarfestung **Sooneck**, zu denen man von Assmanshausen aus mit der Rheinfähre übersetzen kann. Über **Lorch** oder **Bacharach** kann man auf die rechte Rheinseite zurückkehren.

Die Niederlage Napoleons: Bleibt man auf der linken Rheinseite, taucht wenige Kilometer nach Bacharach im Strom die Insel Pfalzgrafenstein mit der **Pfalz** auf, einem malerischen Zollposten aus dem 14. Jahrhundert in der Mitte des Flusses. Hier überquerte Marschall Blücher in der Silvesternacht 1813/14 mit Hilfe einer Pontonbrücke den Rhein, um die

**Die „Pfalz"
bei Kaub.**

napoleonischen Truppen zu verfolgen, die gerade in der Völkerschlacht bei Leipzig vernichtend geschlagen worden waren. Gegenüber liegt das Städtchen **Kaub** mit der Festung **Gutenfels** (13. Jahrhundert). Kurze Zeit später trifft man an der linken Rheinseite auf die Ruine **Schönburg** bei Oberwesel.

Loreley und andere Jungfrauen: Gleich nach Oberwesel wird der sanfte Fluß des Rheins durch die Unterwasserfelsen der **Sieben Jungfrauen** gestört. Der Sage nach wurden hier sieben Mädchen in Stein verwandelt, weil sie so prüde waren. So pflegten es wenigstens die Burschen der Umgebung zu erzählen, wenn ihre Mädchen auf ihr Werben etwas zu zögerlich und scheu reagierten. Dagegen wurde die **Loreley** manchem unvorsichtigen Mann zum Verhängnis. Genau hier über den gefährlichen Stromschnellen auf dem vorspringenden Felsen des rheinfränkisch „Lurlei" genannten Berges (lei = Berg), plazierte die Sage – in der Phantasie des romantischen Erzählers Heinrich von Brentano im Jahre 1801 – jene gefährlich-blonde Wassernixe, die mit ihrem Gesang und ihrem ausgiebigen Haarekämmen die Schiffer von der Gefahr im Strom abzulenken pflegte. Heinrich Heine machte aus dieser „femme fatale" 1823 sein berühmtes Gedicht, das 1832 von Friedrich Silcher vertont wurde. Ein paar Autominuten weiter folgt dann der Auftritt dreier Burgen zur gleichen Zeit: **Burg Katz** und **Burg Maus** rechtsrheinisch und **Burg Rheinfels** linksrheinisch bei St. Goar. Hier findet alljährlich im September das Feuerwerksspektakel **Der Rhein in Flammen** statt. Wenige Kilometer entfernt liegen die „feindlichen Brüder", die Burgen **Sterrenberg** und **Liebenstein**, durch einen Wall voneinander getrennt.

Endlose Weinberge: In **Boppard** mit seiner zwei Kilometer langen Rheinpromenade befinden wir uns im Zentrum des größten Weinanbaugebietes des Mittelrheins; am **Bopparder Hang** allein stehen 1,5 Millionen Weinstöcke. Eine Seilbahn führt zum **Gedeons Eck** (302 Meter hoch), von dem aus die Windungen des Rheins zwischen den Bergen einen **Vier-Seen-Blick** vortäuschen.

Phantasien von Raubrittern und Burgfräuleins: Burg Sooneck.

Burgen zu verkaufen: In **Braubach** am Ende der Rheinschleife können Burgbegeisterte mit dem nötigen Kleingeld sich eine Burg zum Kauf aussuchen. Bei der Deutschen Burgenvereinigung in der **Marksburg** (13. Jahrhundert) kann man die nötigen Formalitäten erledigen und nebenbei auch noch das größte burgenkundliche Museum Mitteleuropas besichtigen. **Rhens** (7. Jahrhundert), ein schräg gegenüber gelegenes Kleinstädtchen, war im Mittelalter eines der deutschen Machtzentren. Hier wählten („kürten") die sieben Kurfürsten die Könige und Kaiser am **Königsstuhl**. Weiter flußabwärts an der Mündung der Lahn nahe Lahnstein steht das Wirtshaus an der Lahn, das heute weniger von seiner Nähe zu den beiden Burgen **Lahneck** (rechtsrheinisch) und **Stolzenfels** (linksrheinisch) profitiert, sondern von der Tatsache, daß Goethe es einer Erwähnung würdig fand.

Wo Rhein und Mosel sich treffen: Wenn die erste Rheinbrücke seit Mainz in Sicht kommt, ist **Koblenz** (120 000 Einwohner) am Zusammenfluß von Rhein und Mosel erreicht. Von der Festung **Ehrenbreitstein** am rechten Rheinufer kann man nicht nur das obligatorische Foto vom Deutschen Eck schießen, sondern man hat auch einen herrlichen Blick über die ganze Stadt mit ihrer **Liebfrauenkirche** und der Kirche **St. Kastor** (beide 13. Jahrhundert). In der Festung mit Deutschlands größter Jugendherberge ist das interessante **Rheinmuseum** untergebracht. Die andere Rheinseite erreicht man über die Pfaffendorfbrücke und gelangt zum kurfürstlichen **Schloß** (13. Jahrhundert), das an der Stelle des antiken „castrum ad confluences" entstand. Das **Deutsche Eck**, so genannt nach dem früheren Haus des Deutschherrenordens, trug bis 1945 ein Kaiser-Wilhelm-Denkmal, dessen übriggebliebener Sockel 1953 zum „**Denkmal der deutschen Einheit**" umgetauft wurde. Zwischen der Mosel zur Linken und dem Rhein zur Rechten liegt das 1925 als idealisierende Nachbildung gebaute **Weindorf**, in dem sich nach einem Viertel Wein, Rhein oder Mosel, „Gemütlichkeit" einstellt.

Boppard in Pop-Art bei Nacht.

97

DIE MOSEL ENTLANG

Im Sommer 1986 machte die Mosel zwischen Koblenz und Trier, das klassische Reiseziel all derer, die dem romantischen Deutschland auf der Spur sind, Schlagzeilen. Bei Trier trieben Tausende von toten Fischen auf dem Fluß, und die Stadt strengte einen Prozeß gegen die französischen Atomkraftwerksbetreiber an, die bei Cattenom ein weiteres Werk errichten wollten, das seine Abwässer in den ohnehin schon stark belasteten Fluß einleiten sollte.

Doch nicht nur der Fluß leidet. Zwischen 1979 und 1990 mußte jeder fünfte Weinbauer an der Mosel seinen Betrieb schließen. Viele Winzer, die Weinberge in der Größe von einem bis zwanzig Hektar bewirtschaften, stehen in harter Konkurrenz mit den übrigen zwanzig Anbaugebieten von Qualitätsweinen in der Europäischen Gemeinschaft, die um ihre Anteile auf dem europäischen Markt kämpfen. Viele der bekannten malerischen Weinberge an der Mosel, an deren schieferhaltigen Uferhängen der berühmte fruchtige Weißwein gedeiht, werden seit Jahren schon nicht mehr bewirtschaftet.

Der Tourismus an der Mosel scheint von dieser Entwicklung nicht betroffen. Die Menschen hier sind ungebrochen stolz auf ihre „Moselromantik". Der Moselhecht ist zwar von den Speisekarten verschwunden, aber Forelle und Karpfen werden nach wie vor aus der Mosel geangelt.

Eine Fahrt auf der Mosel von Trier nach Koblenz ist ein schönes Ferienerlebnis, denn wie Goethe im Jahre 1792 werden auch Sie „dieses herrliche Gefühl von Wohlbefinden erleben, das den Weinbaugebieten eigen ist und sich auf den Besucher überträgt".

Das Moseltal ist nicht nur Weinland. Wenige Regionen nördlich der Alpen können eine solche Vielzahl von historischen Denkmälern und bedeutenden Sehenswürdigkeiten vorweisen.

Moselwein erfreut das Herz: Im Mittelpunkt der Moselreise steht natürlich der Wein, und die Reiseveranstalter tragen dem Rechnung: Fremdenverkehrsämter, Weingüter und Weinprobierstuben bieten Besichtigungen von Weinkellern an, wo Sie alles über die Herstellung der edlen Tropfen erfahren. Acht Weinlehrpfade machen den Weinliebhaber mit dem Anbau vertraut. Weinseminare und Tage der offenen Keller, wo jeder kommen und Wein probieren kann, sind angeboten. Von April bis Ende November ist fast jedes Wochenende irgendwo Weinfest. Für 120 DM die Woche (inkl. Frühstück und Weinprobe) können Sie beim Weinbauern sogar Urlaub machen und in der Mosel angeln.

Am einfachsten kommen Sie von Koblenz aus über die B 416 ins Moseltal. **Winningen** ist der Vorbote der vielen typischen Moselstädtchen, mit steilen, schieferfarbenen Hügeln, Burgen, alten Kirchen, engen Gassen und Marktplätzen, gesäumt von Fachwerkhäusern, alten Weingewölben und neuen Weinkellern, die so nur das Moseltal kennt. Man sollte auch einen Blick in die Hinterhöfe werfen und in einem der reizenden Cafés den leckeren Kuchen probieren.

Vorherige Seiten: Moselschleife bei Bremm. **Unten**: Die Altstadt von Bernkastel lädt zur Kaffeepause ein.

Außerdem: Keine Moselreise ist befriedigend ohne wenigstens eine Burgbesichtigung.

Burg Eltz: Eine von Deutschlands schönsten Burgen, sechs Kilometer von der Bahnstation Moselkern entfernt, ist auf drei Seiten vom Fluß Eltz umgeben. Im Jahre 1150 wurde die Burg das erste Mal urkundlich erwähnt, und seit dieser Zeit ist sie im Familienbesitz der Grafen von Elce. Das Schloß blieb von den Kriegen des Mittelalters und der Zerstörung durch die Franzosen verschont, die vor bald 300 Jahren fast alle Schlösser in dieser Gegend zerstörten. Die Türme, hohen Giebel und die reiche Ornamentik begeistern Tausende von Besuchern. Die Schätze, die die Grafen im Laufe der Jahrhunderte zusammengetragen haben, sind im Waffensaal, in der Gemäldesammlung und in den kostbar ausgestatteten Innenräumen zu bewundern. Übrigens, wußten Sie, daß Burg Eltz den 500 DM-Schein ziert?

Die **Reichsburg Cochem,** 13 km von Burg Eltz entfernt, wurde zuerst im Jahre 1027 erbaut, und der Cochemer Krampen ist die erste von vielen idyllischen, engen Flußwindungen, die typisch sind für den Lauf der Mosel. Den Marktplatz von **Cochem** zieren das barocke Rathaus aus dem Jahre 1739, der Martinsbrunnen und Fachwerkhäuser mit schönen Ornamenten. An der Moselbrücke biegt man rechts ab und erreicht bald den Eingang des mit 4203 Metern längsten Eisenbahntunnels Deutschlands. Die Moselpromenade mit zahlreichen Weinstuben, Cafés und Gasthäusern lädt zu einem Spaziergang am Fluß ein. Von der Moselbrücke, die nach **Kond** führt, bietet sich ein wunderschöner Ausblick auf die Flußlandschaft.

Der nächste Halt ist **Beilstein,** auch das „Mini-Rothenburg" genannt, wo einige bekannte Heimatfilme gedreht wurden. Dann geht es weiter nach **Zell** mit dem bekannten Brunnen und der ebenfalls berühmten „Zeller Schwarze Katz". 37 km von Cochem entfernt liegt **Traben-Trarbach,** ein Kur- und Weinort zugleich. Alljährlich findet hier ein internationales Motorbootrennen statt. Von hier aus können Sie auch einen

Unten: Erinnerung an die große Vergangenheit – Porta Nigra in Trier.

Ausflug zum **Mont-Royal** machen, einst die größte europäische Festung unter dem französischen König Ludwig XI., und zu den Ruinen der **Grevenburg** (14. Jahrhundert), von der man wiederum einen wunderschönen Blick ins Moseltal hat.

Nach weiteren 22 km kommen Sie nach **Bernkastel-Kues** (7500 Einwohner) im Herzen der Mittelmosel, einen der bekanntesten Weinorte der Region. Auch der romantische Marktplatz, über den sich die Burgruine Landshut erhebt, ist ein Wahrzeichen der Mosel. In der zentralen Weinkellerei lagern 65 Millionen Liter Wein, das Produkt von 5000 Weinbauern. Bernkastel ist weltbekannt wegen seiner Fachwerkhäuser, dem filigranen Brunnengitter am Marktplatz und den kunstvollen Wetterhähnen auf den Giebeln der Häuser – ein unvergleichliches Gesamtbild, das seit Generationen die Kalenderblätter schmückt. Das traditionelle Weinfest der Mosel Anfang September, auf dem Sie auch die Weinkönigin „Mosella" sehen können, zieht mehr als 200 000 Besucher an.

Das **Cusanusstift** ist ein über 500 Jahre altes Krankenhaus und Hospiz, das nach dem berühmten Kardinal und Philosophen Nikolaus von Kues (lateinisch Cusanus, 1401-1464) benannt ist. Kues ist ein bedeutender Vertreter des deutschen Humanismus, der für religiöse Toleranz eintrat. Sein Geburtshaus ist jetzt Museum, das Leben und Werk von Kues am Übergang vom Mittelalter zur Neuzeit gewidmet ist.

Von Bernkastel-Kues bis nach Trier führt die Reise wiederum den windungsreichen Lauf der Mosel entlang, vorbei an Weinbergen und durch idyllische Weindörfer wie **Piesport** und **Neumagen**. Hier wird seit der Römerzeit Wein angebaut, woran das Neumagener Weinschiff aus dem 3. Jahrhundert erinnert.

Deutschlands älteste Stadt: Von Kaiser Augustus im Jahre 16 v. Chr. gegründet, gilt **Trier** (100 000 Einwohner) als älteste Stadt Deutschlands. Sie besitzt die eindrucksvollsten römischen Bauwerke nördlich der Alpen. Trier war die Residenz von Diocletian, Konstantin

Unten: Der Winzer erntet die Früchte seiner Jahresarbeit.

dem Großen und anderer römischer Kaiser. Im 9. Jahrhundert machte Karl der Große Trier zum Bischofssitz. Vom 12. bis 18. Jahrhundert residierte in Trier ein Kurfürst.

In der ganzen Stadt sind Zeugnisse dieser eindrucksvollen Geschichte zu sehen. Die **Porta Nigra** (2. Jahrhundert), die einstmals ein römisches Festungstor war und 36 Meter breit sowie 30 Meter hoch ist, gilt als das am besten erhaltene Bauwerk dieser Art nördlich der Alpen. Es wurde 1040 in eine Kirche umgewandelt, aber später, unter der Herrschaft Napoleons, wieder in seinen Originalzustand zurückversetzt. Der ursprüngliche Bau wurde ohne Mörtel errichtet. Seinen Namen verdankt die Porta Nigra der dunklen Patina, die sich auf den Kalksteinblöcken bildete.

Auch die **Aula Palatina,** eine Basilika, im 4. Jahrhundert als Krönungssaal für Konstantin den Großen erbaut, und die **Kaiserthermen,** mit deren Bau unter Konstantin begonnen, die aber nicht fertiggestellt wurden, gehen auf die Römerzeit zurück. Dasselbe gilt für die

Römerbrücke. Von den Thermen ist es nur ein kurzer Weg zu den Ruinen des antiken **Amphitheaters,** in dem einst 25 000 Zuschauer den blutigen Gladiatorenkämpfen und Schauspielen beiwohnten.

Der **Dom,** eine der ältesten Kirchen Deutschlands im romanischen Stil (11. bis 12. Jahrhundert), ist ein Zeugnis des christlichen Mittelalters. Die Grundmauern stammen aus dem 4. Jahrhundert. Gleich neben dem Dom steht die **Liebfrauenkirche,** eine der ältesten gotischen Kirchen Deutschlands.

Von der Kirche sind es nur ein paar Schritte zum **Hauptmarkt,** einem eindrucksvollen, malerischen Marktplatz. Mit Gebäuden aus Gotik, Renaissance und Rokoko ist der Platz ein lebendiges Lehrbuch der Kunstgeschichte. In wenigen Minuten ist man vom Marktplatz in der Brückenstraße 10, dem Haus, in dem 1818 Karl Marx geboren wurde, einer der eindrucksvollsten Denker der Neuzeit. Das Geburtshaus ist jetzt ein Museum und eine Pilgerstätte für Besucher aus aller Welt.

APA GUIDES sind anders. Das mag an den

brillanten Farbfotos oder an den verläßlichen,

informativen Insider-Texten liegen.

Sicher aber auch an dem ansprechenden

Design und dem stets „mehr-wissen-wollenden"

Charakter der APA GUIDES

– Blicke

hinter die

Kulissen werfen,

Begegnungen wagen und

auch mal ausgetretene

Pfade verlassen

„SEE YOU SOON!"

APA GUIDES
Die schönsten Länder und Regionen
Jeder Band ca. 300 Seiten
mit ca. 300 Farbfotos und Karten
DM 39,80

APA CITY GUIDES
Die interessantesten Städte
Jeder Band ca. 300 Seiten
mit ca. 300 Farbfotos und Karten
DM 39,80

APA POCKET GUIDES   NEU!
Attraktive Städte, Länder
und Regionen
Jeder Band ca. 100 Seiten
mit ca. 100 Farbfotos und Karten
DM 12,80

RV
A P A
GUIDES

AUF DEM WEG NACH KÖLN

Wenn Sie Ihren Abstecher an die Mosel beendet haben, fahren Sie nach Koblenz zurück und von dort auf der B 42 hinauf nach Köln. Sie erreichen rasch das flache Neuwieder Becken, wo die Landschaft des Rheins plötzlich einen ganz anderen Charakter bekommt.

Auf der anderen Rheinseite liegt **Andernach,** eine ehemalige römische Siedlung. Sie können mit der Fähre hinüberfahren. Eine hübsche Altstadt mit dem Rathaus aus dem 16. Jahrhundert erwartet Sie. Ein kleiner Umweg über das **Kloster von Maria Laach,** eine der bekanntesten Abteien des Rheinlands im schön gelegenen Hochland der Eifel, lohnt sicher. Die karge Schönheit der Eifel ist vulkanischen Ursprungs und ein beliebtes Reiseziel. Die Klosterkirche (1093-1220) ist der Mittelpunkt der Anlage und eines der bedeutendsten romanischen Bauwerke Deutschlands, dessen Schlichtheit von dem großen Kratersee verstärkt wird. Die Benediktinermönche sind geübte Kirchenführer.

Zurückgekehrt zur rechten Rheinseite, fahren Sie in **Leutesdorf** wieder auf die B 42. Über dem kleinen Ort Hammerstein thront die Ruine der **Burg Ley** aus dem 10. Jahrhundert.

Brücke von Remagen: In **Linz** sind die Stadttürme, das alte gotische Rathaus und die wunderbaren Weine der Region hervorzuheben. Vom Kaiserberg haben Sie einen wunderschönen Blick hinunter auf den Fluß, hinüber zu den Hügeln der Eifel und ins Ahrtal. Mit der Fähre kommt man zur **Brücke von Remagen.** Diese Brücke wurde zwar bei Kriegsende von deutschen Sprengkörpern beschädigt, konnte aber von amerikanischen Truppen überquert werden. Alle übrigen 43 Rheinbrücken hatten die Nazis zerstört. Der Krieg war um einige Tage verkürzt, und die Brücke von Remagen wurde berühmt und in Hollywoodfilmen gezeigt. Erinnerungen an das Ereignis sind im **Friedensmuseum** im einzigen noch erhaltenen Pfeiler der ehemaligen Eisenbahnbrücke zu sehen.

Vorherige Seiten: Das in Licht schwelgende **Wallraff-Richartz-Museum vor dem Kölner Dom. Unten:** Eine der vielen Bonner Demonstrationen, die der Weltbürger Beethoven schon erlebt hat.

Von **Unkel** können Sie einen Abstecher zur Burg Arenfels und Burg Ockenfels machen. Die Bundesstraße führt an der Bergkette des Siebengebirges mit seinem Wahrzeichen, der Burgruine **Drachenfels** (315 m, 12. Jahrhundert), vorbei. Sie ist nach Siegfried, dem Helden der Nibelungensage, benannt, der dort den Drachen erschlug und dann in dessen Blut badete, um selbst unverletzbar zu werden.

Das dauerhafte Provisorium: Vor 1949 war das verschlafene **Bonn** (heute 295 000 Bewohner) für Besucher nur als Geburtsort Beethovens und wegen der bekannten Universität interessant, in deren Gebäude früher der Kurfürst residierte.

1949 wurde Bonn vom Parlamentarischen Rat zum provisorischen Sitz der Regierung der Bundesrepublik gewählt. Seitdem haben sich Hunderte von Behörden in den prächtigen alten Häusern niedergelassen, und es entstanden ständig neue Hochhäuser für Ministerien und den Verwaltungsapparat.

Bonn war gerade dabei, Milliarden in neue Regierungsgebäude zu investieren, als die Mauer fiel. Nun hoffen die gutverdienenden Regierungsbeamten, daß ihre Stadt wenigstens Regierungssitz bleibt. Wenn Berlin wieder Hauptstadt wird, sinken die Grundstückspreise, und die vielen Villen, die Verwaltungs- und Botschaftsgebäude verlieren an Wert.

Die Sehenswürdigkeiten sind fast alle in der Altstadt, die man leicht zu Fuß durchqueren kann: der **Marktplatz** mit dem **Rathaus** aus diesem Jahrhundert, wo US-Präsident Kennedy 1963 ein triumphaler Empfang bereitet wurde; südwestlich davon der Münsterplatz mit dem ehrwürdigen **romanischen Münster** und dem Kreuzgang aus dem 12. Jahrhundert, nordöstlich vom Marktplatz, in der Bonngasse 20, das **Beethovenhaus**, in dem Ludwig van Beethoven (1770-1827) geboren wurde. Das Gebäude aus dem 16. Jahrhundert beherbergt seit 1889 das bedeutendste Beethoven-Museum der Welt. Sie stehen vor dem Flügel, der für Beethoven in Wien angefertigt wurde und die Plakette mit seinem Namen trägt, gehen durch die Räume, in denen das Genie mit seiner Familie lebte.

DEUTSCHER GEIST: BEETHOVEN

Deutschland, „das Land Beethovens": Wieviel Wahrheit ist an dieser Floskel? Ist seine Musik deutsche Musik? Ludwig van Beethoven, 1770 in Bonn am Rhein geboren, ging als junger Mann nach Wien, um bei Haydn und Mozart Kompositionsunterricht zu nehmen. Dort lebte er bis zu seinem Tod im Jahr 1827. Beethoven war belesen; seine geistige Heimat war die Tradition, für die Goethe, sein Zeitgenosse, das Wort „Weltliteratur" erfand. Er betete Shakespeare an und verehrte Napoleon, bis dieser sich zum Kaiser der Franzosen krönte. Beethoven bekannte sich zeitlebens zu den Idealen der Französischen Revolution. Nationale Sonderwege der Kunst, wie sie die Komponisten des 19. Jahrhunderts suchten, interessierten ihn nicht. Er verstand sich als Weltbürger. Eine die Nationen übergreifende und aussöhnende Idee sollte in seiner Musik hörbar werden:

„Seid umschlungen, Millionen/ Diesen Kuß der ganzen Welt./ Brüder! Überm Sternenzelt/ Muß ein lieber Vater wohnen."

Beethovens 9. Symphonie, die Vertonung von Schillers „Ode an die Freude", sein weltanschauliches Vermächtnis, ist eine gewaltige Konstruktion aus verschiedenartigem musikalischem Material: schroff dissonante Akkorde, ein Hauptthema

von volksliedhafter Einfachheit, schmissige Marschmusik, monumentale Chorsätze an der Grenze des Singbaren. Es ist eine Musik, über die Friedrich Nietzsche schrieb, sie mache dem Denker das Herz schwer; weil der Freidenker, der sich längst vom Glauben losgesagt hat, sich zuletzt „über der Erde in einem Sternendome schweben fühlt, mit dem Traum der Unsterblichkeit im Herzen: alle Sterne scheinen um ihn zu flimmern und die Erde immer tiefer hinabzusinken."

Beethovens Tonsprache war so revolutionär, daß sich viele Zeitgenossen erst einmal die Ohren zuhielten. Es gibt keine musikalische Dimension (Harmonie, Rhythmus, Instrumentation usw.), in der Beethoven nicht vorgeschriebene Grenzen gesprengt hätte. Er intensivierte den emotionalen Ausdruck und schuf Raum für eine gesteigerte Rationalität der Musik. „Beethoven bewegt die Hebel der Furcht, des Schauers, des Entsetzens, des Schmerzes und erweckt eben jene unendliche Sehnsucht, welche das Wesen der Romantik ist", schrieb der Dichter und Komponist E. T. A. Hoffmann. Am Beispiel der legendenumwobenen 5. Symphonie wies er aber auch nach, daß Beethoven, der sich im Leben leicht von seinen Gefühlen hinreißen ließ, als Komponist „sein Ich vom innern Reich der Töne trennte und darüber als unumschränkter Herr gebot." Beethoven konstruierte musikalische Strukturen, in denen jedes Detail in einer durchdachten Beziehung zum Ganzen steht. Seine geniale Fähigkeit, formsprengende Expressivität mit einem strengen Formwillen zu versöhnen, machte ihn zum „klassischsten" aller Komponisten. Beethoven ist daher auch ein Vorbild für die nachromantischen Komponisten geblieben, für die erst recht gilt, was er einmal von seiner Musik sagte: daß sie wohl zu Herzen gehen solle, aber „mit dem Verstand gehört" werden müsse.

Charakteristischer für den „deutschen Geist" als Beethoven war der Geniekult nach seinem Tode. Seine besonnene Arbeitsweise wurde zum „Ringen ums Werk" stilisiert, er selber zum „Kämpfer", „Heros" und „Übermenschen". Taub für die Musik, verehrte man Beethoven wegen seines Gehörverlusts, seiner erzwungenen Einsamkeit. Man vergötterte ihn als Prototyp des deutschen Künstlers, der im Leben scheitert, um mit zusammengebissenen Zähnen in der Kunst ein ideales Reich zu errichten.

Die Beethoven-Legende hat an Anziehungskraft verloren. Gelitten hat auch der Glaube an den Fortschritt des Menschengeschlechts, der in Beethoven noch ungebrochen war. Die Ideen, die ihn inspirierten, sind fragwürdig geworden. An die Stelle der Anbetung des tragischen Genies ist eine eher nüchterne Hochschätzung getreten. Die Deutschen verehren Beethoven nicht länger als nationales Symbol, sondern begeistern sich am Reichtum seiner Musik; so wie der französische Komponist Pierre Boulez, der zum 200. Geburtstag schrieb: „Drehen und wenden Sie diesen Diamanten mit den tausendfältigen Facetten – Sie werden tausend Sonnen in ihm sehen."

Die Adenauerallee führt durch den **Hofgarten** und den Stadtgarten. Weiter südlich, zwischen Adenauerallee und Rheinpromenade, schlägt das Herz der politischen Macht Deutschlands mit der **Villa Hammerschmidt**, dem offiziellen Sitz des Bundespräsidenten; dem Bundespräsidialamt; dem **Palais Schaumburg**, wo Staatsempfänge stattfinden, und dem Bundeskanzleramt mit dem angrenzenden Sitz des Bundeskanzlers.

Seit mehreren Jahren tagt der Bundestag in dem zu kleinen „**Alten Wasserwerk**", in dem der fahrbare Deckenkran erhalten blieb. Ob das neue Super-Bundestagsgebäude direkt am Rhein jemals bezogen wird?

Im Vorort **Bad Godesberg** haben sich mehr als 70 diplomatische Vertretungen und verschiedene Ministerien angesiedelt. Die **Godesberger Redoute,** ein kurfürstlicher Rokokopalast, der von 1791-92 erbaut wurde und in dem Beethoven Konzerte gab, wird jetzt für Staatsempfänge benutzt.

Die Domstadt: Am besten kommt man mit der Bahn genau in die Innenstadt von Köln. Vom Hauptbahnhof führt eine breite Treppe hinauf zur Domplatte, den Platz, auf dem man von begnadeten Pflastermalern, waghalsigen Skateboard-Fahrern, Musikern und Kleindarstellern empfangen wird. Majestätisch thront der 142 m lange und – ohne Türme – 43 m hohe **Dom** als Wahrzeichen der Stadt mit fast einer Million Einwohner. Zur Spitze des Turms hinauf steigt man über 509 Stufen – zu Fuß! Für diese Strapaze entschädigt der Blick auf die bunten Hausfassaden und die spitzen Giebeldächer.

Auf der gegenüberliegenden Seite des Rheins bleiben die Augen am Turm von 4711 haften. Im Jahre 1709 ließ sich der italienische Apotheker Giovanni-Maria Farina in Köln nieder und erfand das Eau de Cologne. Gleich neben diesem Turm liegen die Hallen der Kölner Messen. Über die imposante Stahlkonstruktion der **Hohenzollernbrücke** rollen von dort die Züge langsam in den Hauptbahnhof ein. Auch als Fußgänger darf man auf diese Brücke und kann direkt von oben auf die Schiffe sehen. Von der anderen Seite des Turmes aus übersieht man die Innenstadt: das kontrastreiche neue Museumsgebäude und das generalüberholte Funkhaus des Westdeutschen Rundfunks. Direkt davor beginnt Kölns beliebte Einkaufszeile, die autofreie **Breite Straße**.

Als Erzbischof Konrad von Hochstaden im Jahre 1248 den Anstoß zum Bau des Doms gab, war Köln Deutschlands größte Stadt, neben Paris und Konstantinopel die drittgrößte Stadt Europas und eine der reichsten Städte der Erde. Im Mittelalter war Köln eines der wichtigsten Mitglieder der Hanse. 1388 wurde die Universität gegründet. Seit der Zeit ist Köln der in religiöser, intellektueller und künstlerischer Hinsicht aufgeklärte Mittelpunkt des Rheintals.

1560 wurden die mittelalterlichen Bauarbeiten am Dom unterbrochen. Ende des 19. Jahrhunderts flammte die Begeisterung für das Mittelalter in Europa auf und gab dem Wiederaufleben der Gotik in Form der Neugotik Nahrung. 1842 legte König Friedrich Wilhelm IV. von Preußen den Grundstein für die Fortsetzung des Baus. Bis 1880 war das ehrgeizigste Bauvorhaben des Mittelalters vollendet.

Die Harmonie der einzelnen Teile macht das Großartige dieses Gotteshauses aus. Gotisch klar strebt der Innenraum himmelwärts. Der **Reliquienschrein der Heiligen Drei Könige** über dem Hochaltar, 1,3 m hoch, 2,1 m lang und 1 m breit, ist größer als alle Goldsarkophage im Westen. Er soll das Gebein der Heiligen Drei Könige enthalten. Vom unvorstellbaren Reichtum der katholischen Kirche zeugt auch die **Schatzkammer**, in der Gold und Edelsteine, liturgische Gewänder aus vielen Jahrhunderten, liturgische Schriften und Elfenbeinarbeiten gezeigt werden. Mit dem **Gerokreuz** (etwa 971) in der Kreuzkapelle besitzt der Dom das älteste Werk aus Holz über die Kreuzigung diesseits der Alpen.

Alte Metropole: Die Innenstadt kann man gut zu Fuß erkunden und stößt dabei immer wieder auf die römische Geschichte dieser Stadt: freigelegte, gepflasterte Straßen; im Römisch-Germanischen Museum kostbare Schätze und ein beeindruckender Überblick über die Alltagskultur von vor rund 2000 Jahren; eine ganze freigelegte, überdachte Therme.

Sie sollten wenigstens einen Blick durch die großen Fenster des reichhaltigen **Römisch-Germanischen Museums** im Süden des Doms werfen. Das Gebäude wurde über dem berühmten Dionysos-Mosaik errichtet (2. Jahrhundert). Das 70 qm große Mosaik besteht aus mehr als einer Million Keramik- und Glasteilchen und wurde beim Bau eines Luftschutzraumes entdeckt.

Das **Wallraff-Richartz-Museum** gleich nebenan gilt als eine der umfassendsten Ausstellungen europäischer Malerei (Rembrandt, Renoir, Manet). Der wohl bekannteste deutsche Kunstsammler und Mäzen stellte der Stadt seine Sammlung zeitgenössischer Kunst zur Verfügung, die in dem nach ihm benannten **Museum Ludwig** untergebracht ist.

Obwohl die Innengestaltung der Philharmonie und der Museen vom Architektonischen her beeindruckt (die Bilder bieten eine sichtbare Verbindung mit dem gotischen Dom selbst), so gab doch das Äußere des gigantischen Gebäudes und seine Integration in das Stadtbild Anlaß zu Kontroversen.

Die romanische **Basilika St. Martin** vom Ende des 12. Jahrhunderts liegt nicht weit entfernt im Südosten des Doms und ist umgeben von Reihen kleiner, niedriger Häuschen, der Altstadt. Sie wurde im Zweiten Weltkrieg bis auf die Grundmauern zerstört und hatte 1963 nach dem Wiederaufbau ihren alten Glanz und ihre Stellung als unverwechselbare Sehenswürdigkeit der Altstadt wiedererlangt.

Wenn Sie durch die Altstadt spazieren, sollten Sie sich in einer der bekannten Bierkneipen, wo die Einheimischen über das Neueste vom Tage reden, ein Kölsch und eine der lokalen Spezialitäten genehmigen. Die Leute hier sind freundlich und gut aufgelegt.

Das wird besonders deutlich beim **Kölner Karneval** mit dem berühmten Rosenmontagszug, wenn die Bevölkerung auf den Straßen Kölns vor Übermut und Lebensfreude sprüht.

Mutter und Tochter im Partner-Look an einem kalten Karnevalstag.

Düsseldorf: Die Hauptstadt des mit 17 Millionen bevölkerungsreichsten Bundeslandes Nordrhein-Westfalen (der City Guide *Düsseldorf* stellt sie ausführlich vor) liegt 40 km nördlich von Köln und ebensoweit südlich vom Ruhrgebiet. Von ihrem eleganten Neubau können die Parlamentarier sich am ununterbrochenen Verkehr der Lastkähne und Ausflugsdampfer erfreuen.

Eleganz strahlt die ganze Stadt aus. Auf ihrer Einkaufszeile, der **Kö** (Königsallee), trifft man Leute, die gerade keine Zeit haben, nach Paris zu fliegen. Das wäre vom Großflughafen in Düsseldorf-Lohausen aus kein Problem. Hier werden die Urlauber-Charterflüge der Region abgewickelt.

Kunst und Mode bestimmen das Flair der Stadt. Die **Kunstakademie** wurde 1777 gegründet und entwickelte sich zu einer der angesehensten des Landes. Düsseldorf ist unangefochten die Hauptstadt des Kunsthandels. Neben den großen Ausstellungshallen siedelten sich unzählige kleine Galerien an, die ein Gespür für aktuelle Trends entwickelten.

Aus Düsseldorf kommt der Aktionist und Objektkünstler Joseph Beuys (1921-1986); auch Heinrich Heine (1797-1856), der über den preußischen Kleingeist und das Philistertum herzog, ist gebürtiger Düsseldorfer.

Mode wird vorwiegend auf den internationalen **Modemessen** im März und September vorgestellt, doch auch wer in einem Café auf der Kö sitzt, kann die aktuellen Trends fast wie auf dem Laufsteg Revue passieren lassen.

Japanische Unternehmen sind in Düsseldorf stärker konzentriert als in Frankfurt. Die **Oper** und das **Schauspielhaus** gehören zu den führenden und innovativsten Bühnen Deutschlands. Daneben drückt sich der spritzige rheinische Geist aber auch im politischen Kabarett aus, dem „Kom(m)ödchen", das durch Lore Lorentz und das Fernsehen landesweit bekannt ist. Ebenso landesweit breitet sich eine Köstlichkeit der Stadt aus, die früher nur direkt am Rhein, in der Altstadt, der „längsten Theke der Welt", bekannt war – das leichte, dunkle, obergärige Alt-Bier.

Ein neu-entdecktes, attraktives Herbstvergnügen.

RUHRGEBIET: EINE REGION IM WANDEL

Nordöstlich von Köln erstreckt sich Deutschlands größte Industrieregion, das Ruhrgebiet. Die Ruhr gab dem 1820 lediglich 274 000 Einwohner zählenden Landstrich seinen Namen, weil dort die ersten Zechen erschlossen wurden, die inzwischen ausgebeutet sind. Iren und Schlesier aus den dortigen Bergbaugebieten gingen als erste Kumpel unter Tage, viele Osteuropäer kamen schon vor Jahrzehnten, und seit den sechziger Jahren folgten Gastarbeiter aus Italien, Spanien, Portugal, Griechenland und der Türkei. Sie alle machten das Land zwischen Duisburg (575 000 Einwohner) im Westen und Dortmund (620 000 Einwohner) im Osten zu einem einzigartigen Schmelztiegel europäischer Völker.

Wer den Kern der Region durchquert, wird zunächst nicht glauben wollen, daß über 60 Prozent des 4432 Quadratkilometer großen Ruhrgebiets grün sind. Häuserblock reiht sich an Häuserblock, ein endloses Straßengewirr läßt nicht nur den Ortsunkundigen leicht die Orientierung verlieren. Allein die gelben Ortsschilder geben an, durch welchen Ort man kommt. Wer sie übersieht, nimmt die Grenzüberschreitungen nicht wahr. Soeben wähnte man sich noch in Dortmund, tatsächlich durchquert man schon Bochum-Langendreer.

Der Wandel vom Agrar- zum Industrierevier hat groß gewordene Dörfer zusammenwuchern lassen zu einem Konglomerat, das sich aus der Luft wie eine einzige große Stadt mit Dutzenden von Subzentren ausnimmt. Verläßt man die Vogelperspektive, bleibt von der vereinten „Ruhrstadt" indes nur wenig übrig. Noch immer dominiert eine auf die kommunalen Grenzen fixierte Kirchturmpolitik, wachen eifersüchtige Bürgermeister darüber, daß die einzige regionale Klammer, der „Kommunalverband Ruhr" (KVR) nur ja keine zusätzlichen Kompetenzen bekommt. Der KVR hat mit unvermuteten Szenarien der Anzeigenserie „Das Ruhrgebiet – ein starkes Stück Deutschland" Klischees vom Ruhrgebiet aufgebrochen.

Grüne Ruhr: Fünf große Revierparks in Dortmund, Duisburg, Herne, Gelsenkirchen und Oberhausen/Bottrop bieten als Oasen in der zersiedelten Industrielandschaft ein breites Spektrum an Freizeitmöglichkeiten direkt vor der Haustür. Im Süden lädt die Flußlandschaft der Ruhr mit ihren Stauseen zu Ausflugsfahrten, zum Surfen und Angeln ein. Im Norden dagegen hat die schon 1904 zum Abwasserkanal umdeklarierte Emscher ihre übelriechende Schmutzfracht quer durchs Revier zu einer riesigen Kläranlage am Rhein zu tragen. Im Rahmen der „Internationalen Bauausstellung Emscherpark" soll innerhalb der nächsten Jahrzehnte die gesamte Region saniert und die Emscher gereinigt werden.

Kumpels und Stahlkocher: Heinrich Böll beschrieb 1958 das Ruhrgebiet als die Region, „wo Weiß nur ein Traum ist". Ein zutreffendes Bild jener Tage, denn im größten industriellen Ballungszentrum Europas kam der Ruß aus den zahlreichen Kokereien und der rotbraune Dreck, den die Hüttenwerke ungefiltert in den Himmel bliesen, als feinkörniger

dunkler Staub zu den Menschen zurück, und ließ die zum Trocknen aufgehängte Weißwäsche schnell ergrauen.

Bilder körperlich hart arbeitender Männer in schwerer Schutzkleidung, im hellen Schein des glühenden Flüssigeisens an den Hochöfen schwitzend, oder die vom Kohlestaub geschwärzten Gesichter der unter Tage schuftenden Bergleute prägten bis in die achtziger Jahre das Bild des Ruhrgebietes. Es war ein sentimental verklärtes, trügerisches Bild, das die sich wandelnde Lebens- und Arbeitswelt der heute 5,2 Millionen Revierbürger nicht widerspiegelte.

Modernste Forschung und hochkarätige Technologie prägen inzwischen das Hi-Tech Zentrum Ruhr entscheidend mit. 1957 beschäftigte der Steinkohlenbergbau über eine halbe Million Menschen, 1986 waren es noch 120 000. In der Stahlindustrie verringerte sich seit 1974 die Zahl der Arbeitsplätze von 230 000 auf 1991 etwa 140 000. Waren in den fünfziger Jahren noch rund 80 Prozent der Wirtschaft im Revier von dem Montansektoren Stahl und Kohle abhängig, so sind es heute nur noch dreißig Prozent.

Zechensiedlungen: Die Zeit der Pioniere des Ruhrgebiets ist vorbei. An Stelle von Alfred Krupp, August Thyssen und Hugo Stinnes verwalten angestellte Manager die Aktiengesellschaften. Die Arbeitsorganisation in den Fabriken und Zechen, aber auch die Arbeitskämpfe der „Reviermalocher" forderte solidarische Formen der Zusammenarbeit, die das Revierleben bis hinein in die kleinräumigen Strukturen prägten und sich in den Wohnbereich fortsetzten.

Wer als Außenstehender Zugang zu den Zechensiedlungen und den Wohnquartieren der Stahlkocher findet, spürt noch die besondere Verbundenheit der Bewohner. Hier herrscht ein von der Atmosphäre der Hochhauswohnsilos und der gediegenen Stille bürgerlicher Wohnsiedlungen abweichender Geist, emotionale Geborgenheit, Geselligkeit, eine Lebensqualität, die die Bewohner der etwa 2400 Arbeitersiedlungen energisch verteidigen, sobald ihr Quartier – etwa im Rahmen von Sanierungsmaßnahmen –

Duisburg: Während die Kinder ihr Konstruktionspotential an Seifenkisten erproben, schuf das Technologieförderungsamt Hi-Tech-Industriehöfe.

bedroht wird. Die Liste der rebellischen, von Abriß bedrohten Siedlungen ist inzwischen lang. Es begann Anfang der siebziger Jahre mit der Siedlung „Eisenheim" in Oberhausen, es folgten „Flöz Dickebank" in Gelsenkirchen, „Rheinpreußen" in Duisburg und „Tremonia" in Dortmund.

Proleten ohne Bildung: Im Kaiserreich war dem Revier die Rolle des Arbeitshauses zugedacht. Kaiser Wilhelm II. wollte an der Ruhr „weder Kasernen noch Universitäten". Die wichtigste deutsche Arbeitermasse sollte dumm gehalten und ruhiggestellt werden, eine Politik, die mit dem Abdanken des Kaiserreichs nicht ihr Ende fand, sondern deren Stränge – wenn auch in modifizierter Form – sich bis in die fünfziger Jahre hinein verfolgen lassen. Es dauerte bis zum Jahr 1965, bevor in Bochum die erste Universität im Ruhrgebiet gegründet wurde (heute über 25 000 Studenten). Weitere Hochschulen und Universitäten in Dortmund, Essen und Duisburg folgten. Mittlerweile studieren 123 000 Studenten im Revier. 8000 Wissenschaftler

Nach 100 Jahren Industrie wieder von Grün und Landwirtschaft durchzogen: Erholung ist wieder „in" an der sauberen Ruhr (Mülheim).

lehren und forschen in der Region, ein dicht gedrängtes Potential, das so nirgendwo sonst in Europa anzutreffen ist und sich zu einer wesentlichen Antriebskraft des Strukturwandels entwickelt hat.

Duisburg: Die wirtschaftliche Entwicklung der im 9. Jahrhundert entstandenen Siedlung begann 1831 mit dem Bau des Hafens, der heute der größte Binnenhafen der Welt ist. Über den Rhein transportierte das Ruhrgebiet fast alle Güter. Die **Deutsche Oper** am Rhein und das **Wilhelm-Lehmbruck-Museum** ziehen viele Besucher in die Stadt mit über einer halben Million Einwohnern. Günther Wallraffs dokumentarischer Bericht „Ganz Unten" über die modernen Sklavenhändler spielte in Duisburg.

Essen: In **Essen**, der mit gut 600 000 Einwohnern größten Ruhrmetropole und einstigen „Waffenschmiede der Nation", wird inzwischen keine Tonne Stahl mehr produziert. Von den ehemals 22 Zechen fördert keine einzige mehr. Dabei hatte die gigantische Industrialisierung des Reviers auf der Essener Zeche Kronprinz 1837 – dank einer technischen Meisterleistung des Industriepioniers Franz Haniel – ihren Anfang genommen. Ein von Haniel entwickeltes Verfahren ließ die Bergleute erstmals an die bis dahin unerreichbare Fettkohle herankommen, mit der die Stahlkocher zu wettbewerbsfähigen Bedingungen Roheisen produzieren konnten. Der Stahlboom begann.

Heute ist Essen Hauptsitz großer, international tätiger Gesellschaften, wie der Ruhrkohle AG, dem größten Deutschen Kohleproduzenten, der RWE, dem größten europäischen Energiekonzern und Ruhrgas, Deminex, STEAG und Karstadt. Mit 106 Metern steht hier als Glaskasten das höchste Rathaus Europas. Essen ist die Einkaufsstadt des Pütt. Auch das Grillo-Theater, die neue Aalto Oper und vor allem das Folkwangmuseum ziehen die Besucher an.

Bochum: Mitten im Ruhrgebiet gelegen bietet **Bochum** mit 420 000 Einwohnern alle Entwicklungstendenzen der Region auf engstem Raum. Das **Bergbaumuseum** ist das am häufigsten besuchte technische Museum in Deutschland. Anschaulich auch für Kinder und Jugendliche wird an nachgebauten Siedlungen, Zechen und echten Maschinen die Geschichte der Industrialisierung und ihrer sozialen Folgen dargestellt. Höhepunkt ist ein Besuch unter Tage im Demonstrations-Bergwerk. Vom Zechenturm des Bergbaumuseums aus sieht man im Westen etwa Richtung **Wattenscheid** die beiden Bochumer Stahlwerke von Krupp. Nördlich schließt sich **Gelsenkirchen** (310 000 Einwohner) an mit dem berühmt/berüchtigten Fußballverein Schalke 04. Nordwestlich liegt **Wanne-Eickel**, wo im Herbst das größte deutsche Volksfest stattfindet, die Cranger Kirmes. **Herne** (187 000 Einwohner) mit der ehemaligen Zeche Shamrock, einer irischen Gründung, bildet Bochums nördliche Grenze. Vom Bergbaumuseum über die Dorstener Straße stadtauswärts kurz vor Wanne liegt links eine guterhaltene Zechensiedlung, die sich anzusehen lohnt.

Opel, eine Tochter von General Motors, wurde im Osten Bochums zur Zeit des Zechensterbens angesiedelt. In drei Werken sind über 20 000 Menschen rund um die Uhr beschäftigt.

Kulturlandschaft: Was Bochum so spannend macht, ist die Mischung aus Industrie, Universität und Kultur. Das **Schauspielhaus** bietet ein international renommiertes Programm, gleichzeitig haben aber die zu Kulturmanagern gewandelten Spontis der Szene unter herausragendem Einsatz den „Bahnhof Langendreer" als Kommunikations- und Veranstaltungszentrum erkämpft. Auch die „Zeche Carl" in Essen und ähnliche selbstverwaltete und inzwischen offiziell subventionierte Einrichtungen in fast allen Städten setzen originelle Farbtupfer ins Revier. Einst in der Sprache des Reviers von den Kulturbürokraten als „Kokolores" abgetan, was soviel wie Unsinn heißt, gehört die internationale Szenekultur inzwischen als unverzichtbarer Bestandteil zum Gesamtbild des Industriegebietes.

Höhepunkte der über 100 Museen im Ruhrgebiet sind das **Museum Folkwang** in Essen mit einer der bedeutendsten Sammlungen der europäischen Malerei und Plastik des 19. Jahrhunderts; das in Westeuropa einmalige **Ikonen-Museum** in Recklinghausen; das **Freilicht-museum** im Mäckingerbachtal bei **Hagen**, das 100 Jahre Handwerksgeschichte nachgebaut hat und praktisch vorführt.

Sechstagerennen, klassische und Rockkonzerte sowie Ausstellungen finden in Superhallen wie der Grugahalle in Essen statt, so zum Beispiel die Freizeitmessen *Caravan Salon, Camping und Touristik* oder *Fitneß und Bodybuilding*, oder in der Westfalenhalle in Dortmund, die bis zu 23 000 Zuschauer faßt.

Dortmund: Ausgebeutete Kohlefelder im Zentrum des Reviers zwangen den Bergbau in den letzten Jahrzehnten, nach Norden zu wandern – Richtung Münsterland. Während der Montansektor schrumpft, wuchs indessen das Neue – allerdings nicht schnell genug. Diese Ungleichzeitigkeit führte dazu, daß die Arbeitslosigkeit im Revier Mitte der achtziger Jahre auf bis zu 15 Prozent anstieg. Besonders schlimm schien es das am östlichen Rand des Reviers gelegene **Dortmund**, die „heimliche Hauptstadt" der überall im Revier regierenden SPD, zu treffen. Zahlreiche Demonstrationen von Stahlarbeitern legten die Dortmunder Innenstadt seinerzeit lahm. Inzwischen hat sich das Blatt gewendet. Seit 1986 entstehen in Dortmund mehr neue Arbeitsplätze, als alte verloren gehen. Angesichts der zahlreichen Bierbrauereien skandierten die Demonstranten einst in Sprechchören „Stahl, Kohle, Bier – davon leben wir". Verblüffend daher die Entwicklung: Heute arbeiten über 60 Prozent der Dortmunder im Dienstleistungssektor.

Keine andere Stadt außer Regensburg und Köln hat mehr mittelalterliche Kirchen als Dortmund. 990 erhielt die Stadt das Marktrecht und, viel wichtiger, 1293 das Braurecht. Dortmund ist Europas größte Braustadt.

Nur vier zentrale Städte des Ruhrgebiets konnten hier vorgestellt werden. Diskriminiert wurden, wie immer, **Bottrop, Castrop-Rauxel, Dorsten, Gladbeck, Hagen, Hamm, Marl, Mülheim, Oberhausen, Recklinghausen** und **Witten.**

Münsterland: Die nördlichen Ausläufer des Ruhrgebiets gehen nahtlos in das „Grüne Band Deutschlands", das Münsterland, über. Zwischen großen Einzelgehöften und flachen Feldern, umgeben von Flüssen und Kanälen, stehen, in Laub- und Mischwäldern versteckt, Hunderte von Wasserschlössern, von denen viele dem Besucher offenstehen. Die besten Chancen, sie zu entdecken, haben Sie mit dem Rad. In den Dörfern und kleinen Städten werden überall Räder für „Pättkestouren" verliehen. Für das Radwandern mit Kindern eignet sich die mit Radwanderwegen ausgezeichnet erschlossene Region besonders gut.

Ökologisches und wirtschaftliches Problem: Die Schweinezucht und die überdüngte Mais-Monokultur reichern das Grundwasser mit Nitraten an. Gleichzeitig essen die durch den Kälber-Hormonskandal aufgeschreckten Verbraucher weniger Fleisch, wodurch sich das Sterben der Höfe beschleunigt.

Münster: Das geographische und wirtschaftliche Zentrum des Münsterlandes wurde nach schweren Kriegszerstörungen im alten Stil wiederaufgebaut. Seit dem 12. Jahrhundert hat Münster die Stadtrechte und wurde bald Mitglied der Hanse. Der Westfälische Frieden, der 1648 den Dreißigjährigen Krieg beendete, wurde in Münster unterzeichnet.

Schauplatz der Zeremonie war das **gotische Rathaus** (14. Jahrhundert) am großzügig angelegten Prinzipalmarkt, der wiederaufgebauten Einkaufszeile. Sie wird überragt vom **Dom** (1225-65), dem größten Kirchenbau Westfalens. Eindrucksvoll hängen an einem der Türme der Kirche St.Lamberti (14.-15.Jh.) drei eiserne Käfige, in denen die Anführer der sozialreformerischen Wiedertäufer 1536 hingerichtet wurden. Abweichler sind hier nicht so beliebt.

Typisch für die Kaufmannsgilde der „tiefschwarzen", christdemokratisch regierten Stadt, in der Tradition großgeschrieben wird: Das altehrwürdige Café Schucan wurde vom ortsansässigen Handel gerettet. Kein Schuhgeschäft, kein Supermarkt durfte die Geschäftsräume übernehmen. Zum Kirchgang in eine der unzähligen Kirchen radelt man hier über die Fahrrad-Allee **„Promenade",** die entlang der alten Stadtbefestigung rund um Münster führt. Zur Rush-hour kommt es zu Staus wie in Peking.

Tauben, die „Rennpferde des kleinen Mannes", finden auch aus 1000 km Entfernung nach Hause.

Was fällt einem beim Süden Deutschlands ein? Dirndl und Lederhosen? BMW und Mercedes? Der Schwarzwald und das Waldsterben? All das wird Ihnen begegnen: gepflegte Tradition und hochentwickelte Moderne. Die Bundesländer Bayern und Baden-Württemberg sind konservativ und gleichzeitig innovationsfreudig.

Das waldreiche Baden-Württemberg hat 9,2 Millionen Einwohner und eine Fläche von 35 751 Quadratkilometern. Landeshauptstadt ist Stuttgart. Fruchtbare Böden im Rheingraben wechseln sich ab mit dem Schwarzwald, dem Odenwald und dem Alpenvorland. Einen besonderen Reiz strahlt die hochflächige Karstlandschaft der Schwäbischen Alb aus. Eine Reihe landwirtschaftlicher Sonderkulturen charakterisieren das Land: Wein wird im unteren Neckartal, um den Kaiserstuhl, an der Bergstraße und im Markgräflerland angebaut. Schwarzer Tabak kommt aus der Rheinebene.

Obwohl es kaum Bodenschätze gibt, entwickelte sich Baden-Württemberg zu einem hochindustrialisierten Land. Das Handwerk spezialisierte sich schon früh. Textilien werden im Albvorland hergestellt. Die Uhren- und Feinmechanische Industrie konzentriert sich im südlichen Schwarzwald, während Schmuckwaren um Pforzheim hergestellt werden. Am bekanntesten und wirtschaftlich bedeutendsten sind natürlich die Autofabriken von Mercedes und Porsche in Stuttgart. „Schaffe, spare, Häusle baue" ist die erfolgreiche Devise der Schwaben.

Bayern ist mit einer Fläche von 70 553 Quadratkilometern das flächenmäßig größte Bundesland und hat knapp 11 Millionen Einwohner. Die Höhe der schroffen Gipfel und Grate der Kalkalpen liegen bei weit über 2000 Metern, die Zugspitze ist 2 962 Meter hoch. Im Alpenvorland, dem Bayerischen Wald und dem Fichtelgebirge lebt die Bevölkerung heute vielerorts vom Fremdenverkehr. Korn und Hopfen für das „flüssige" Brot gelten als natürliche Grundlage der drei in Bayern lebenden Stämme, besonders der Bayern, aber auch der Schwaben und Franken.

Porzellan, Glas und Metallwaren werden im oberfränkischen Industrierevier hergestellt. Der Schwerpunkt der Elektroindustrie liegt in München und Erlangen, Maschinen werden in Augsburg gebaut. Im Dreieck an den Flüssen Inn, Alz und Salzach hat sich die Chemieindustrie niedergelassen.

Seit dem 6. Jahrhundert siedelten die Bajuwaren zwischen Lech, Donau und den Alpen. Die heutigen Landesgrenzen des Freistaates Bayern sind nur noch ein schwacher Abglanz dessen, was das Land im 14. Jahrhundert zu präsentieren hatte: Ludwig IV. erwarb damals Brandenburg, Tirol und die Niederlande.

Beide Länder, Baden-Württemberg und Bayern, sind für Feriengäste hervorragend erschlossen.

Vorherige Seiten: Tradition und Religion sind bis heute bestimmende Eckpfeiler im ländlichen Süden. Ein mittelalterlicher Spielmannszug. Frauen auf dem Weg in die Kirche.

HEIDELBERG

„Ich hab' mein Herz in Heidelberg verloren...". Die weltbekannte Liedzeile besingt eine Stadt, die vielen Menschen im In- und Ausland als Symbol deutscher Romantik gilt. Mehr als 3,5 Millionen auswärtige Gäste waren allein im Jahr 1990 in Heidelberg – auf der Suche nach der in so vielen Liedern und Gedichten besungenen besonderen Atmosphäre der Stadt, und die wenigsten dürften enttäuscht worden sein.

Schon die Lage Heidelbergs am Rand des Odenwalds, dort, wo der Neckar die Rheinebene erreicht, rechtfertigt manche Ode. Angeschmiegt an die hier nahe an den Fluß heranreichenden Hügel und überragt von der berühmten Schloßruine, zeigt sich die Stadt tatsächlich als die romantische Schönheit, als die sie immer gerühmt wird.

Doch Heidelberg ist mehr! Heidelberg zeigt gern und viel von seiner Vergangenheit – und trotzdem ist die Stadt nichts weniger als ein Freilichtmuseum. Sie ist voller Vitalität dem Jetzt und der Zukunft zugewandt. Boris Becker ist im Vorort Leimen geboren! Es ist die Mischung, die Heidelberg so anziehend macht.

Vom homo heidelbergiensis: In Mauer, ganz in der Nähe des heutigen Heidelberg, fanden sich die Knochen des *homo heidelbergiensis* – die ältesten menschlichen Überreste Europas. Später lebten Kelten hier, dann bauten die Römer ein Fort. 1196 wird der Ort als „Heidelberch" zum ersten Mal urkundlich erwähnt. Von 1214 an wird die Stadt von den mächtigen Pfalzgrafen beherrscht. Diese Fürsten gehörten fast 500 Jahre lang dem sogenannten Kurfürstenkolleg an, dessen Aufgabe es war, die deutschen Könige zu wählen. Heidelberg ist ganz von ihnen geprägt: Sie ließen das Schloß anlegen, gründeten die Universität (Ruprecht I., 1386) und befahlen den Bau der großen Heiliggeistkirche.

Während des Dreißigjährigen Krieges hatte auch Heidelberg schwer zu leiden. Die Truppen des katholischen Generals Tilly besetzten die Stadt und plünderten sie; auch die berühmte, von den Pfalzgrafen angelegte Bibliothek wurde nicht verschont. Die unschätzbar wertvollen Bücher gingen als Kriegsbeute in den Vatikan, und nur ein kleiner Teil wurde wieder zurückgegeben.

Aufstieg zum Schloß: Die Hauptschlagader des alten Stadtkerns ist die „Hauptstraße", heute mit den umliegenden Gäßchen und Gassen eine Fußgängerzone, die den Bismarckplatz im Westen mit dem Marktplatz und dem Kornmarkt im Osten verbindet. Am alten **Kornmarkt** beginnt an den nördlichen Hängen des Königstuhls der Aufstieg zum **Schloß** (etwa 15 Minuten), das etwa 190 Meter über der Stadt thront. Der Burgweg steigt rasch an, führt vorbei an geheimnisvollen Gewölben und Mauern; für jeden Schritt wird man durch immer neue, überraschende Ausblicke auf die Stadt entschädigt.

Im Schloßhof kann man endlich aus der Nähe die imposanten Sandsteinmauern bewundern, die das Tal beherrschen. Es dauerte über 400 Jahre, bis der Gesamtkomplex mit seinen Befestigungen, Gesindehäusern und Palästen fertiggestellt

Links: Das Heidelberger Schloß vom Philosophenweg aus betrachtet. **Rechts:** Typische Gasse in der Heidelberger Innenstadt.

war. Von der Gotik bis zum Barock wurde ab 1300 in verschiedenen Stilrichtungen gebaut; bewundernd steht man vor den steinernen Zeugnissen der Macht, aber auch des künstlerischen Geschmacks seiner Erbauer.

Das einfache **gotische Haus** links vom massiven Torturm ist der älteste Teil der Anlage. Hier lebte Kurfürst Ruprecht I., der auch die **Heiliggeistkirche** in der Stadt bauen ließ. Der **Friedrichsbau** (1601-07) mit seiner beeindruckenden Renaissance-Fassade nimmt den Nordteil des Schloßhofes ein. Die Fassade zeigt verschiedene Statuen deutscher Könige und wurde 1607 fertiggestellt.

Das faszinierendste Gebäude der Anlage ist der **Ottheinrichsbau** an der Ostseite des Schloßhofs. Seine Fassade ist eines der hervorragendsten Beispiele deutscher Renaissance-Baukunst. Die Komposition von Statuen und Ornamenten wirkt harmonisch und ausgewogen. Dargestellt sind neben christlichen Heiligen auch römische Gottheiten: Jupiter und Mars sowie die fünf Tugenden Stärke, Treue, Liebe, Hoffnung und Ge-

rechtigkeit. Das reichdekorierte Portal ist einem klassisch-antiken Triumphbogen nachempfunden und zeigt oben ein Relief von Ottheinrich von der Pfalz, der das Gebäude 1556-1566 bauen ließ. Am Friedrichsbau vorbei gelangt man zur **Burgterrasse**, die eine herrliche Aussicht auf die Stadt bietet.

Einige Gebäude existieren nur noch als Ruinen, andere wurden restauriert und dienen heute als stimmungsvolles Ambiente für Bankette, Konzerte und Theateraufführungen. Der Ottheinrichsbau beherbergt das **Deutsche Apothekenmuseum** mit einer beeindruckenden Sammlung von alten Apothekeneinrichtungen, Büchern, medizinischen Instrumenten und Flaschen aller Art.

Die Altstadt: Heidelberg ist seiner Anlage nach eine typisch mittelalterliche, gotische Stadt mit engen Gassen, die von schmalen Häusern gesäumt sind. Die prächtigen Renaissance-Paläste wurden im Lauf der Zeit hinzugefügt. Im Pfälzischen Erbfolgekrieg (1688-97), in den aufgrund der unhaltbaren Ansprüche des französischen Königs Ludwig XIV. halb

Graffitis als Versuch bestrafter Studenten, sich im Karzer zu verewigen.

Europa verwickelt war, erlitt Heidelberg durch französische Truppen 1689 und 1693 schwerste Verwüstungen. Beim zweiten Mal wurden selbst die Verteidigungsanlagen noch in die Luft gesprengt. Die Burg blieb für viele Jahre Ruine, bis die Bewohner der Stadt unverdrossen ihren Ort wieder aufbauten. Auf den mittelalterlichen Grundmauern entstanden neue Häuser im zeitgenössischen Barockstil des 18. Jahrhunderts.

Der Rundgang durch die Altstadt beginnt am Universitätsplatz. Die weltberühmte **Universität** wurde 1386 gegründet und ist damit die älteste in Deutschland. Während der Kriege im 17. Jahrhundert verlor sie viel von ihrer Bedeutung, bis sie von Karl-Friedrich von Baden im Jahr 1805 offiziell neugegründet wurde.

Auch schon zur Jahrhundertwende saßen Studentinnen mit in der Kneipe.

Heute studieren hier mehr als 28 000 Studenten (etwa ein Fünftel der Gesamtbevölkerung), die längst nicht mehr alle in den alten Unigebäuden Platz finden. An der Rückseite des Universitätsplatzes baute man deshalb schon 1930-32 mit Hilfe von Spenden aus den USA die sogenannte Neue Universität. Eine weitere Anlage entstand später auf der anderen Neckarseite. Das studentische Leben ist heute nicht mehr zu vergleichen mit der alten „Burschenherrlichkeit" der Studentenverbindungen vor 100 oder 150 Jahren, aber Spuren aus dieser Zeit lassen sich unschwer entdecken. Der ehemalige **Studentenkarzer** hinter der alten Universität (Augustinerstraße) etwa diente bis 1914 als Gefängnis für Studenten, die sich in der Öffentlichkeit unschicklich benommen hatten – meist wurden sie betrunken auf der Straße aufgegriffen. Die Zellenwände sind von humorvollen Zeichnungen und Sprüchen bedeckt .

Folgt man von hier der Merianstraße und der Ingrimmstraße nach Osten, kommt man wieder zum Kornmarkt und zum Marktplatz, also in den ältesten Teil der Stadt, wo Sie auch die traditionsreichen Studentenkneipen **„Zum Sepp'l"** und **„Roter Ochsen"** (Karlsplatz) besuchen können.

Am Kornmarkt wendet man sich nach Norden und stößt bald auf die

Heiliggeistkirche. Das mächtige spätgotische Gebäude ist die größte Kirche der Pfalz. In ihr ruht der Gründer Ruprecht III. von der Pfalz, der spätere deutsche König; die Räume der früheren berühmten Bibliothek sind ebenfalls zu besichtigen.

Auf der gegenüberliegenden Straßenseite liegt das **Hotel Ritter** mit seiner bemerkenswerten Fassade. Es entging 1693 der Zerstörung, weil der französische Kommandant hier sein Hauptquartier aufgeschlagen hatte. Der Franzose Charles Bélier hatte es 1592 erbauen lassen, einen der schönsten Renaissance-Paläste Deutschlands. Ebenfalls sehenswert: die benachbarte ehemalige (barocke) **Hofapotheke.** Von der Heiliggeistkirche führt die Steingasse zum Fluß. Diesen überspannt die **Alte Brücke** – mit dem Schloß das Symbol und Wahrzeichen Heidelbergs. Johann Wolfgang von Goethe urteilte, sie sei eines der Weltwunder. Man darf annehmen, daß er damit nicht technische Superlative meinte, sondern das Panorama, das sich dem Betrachter auf der Brücke bietet:

Stromauf schimmert das alte Benediktinerkloster Neuburg, stromab öffnet sich das Neckartal sanft zur Rheinebene – und, durch den klassischen Torbogen in der Brücke eingerahmt, liegt die Stadt Heidelberg.

Auf der anderen Brückenseite schlängelt sich ein steiler Pfad auf den Heiligenberg. Der sogenannte **Philosophenweg** läßt die lebhafte Stadt leicht vergessen. Beschaulich kann der Spaziergänger hier den Fluß mit den Frachtkähnen betrachten und wieder und wieder die Stadt zu seinen Füßen bewundern.

Der Philosophenweg mündet in die Bergstraße, die sich zur modernen Theodor-Heuss-Brücke senkt. Hinter der Brücke stößt man auf den **Bismarckplatz**, den Beginn der Fußgängerzone. Die traditionellen Studentenkneipen werden wie einst von den Mitgliedern der Studentenverbindungen aufgesucht, die noch immer strengen Trinkritualen, wie auch dem „Schlagen", der Mutprobe, huldigen, bei der man sich ganz wie im 19. Jahrhundert vom Gegner eine Wunde im Gesicht beibringen läßt.

Farbentragende und schlagende Verbindungen beklagen sich nicht über Mangel an Füchsen.

Heidelberg besitzt eine unübersehbare Menge von Gasthäusern, Restaurants und Kneipen, die zeigen, daß sich die Zeiten doch verändert haben. Etwas abseits der Hauptstraße in den kleinen Gassen mögen die Fassaden nicht ganz so prächtig sein, aber Sie werden bestimmt in einem der Lokale das echte, herzliche Heidelberg finden.

Das moderne Heidelberg: Es ist allein wegen der vielen Studenten eine junge Stadt, aber es ist auch Sitz der Deutschen Krebsforschungsgesellschaft und der Akademie der Wissenschaften. Eine Heidelberger Druckmaschinenfabrik ist weltweit der größte Exporteur modernster Geräte. Europas größtes Verlagshaus für wissenschaftliche Literatur, das pro Jahr mehr als 8000 wissenschaftliche Publikationen verlegt und mehr als 190 Fachzeitschriften herausgibt, hat seinen Stammsitz in Heidelberg. Auch zahlreiche kleinere, aber nicht weniger erfolgreiche Firmen belegen, daß die Geschichte Heidelbergs beileibe nicht im 19. Jahrhundert endet, sondern daß die Stadt sehr lebendig geblieben ist.

Zum Dom von Speyer: Heidelberg ist der ideale Ausgangspunkt für Exkursionen in die historisch so bedeutsame Region. Wir verlassen die Stadt im Südwesten und sind nach kurzer Fahrt in **Schwetzingen** (Schloßgarten). Von dort geht es weiter nach Westen, dem Rhein zu. Kurz vor der altehrwürdigen Reichsstadt **Speyer** sollte man auf der Rheinbrücke anhalten, um das Panorama mit dem mächtigen Dom zu bewundern. Speyer ist eine der drei ehemaligen Reichsstädte (neben Mainz und Worms) mit einem romanischen Dom. Die Stadt, eine römische Gründung um das Jahr 50 n.Chr., wird 343 als Bischofssitz zum ersten Mal erwähnt. Von 1294 bis 1797 gehörte Speyer zu den Freien Reichsstädten des Heiligen Römischen Reiches Deutscher Nation und war nur dem Kaiser untertan. Mehr als 50 Reichstage wurden in ihren Mauern abgehalten, doch ihre Geschichte war nicht sehr glücklich. Zwar überstand Speyer den Dreißigjährigen Krieg fast unbeschadet, doch 1689, im Pfälzischen Erbfolgekrieg, wurde es völlig zerstört, das mittelalterliche Speyer

Das größte Weinfaß der Welt. In Dresden allerdings ließ August der Starke ein ebensogroßes anfertigen.

ZWEI BLONDE KINDER

Als die beiden Kinder im Süden Deutschlands geboren wurden, konnte kein Mensch ahnen, daß einmal etwas Besonderes aus ihnen werden sollte. Kein Wunder, denn die beiden Blondschöpfe waren wie alle anderen ihres Alters.

Ihrer beiden Wiege stand nicht weit voneinander entfernt, und so kam es, daß sie sich eines Tages beim Spielen trafen. Das war nun wirklich etwas Besonderes, denn Boris war zwei Jahre älter als Stefanie, und Buben spielen normalerweise nicht gerade gern mit kleineren Mädchen. Die Wahrheit ist die: Der Kleine mit den großen Augen konnte nicht so recht mit Ball und Schläger umgehen, und seinen Altersgenossen war es einfach zu langweilig, sich mit ihm abzugeben. Da blieb ihm nur der Weg zu Stefanie, denn die wiederum war die Beste unter all den spielenden Röckchen.

Es hätte nun sein können, daß sich unsere beiden Kinder kennen- und liebenlernen. Sie hätten dann, wie in vielen Geschichten geheiratet und selbst kleine Blondköpfe in die Welt gesetzt. Aber der Wind blies aus einer anderen Richtung. Sie verloren sich aus den Augen und wurden Berühmtheiten, jeder für sich und auf eine ganz eigene, unterschiedliche Weise.

Boris etwa wuchs und wuchs, bis ein wahrer Hüne aus ihm wurde. Im Spiel

mit Ball und Schläger gebärdete er sich wie ein richtiger Schlagetod. Es machte „Bumm", wenn er zuschlug, daß den anderen Hören und Sehen verging, und meist verließ er das Feld als Sieger. Euch werde ich es zeigen, dachte er, wenn ihm einfiel, wie sie ihn zu den Mädchen geschickt hatten. Sein Ruf wuchs wie er, Barden besangen seine Taten, und Könige überhäuften ihn mit Gold, nur, damit er mit seiner Kunst an ihrem Hof haltmachte.

Trotz seines tiefen Grimms war Boris kein rüder Bursche. Er lachte viel, pfiff für sein Leben gern den Damen nach, aß Torte, wenn er nicht sollte, und hielt mit Sprüchen seine Mitmenschen zum Narren. Nicht einmal vor seinem silberhaarigen König hatte er Respekt. „Deine Steuereintreiber arbeiten mir zu gut", ließ er diesen wissen, und schaffte sein Geld an den Hof derer von Monaco.

Was sollte der König auch machen? Längst war Boris reich und in fernen Ländern bekannter als seine Majestät daselbst, das Volk verehrte ihn, und die fahrenden Sänger gaben Tag für Tag die neuesten Geschichten über ihn zum besten, bis ihn eines Tages die Computer zum Hochmeister der Schlagezunft ernannten. Besser also, man ließ den Kraftprotz gewähren. Wenn in den Wäldern Asiens oder den Bergen Afrikas der Name Deutschland fiel, dann dachten die Menschen: „Bumm".

Ganz anders war Stefanie. Hurtig, hurtig flitzte sie über den Platz und von Erfolg zu Erfolg. Ruck, zuck haute sie den Mädchen den Ball um die Ohren, und oft konnten die bedauernswerten Geschöpfe gar nicht mehr mit dem Schläger ausholen, da machte es auch schon „Zisch", und das runde Ding war an ihnen vorbeigeflogen. Auch Stefanie wurden Haufen von Edelsteinen zu Füßen gelegt. Und in einem Jahr gewann Fräulein „Zisch" gleich alle Turniere der großen Höfe, „Grand Slam" nannten die Leute das, und zu einem Ende bestieg sie gar noch den Olymp.

Nun hätte man meinen können, Stefanie müßte glücklich sein und scherzen. Aber es sah nicht so aus. Immer, wenn sie mit den anderen Mädchen - „Zisch" - ihre Tollheiten trieb, machte sie ein Gesicht, als sei gerade ihr Lieblingshund Bennie von einem Feuerdrachen gefressen worden. Ja, so mißmutig und mürrisch haute sie auf den Ball, daß sich die Menschen richtig Sorgen machten. Stefanie war eben keine Schwester Leichtfuß. Nie hätte sie vor einem Herrn ihr Taschentuch fallen lassen, und am liebsten reiste sie mit dem Vater um die Welt.

Auch dem Hünen Boris war die weite Welt zur Heimat geworden, und als der König ihn zur Probe fragte, ob er ihm denn seine Kraft beim Waffengang gegen die Feinde leihen würde, sagte der Mann – denn das war er inzwischen –, der König sollte lieber den Armen zu essen geben, anstatt Kanonen zu bauen. Und weil auch Stefanie ins gleiche Horn blies, wenn auch sehr viel sanfter, wußten die Leute gar nicht mehr, was sie von den beiden halten sollten und ob die überhaupt noch geliebt werden könnten. Nur, wenn Boris und Stefanie „Bumm" und „Zisch" machten mit ihren Schlägern und Bällen, dann schauten sie halt doch wieder hin und freuten sich.

ausgelöscht. Nur noch wenige historische Monumente erinnern an die große Vergangenheit.

Der **romanische Dom** mit seinen sechs Türmen ragt aus allen heraus. Die Basilika, gebaut in der Salierzeit zwischen 1030 und 1125, ist einzigartig in Ausmaß und Proportionen und diente als Vorbild für viele andere Kirchen. Das Äußere vermittelt zunächst den Eindruck der Schmucklosigkeit und Strenge; erst bei näherem Hinsehen fallen die offenen Zwerggalerien mit ihren vielen kleinen Säulen und den geschmückten Kapitellen ins Auge. Auch die großen Schmuckfenster des Querbaus mildern den ersten Eindruck nur wenig. Die Strenge korrespondiert wundervoll mit der feierlichen Stimmung in diesem majestätischen Bau. Relativ schlanke Pfeiler mit schweren korinthischen Kapitellen und Pilaster mit geometrischen Mustern tragen eine gigantische, doch harmonisch proportionierte Halle.

Der Dom zu Speyer gilt mit einer Länge von 134 Metern bei einer Gesamthöhe von 32 Metern (Osttürme: 72 Meter) als monumentalster romanischer Kirchenbau Europas. In der beeindruckenden Halle finden sich die Statuen von acht deutschen Kaisern, die hier beigesetzt wurden. Auf dem Weg zur **Kaisergruft** passiert man die Krypta (1041), die mit ihrem hohen, farbig abgesetzten Kreuzgratgewölbe als schönste und größte Unterkirche Deutschlands gilt. In der Kaisergruft schließlich können die Sarkophage der hier beerdigten Kaiser und ihrer Ehefrauen besichtigt werden.

Nur einige Schritte von der Kathedrale nach Süden liegt das **Historische Museum** mit interessanten Sammlungen und einer Abteilung für die Geschichte des Weins. Weitere Sehenswürdigkeiten in Speyer sind das Judenbad, Teil einer alten Synagoge, der Altpörtel, ein mittelalterlicher Torturm aus dem 13. Jahrhundert, von dem Sie die Aussicht auf Speyer genießen können, und die protestantische **Dreifaltigkeitskirche** (1701-1717) mit ihren imposanten Deckengemälden und den bemalten Holzemporen.

Industriezentrum am Rhein: Wir verlassen Speyer im Norden nun in Richtung

Links: Gelangweilt von vielen Ehrungen: Steffi Graf und Boris Becker, 1991 beide Nummer Eins der Weltrangliste. **Unten:** Ansichten von zwei Kaiserstädten: der Dom in Speyer und Dächer von Worms.

Mannheim. Die Region um Mannheim und seine Schwesterstadt **Ludwigshafen** ist eines der industriellen Zentren Deutschlands, aber auch für den kunst- und kulturgeschichtlich Interessierten bietet sie viel Reizvolles. Mannheim ist geprägt vom Gegensatz zwischen der industriellen Geschäftigkeit seines Hafens und der stilvollen, eleganten Barock-Architektur des Zentrums. Mannheim ist ebenfalls eine Gründung der Pfalzgrafen. 1606 befahl Kurfürst Friedrich IV. hier den Bau einer Festung. Während des Pfälzischen Erbfolgekriegs wurde der Ort zerstört und von Kurfürst Johann Wilhelm im Schachbrettmuster wiederaufgebaut.

Ab 1720, mit der Verlegung der Residenz von Heidelberg nach Mannheim durch Kurfürst Carl Philipp, erlebte die Stadt eine Blütezeit. Als jedoch Kurfürst Karl Theodor seine Residenz nach München verlegte, endete diese große Zeit für Mannheim. Im 19. Jahrhundert begann mit dem Ausbau des Rheins zur Wasserstraße ein langsamer wirtschaftlicher Aufschwung. Im Zweiten Weltkrieg wurde Mannheim zum großen Teil zerstört. Das heutige Gesicht der Stadt ist daher modern mit charmanten Einsprengseln alter Gebäude. Die wichtigste Attraktion Mannheims ist das 1720-60 erbaute **Kurfürstliche Schloß**, eine der größten barocken Schloßanlagen Europas. Im Krieg schwer zerstört, wurden das Haupttreppenhaus, die Schloßkirche und der Rittersaal wiederhergestellt. Heute beherbergt das Schloß die Universität. Im Block A 5 gegenüber dem Schloß liegt die Jesuitenkirche, auch sie nach 1945 völlig neu wiederaufgebaut. Die prachtvolle Innendekoration wurde dem Original nachgebildet. Das **Städtische Reiß-Museum** im ehemaligen Zeughaus einige Straßen stadteinwärts gibt einen guten Überblick über die Geschichte der Stadt und bietet neben Sammlungen erlesenen Porzellans auch das erste Fahrrad des Barons von Drais sowie eine Kopie des ersten Automobils von Carl Benz aus dem Jahr 1886.

Wer sich vor allem für die Schönen Künste erwärmt, sollte die **Städtische Kunsthalle** mit ihren exquisiten Werken aus dem 19. und 20. Jahrhundert besuchen.

Oh, Vater Rhein! Als günstiger Transportweg für die Industrie bot er sich an und endete als Abwasserkanal. Zur Zeit Rekonvaleszent.

Auch die andere Seite Mannheims ist einen Besuch wert: Es werden Rundfahrten durch den riesigen Hafenbereich angeboten. Die Anlegestelle der Ausflugsboote liegt nahe der Kurpfalzbrücke am linken Neckarufer.

Zwanzig Kilometer nördlich von Mannheim erreicht man die alte Reichsstadt **Worms**, deren Geschichte etwa 5000 Jahre zurückreicht. Während der Völkerwanderungszeit war Worms die Hauptstadt des Burgundischen Königreichs, das 437 n. Chr. von den Hunnen zerstört wurde. Diese Ereignisse bilden die Grundlage für die „Nibelungen-Sage" um den blonden Siegfried und den hinterhältigen Hagen. Die Stadt war oft Schauplatz wichtiger Reichstage, so auch 1521, als Martin Luther seine Thesen gegen Rom und den Kaiser verteidigen mußte. Das **Städtische Museum** erlaubt einen Überblick über die wechselvolle Stadtgeschichte. Hauptsehenswürdigkeit ist in Worms der zentral gelegene **Dom** (12. bis 13. Jahrhundert). Besonders sehenswert ist das gotische Südportal, dessen als

Rheinbrücke in Ludwigshafen.

„Bilderbibel" bezeichneter Bilderschmuck die Gläubigen schon seit mehr als 700 Jahren in Erstaunen versetzt. Auch im Inneren der doppelchörigen Pfeilerbasilika finden sich romanische und gotische Steinbildwerke, im Ostchor aber ist besonders der von Balthasar Neumann 1741 geschaffene barocke Hochaltar zu beachten. Die gesamte Anlage aus rotem Sandstein gilt als Muster eines romanischen Kirchenbaus der Spätzeit. Rundfenster und ein großes Radfenster lockern die schweren Mauern auf. Eine Zwerggalerie umzieht die Apsis und gliedert damit die Flächen ebenso wie die vortretenden Rundbogenfriese.

Westlich der Kathedrale liegt der älteste (11. Jahrhundert) und mit rund 2000 Gräbern größte **jüdische Friedhof** Deutschlands. Ebenso besuchenswert: das **Rathaus**, die nach 1945 im Innern modernisierte **Dreifaltigkeitskirche** (1709-1725) und das sogenannte „**Rote Haus**", ein Renaissancebau von 1624 an der Römerstraße. Auch das teilweise renovierte alte **Judenviertel** lohnt einen Abstecher.

OSBORNE VETERANO
Der große Sanfte mit dem Stier.

EINE REISE NACH FRANKEN

Von Heidelberg geht die Fahrt nach Osten Richtung Würzburg, der berühmten Stadt des Barock.

Am gemütlichsten erschließt sich das Neckartal auf einem der weißen Neckarschiffe, vorbei an malerischen Städtchen mit Ausblick auf mittelalterliche Schlösser hoch über dem Fluß. Fernab von den überlaufenen Orten und Plätzen kommen Sie durch Wälder und Weinberge, lernen Wasserschlösser und einladende kleine Städte mit Fachwerkhäusern kennen, den Gebrauchskunstwerken des Volkes.

Am Neckarufer entlang: Der B37 folgend, erreichen wir über **Neckargemünd** und **Hirschhorn** den Erholungsort **Eberbach** mit einem Hafen. Die Fahrt führt auf der Romantischen Straße durch das Neckartal und bietet dem Auge eine der schönsten deutschen Flußlandschaften. Der Neckar, der im Schwarzwald entspringt und fast 400 Kilometer zurücklegt, bis er in Mannheim in den Rhein mündet, ist umgeben von bewaldeten Hügeln, die bis zu 400 Meter ansteigen und sämtliche Windungen des Flusses begleiten. Von Eberbach sind Sie in 30 Minuten auf der Burgruine Eberbach, die aus dem 11.-13. Jahrhundert stammt und einst die größte Burg der Hohenstaufen war.

Burgen in der Umgebung von Mosbach: Bevor Sie von Eberbach aus Richtung Norden durch den Odenwald weiterfahren, sollten Sie einen kleinen Abstecher am Neckar entlang nach Süden machen. Nach 24 km auf der Burgenstraße kommen Sie nach **Mosbach**. Hinter der Burgruine Stolzeneck hoch über dem linken Flußufer des Neckars erreichen Sie **Zwingenberg**, einen Erholungsort mit majestätischem Schloß aus dem 13.-15. Jahrhundert. Die malerische Kleinstadt Mosbach, auch bekannt als Fachwerkstadt des Odenwalds, 976 bezeugt, geht auf ein Benediktinerkloster zurück, das im 8. Jahrhundert gegründet wurde.

Zwei erwähnenswerte Festungen stehen in der näheren Umgebung von

Vorherige Seiten: Das Hotel „Zum Riesen" in Miltenberg ist das älteste Hotel Deutschlands.

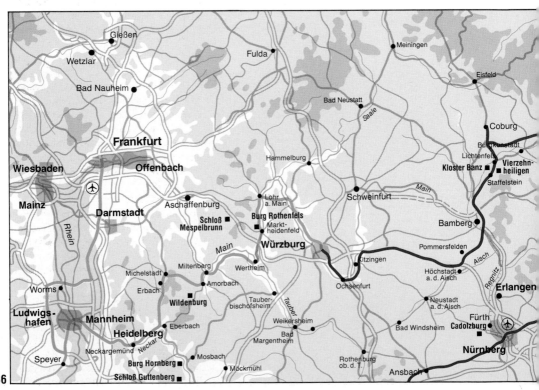

Mosbach: **Burg Hornberg** und **Burg Guttenberg.** Erstere stammt aus dem Jahre 1148 und blickt auf eine interessante Geschichte zurück. 45 Jahre lang war sie der Sitz des Götz von Berlichingen, des Ritters mit der eisernen Hand, den Goethe in seinem gleichnamigen Drama verewigt hat. Er starb hier im Jahre 1562. In seinem geliebten Turmzimmer wurde ein Museum eingerichtet, das den militärischen Heldentaten dieser Leitfigur der Bauernkriege gewidmet ist. Die Burg Guttenberg wenige Kilometer weiter südlich bei **Hassmersheim** ist nicht nur eine der ältesten, sondern auch eine der am besten erhaltenen Burgen am Neckar. Sie ist ein hervorragendes Beispiel für den Burgenbau im Mittelalter und für die Entwicklung von Burgen, die zunächst reinen Verteidigungszwecken und später als Wohnsitz dienten.

Durch den Odenwald: Von Eberbach führt die B45 genau durch den Odenwald, eine der schönsten Mittelgebirgslandschaften Deutschlands, zu den alten Städtchen Erbach und Michelstadt.

Erbach, ein Erholungsort und ehemals Residenz der Grafen von Erbach, hat eine gut erhaltene Altstadt mit engen Gassen. Auch Teile der alten Stadtmauer stehen noch. Einen Besuch lohnen auch die Stadtkirche von 1748 und das Rathaus, ein Fachwerkbau aus der Mitte des 16. Jahrhunderts. Das **Deutsche Elfenbeinmuseum**, in dem auch der Erbacher Bankettsaal untergebracht ist, präsentiert Elfenbeinschnitzereien, Keramik und Bernsteinarbeiten.

Ebenfalls an der Romantischen Straße liegt der Erholungsort **Michelstadt** mit schönen Fachwerkhäusern, romantischen Ecken und einem kompletten **Marktplatz** mit Rathaus, einem Juwel des mittelalterlichen Städtebaus aus dem Jahre 1484. Der Brunnen auf dem Marktplatz stammt aus dem Jahre 1541. Die Stadtkirche St. Michael und St. Kilian, eine spätgotische Hallenkirche (Kirche mit gleichhohen Schiffen), wurde von 1461 bis 1507 erbaut. Ihre Renaissancefassade ebenso wie das Odenwaldmuseum mit Funden aus der Zeit der Kelten und Römer verdienen Beachtung.

Das alte fränkische Städtchen **Amorbach** im Odenwald macht von sich reden durch sein Kloster aus dem 8. Jahrhundert. Die Klosterkirche, deren Original aus der Romanik stammt und die im Barockstil zwischen 1742-47 wiederaufgebaut wurde, ist ein hervorragendes Beispiel für das deutsche Rokoko. Zu besichtigen sind das schmiedeeiserne Gitter, das einstmals die Kirche der Mönche von der der Laien trennte und die mit ihren 3000 Pfeifen, 63 Registern und drei Manualen zweitgrößte Barockorgel Deutschlands.

Zehn Kilometer weiter nördlich liegt **Miltenberg,** beherrscht von der Miltenburg aus dem Jahre 1210. Die Schriftstellerin Elly Heuss schrieb über Miltenberg: „Für mich sind der Marktplatz und Brunnen die perfekte Verkörperung des deutschen Mittelalters." Die Komposition der Bauwerke, die sich zusammensetzt aus Marktbrunnen und den alten Fachwerkhäusern, aber auch aus den alten Weinkellern von 1541, der Weinstube „Zur gülden Cron" von 1623, dem „Weinhaus am alten Markt", im Schatten der Burg, ist weltberühmt geworden.

Nord-Bayern und Hessen

40 km / 25 miles

alfeld

Plauen

Veste Rosenberg
ronach

Hof

Karlovy Vary (Karlsbad)

Selb

Plassenburg
Kulmbach

Wunsiedel

Cheb (Eger)

ČEZCHOSLOVENSKO

Marktredwitz

Bayreuth

(TSCHECHOSLOWAKEI)

Pegnitz

Teufelshöhle

Weiden i.d. Opf.

Weidhaus

Pegnitz

Amberg

Naab

Schwandorf

Fürth i. Wald

Neumarkt

Cham

Die gemütlichen Weinlokale und Wirtschaften im Odenwald sind nicht nur vom architektonischen Standpunkt her interessant. Sie bieten regionale Spezialitäten wie Handkäs mit Musik, Apfelwein und Hausmacherwurst, die mit selbstgebackenem Brot serviert wird.

Wasserschlösser und Räubernester: Von Miltenberg folgen Sie der Romantischen Straße nach Großheubach und fahren von dort über Eschau und Hobbach in die Kleinstadt Mespelbrunn. Vor den Toren der Stadt steht mitten im Wald das malerische **Wasserschloß von Mespelbrunn**. Es wurde 1564 im Renaissancestil fertiggestellt und ist immer noch im Besitz des Grafen von Ingelheim, der Echter von und zu Mespelbrunn heißt. Da die Inneneinrichtung des Schlosses unverändert erhalten ist, können Sie sehen, wie die Herrschaften in vergangenen Zeiten lebten.

Schloß Mespelbrunn liegt im legendären **Spessart**, einem hochgelegenen, dichten Waldgebiet, einem der größten Naturschutzgebiete in Europa. Der Main umschließt ihn und bildet so das Main-viereck. Auf einer Wanderung durch die weiten, unberührten Eichenwälder und über die idyllischen Wiesen erschließt sich dem Besucher die Romantik des „Spechteshart". Besuchen Sie das „Wirtshaus im Spessart", das durch das Märchen von Wilhelm Hauff bekannt wurde und seitdem Schauplatz für verfilmte Räuberabenteuer und Geistergeschichten ist.

Von Mespelbrunn fahren Sie auf der A3 in Richtung Süden nach **Wertheim**, der alten Frankenstadt am Zusammenfluß von Tauber und Main. Der Charakter der Stadt wird bestimmt von engen Gassen und Spitzgiebelhäusern, die sich um den Marktplatz gruppieren.

Weiter nördlich setzen wir unsere Reise entlang dem Lauf des Mainvierecks fort nach **Marktheidenfeld,** dessen historischer Marktplatz von guterhaltenen Fachwerkhäusern umgeben ist. **Schloß Rothenfels** ganz in der Nähe thront 224 Meter über dem Main. Der Burgwall, das Burgverlies und der untere Teil der Burg stammen aus dem 12. und 13. Jahrhundert.

<u>Links</u>: Marktplatz in Michelstadt. <u>Unten</u>: Das heitere Wasserschloß von Mespelbrunn.

Stadt der Bischöfe und des Weins: Die Hälfte der 127 000 Einwohner von **Würzburg** sind Studenten, doch diese prägen nicht das Stadtbild. Würzburg ist seit dem 8. Jahrhundert Bischofssitz, und das meiste, was dem Besucher ins Auge sticht, stammt aus der Blütezeit der Fürstbischöfe.

Hoch über der Stadt thront, von Weinbergen umgeben, die alte **Festung Marienberg,** die 1201 gegründet wurde. Sie hat eine rechteckige Form mit einem Burghof und dem Verlies aus dem 13. Jahrhundert, einem Renaissancebrunnen und der Marienkapelle. Die Burg diente von 1253 bis 1719 als Residenz der Fürstbischöfe, die sie als Festung benutzten, um die aufkommenden Bürger in Schach zu halten. Dieses Glanzstück der Stadt erhielt seine Barockfassade unter dem Fürstbischof Echter von Mespelbrunn, der Marienberg im Renaissancestil wiedererbauen und die Echter Bastion hinzufügen ließ. 1631, nachdem die Stadt von Gustav Adolf von Schweden im Dreißigjährigen Krieg erobert worden war, wurde die Burg erweitert und in eine barocke Festung mit Fürstengarten umgewandelt.

Das Schloß aller Schlösser: Im 18. Jahrhundert erlebte die Stadt unter der Herrschaft des Hauses Schönborn ihre Blütezeit. Fürstbischof Julius Echter gründete 1575 das Julius-Krankenhaus und 1582 die **Alte Universität.** Hier entdeckte Wilhelm Conrad Röntgen 300 Jahre später die Röntgenstrahlen. Im Jahre 1719 wurde Johann Philipp Franz von Schönborn Kirchenfürst und verlegte seine Residenz von der Festung Marienberg in die Stadt. Der Baumeister Balthasar Neumann wurde an den Hof berufen. Franz erkannte dessen Genie und betraute ihn mit den Plänen für das Schloß am Rennweg. So entstand von 1720 bis 1744 das Schloß der Schlösser. Die **Würzburger Residenz** wurde im süddeutschen Barockstil erbaut und gilt als eines der bedeutendsten Schlösser Europas.

Neumann setzte sich selbst ein Denkmal, indem er das schönste Treppenhaus des Barock- und Rokokozeitalters schuf. Die quadratischen Wände der Treppe reichen bis in den zweiten Stock des

Mittelalterliche Fassaden in Blumenpracht symbolisieren die Liebe zur Heimat.

Gebäudes, das von einem 30 m langen und 18 m breiten Muldengewölbe überdeckt ist.

Berühmter als das Gewölbe selbst ist das riesige **Deckenfresko,** gemalt von dem Italiener Giovanni Battista Tiepolo, der 1750 nach Würzburg berufen wurde, um das größte Gemälde der Welt zu malen. Tiepolo entwarf die Götter des Olymps und Allegorien der vier damals bekannten Kontinente – Europa, Asien, Afrika und Amerika. Das Gemälde, das 1745 fertiggestellt wurde, nimmt auch Bezug auf die Hochzeit von Kaiser Friedrich Barbarossa mit Beatrix von Burgund im Jahre 1156.

Tragödie eines Künstlers: Viele Besucher reisen wegen der Werke des weltbekannten Holzschnitzers und Bildhauers Tilman Riemenschneider nach Würzburg, der 1483 in die Stadt kam. In seiner Werkstatt formte er Altäre aus Kalkstein, entwarf Grabsteine und Steinplastiken aus Sandstein und belieferte das ganze Gebiet von Franken bis zum Main mit wunderschönen Skulpturen. Dieser so bekannte Bürger wurde 1509 Mitglied des Stadtrates und war von 1520-21 Bürgermeister von Würzburg. Während der Bauernkriege unterstützte Riemenschneider die unterdrückten Bauern gegen den Kirchenfürsten Konrad von Thingen. Nach der Niederlage der Bauern an der Festung Marienberg wurde er ins Gefängnis geworfen und acht Wochen lang gefoltert. Riemenschneider starb 1531 als gebrochener Mann und war als Künstler zunächst schnell vergessen. Das **Main-Franken-Museum** in der Festung Marienberg zeigt weltberühmte Arbeiten von Riemenschneider sowie eine ausgezeichnete Sammlung anderer fränkischer Kunstwerke.

Spaziergang durch die Stadt: Weitere Werke von Riemenschneider kann man auf einem Spaziergang durch Würzburg bewundern. Wir beginnen beim **Hofgarten** hinter der Residenz, wo eine schöne Gruppe barocker Figuren und herrliche schmiedeeiserne Portale zu sehen sind. Von dort sind es nur wenige Schritte zur **Alten Universität**, in deren Südflügel eine der bemerkenswertesten

Deckenfresko von Tiepolo in der Würzburger Residenz.

deutschen Renaissancekirchen eingebaut ist. In der frühgotischen **Franziskanerkirche** (1221) ist eine Pieta von Riemenschneider zu sehen, eine trauernde Maria mit dem Leichnam Jesu auf dem Schoß.

Zur **Kathedrale** kommen Sie durch die Domschulstraße. Sie ist die viertgrößte romanische Gratbogenbasilika Deutschlands und nach dem heiligen Kilian benannt, dem Apostel der Franken und Schutzpatron der Stadt, der im Jahre 689 ermordet wurde.

Kurz vor der alten Mainbrücke steht der barocke **Vierröhrenbrunnen** von 1765 und das alte **Rathaus** aus dem 13. Jahrhundert, welches mehrere Male erweitert wurde. Hoch über dem Main thront der **Grafeneckhart**, 1659 im Stil der Spätrenaissance erbaut, und ganz in der Nähe liegt das **Karmeliterkloster** (1712), das seit dem 19. Jahrhundert ein Rathaus ist.

Metropole des Frankenweins: Die Figur des heiligen Kilian, Schutzpatron der Stadt und des Weines, wacht auf der alten Mainbrücke.

Der Oktober, der Monat der Weinernte, eignet sich am besten für einen Besuch in der fränkischen Weingegend. Jedes Wochenende ist in einem anderen Dorf Weinfest, sei es in **Volkach, Frickenhausen** oder **Eisenheim.**

Der Reiter von Bamberg: Wir fahren weiter durch Franken ins mittelalterliche **Bamberg,** die alte Kaiser- und Bischofsstadt. Der **Dom,** ein Denkmal der spätromanischen und frühgotischen Kunst, birgt das Grabmal Kaiser Heinrich II., der Bamberg 1007 zum Bischofssitz erhob, und das einzige Papstgrab nördlich der Alpen: Papst Clemens II., vorher Bischof von Bamberg, fand hier seine letzte Ruhestätte: zwei Gräber und zugleich zwei Gewalten, die nicht nur mit der Geschichte Bambergs, sondern auch mit der deutschen und der europäischen Geschichte des Mittelalters eng verbunden sind. Der Dom wurde von Heinrich II. gegründet, 1012 geweiht, brannte zweimal nieder und wurde 1237 in der Übergangsperiode von der Romanik zur Frühgotik wiederaufgebaut. Das Fürstenportal ist beeindrukkend mit seinen tiefen Nischen, in denen die Apostel auf den Schultern der Propheten stehen.

Ein Rundgang durch den historischen Stadtkern enthüllt die zwei Seiten Bambergs: den auf sieben Hügeln gelegenen kirchlichen Teil und darunter, zwischen den beiden Flußarmen der Regnitz, die Insel oder den weltlichen Teil.

Von der Hauptwache aus dem Jahre 1744 führt die Straße zum Maxplatz mit dem **Neuen Rathaus,** einem Barockgebäude von Balthasar Neumann. Ein paar Schritte entfernt, auf der rechten Seite, ist die schöne Fassade der **St. Martin Kirche** (17. Jahrhundert) zu sehen, auf der linken Seite das **Raulino-Haus,** das ebenso im Barockstil errichtet ist wie die Häuser an Bambergs Hauptschlagader, dem **Grünen Markt.**

An der Grenze zwischen dem kirchlichen und dem weltlichen Teil der Stadt steht das **Alte Rathaus** auf einer Insel in der Regnitz. Sie erreichen es über die Untere Brücke. Von hier haben Sie einen wunderschönen Blick auf **Klein-Venedig** mit den Fischerhäusern am rechten Ufer der Regnitz.

Durch schmale Gassen gelangt man von hier wieder zum Domplatz, vorbei an der ehemaligen Dominikanerkirche mit Kloster und Kreuzgang aus dem 14. Jahrhundert, heute Sitz der berühmten Bamberger Symphoniker. Der Weg über die malerische Treppe auf den Katzenberg lohnt sich wegen des „Schlenkerle", einem der besten Lokale für Rauchbier – eine Bamberger Spezialität, die mit geräuchertem Malz gebraut wird.

Die **Alte Hofhaltung** ist nur durch eine kleine Gasse vom Dom getrennt. Dieses herrliche Renaissancegebäude (1569), jetzt das Historische Museum, war einstmals ein Kaiser- und Bischofspalast.

Die Kirche **St. Michael**, Teil der ehemaligen Benediktinerabtei, 1015 auf Wunsch Heinrich II. gegründet, vereint Romanik, Gotik und Barock in Baustil und Innendekoration. Die berühmte Fassade über der breiten äußeren Balustradentreppe (1677) ist das Werk Dientzenhofers. Das **Karmeliterkloster** mit Kirche (12. Jahrhundert) besitzt die größten spätromanischen Kreuzgänge in Deutschland.

Die vierzehn Nothelfer: Zwischen den idyllisch gelegenen Städtchen Staffelstein und Lichtenfels erwarten uns zwei wahre Juwele barocker Baukunst. Nicht weit von Staffelstein, weithin sichtbar auf einem 421 m hohen Hügel über dem Maintal, liegt die schloßartige **Klosteranlage Banz,** von 1069-1803 eine Benediktinerabtei, später Schloß der Wittelsbacher und wohl eine der großartigsten Leistungen des deutschen Barock.

Drei Kilometer südlich von **Lichtenfels,** dem Zentrum der deutschen Korbflechterei, zweigt von der B173 links die Straße nach **Vierzehnheiligen** ab, wo die berühmte Wallfahrtskirche Frankens steht, benannt nach den 14 Nothelfern, die, so die Legende, einem frommen Hirten im 15. Jahrhundert mehrmals erschienen waren.

Die „fränkische Krone": Die **Veste Coburg** war einst die Residenz der Herzöge von Coburg. Auf dem Marktplatz im Herzen der Altstadt duftet es nach verbrannten Kiefernzapfen, über denen die bekannten Coburger Würstchen schmoren. Darüber wacht das „Bratwurstmännle", der in Kupfer getriebene

Stadtheilige St. Mauritius, hoch oben vom Rathaus (1580).

Typisch für Coburg sind die reichverzierten hohen Erker, besonders an der prächtigen Rokokofassade des Rathauses. Die Coburger Veste ist eine der größten Burgen Deutschlands mit einem dreifachen Befestigungsring. Sie wurde um 1200 erbaut.

Das stärkste Bier der Welt: Auf der B303 erreicht man **Kronach,** den Geburtsort des Malers Lucas Cranach (1472-1553). Kronach blieb bis heute eine mittelalterliche Idylle mit engen Gassen, einer frühgotischen Stadtkirche und einer guterhaltenen mittelalterlichen Stadtmauer mit Türmen und Torbögen. Über der Stadt thront die Festung Rosenberg.

In keinem Land der Welt wird mehr Bier getrunken als in Deutschland (im Durchschnitt 160 l pro Kopf im Jahr, gegenüber 80 l Milch) – und die „Bierstadt" **Kulmbach,** 20 km südlich von Coburg soll aus dem kristallklaren Wasser des nahen Fichtelgebirges und des Fränkischen Waldes das beste Bier brauen, unter anderem das *Kulminator*, das stärkste Bier der Welt.

Die Wagnerstadt: Bayreuth, die ehemalige Residenz der Markgrafen und seit 1975 Universitätsstadt, kann als die Stadt Richard Wagners bezeichnet werden. Auch der deutsche Dichter Jean Paul lebte von 1804-25 in Bayreuth und der Komponist Franz Liszt starb hier im Jahre 1886. Die kulturbeflissene Lieblingsschwester Friedrichs des Großen, Markgräfin Wilhelmina, beauftragte den Architekten Saint Pierre mit dem Bau des ersten Bayreuther Opernhauses, heute das am besten erhaltene deutsche Barocktheater.

Auch das **Neue Schloß,** entworfen von Saint Pierre, ist Wilhelmina zu verdanken. Es besteht aus einem achteckigen Sonnentempel mit zwei Rundflügeln, wurde 1753 erbaut und hat wunderschöne Brunnen. Richard Wagner und seine Frau Cosima, die Tochter Liszts, sind im Park des Schlosses, Liszt selbst ganz in der Nähe begraben.

Das **Schloß Ermitage** steht am Ostrand von Bayreuth. Das **Alte Schloß,** 1718 erbaut, wurde 1736 nach den Plänen Wilhelminas erweitert. Nördlich des

142 männle", der in Kupfer getriebene

Rechts: Nürnberg, Platz am Tiergärtnertor mit schönen Fachwerkhäusern.

Stadtgebiets von Bayreuth liegt der Grüne Hügel, auf dem Wagner von 1872-76 das **Festspielhaus** errichten ließ.

Die **Fränkische Schweiz** hat ihren Namen aus der Zeit der Romantik im 19. Jahrhundert, denn damals glaubten die Deutschen, daß es in der Schweiz so aussehe wie hier. Und tatsächlich ragen auch einige bizarre Felsen steil auf wie die Zwillingsfelsen in dem romantischen Bergdorf **Tüchersfeld**.

Der Höhepunkt des lohnenswerten Umwegs in den Naturpark auf der Fahrt nach Nürnberg ist jedoch eine mehr als einen Kilometer lange Kalksteinhöhle, die **Teufelshöhle** in der Nähe von Pottenstein. Dort erleben Sie eine faszinierende Welt aus unzähligen Steingewölben, Grotten voll von Stalagmiten und Stalaktiten.

Freie Reichsstadt: Weiter nach Süden ist unsere nächste Station die einstige Freie Reichsstadt **Nürnberg** (500 000 Einwohner), Bayerns zweitgrößte Stadt und ein wichtiger Industrie- und Wirtschaftsknotenpunkt. Nürnberg ist wegen der Lebkuchen und dem Christ-kindlmarkt weltbekannt. Im Krieg wurde es durch Bombenangriffe stark zerstört, nach 1945 fast ganz wieder aufgebaut. Der fränkischen Metropole blieb somit ihr geschichtlicher Rang und ihr Zauber erhalten.

Nürnberg wurde im 11. Jahrhundert von Kaiser Heinrich III. als Stützpunkt für seine Feldzüge nach Böhmen gegründet und entwickelte sich rasch zu einem wichtigen Handelsplatz. 1219 von Kaiser Friedrich II. zur Freien Reichsstadt erhoben, behielt es diese Stellung bis zu seiner Annexion durch das Königreich Bayern im Jahre 1806. Von 1050 bis ins 16. Jahrhundert residierten fast alle deutschen Kaiser auf der Kaiserburg und hielten den Reichstag in der Stadt ab. In dieser langen Zeit war Nürnberg die inoffizielle Hauptstadt des Heiligen Römischen Reiches Deutscher Nation.

Ab dem 15. Jahrhundert zog die reiche Handelsstadt auch Künstler und Wissenschaftler an. Namen wie Albrecht Dürer, Adam Krafft, Veit Stoß, Peter Vischer, Hans Sachs, Martin Be-

Dem Herrgott kann sie ruhigen Gewissens ins Auge sehen, die fränkische Marktfrau.

heim und Peter Henlein erinnern an diese ruhmreiche Epoche. Nach 1600 verlor Nürnberg an politischer und wirtschaftlicher Bedeutung und erlebte mit der Eröffnung der ersten deutschen Eisenbahnlinie zwischen Nürnberg und Fürth am 12. Dezember 1835 einen neuen Höhepunkt. Vorausgegangen war seine Annexion durch das junge Königreich Bayern.

Im Nürnberger **Verkehrsmuseum** kann man deutsche Züge und Dampflokomotiven, „Dinosaurier der Schienen", aus dieser Zeit besichtigen.

100 Jahre später wurde in Nürnberg ein weniger rühmliches Kapitel der deutschen Geschichte geschrieben. Zwischen 1933-1938 fanden hier die Reichsparteitage der Nationalsozialisten mit den demagogischen Reden Hitlers statt. Die NSDAP wollte an die Tradition des Heiligen Römischen Reiches Deutscher Nation anknüpfen. Ein riesiges Stadion wurde eigens dazu aus dem Boden gestampft; Teile davon stehen auch heute noch. Von 1945-1949 stand Nürnberg noch einmal im Mittelpunkt des Weltinteresses, als die Siegermächte den führenden deutschen Kriegsverbrechern den Prozeß machten.

Zurück ins Mittelalter: Nürnbergs **Altstadt** unterteilt sich geographisch in zwei Teile, die Sebalderstadt und die Lorenzerstadt, die beide von einem stabilen Verteidigungswall aus dem 13. Jahrhundert umgeben sind, der 46 runde Befestigungstürme, die Wahrzeichen der Stadt, sowie fünf Haupttore aufweist: das Spittler-, das Königs-, das Frauen-, das Laufer- und das Neutor.

Die **Kaiserburg,** auf Sandsteinfelsen hoch über der Altstadt errichtet, besteht aus drei architektonischen Teilen, die jeweils eine Geschichtsperiode beschreiben. Auf den westlichen Felsen thront die Kaiserburg, die unter dem Hohenstauferkaiser Friedrich Barbarossa im 12. Jahrhundert errichtet wurde. Danach kommt die **Burggrafenburg,** das Originalkönigsschloß der Salier aus dem 11. Jahrhundert. Die **Kaiserstallung**, von der Stadt Nürnberg als Kornspeicher 1495 errichtet, ist heute ein Wohnheim.

Festlicher Abend im Festspielhaus Bayreuth.

Im 16. Jahrhundert fanden in der Burg Verteidigungsschlachten statt, und im äußeren Hofbezirk wurden Wohnstätten im Fachwerkstil für die Bediensteten des Hofes eingerichtet. Der Legende nach ließ der Raubritter Eppelein von Gailingen einst sein Pferd über den Burgwall der Kaiserburg springen, um den Händen seiner Feinde und der Todesstrafe zu entrinnen. Heutzutage findet man um die Burg herum eine Menge gemütlicher Kneipen, wo man es sich bei Rostbratwürsten und einem herzhaften Rauchbier gutgehen lassen kann.

Zum **Albrecht-Dürer-Haus** gelangen Sie durch das Tiergärtnertor in der Nähe der Burg. Das Haus aus dem 15. Jahrhundert, in dem der bekannte Maler lebte, ist jetzt ein Museum.

Am Rathausplatz sehen wir die evangelische **St.-Sebald-Kirche,** eine spätromanische Säulenbasilika aus dem Jahre 1256. Das Grab von St. Sebald ist ein Meisterwerk der deutschen Erzgießerkunst von Vischer und stammt vom Beginn des 16. Jahrhunderts; eindrucks-voll die Kreuzigungsgruppe von Veit Stoß aus derselben Zeit.

Gegenüber der Kirche ist das **Fembohaus** mit dem Städtischen Museum, ein prächtiges Gebäude aus der Spätrenaissance und ein typisches Patrizierhaus aus der Zeit um 1600.

Über die Pegnitz: Wir gehen über die Pegnitz und kommen zum Hauptmarkt, von dort zum **Rathaus**, dessen ältester Teil ein Saalbau mit Staffelgiebel von 1340 ist. Im Keller sind mittelalterliche Verliese mit schaurigen Folterkammern zu sehen. Ganz in der Nähe steht das berühmte **Gänsemännchen** (1555), die Figur eines Bauern mit zwei wasserspeienden Gänsen.

Am Hauptmarkt (Fremdenverkehrsamt), wo jedes Jahr im Advent der berühmte **Christkindlmarkt** stattfindet, wird Ihnen die **Frauenkirche** (1349) auffallen, davor der reich verzierte, 19 Meter hohe **Schöne Brunnen** aus dem Jahre 1396, der von einem nahtlosen Glücksring umgeben ist. Die Frauenkirche hat eine schöne Fassade mit den Michaelsschörlein (1508) von Adam

Das alte Bamberger Rathaus an der Regnitz.

Krafft und dem bekannten Männleinlaufen, einer Uhr, die täglich um 12 Uhr zeigt, wie Karl IV. die Huldigung seiner sieben Kurfürsten entgegennimmt. Im Inneren der Kirche sind der bekannte Tucher-Altar (um 1400) und zwei Grabmäler von Adam Krafft zu sehen.

Über die Pegnitz hinweg kommen wir zum **Heilig-Geist-Spital** aus dem 14. Jahrhundert. Die Reichsinsignien der deutschen Kaiser wurden hier bis 1796 aufbewahrt. Der Innenhof besticht durch eine beeindruckende Kreuzigungsgruppe von Adam Krafft sowie den Hanselbrunnen.

Die gotische **St.-Lorenz-Kirche** im Stadtteil St. Lorenz wurde im 13.-14. Jahrhundert erbaut und beeindruckt wegen ihres lichterfüllten Chorraums mit prächtigem Sternengewölbe. Einmalig wegen seiner reichen, kostbaren Verzierungen ist der Engelsgruß, eine im Chorraum schwebende Figur, 1517 von Veit Stoß geschaffen. Ein weiteres Werk desselben Künstlers, das Kruzifix, nimmt zusammen mit Adam Kraffts weltberühmtem Tabernakel den Hauptaltar ein.

Die **Königstraße** beginnt an der St.-Lorenz-Kirche, führt an der Mauthalle vorbei, die einst um 1500 als Kornspeicher errichtet wurde und jetzt einer Gaststätte mit einem historischen Kellergewölbe Raum gibt, wo Sie bei einer „Veschper" die bekannten Nürnberger Bratwürste probieren können.

Frisch gestärkt gehen Sie weiter zum **Nationalmuseum** am Kornmarkt, das 1852 „zur Rettung der Dokumente deutscher Vergangenheit" gegründet wurde. Eine Sammlung zur Volksgeschichte sowie zur Vor- und Frühgeschichte sind hier ausgestellt. Kein anderes Museum bietet einen derart umfassenden Einblick in die kulturelle Entwicklung des deutschsprachigen Raumes.

Vorbei an der frühgotischen St.-Klara-Kirche erreicht man den Handwerkerhof „Alt Nürnberg", eine Modellstadt für das mittelalterliche Handwerk: Die Kunst des Münzenprägens, die Gold- und Edelmetallschmiedekunst und das Zinngießen werden dort veranschaulicht – und natürlich auch die Lebkuchenfabrikation.

Blick auf die Altstadt von Nürnberg mit der Kaiserburg.

DIE DEUTSCHEN KÜCHEN

Unter der deutschen Küche hat man sich seit langem etwas anderes vorzustellen als ein Bufett, auf dem die regionalen Leckereien aufgetischt sind, wie Schweinshaxn, Bock- und Bratwürste, Sauerkraut und Semmelknödel, Räucheraal und Maultaschen, Berliner Pfannkuchen und Schwarzwälder Kirschtorte. „Speisekarten aller Länder, vereinigt Euch!" könnte als Motto über den deutschen Speiseplänen geschrieben stehen. Das Angebot ist international, von der großen Gastronomie bis zu den Werkskantinen, von den kleinstädtischen Gemüsemärkten bis zu den Tiefkühlregalen im Supermarkt.

Die alte deutsche Hausmannskost ist nur eine Spezialität unter vielen, eher in Feinschmeckerlokalen anzutreffen als auf dem häuslichen Küchentisch. Mag die deutsche Volksseele sich noch so sehr dagegen sträuben, die multikulturelle Gesellschaft als Tatsache zu akzeptieren – die deutschen Mägen sind

längst abhängig von der internationalen Küche. Welcher brave deutsche Bürger will schon seine Pizza, seine Fritten und die Familienfeste im „Balkan-Grill" missen, und wer lockt die Jugend aus den „Kinderkrippen" amerikanischer Fast-Food-Konzerne?

Deutschland hat erst durch die Zuwanderung der Türken ein kulinarisches Wahrzeichen bekommen: den Kebab-Spieß, der viele eilige Hungerleider aus der Not erlöst hat, zwischen einem pappigen Hamburger und einer fettriefenden Currywurst zu wählen.

Die Geschichte der bundesdeutschen Eßkultur begann mit der Freßwelle, die auf das Jahrzehnt der Lebensmittelkarten und Ersatzstoffe, der Unterernährung und des Hungers folgte. Schnell blähten sich die ausgemergelten Gestalten der ersten Nachkriegsjahre zu übergewichtigen Vielfraßen. Vor allem kalorienreiche Hausmannskost kam in den fünfziger Jahren auf den Tisch. Dann lernten immer mehr Deutsche auf Auslandsreisen fremde Genüsse kennen. Gastarbeiter brachten ihre Küche mit nach Deutschland. Spaghetti wurden zum unentbehrlichen Schnellgericht, Pizza mauserte sich mit immer neuen Belägen zur deutschen Nationalspeise, und der Balkanspieß galt als Höhepunkt kulinarischer Ausschweifungen. Abends vor dem Fernseher wurden Korbflaschen mit Chiantiwein geleert und eifrig geknabbert.

Erst Anfang der siebziger Jahre hatten die Deutschen ihr Hungertrauma überwunden. Sie fanden Geschmack an Abmagerungskuren, Schonkost und einer verfeinerten Küche. Der Einfluß der französischen *nouvelle cuisine* – der Trend zur raffinierten Einfachheit auf der Basis erstklassiger Frischwaren – und die Rückbesinnung auf die Küche der deutschen Regionen verbanden sich zum „deutschen Küchenwunder". Seitdem gilt die große deutsche Küche als eine der führenden der Welt.

Die Verfeinerung des Geschmacks blieb nicht auf die Köche der Feinschmeckerrestaurants beschränkt, sie griff durch Fernsehkochkurse und auflagenstarke kulinarische Zeitschriften auch auf die deutschen Wohnstuben über. Der allgemeine Wohlstand ermöglichte, zumindest in Ansätzen, in der deutschen Küche eine Demokratisierung des guten Geschmacks.

Das zeigte sich zunächst an der Edelfreßwelle Ende der siebziger Jahre, die die Deutschen Trüffeln, Hummer, Kaviar, Jakobsmuscheln, Lachs und Rebhühner in rauhen Mengen vertilgen ließ.

Deutschland kennt heute keine Eßkultur, sondern verschiedene mehr oder weniger anspruchsvolle Eßkulturen. Manche Büroangestellte schlemmen wie früher die Könige; Unternehmer bekochen eigenhändig ihre Geschäftspartner; es gibt Kinder, die vor allem von Cola, Fritten und Schokoriegeln leben, und Singles, die sich vorwiegend von Fertiggerichten ernähren; nicht zu vergessen die Spezialkulturen der Vegetarier und Biokostler. Jedem, der nicht ganz arm ist, bleibt es selbst überlassen, was, wann, wo und wie er ißt, ob er seine Mahlzeiten zelebriert oder während der Arbeit gedankenlos etwas in sich hineinstopft. Nur essen müssen sie alle.

Anders die Entwicklung in der ehemaligen DDR. Ihre Bewohner wurden von der Staatsführung oft mit minderwertigen Produkten abgespeist. Im Sozialismus grassierte die Freßsucht, es gab reichlich und billig zu essen, aber alles, was für eine verfeinerte Küche notwendig gewesen wäre, war Mangelware. Wenn der Handel einmal gute Frischwaren anzubieten hatte, wurden sie sogleich aufgekauft und in Tiefkühltruhen gehamstert, wo sie dann einige Stromausfälle zu überstehen hatten, ehe sie in die Pfanne kamen.

Auch die Gastronomie verkümmerte unter dem Versorgungsmangel der Planwirtschaft. Von den Spezialitäten der Regionalküchen überlebten nur die grobschlächtigsten: Thüringer Bratwurst und ähnliches wurde bis zur Unkenntlichkeit vereinfacht. Auch die Gastronomie litt unter den Versorgungsproblemen. Die DDR war eine kulinarische Wüste. Ihre vormaligen Bewohner werden noch eine Weile brauchen, ehe sie sich durch das westdeutsche Schlaraffenland durchgefuttert haben. Fürs erste liegen ihnen vor allem die ungewohnt hohen Preise schwer im Magen.

Links: Pizza und Spaghetti sind schon lange deutsch, der Kebab germanisiert sich gerade. **Unten:** Nirgendwo werden so viele verschiedene Brotsorten gebacken wie in Deutschland.

ROMANTISCHE STRASSE

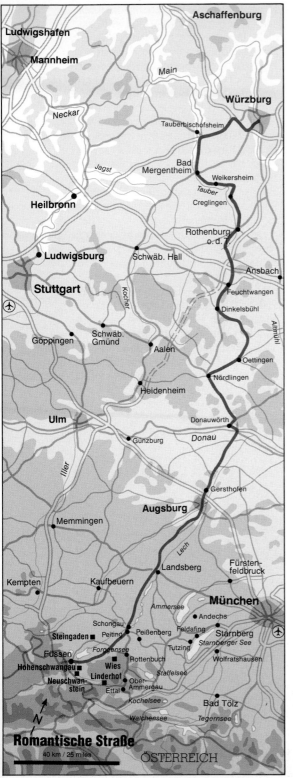

Romantische Straße
40 km / 25 miles

ÖSTERREICH

Idyllische Kleinstädte mittelalterlicher Prägung, schmucke Residenz- und Handelsstädte zwischen Würzburg und Füssen, zwischen Franken und den Allgäuer Alpen, behagliche Gasthöfe zum Schlemmen und Ausspannen, ruhige Landschaften zum Wandern und Radfahren – so lautet das Kurztelegramm der Fremdenverkehrsregion „Romantische Straße", die findige Touristiker 1950 aus der Taufe hoben (ca. 300 Straßenkilometer). Nicht immer las sich die Geschichte dieses Gebietes und seiner Bewohner überaus romantisch. Im Gegenteil – Kriege, Zerstörung und bittere Armut bestimmten über Jahrhunderte ihr Leben. Fehlende Mittel für die „Modernisierung" bewahrten so manchen Ort vor einschneidenden baulichen Neuerungen – lange Zeit ein vielbedauerter Zustand, doch angesichts wachsenden Bewußtseins für die Werte der Vergangenheit neues Kapital des aufstrebenden Fremdenverkehrs.

Bezauberndes Taubertal: Nach glanzvollem Auftakt in **Würzburg** (siehe Seite 139), strebt die „Romantische Straße" (B27) dem Tal der Tauber, einem Nebenfluß des Mains, zu. Schlendert man von der Brücke her durch die von Fachwerkbauten gesäumte Fußgängerzone von **Tauberbischofsheim,** dann bilden das **Haus Mackert,** der barocke Stadtpalast eines Weinhändlers, und die **Sternapotheke** gleichsam die Pforte zum **Marktplatz** mit dem neugotischen **Rathaus** (1866; Verkehrsamt). Die kleine Barockkirche an der Südseite des Platzes ist der heiligen Lioba geweiht.

Sie leitete hier Mitte des 8. Jahrhunderts eines der ersten Frauenklöster in Deutschland und war verwandt mit dem Missionsbischof St. Bonifatius. Als er um 725 in den Besitz des Ortes merowingischer Gründung kam, entwickelte sich der Name „Bischofsheim". An die Herrschaft der Kurmainzischen Fürstbischöfe (13.-19. Jahrhundert) erinnert das Rad im Stadtwappen und das **Kurmainzische Schloß** (14.-16. Jahrhundert; volkskundliches Museum) mit dem **153**

massigen **Türmersturm**. Von der Turm-
stube genießt man einen schönen Panoramablick über die Stadt, deren Stolz
auch die „Medaillenschmiede" Bundes-
leistungszentrum Fechten ist, und über
das Taubertal.

Diesem folgt man nun auf der B 290
talaufwärts. **Distelhausen** und **Ger-
lachsheim** rühmen sich eindrucksvoller
Barockkirchen. Hin und wieder wird
man am Wegrand Bildstöcke sehen, wes-
halb man die Gegend Herrgottsland oder
„Madonnenländle" nennt. **Lauda** steht
seit Jahrhunderten im Zeichen des Wein-
baus. So beherbergt das ehemalige Haus
eines Winzers (16. Jahrhundert; Rat-
hausstraße 25) ein sehenswertes Wein-
und Heimatmuseum. Und daß der Wein
Laudas Bürgern auch Wohlstand brachte, wird man angesichts der noblen Fach-
werk- und Barockbauten wohl kaum in
Frage stellen.

**Hoch- und Deutschmeister im Kurbad:
Bad Mergentheims** Ruhm geht auf das
Wasser zurück. Als ein Schäfer 1826
die Heilquelle entdeckte und man ihre
gute Wirkung bei Nieren-, Gallen- und
Blasenleiden erkannte, erlebte die Klein-
stadt einen Aufschwung (seit 1926 Kurbad). Der von den Franken gegründete
Ort hatte mit dem Deutschen Orden erste
Bedeutung gewonnen, da dieser seinen
Hauptsitz 1525 nach Mergentheim
verlegte (bis 1806). Großzügige Schen-
kungen der Hochmeister, vielfach Könige oder Herzöge, erlaubten die aufwendige Ausgestaltung des imposanten
Deutschordensschlosses (13.-17. Jahrhundert; heimatkundliches Museum;
Barockkirche 18. Jahrhundert). In einem
Teil des Schloßparks, in dem man schöne
Spaziergänge machen kann, entstand das
moderne Kursanatorium.

Der noch unbekannte junge Beethoven
spielte auf dem Schüttplatz (beim
Schloß). Von dort führt die Burgstraße
zum **Marktplatz,** der umgeben ist von
einem reizvollen Ensemble schmucker
Fachwerk- und Putzbauten. Den Milch-
lingsbrunnen beim Rathaus (16. Jahrhundert) schmückt eine Statue des Wilhelm Schutzbar, genannt Milchling, jenes Deutschordensritters, der Mergentheim zum Hauptsitz des Ordens erhob

**Vorherige
Seiten:**
Schloß Neu-
schwanstein
im Winter.
„Nur noch ein
Marsch, dann
ist's vorbei!"
Unten:
Schloßplatz in
Tauber-
bischofsheim

(Grabmäler der Ordensmitglieder in der gotischen Kirche St. Johannes und in der Marienkirche).

Meister der Malkunst: Das Dorf **Stuppach** (11 km südöstlich von Bad Mergentheim) verdankt seine Bekanntheit einem Marienbild, das der Pfarrer Blumhofer 1812 aus dem Nachlaß des Deutschen Ordens erworben hatte. Zunächst hielt man es für einen Rubens, doch seit 1908 ist erwiesen, daß das Marienbild ein Werk von Mathias Grünewald ist. Die Besonderheit der Mariendarstellung (1519) liegt in der komplexen Symbolik, aber ebenso in der Transparenz und Leuchtkraft der Kaseinfarben.

Pioniere der Architektur: Weiter tauberaufwärts gelangt man durch **Markelsheim** (guter Weißwein) nach **Weikersheim**. In elegantem Schwung schließen ehemalige Bedienstetenhäuser nach Westen hin den Dorfplatz ab, bilden zugleich das Entrée zur Residenz der Fürsten zu Hohenlohe. Noch aus dem 12. Jahrhundert stammt der Bergfried, der im Zuge des Schloßneubaus (16.-18. Jahrhundert) seine Haube aufgesetzt bekam. Hohen-

Fürstenhalle im Schloß von Weikersheim.

lohische Baumeister experimentierten hier 1598 erstmals mit einer Kassettendecke, die an Ketten im Dachstuhl aufgehängt wurde. Damit gelang es, im großartigen **Rittersaal** eine Fläche von 35 auf 12 Meter zu überspannen! Größter Luxus waren jedoch die Toiletten, die sogar im später erbauten Schloß von Versailles fehlten. Ganz den Stilidealen des Barock entspricht das Gartenparterre mit seinen steinernen Gnomen, Statuen der antiken Mythologie und der Orangerie. **Röttingen,** weiter östlich, feiert im Oktober ein Weinfest, das nach dem jungen Wein „Bremserfest" genannt wird.

Holzskulptur in Perfektion: Die Herrgottskirche von **Creglingen,** unser nächstes Ziel, zog seit dem 14. Jahrhundert Tausende von Pilgern an. Der Legende nach hatte ein Bauer beim Pflügen eine Hostie gefunden, der große Verehrung zuteil wurde. Um 1500 stifteten dann die Fürsten zu Hohenlohe eine Kirche und beauftragten 1505 Tilman Riemenschneider mit einem Marienaltar. Er zählt zu seinen großartigsten Holzbildwerken. Nur einen Steinwurf entfernt

zauberhaft Weltliches: ein **Fingerhutmuseum**. Knapp 2000 Exemplare des schon um Christi Geburt im Mittelmeerraum gebräuchlichen Nähutensils sind hier zu bestaunen.

Lebendige Vergangenheit: In engen Kehren windet sich die Straße aus dem Taubertal, vorbei am stillen **Detwang** (Riemenschneider-Altar), hinauf auf die Hochfläche, an deren Westrand eindrucksvoll die Mauern und Türme von **Rothenburg ob der Tauber** aufragen. Diese Stadt, deren Ursprung auf die „Rote Burg" (im Bereich des Burggartens) zurückgeht, wurde zum Inbegriff romantischer Vergangenheit. Die Besucherströme (jährlich 1,5 Millionen Gäste), die sich tagsüber durch Rothenburg schieben, sprechen für sich. Aber gerade deshalb sollte man hier Zeit für eine Übernachtung haben, abends durch stille Gassen bummeln, geruhsam in einem der stimmungsvollen Restaurants, z.B. dem berühmten **Baumeisterhaus** (1596), fränkische Spezialitäten genießen oder eine Aufführung von **Trexlers Figurentheater** (beim Burgtor) besuchen.

Alle Straßen führen von den Stadttoren und Basteien wie die Speichen eines Rades zum **Rathaus** am **Marktplatz.** Über das aus der Zeit der Gotik und Renaissance stammende Gebäude erhebt sich ein 55 m hoher Turm. Von dort oben erkennt man den alten Kern und den Verlauf des Stadtwalls der 1274 zur Freien Reichsstadt erhobenen Siedlung im Schutz der Burg – im Süden markiert durch die Johanniskirche, im Osten durch Markusturm mit Röderbogen und Weißen Turm. Der Sonderstatus der Stadt hatte seit dem 13. Jahrhundert den Wohlstand ihrer Bürger begründet. Man handelte mit Wein, Vieh und Wolle, und bald mußte man eine neue Stadtmauer errichten. Die Anlagen sind gut erhalten und restauriert und lohnen den Rundgang (etwa eine halbe Stunde).

Beginnen könnte man an der **Klingenbastei** im Norden nach einem Besuch der **St.-Jakobs-Kirche** (14.-15. Jahrhundert), dies im Westchor den Heilig-Blut-Altar mit einer meisterhaften Darstellung der Passion Christi (1501-1505) von Tilman Riemenschneider birgt.

Links: Ausschnitt aus dem Riemenschneideraltar in Creglingen. Unten: Wird er den Meistertrunk in einem Zug schaffen?

Folgt man der Mauer nach Osten und Süden, gelangt man bis zur **Spitalbastei** und über die Spitalgasse wieder stadteinwärts zum **Plönlein,** dem meistfotografierten Platz in Rothenburg. Sehenswert ist das **Kriminalmuseum** neben der Johanniskirche. Hier werden auch die Schrecken des Dreißigjährigen Krieges bildhaft, die gerade in Rothenburg gegenwärtig waren. Bis heute erinnert der „Meistertrunk", dargestellt auf der Kunstuhr der ehemaligen **Ratstrinkstube** (beim Rathaus) und mehrmals im Jahr zu bestimmten Festivitäten auf der Bühne, an die Errettung der Stadt 1631 vor der Verwüstung durch Tillys Truppen. Der Feldherr wollte Gnade vor Recht ergehen lassen, könne einer einen Humpen Wein (3,25 Liter) in einem Zug leeren. Altbürgermeister Nusch vollbrachte das unmöglich Geglaubte. Witz, Schläue, aber auch die Dummheit der Bauern sind zentrale Themen der Hans-Sachs-Spiele, die wie die traditionellen Schäfertänze zu den Sommerfestspielen und Reichsstadttagen (Mitte September) zur Aufführung kommen.

Marschmusik in Rokoko-Kostümen: Wieder auf der Romantischen Straße (B25), empfiehlt sich als nächster Halt **Feuchtwangen.** Abgesehen von architektonisch Sehenswertem um den Marktplatz – der **Stiftskirche** mit dem romanischen Kreuzgang und dem Altar von Michael Wolgemut, dem Lehrer Dürers, der romanischen **St.-Johannis-Kirche**, dem sogenannten **Kasten** (Zehentstadel aus dem 16. Jahrhundert) und einem **Heimatmuseum** – bietet die Stadt im Sommer hochkarätiges Theater im Rahmen der **Kreuzgangspiele.**

Von Feuchtwangen lohnt sich der Abstecher von der Romantischen Straße über Crailsheim nach **Schwäbisch Hall** im tief eingeschnittenen Kochertal. Die ehemalige Freie Reichsstadt (1276-1802) besitzt einen der schönsten Marktplätze Deutschlands mit dem Renaissance-Rathaus, Fachwerkhäusern, Bauten mit Barockfassaden und der Michaelskirche, auf deren Freitreppe die sommerlichen Freilichtspiele stattfinden. In **Dinkelsbühl** (12 km südlich von Feuchtwangen) wird die enge Bindung zwischen Stadt

Touristenstrom am Plönlein in Rothenburg.

und bäuerlicher Kultur deutlich – weniger herrschaftlich hier die Häuser, enger die Gassen, mehr Gemüse- und Obstgärten innerhalb der mit 20 Türmen bewehrten Stadtmauer, und außerhalb Reste des Wassergrabens, Fischteiche, Felder sowie eine Statue des „Dinkelbauern" im Stadtpark. Das anspruchslose Dinkelgetreide war früher im Taubertal und im Bereich der Frankenhöhe weitverbreitet.

Vier Stadttore bilden die einzigen Zugänge zur Stadt. Bei einem Bummel durch die hübschen Gassen mit ihren hochgiebligen Fachwerkhäusern weist der Turm von **St. Georg** (über 20 m hohe Kirchenschiffe, spätgotische Altäre) den Weg ins Zentrum. Seit alters her war der **Marktplatz** (Denkmal des Jugenddichters Christoph von Schmid) neben der Kirche traditioneller Handelspunkt, während auf dem **Weinmarkt** die Fuhrwerke abgestellt wurden. Schmuckstücke an diesem Platz sind das **Deutsche Haus** (schönstes Fachwerk) und die **Schranne.**

In dem ehemaligen Kornspeicher beginnt alljährlich das historische Festspiel der **Kinderzeche** (Mitte Juli) mit einer Ratssitzung zur Zeit des Dreißigjährigen Krieges. Die Situation schien 1632 aussichtslos, bis sich die Türmerstochter Lore entschloß, mit den Kindern der Stadt den Schwedenobristen Sperreuth um Gnade zu bitten, und damit Dinkelsbühl rettete. So zieht heute eine Schar von Kindern in historischen Kostümen von der Schranne zum **Altrathausplatz,** wo sie auf die „Schweden" trifft. Höhepunkt der Kinderzeche ist jedoch der Auftritt des kleinen Obristen, eines Jungen in einer rotweißen Rokoko-Uniform, vor der Schranne und sein Bericht von der Errettung der Stadt. Die Uniform entspricht der der **Dinkelsbühler Knabenkapelle.** Diese 80 jungen Trommler und Bläser wurden mit ihrer fröhlichen Musik ein Wahrzeichen Dinkelsbühls.

Ein Krater für die Astronauten: Vor 15 Millionen Jahren schlug ein Meteorit von etwa 1200 Metern Durchmesser mit einer Geschwindigkeit von 100 000 km/h auf der Erde auf. Gewaltige Gesteinsmassen wurden aufgeworfen und lagerten sich in einem Umkreis von 13 Kilometern vom Auftreffpunkt wallförmig wieder ab. Im Zentrum des heute als **Ries** bekannten Kraters verformten sich die Gesteine genauso, wie man es in Mondkratern findet. Daher schickte die NASA ihre Apollo-14-Astronauten 1970 zum Trockentraining ins Ries.

Wem der Eindruck von unten nicht genügt, muß in **Nördlingen** den knapp 90 Meter hohen Daniel, den Turm der **St.-Georgs-Kirche** (15./16. Jahrhundert, spätgotisch), besteigen. Aus der Vogelperspektive lassen sich 99 Riesdörfer ausmachen, direkt zu Füßen das ebenmäßige Rund der ehemals Freien Reichsstadt (seit 1215), einer durch Handel reichen Siedlung, deren „Pfingstmesse" 1219 erstmals erwähnt wird. Vom 14. bis 17. Jahrhundert baute man an der 3,5 Kilometer langen **Stadtmauer.** Beim Mauerrundgang entdeckt man alte Gerberhäuser mit ihren Trockenböden, Armenhäuser ebenso wie noble Bürgerhäuser im Renaissancestil (Volutengiebel). Ganz auf Repräsentation ausgelegt waren auch **Rathaus** (Renaissance-Freitreppe) und **Tanzhaus** (Fachwerkbau). Das **Reichsstadtmuseum** im ehemaligen Spital dokumentiert sehr lebendig die Regionalgeschichte.

Kaum 20 km östlich thront die trutzige **Harburg** (12.-18. Jahrhundert) über dem Tal der Wörnitz. Deutschlands größte Burg bewachte über Jahrhunderte den wichtigen Handelsweg von Augsburg nach Nürnberg. Kurz vor ihrer Mündung in die Donau umfließt die Wörnitz eine kleine Insel, Werth genannt. Aus der dortigen Fischersiedlung entwickelte sich im Mittelalter die Handels- und Freie Reichsstadt **Donauwörth** zu Füßen der Schwäbischen Alb. Entlang ihrer Hauptachse, der heutigen Reichsstraße, liegen die bedeutendsten Sehenswürdigkeiten: im Westen das **Fuggerhaus** (1536), im Osten das **Rathaus** (13.-18. Jahrhundert), dazwischen die Stadtpfarrkirche mit der schwersten Glocke Schwabens, der *Pummerin* (6,55 Tonnen), das Tanzhaus, Stadtkommandantenhaus und Baudrexlhaus.

Ballone und sonstige Flugobjekte: In dem kleinen Städtchen **Gersthofen** vor den Toren von Augsburg starten jährlich mehr Ballone als in der übrigen Welt zusammen. Der Frage nach dem Warum kommt man im **Ballonmuseum** im alten

Rechts:
Schwerttanz
in Dinkels-
bühl.

städtischen Wasserturm näher. So erfährt man dort z.B., daß 1786 ein gewisser Baron von Lütgendorf einen Ballonaufstieg in Gersthofen versuchte.

Auch der „Schneider von Ulm", Albrecht Berblinger, war auf dem Weg, der Schwerkraft ein Schnippchen zu schlagen. Er wollte 1811 mit einer Art Gleitmaschine die Donau überfliegen, stürzte aber in den Fluß. Pionierleistungen einer anderen Dimension hatten die Baumeister zu **Ulm** im 16. Jahrhundert vollbracht: Der 161 m hohe Münsterturm, der höchste Kirchturm der Welt, ragte über der damals Freien Reichsstadt auf. Dieser Superlativ sowie die Innenausstattung des Münsters und die hübschen Altstadtviertel lohnen den Abstecher von Gersthofen nach Ulm (etwa 140 km, Autobahn).

Stolze Stadt der Fugger: Wer heute nach **Augsburg** kommt, mag sich wundern über die Fülle der Kunstdenkmäler in einer Stadt mit 250 000 Einwohnern. Doch Augsburg, am Zusammenfluß von Lech und Wertach gelegen, blickt auf über 2000 Jahre bewegter Geschichte zurück. Aus dem im Jahr 15 v. Chr. gegründeten römischen Heerlager entwickelte sich bald eine Handels- und Bischofsstadt am Kreuzungspunkt der wichtigen Fernstraßen zwischen Italien und den Zentren der fränkisch-karolingischen Macht. Um 1500 war Augsburg eine der größten Städte Deutschlands, stiegen die Fugger zu einer der reichsten Familien Europas auf. Kaiser Maximilian I. und Karl V. nahmen bei den Fuggern Kredite auf und verpfändeten dafür Handels- und Minenrechte. Andererseits verdankt Augsburg dieser reichen Bankiers- und Kaufmannsfamilie eine außergewöhnliche Sozialsiedlung im alten Handwerkerviertel der **Jakober Vorstadt**, die **Fuggerei** (1516). Nach dem Willen des Stifters Jakob Fugger können hier arme Bürger katholischen Glaubens für eine Jahresmiete von einem Rheinischen Florin (heute 1,72 DM) in einer kleinen Wohnung ihren Lebensabend verbringen (Museum Mittlere Gasse 13).

Die Fuggerei liegt zehn Gehminuten östlich des imposanten **Rathauses** und des **Perlachturms,** die die glanzvolle Mitte der alten Straßenachse Maximilianstraße - Karolinenstraße - Hoher Weg bilden. Das von Stadtbaumeister Elias Holl 1615-1620 erbaute Renaissance-Rathaus mit seinen Zwiebeltürmen und einem „Goldenen Saal" sollte bürgerlichen Reichtum dokumentieren. Ähnliches gilt für die zahlreichen Brunnen, die den Weg durch die breite **Maximilianstraße** weisen.

Vorbei an der Moritzkirche (dahinter das Zeughaus von E. Holl) gelangt man zum einstigen Finanzpol der Welt, dem **Fuggerhaus** (Nr. 36/38; 16. Jahrhundert, schöne Innenhöfe). Kaum einen geeigneteren Ort als das barocke **Schaezlerpalais** (Nr. 46) könnte man sich für die **Deutsche Barockgalerie** vorstellen (im Festsaal Konzerte). Vom **Ulrichsmünster** aus (davor die ev. Pfarrkirche St. Ulrich), dessen spätgotischer Bau von Künstlern der Renaissance ausgeschmückt wurde, lohnt es sich, zu den alten Wallanlagen am **Roten Tor** (Freilichtbühne) zu spazieren, von dort entlang den Stadtbächen mit den alten Gerber- und Schmiedehäusern zurück zur Stadtmitte, vielleicht mit einem Abstecher zum **Handwerkermuseum** (ehemaliges Heilig-Geist-Spital) oder ins **Römische Museum** (Dominikanergasse 15).

Augsburgs älteste Siedlungsspuren fanden sich im Bereich des **Doms.** Das romanisch-gotische Gotteshaus birgt erstaunliche Kunstschätze, darunter die Bronzetüren mit biblischen Motiven am Südportal (11. Jahrhundert), im südlichen Lichtgaden des Mittelschiffs die Prophetenfenster, die ältesten bekannten Glasfenster (11./12. Jahrhundert) und kostbare Altarbilder.

An der **Römermauer** südlich des Doms entdeckt man neben römischen Fragmenten eine Tafel, die darauf verweist, daß nach mehreren Begegnungen zwischen Vertretern Luthers und des Kaisers in der Stadt beim Reichstag von 1555 der „Augsburger Religionsfrieden" geschlossen wurde. Er gestand den Bürgern der Freien Reichsstädte die freie Wahl des Bekenntnisses zu.

Einen Überblick über das reiche Schaffen Augsburger Künstler erhält man in den zahlreichen Kirchen (Grablege der Fugger in der Annakapelle) sowie im

DER MÄRCHENKÖNIG

„Er ist leider so schön und geistvoll, seelenvoll und herzlich, daß ich fürchte, sein Leben müsse wie ein Göttertraum zerrinnen", schrieb Richard Wagner nach seiner ersten Begegnung mit dem jungen Bayernkönig Ludwig II. Er war gerade achtzehn Jahre alt, als er 1864 den Thron bestieg. Eine seiner ersten Amtshandlungen bestand darin, den verehrten Wagner nach München zu holen und dessen Schulden zu bezahlen.

Ludwig war ein musischer Mensch, ein Liebhaber vor allem des Theaters und der Musik. Eine respekteinflößende, hochgewachsene Gestalt von großer Schönheit, glich er in seiner Jugend auch äußerlich einem Märchenprinzen. Das Volk liebte ihn, aber er wußte mit den Sympathien, die ihm entgegengebracht wurden, nichts anzufangen. Er mochte nicht angestarrt werden, und bald wollte er überhaupt niemanden mehr empfangen. Im ersten Jahr nach seiner Inthronisation widmete er sich noch mit Feuereifer der Aufgabe des Regierens, auf die er nicht vorbereitet und der er nicht gewachsen war; dann zog er sich immer tiefer in die Einsamkeit der bayerischen Wälder und Berge zurück. Die Geschäfte überließ er lieber den Ministern, die in seinem Namen regierten.

Abgestoßen von der Wirklichkeit, enttäuscht von Menschen, gepeinigt von einer unausgelebten Homosexualität, floh er in eine Welt der Träume und des ästhetischen Scheins. Er ließ opernhafte Schloßbauten errichten, nur für ihn allein bestimmt und für die Gesellschaft edler Geister, in der er sich wähnte. Ludwig lebte in dem Glauben, ein ebenbürtiger Nachfolger des französischen Sonnenkönigs Ludwig XIV. zu sein; Schloß Herrenchiemsee ist eine Kopie von Versailles, und ihn darin bestätigen sollte. Schloß Neuschwanstein entspricht dem verklärten Mittelalterbild der Romantik. Seine Bauten sind funktionslose Theaterkulissen, ungeeignet zum Bewohnen, Regieren und zur Unterbringung einer Hofgesellschaft: steingewordene Träume. Heute wälzt sich jedes Jahr ein Strom von Millionen Touristen durch die Prunkgemächer, in denen

der einsame und unglückliche König sich einschloß wie in eine goldene Muschel.

Ludwig setzte dem Königsmythos, von dem die Märchen und Legenden erzählen, die letzten großen Denkmäler, in einer Zeit, in der die Monarchie längst im Niedergang begriffen war. Es gab in Bayern bereits ein Parlament, und die Regierungsgeschäfte lagen in den Händen parteigebundener Berufspolitiker. Die Industrialisierung veränderte das Gesicht des Landes und die Gesellschaft. Die Reichsgründung von 1871 unter der Vorherrschaft eines preußischen Kaisers schmälerte die königliche Souveränität. Nur ein großes politisches Genie hätte an der Stelle Ludwigs das weitere Abbröckeln der königlichen Macht aufhalten können. Einem Mann wie ihm, einem Idealisten und Ästheten, blieb nur die Flucht in den Wahnsinn, wenn er seinen Traum leben und sich unsterblich machen wollte. Als einziger König der neueren Zeit ist er eine geheimnisumwitterte Legendenfigur geworden, den viele Bayern noch immer verehren und auf den sie nichts kommen lassen.

Ludwigs Bauwut richtete zunächst keinen Schaden an, da er die Kosten aus einem Fonds zu seiner persönlichen Verwendung bestritt. Bismarck, der bis zu seinem Ende mit Ludwig korrespondierte, unterstützte ihn mit Millionenbeträgen. Die bayerischen Minister wurden erst nervös, als der König sein Budget überzog und mit ihrer Entlassung drohte, falls sie die notwendigen Gelder nicht zur Verfügung stellten. 1885 klagte zum ersten Mal eine an den Bauten beteiligte Firma eine Summe von 100 000 Mark vor Gericht ein; den Märchenschlössern des Königs drohte die Beschlagnahmung. Im Juni 1886 ließ die Regierung den König von vier Psychiatern, die ihn vorher nicht einmal zu Gesicht bekommen hatten, für verrückt erklären. Ludwig wurde abgesetzt und zwangsweise von Neuschwanstein ins Schloß Berg am Starnberger See geschafft. Dort ist er am Abend des 13. Juni 1886 zusammen mit seinem Arzt ertrunken aufgefunden worden. Da die Todesursache nie zweifelsfrei geklärt werden konnte, wurde die Version, Ludwig habe aus Verzweiflung Selbstmord begangen und den Arzt mit in den Tod genommen, immer wieder in Zweifel gezogen.

Maximilianmuseum (Philippine-Welser-Str. 24). Das Geburtshaus des Dramatikers Bert Brecht (Auf dem Rain 7) und das Wohnhaus der Familie Leopold Mozart (Frauentorstr. 30) sind heute als Museen zugänglich. Auf dem Firmengelände der MAN ist Rudolf Diesel und seiner bahnbrechenden Erfindung ein Museum gewidmet.

Zu all der Kultur bietet Augsburgs Gastronomie noch recht schmackhafte schwäbische Spezialitäten. In der bekannten „Welser Kuche" kredenzt man Ihnen rustikalen Gaumenschmaus nach dem Rezeptbuch der Philippine Welser (1527-1580).

Schatzkästchen des Rokoko: Von Augsburg nach Süden folgt die Romantische Straße (B17) dem Lech, der sich tief in die mächtigen Schotterschichten des Alpenvorlands gegraben hat. In **Klosterlechfeld** erinnert die Wallfahrtskirche Maria Hilf an die Schlacht auf dem Lechfeld, als die Hunnen 955 zurückgeschlagen wurden. Die Kleinstadt **Landsberg** hat ihren historischen alten Kern in den letzten Jahren fein herausgeputzt.

Die frühe Siedlung im Schutz der königlichen „Landespurch" war durch Brückenzölle und Salzhandel reich geworden und – es mag an der Mentalität der Menschen liegen – man begeisterte sich für die überschwengliche Dekorationslust des Rokoko. Der berühmte Dominikus Zimmermann, 1749-1754 Bürgermeister der Stadt, gestaltete das **Rathaus** (am Hauptplatz), arbeitete an der Dominikanerinnen- und der Johanniskirche und holte andere Rokokobaumeister in die Stadt. Von historischem Interesse ist, daß Hitler nach dem Putsch in München 1923/24 im Gefängnis von Landsberg einsaß und in dieser Zeit die Schrift „Mein Kampf" verfaßte.

Eine nun zunehmend hügeliger werdende Landschaft stimmt den Reisenden auf das Allgäu und die Alpen ein – schönster Aussichtspunkt: der **Hohenpeißenberg** bei Schongau. Rokoko in Vollendung präsentiert sich im Kloster **Rottenbuch**. Meister der Wessobrunner Schule boten all ihre Kunst auf, um dort die gotische Basilika zeitgemäß zu verändern. In der **Wieskirche**, idyllisch

Schlichte Romanik und barocke Schnörkel.

162

zwischen sanften Hügeln eingebettet, konnte Dominikus Zimmermann seine Pläne von einem Gesamtkunstwerk des Rokoko im Sinne einer perfekten Harmonie von Architektur und Dekor verwirklichen. 1745 hatte er vom Kloster Steingaden den Auftrag zu einer Wallfahrtskirche erhalten. Ein Gotteshaus sollte die Statue des Gegeißelten Christus aufnehmen, auf dessen Antlitz eine Bäuerin 1739 Tränen entdeckt hatte. Seit dieser Zeit war die Feldkapelle Ziel unzähliger Pilger. Von Johann B. Zimmermann stammt das grandiose Deckengemälde, das auf ebener Fläche die Illusion einer Wölbung erzeugt. Geradezu nüchtern nimmt sich gegen die „Wies" das im Kern romanische Kloster **Steingaden** aus, in dem D. Zimmermann begraben liegt.

Königliche Traumwelten: Niemand wird bezweifeln, daß es einen landschaftlich schöneren Schlußakkord der Romantischen Straße als die Schlösser **Hohenschwangau** und **Neuschwanstein** nicht geben kann, mag man sich über ihren künstlerischen Wert noch so streiten.

Schloß Hohenschwangau geht auf eine mittelalterliche Burg zurück, die Kronprinz Maximilian 1833 in neugotischem Stil wiederaufbauen ließ. König Ludwig II. (s. S. 161) verbrachte hier seine Jugendjahre und fand hier sicherlich so manche romantische Idee, die er später auf Schloß Neuschwanstein zu verwirklichen suchte. Einen „Adlerhorst" hoch über der **Pöllatschlucht** erkor er für seine mittelalterlichen Idealen verhaftete Traumwelt. Im Sängersaal, dem Mittelpunkt des Märchenschlosses Neuschwanstein, ließ er Szenen aus *Tannhäuser* von Richard Wagner darstellen, während andere Räume an orientalische Paläste erinnern. Als Ludwig nach bereits 17 Jahren Bauzeit 1866 starb, stellte man die Arbeiten am Schloß ein.

Von beiden Schlössern öffnet sich ein weiter Blick über den Forggensee, die Allgäuer Alpen und **Füssen**, das überragt wird vom **Hohen Schloß** (16. Jahrhundert), einst Sommerresidenz der Augsburger Bischöfe. Heute zählt Füssen zu den beliebtesten Kur- und Wintersportorten des Allgäus.

Aus der Vogelperspektive ist die 3,5 km lange Stadtmauer von Nördlingen gut zu erkennen.

DIE DEUTSCHE ALPENSTRASSE

Die deutsche Alpenstraße ist die älteste deutsche Ferienstraße, die sich von Lindau im Westen bis zum Königssee bei Berchtesgaden im Osten erstreckt. In den Autoatlanten bezeichnet eine zusätzliche farbige Markierung ihren gewundenen Verlauf. Die landschaftlich überaus reizvolle Strecke weicht immer wieder auf Neben- und mautpflichtige Privatstraßen aus, womit die Fahrt zu einem abwechslungsreichen, zeitintensiven Unterfangen wird.

Vorherige Seiten: Blick auf die Alpen von der Zugspitze. **Links**: ...und noch ein Märchenschloß: Linderhof. **Unten**: Kernige bayerische Schönheit.

Kurz hinter dem Ausgangspunkt unserer Beschreibung, **Füssen,** verläuft die Strecke in Richtung Oberammergau für ein kurzes Stück durch Österreich am Rande des Ammergebirges und passiert nach knapp 30 km wieder die deutsche Grenze.

Königlicher Auftakt ist Schloß **Linderhof**. In der Abgeschiedenheit des Graswangtals ließ sich „Märchenkönig" Ludwig II. nach Plänen von Georg

Dollmann von 1870 und 1879 ein Phantasiegebilde mit Stilelementen des Barock und Rokoko setzen. Die zehn relativ kleinen Räume sind mit überquellendem, teils erdrückendem Prunk ausgestattet.

Das Schlafzimmer und der Speiseraum mit dem versenkbaren Eßtisch, dem „Tischleindeckdich", faszinieren im Inneren des Schlößchens. Im weitläufigen Park liegen noch die künstlich geschaffenen Grotten, der maurische Kiosk und das „Hundinghaus", eine Art Jagdhütte, die sich der Wagner-Verehrer Ludwig II. nach dem Bühnenbild zur *Walküre* um eine Buche zimmern ließ.

Nur knapp 10 km sind es durch das Graswangtal bis **Oberammergau**, das durch seine Passionsspiele weltberühmt wurde. Nach einer Pestepidemie im Jahr 1633, bei der jeder zehnte Einwohner starb, gelobten die Überlebenden, zum Dank alle zehn Jahre (das erste Mal 1634, das nächste Mal im Jahr 2000) die Leidensgeschichte Christi aufzuführen. Es entwickelte sich ein kommerzielles Unternehmen, das nach strengen Vorschriften unter der Aufsicht des Gemeinderates organisiert wird.

Der Zuschauerraum des riesigen **Passionsspielhauses** öffnet sich mit seinen 4800 Sitzplätzen zur größten Freilichtbühne der Welt (45 m breit, 30 m tief). Oberammergau besitzt mit die schönsten und ältesten Lüftlmalereien, kein Wunder, wenn man weiß, daß der „Erfinder" dieser von Italien beeinflußten Freskotechnik, Franz Zwinck, im 18. Jahrhundert hier lebte und arbeitete.

Im Schatten des steil aufragenden Ettaler Mandl (1633 m) liegt der Barockbau der Benediktinerabtei **Kloster Ettal**. Das Kuppelfresko (1769) zeigt auf einer Fläche von 1300 qm 431 Einzelfiguren. Dem Ettaler Klosterlikör – in den Andenkenläden zu haben – wird eine heilkräftige Wirkung nachgesagt.

Eine steile Bergstraße führt vor der Kulisse des Wettersteingebirges hinab nach **Garmisch-Partenkirchen**. Zu den Olympischen Spielen 1936 wurden die beiden ursprünglich getrennten Gemeinden zu einem Doppelort zusammengelegt. Im Ortsteil Garmisch stehen rund um den Marienplatz noch eine Reihe besonders schöner Häuser wie „Die Alte

Apotheke" mit der schwarz-weißen Sgraffito-Fassade.

Deutschlands höchster Berg, die **Zugspitze** (2966 m) ist mit der Zahnradbahn von Partenkirchen oder schneller mit der Großkabinen-Schwebebahn vom nahen Eibsee aus zu erreichen. Bei klarer Sicht reicht der grandiose Rundblick bis zum Großglockner und der Kammlinie des Böhmerwaldes. Das Zugspitzblatt südwestlich des Schneefernerhauses ist das höchste und schneesicherste Skigebiet des Landes.

Das olympische **Eis-** und das **Skistadion** gehören zum Ortsteil Partenkirchen. Abseits der Touristenattraktionen führt am Westhang des Wank ein Treppenweg zur spätbarocken Votivkapelle **St. Anton** (18. Jahrhundert). Eine Meisterleistung stellt das Kuppelfresko des Südtiroler Malers Johannes Holzer dar.

Ein einzigartiges Landschaftserlebnis bietet die Wanderung von Garmisch-Partenkirchen durch die Schlucht der Partnachklamm. Tunnel und Galerien führen, vorbei an den Wasserfällen, durch die Felsschlucht.

Abstecher nach Mittenwald: Umgeben von den Ausläufern des Wettersteingebirges und den hohen Spitzen des Karwendels, hat Mittenwald viel von seinem dörflichen Charakter bewahrt. Zum Dorf der Geigenbauer von Weltruf entwickelte es sich, nachdem Matthias Klotz das schwierige Handwerk beim Großmeister Stradivari in Italien erlernt hatte. Sechs Geigenbauer arbeiten heute noch in Mittenwald. Einen Überblick über dieses Handwerk vermittelt das **Geigenbau-Museum** in der Ballenhausgasse Nr. 3. Die barocke Turmspitze der Kirche St. Peter und Paul gilt als eine der schönsten Oberbayerns und ist das weithin sichtbare Wahrzeichen des Ortes.

Eine Tour zum Walchen- und Kochelsee bis nach Benediktbeuern könnte sich anschließen. In dicsem Fall wird die Fahrt über Wallgau hinaus fortgesetzt. Deutschlands höchstgelegener Gebirgssee, der **Walchensee** (802 m), liegt am Rand der Steilhänge des **Karwendel-** und **Wettersteingebirges**. Der umfassendste Panoramablick bis zu den Hohen Tauern, dem Großglockner und der Zillertaler und Ötztaler Gletscherwelt läßt

sich bei klarem Wetter bequem vom Herzogstand (1731 m, Sessellift) genießen. Die Kesselbergstraße verläuft in steilen Serpentinen hinter Urfahr hinunter zum **Kochelsee**. Kurz vor dem Ende der Bergstrecke weist ein Schild auf die Stichstraße zum Walchensee-Kraftwerk (Besichtigung möglich) hin. Der Ferienort **Kochel** rühmt sich des **Franz-Marc-Museums** (Herzogstandweg) mit Erinnerungsstücken dieses bedeutendsten Malers des deutschen Expressionismus. Von hier sind es nur noch 5 km auf der B 11 bis zur einst mächtigen barocken Klosteranlage von **Benediktbeuern**, die heute dank der Salesianer Don Boskos wieder im alten Glanz erstrahlt.

Ohne Abstecher folgt die Deutsche Alpenstraße hinter Garmisch der viel befahrenen B 2 in Richtung Innsbruck, zweigt von dieser kurz hinter Klais bei Krün nach Wallgau ab und biegt am Ende der Ortschaft auf die schmale Forststraße (Mautgebühr) mitten durch das **Naturschutzgebiet Karwendelgebirge** ab. Der Endpunkt der 15 km langen Strecke wird vom „Gasthof zur Post" in **Vorderriß**

An Feiertagen hat Resi immer Ausgang.

markiert. Die wilde Isar wird nun im **Sylvensteinsee** aufgestaut. Auf elegant geschwungener Brücke überquert man den langgestreckten See, in dessen Fluten 1959 das alte Wildererdorf Fall versank, das im Roman „Jäger von Fall" von Ludwig Ganghofer literarisch verewigt ist.

Nach dem Achenpaß (944 m) folgt **Kreuth**, das sich zu einem beliebten Wintersportort gemausert hat. Auf der Weiterfahrt weist ein Schild zur Talstation der Gondelbahn zum **Wallberg** (1722 m). Im Sommer schweben die farbenfrohen Paraglider vom Gipfel, im Frühling und Herbst ist er Ausgangspunkt mittelschwerer Wanderungen und an sonnigen Wintertagen Ziel fauler Sonnenanbeter und profilierter Alpinskiläufer.

Inmitten einer Bilderbuchlandschaft mit sanft abfallenden Wiesenhängen liegt der **Tegernsee**. Zuerst entdeckten ihn die Mönche, dann folgte das Königshaus der Wittelsbacher und etwas später berühmte Künstler. Nicht erst nach dem Zweiten Weltkrieg siedelten sich hier Politiker jedweder Couleur an, ehe der superreiche Jet-Set des bundesdeutschen Wirtschaftswunders nachsetzte und die teuren Ufergrundstücke mit Beschlag belegte. Am südlichen Ende des Sees liegt der Doppelort **Rottach-Egern.**

Im Ort **Tegernsee** ist die Klosterkirche St. Quirin zu besichtigen. Hinter dem Barockportal öffnet sich eine dreischiffige Basilika mit einem Deckenfresko von Johann Georg Asam. Rund ums Jahr geht es lärmig zu beim Bier im „Herzoglichen Bräustüberl". Prächtige Beispiele typisch oberbayerischer Häuser findet man noch abseits der viel befahrenen Hauptstraße in der Rosengasse Nr. 13.

Kurz vor Gmund zweigt die Straße nach **Schliersee** ab. Nach der Hektik rund um den Tegernsee ist dies noch eine dörfliche Oase rund um die barocke Pfarrkirche St. Sixtus. Stuck und Fresken sind Frühwerke von Johann Baptist Zimmermann. Die Fahrt geht weiter durch hügeliges Weideland mit Einzelgehöften zu Füßen der Berge des Wettersteins, vorbei an dem Wintersportort **Bayrischzell**. Die Alpenstraße steigt

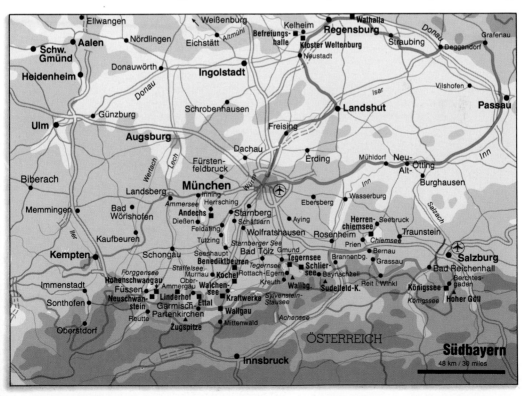

jetzt in Serpentinen zum Skiparadies Sudelfeld (1100 bis 1450 m) steil an und fädelt sich dann automatisch durch die schroffen Steilwände des Tazelwurms (Mautstraße) hindurch.

Hinter Brannenburg-Degerndorf kreuzt die Route die Autobahn und schlängelt sich auf Nebenstraßen über Bernau und Grassau nach **Reit im Winkl**. Dieser schneesichere Wintersportort mit der Winklmoosalm (1160 m) ist in der schneefreien Zeit ein phantastisches Wandergebiet. In vielen Windungen zieht sich die Route durch kleine Ortschaften wie **Inzell**, vorbei an einladenden Landgaststätten mit dem typischen Biergarten unter alten Kastanien, nach **Bad Reichenhall**. Ist auch der erste Eindruck, geprägt von den vielen Betonklötzen, enttäuschend, lohnt sich dennoch ein Besuch des alten Ortskerns mit dem Kurbezirk. Damals wie heute suchen die Kurgäste bei Erkrankungen der Atemwege Heilung durch das Einatmen und Trinken des solehaltigen Wassers. Im Gradierhaus tropfen täglich 400 000 Liter dieses stark salzhaltigen Wassers

über den hohen Reisigrost. Durch die Verdunstung wird der Salzgehalt in der Luft erhöht, und dadurch bekommt diese die heilende Wirkung.

Das letzte Stück der Deutschen Alpenstraße gehört zu den schönsten Panoramastraßen der Alpen. Fast hinter jeder Kurve öffnen sich überraschende Ausblicke auf die grandiose Bergwelt des Berchtesgadener Landes, dessen dominanter Gipfel, der **Watzmann** (2713 m), Deutschlands zweithöchster Berg ist.

Den Grundstein zum Reichtum des heutigen Luftkurortes **Berchtesgaden** legte Kaiser Friedrich I. Barbarossa, als er den dort ansässigen Augustinermönchen die Schürfrechte für Salz und Erz verlieh. Die Besichtigung des Salzbergwerks gehört zu den interessantesten Erlebnissen. Verkleidet als Bergmann fährt man auf der „Hunte" mehr als 500 m tief in das Bergwerk hinein.

Beim Bummel durch den alten Ortskern fallen in der Weihnachtsschützenstraße und ihren Seitengassen die typischen oberbayerischen Häuser auf, deren pastellfarbene Fassaden hier mit zartem Stuck verziert sind. Die Lüftlmalerei des ehemaligen Gasthauses zum Hirschen (heute Sparkasse) stellt zur Metzgerstraße hin die lukullischen Genüsse der bayerischen Küche dar.

Zu den imposantesten Landschaftserlebnissen gehört die Fahrt auf der Roßfeld-Höhenstraße (Maut). Von den vielen Aussichtspunkten ergeben sich immer wieder schöne Ausblicke auf Watzmann (2713 m), Hoher Göll (2522 m), Tennengebirge, Steinernes Meer und Dachstein (2995 m).

Auf dem **Obersalzberg** ließ sich 1935 Hitler zu repräsentativen Zwecken seinen „Adlerhorst" erbauen, in dem er mit Vorliebe Parteigrößen und Staatsgäste empfing.

Krönender Abschluß dieser Tour ist die Fahrt mit einem Elektroboot über den rund 8 km langen, glasklaren **Königssee** inmitten des Naturschutzgebietes Berchtesgadener Land. Der Touristenstrom von den Parkplätzen zu den Anlegestellen der Boote, vorbei an Souvenirläden, Lokalen und Hotels des Dorfes Königssee, ist beachtlich.

Links: St. Bartholomä am Königssee. **Rechts:** Beim Leonhardiritt werden Roß und Reiter gesegnet.

Alles hat ein Ende. Nur die TeleKarte nicht.

▶ Denn mit der neuen TeleKarte von der Telekom können Sie telefonieren, so oft Sie wollen. Und so lange Sie wollen. Ohne einen Pfennig Bargeld. Man steckt sie einfach in eins der vielen Kartentelefone. Und das Telefonieren kennt keine Grenzen mehr. Ganz gleich, ob Sie sich innerhalb Deutschlands verbinden lassen. Oder internationale Kontakte suchen. Die Gebühren werden über die Telefonrechnung bezahlt. Und ein persönlicher Geheimcode sorgt dafür, daß Sie auf Nummer Sicher gehen.

▶ Bestellen Sie sich so ein Kärtchen bei Ihrem Fernmeldeamt. Es ist immer für Sie da.

Deutschlands
Kommunikationsgesellschaft
Telekom

MÜNCHEN: DIE HAUPT-
STADT BAYERNS

Die bayerische Hauptstadt ist mit 1,3 Millionen Einwohnern nach Berlin und Hamburg die drittgrößte Stadt Deutschlands. An der Isar gelegen, mit den Alpen in greifbarer Nähe und umgeben von Seen, bietet sie ein unvergleichliches Angebot an sportlichen und kulturellen Möglichkeiten und zieht nicht nur Besucher aus Deutschland, sondern aus der ganzen Welt magisch an.

Die zahlreichen Museen und Gemäldesammlungen Münchens sind ebenso weltberühmt wie seine Musik- und Theaterszene. In keiner anderen Stadt werden so viele Filme und Fernsehsendungen produziert. Die Münchner Fernsehstudios sind die größten und modernsten in Europa. Aber es ist nicht nur eine internationale Metropole für Theater und Musik, es hat auch Deutschlands größte Universitäten mit fast 100 000 Studenten. In München haben mehr Verlage ihren Sitz als in jeder anderen Stadt in Deutschland. München steht auch bei Mode, Messen und Kongressen an erster Stelle. In den letzten Jahrzehnten entwickelte sich die Stadt zum erstrangigen Hi-Tech-Zentrum: Siemens, BMW, MBB, MTU und andere Weltfirmen haben hier ihren Stammsitz.

Trotzdem hat München in vielem einen dörflichen Charakter und eine ruhige, beschauliche Lebensart bewahrt; man pflegt das bayerische Brauchtum, man liebt seine Heimat. Auch außerhalb wird München hochgeschätzt: als Millionendorf, Stadt mit Herz, bis 1989 gar als „heimliche Hauptstadt".

Ein Mönchskloster: Offiziell wird München zum ersten Mal 1158 n. Chr. erwähnt, aber von einem Mönchskloster mit dem Namen Munichen (was auf Hochdeutsch „Mönche" bedeutet) ist bereits in einem Schriftstück aus dem Jahre 777 n. Chr. die Rede. Kaiser Friedrich Barbarossa verlieh dem rasch wachsenden Flecken das Markt- und Münzprägerecht. So wurde die politische und wirtschaftliche Entwicklung der Stadt begründet. 1180 wurde Otto von Wittelsbach vom Kaiser das Reich Bayern über-

eignet, und seine Dynastie war von diesem Zeitpunkt bis zum Jahr 1918 für das Schicksal Bayerns verantwortlich.

Graf Wilhelm IV. (1493-1550) machte München zu seiner Residenz und zur bayerischen Hauptstadt. Das Wachstum der Stadt, das im 14. Jahrhundert begonnen hatte, beschleunigte sich unter Maximilian I., dem Großen (1573-1651), der 1623 zum Kurfürst ernannt wurde. München hatte schwer unter dem Dreißigjährigen Krieg zu leiden (1618-1648). Nach dessen Ende bezeichnete die Errichtung der Mariensäule vor dem Rathaus die Periode des Wiederaufbaus. Unter Kurfürst Max II. Emanuel (1679-1726) kam München zu europäischem Ansehen.

Im nächsten Jahrhundert war die Stadt in Krieg und Belagerung verwickelt. Hungersnot und Armut hielten Einzug. Zu Beginn des 19. Jahrhunderts besetzten ein Jahr lang die Franzosen München, gefolgt von den Österreichern. Durch die Allianz mit Napoleon im Jahre 1806, die Bayern zum Königreich erhob, kam die Stadt zu neuen Ehren. Napoleon ließ die Klöster auflö-

Vorherige Seiten: München vom Englischen Garten aus gesehen. *Unten:* Glockenspiel im Münchner Rathaus.

sen, ihren Besitz verstaatlichen. Im Zuge einer Verwaltungsreform erlebten Bayern und München einen politischen, wirtschaftlichen und kulturellen Aufschwung. 1819 trat in München das erste bayerische Parlament zusammen.

Mit dem Bau des Nationaltheaters und des Prinz-Carl-Palais sowie der Erweiterung der Maxvorstadt war der Aufstieg der Stadt zur klassischen Metropole gesichert. Ludwig I. (1825-48) gilt als der zweite Gründer Münchens und prägte die Stadt, die wir heute kennen.

Hauptstadt der Bewegung: Nach dem Tode des Märchenkönigs Ludwig II. entwickelte sich München unter der Regentschaft von Prinz Luitpold (1886-1912) zu einer modernen Großstadt, die um 1900 an die 500 000 Einwohner hatte. Während des Ersten Weltkriegs blieb auch München nicht von Hunger, Armut und wirtschaftlichem Niedergang verschont; der revolutionäre „Druck der Straße" bewirkte im November 1918 die Abdankung von Ludwig III., dem letzten König der Bayern. Sechs Monate dauerten die blutigen Straßenschlachten mit

ungefähr 600 Toten. Dies geschah, nachdem Kurt Eisner in München die Bayerische Sozialistische Republik ausgerufen hatte und kurz darauf ermordet worden war. Die Revolution wurde unterdrückt, und ein neues, tragisches Kapitel der deutschen Geschichte, das in München eingeleitet wurde, begann.

Hier nämlich stieg Adolf Hitler vom einfachen Parteimitglied zum Vorsitzenden der NSDAP auf. Am 8. November 1923 fühlte er sich stark genug, die bayerische und die nationale Regierung zu stürzen. Der Putschversuch scheiterte. Hitlers Kundgebung an der Feldherrnhalle am 9. November 1923 wurde gewaltsam aufgelöst, 16 Menschen kamen dabei ums Leben.

Mit dem Münchner Abkommen von 1938 erlebte die „Stadt der Bewegung" ein weiteres tragisches Ereignis. Der Zweite Weltkrieg brachte München an den Rand der Katastrophe: 70 Luftangriffe verwandelten die Stadt in einen Trümmerhaufen. Heute erinnert den Besucher nichts mehr an die Zerstörungen des Krieges.

Blick vom Glockenspiel auf den Marienplatz mit Mariensäule.

Münchens Vorzimmer: Auf einem der belebtesten Plätze, dem **Karlsplatz**, beginnt die Münchner Fußgängerzone – das Vorzimmer. Er liegt nicht weit entfernt vom **Hauptbahnhof** und ist den Münchnern unter dem Namen „Stachus" bekannt. Ende des 18. Jahrhunderts waren der Karlsplatz und das dazugehörige stattliche **Karlstor** aus dem Jahre 1315 Teil der Stadtmauer. Wenn Sie durch die Fußgängerzone schlendern, kommen Sie am **Richard-Strauss-Brunnen**, am Deutschen Jagdmuseum und an der **Sankt-Michael-Kirche** vorbei, einer der berühmtesten Renaissance-Kirchen Deutschlands mit der Familiengruft der Wittelsbacher. Die **Frauenkirche**, Münchens weithin sichtbares Wahrzeichen, ist spätgotisch, aus rotem Ziegelstein gebaut und hat zwei kuppelförmige, 100 Meter hohe Türme. Die Frauenkirche wurde 1494 geweiht und belegt das Selbstbewußtsein, den Stolz und den Wohlstand der Münchner Bürger im Mittelalter. In der Krypta sind die Fürstengruft von 46 Wittelsbachern sowie die Gräber von verschiedenen Kardinä-len der Erzdiözese München-Freising zu sehen. Der südliche Turm bietet einen wunderbaren Blick über die ganze Stadt bis zu den Alpen, die bei Föhn ganz besonders nah erscheinen.

Wendet man sich vom Hauptausgang nach rechts, stößt man auf zahlreiche kleine Gassen, die zum **Marienplatz** führen. Von der Anlage und der Atmosphäre her erinnert er an einen italienischen Platz. Hier steht die Mariensäule, das Neue und das Alte Rathaus und im Hintergrund die Türme von St. Peter; hier schlägt das Herz von München, und Einheimische sowie Tag für Tag Hunderte von Besuchern aus aller Welt machen es sich im Freien vor den Lokalen am Marienplatz bequem.

Das stattliche **Rathaus**, kunstvoll verziert im neugotischen Stil, beherrscht mit seinem 85 m hohen Turm den Platz. Es wurde zwischen 1867 und 1908 erbaut. Pünktlich um 11 Uhr und von Mai bis Oktober auch um 17 Uhr ertönt vom Rathausturm das **Glockenspiel**. Es stellt zwei Episoden aus der Münchner Geschichte dar: ein Ritterturnier, das 1568

Links: Frauen in München: Für Minuten kreuzen sich ihre Lebenswege. <u>Unten</u>: Auf dem Viktualienmarkt.

auf dem Marienplatz abgehalten wurde, und den Schäfflertanz, der an das Ende der Pest in München erinnert.

Das **Alte Rathaus** an der Ostseite des Marienplatzes wurde zwischen 1470 und 1474 erbaut. Sein gotischer Saal ist einer der prächtigsten in Deutschland. Das Alte Rathaus wurde im Zweiten Weltkrieg bis auf den Turm vollkommen zerstört und originalgetreu wiederaufgebaut.

Gegenüber dem Alten Rathaus liegt die **Heiliggeistkirche**, im 14. Jahrhundert erbaut und zwischen 1724 und 1730 im farbenreichen Rokokostil erneuert. Neben dem Eingang zur Kirche beginnt der **Viktualienmarkt**, ein besonderes Stück München und Münchner Lebensart. Viktualien ist ein altmodisches Wort für Lebensmittel. Hier können Sie wirklich fast alles Genießbare kaufen – vom Radieschen bis zum Rehfleisch, lokale Erzeugnisse aus der Gegend um München, bayerisches Bier und internationale Fisch-, Obst-, Gemüse- und Käsespezialitäten. Am Viktualienmarkt fließen Milch und Honig, international und doch auch bayerisch.

Ein Weg führt hinauf zum **Alten Peter** (St. Peter), wie man die älteste Kirche Münchens im Volksmund nennt. Sie wurde im letzten Krieg zerstört und originalgetreu wiederaufgebaut.

Über den **Rindermarkt** kommen Sie zur Sendlinger Straße mit der **Asamkirche**, die von den Asam-Brüdern zwischen 1733 und 1746 erbaut wurde, ein wahres Juwel des süddeutschen Rokoko. Das Äußere und das Innere der Kirche sind reich dekoriert, in den dominierenden Farben Rotbraun und Gold, was der Kirche einen mystischen Ausdruck gibt. Das **Münchner Stadtmuseum** ist nur ein paar Schritte von der Asamkirche entfernt. Das Gebäude, früher Stall und Zeughaus der Stadt aus dem 15. Jahrhundert, präsentiert jetzt Ausstellungen über die kulturelle Entwicklung der Stadt (täglich, außer Montag, 9.00 – 16.30 Uhr).

Kulturelle Metropole: Das kleinste und originellste der zahllosen Münchner Museen ist nur ein paar Minuten vom Marienplatz entfernt im stattlichen **Isartor**, das einst einen Teil der Stadtmauer bildete und gegenüber der Isarbrücke

Mit weniger als einem Liter Bier läßt sich bajuwarischer Durst nicht stillen.

(1314) liegt: das Valentin-Musäum. Es ist nach dem gefeierten Mundartsänger mit dem tiefsinnigen Münchner Humor benannt und deshalb auch falsch geschrieben.

Nach diesem unterhaltsamen Abstecher überqueren Sie die Isar und kommen zu dem wohl bekanntesten Museum Deutschlands, dem **Deutschen Museum**, das auf einer Insel in der Isar liegt. Es ist das größte Museum für Wissenschaft und Technologie der Welt, wurde von Oskar von Miller 1903 gegründet und 1925 eröffnet. Auf einer Ausstellungsfläche von über 17 qkm sind mehr als 15 000 Ausstellungsstücke jeglicher Größe zu sehen, die die wissenschaftliche und technologische Geschichte der Menschheit widerspiegeln. Es würde Tage, wenn nicht Wochen dauern, bis man alles gesehen, probiert und angefaßt hat – dazu werden die Besucher ausdrücklich ermuntert. Sie können Knöpfe oder Hebel drücken und kommen sich dabei wie ein *Homo Technicus* vor. Eine automatische Ziegelfabrik spuckt kleine Ziegelsteine als Souvenirs aus.

Wenn Sie das Deutsche Museum endlich nach Stunden oder Tagen erschöpft verlassen, können Sie zur Entspannung einen Spaziergang am rechten Ufer der Isar machen, wo Sie dann zum **Maximilianeum** kommen, das zwischen 1857-74 erbaut wurde und über der Isar thront. Es ist der Sitz des bayerischen Landtags, der krönende Abschluß der **Maximilianstraße**, die als Prachtstraße geplant war und diesem Anspruch bis heute gerecht wird, trotz oder wegen ihrer vielen eleganten Geschäfte, Cafés, Boutiquen und privaten Galerien. Wenn Sie die Straße hinuntergehen in Richtung Innenstadt, kommen Sie am **Völkerkundemuseum** mit seiner reichen ethnologischen Sammlung und an den **Münchner Kammerspielen** vorbei, einem der renommiertesten deutschen Theater.

Residenz der Wittelsbacher: Ein paar Schritte weiter mündet die Maximilianstraße auf den großzügig angelegten **Max-Joseph-Platz**, der in der Mitte des ehemaligen Machtbereichs der Wittelsbacher liegt. Vom Marienplatz aus erreicht man ihn über die Dienerstraße. Der **Alte Hof**, der erste Palast der bayerischen Herzöge in München, wurde im 13. Jahrhundert erbaut und im 15. erweitert. Der historische Charakter des Innenhofes blieb trotz Modernisierung erhalten.

Die **Residenz** am Max-Joseph-Platz ist historisch und künstlerisch betrachtet Münchens bedeutendster Gebäudekomplex. Mit dem Bau wurde Ende des 16. Jahrhunderts begonnen, wobei einige Gebäude der früheren Residenz das Hauptgebäude bildeten. Die frühere Residenz stammte aus dem Jahre 1385 und wurde mehrere Male erweitert. Neue Gebäude, von hervorragenden Architekten der Renaissance, des Barock und Klassizismus entworfen, wurden bis 1835 hinzugefügt. Die Wittelsbacher, die das Schicksal Münchens 800 Jahre lang lenkten, residierten hier bis zur Abdankung des letzten Königs von Bayern im Jahre 1918. Seit 1920 ist die Residenz als Museum Besuchern geöffnet. Zu besichtigen sind der Königssaal am Max-Joseph-Platz mit dem Museum sowie folgende Gebäude (im Uhrzeigersinn aufgeführt): die Alte Residenz, Festsaalbau, **Cuvilliéstheater**, Allerheiligenhofkirche, **Residenztheater** und **National-theater** (Bayerische Staatsoper), das mit seinen mächtigen Säulen den Max-Joseph-Platz überblickt. Die einzelnen Gebäudekomplexe sind durch acht Innenhöfe miteinander verbunden, über die der Besucher zu den Ausstellungen der Residenz schlendern kann, u.a. die **Schatzkammer** und die ägyptische Ausstellung. Im **Antiquarium** finden auch heute noch Staatsempfänge statt, im **Herkulessaal** Konzerte.

Ein Besuch in Schwabing: Von der Residenz aus gehen Sie durch die Residenzstraße zum Odeonsplatz, wo die **Feldherrnhalle** steht, die 1844 von F. von Gärtner fertiggestellt wurde und die die Loggia dei Lanzi in Florenz darstellt. Die **Theatinerkirche** mit ihren ockergelben Türmen und der 71 m hohen Kuppel, im 17. Jahrhundert im Barockstil erbaut, verrät auch italienischen Einfluß. Im Inneren sind ein wunderschöner Hochaltar und Gräber der Wittelsbacher zu sehen.

Am Odeonsplatz beginnt die **Ludwigstraße**, die von Ludwig I. als Prachtstraße konzipiert und von den Architekten F. von

Gärtner und Leo von Klenze gebaut wurde. Rechts und links wird sie gesäumt von neoklassizistischen Bauten wie der **Bayerischen Staatsbibliothek,** einer der größten Bibliotheken der Welt, und, kurz vor dem Siegestor, der Universität. Das Siegestor hat Ähnlichkeit mit dem Brandenburger Tor, wird von einem Vierspänner gekrönt und steht genau einen Kilometer nördlich der Feldherrnhalle. Es wurde 1850 zur Erinnerung an die Verluste des bayerischen Heeres in den napoleonischen Befreiungskriegen errichtet.

Hinter dem Siegestor erstreckt sich die **Leopoldstraße**, gesäumt von Pappeln und Eiscafés, Pizzerien, Cafés, Restaurants und Discos. An warmen Tagen sitzt man im Freien – nach dem Motto: sehen, und gesehen werden. Die Leopoldstraße war das Herz des früher legendären Künstlerviertels Schwabing.

Der Englische Garten: Man erreicht ihn östlich der Leopoldstraße, er umfaßt 364 Hektar und endet im Norden von München. Niemand weiß genau wo, weil er in die Isar-Auen übergeht. Man weiß nur

Links und **unten**: Angesichts dessen, was eigentlich vor sich geht, ist es unfair, sich auf die Rückseite zu konzentrieren.

genau, wo er beginnt: hinter dem **Haus der Kunst**, einem riesigen Gebäude aus der Nazi-Zeit mit einer berühmten Sammlung von Kunstwerken des 20. Jahrhunderts, von Picasso, Matisse, Dali, Klee und Warhol. Vom Odeonsplatz erreicht man es am schnellsten durch den Hofgarten der Residenz. Das **Bayerische Nationalmuseum** an der Prinzregentenstraße ist eines der bekanntesten Museen Münchens, das Einblick in die Geschichte der europäischen Kunst, besonders die bayerische Kunst und Kultur vom frühen Mittelalter bis in die heutige Zeit gewährt (täglich, außer montags, von 10-16 Uhr).

Der **Englische Garten**, entstanden zwischen 1781-85, ist mehr als nur ein schön angelegter Park im englischen Stil, mit dem Monopteros, dem Chinesischen Turm, drei Biergärten und dem Kleinhesseloher See zum Bootfahren. Er bietet jedem etwas, mit zahllosen improvisierten Fußballplätzen, Wiesen zum Frisbeespielen, dem Eisbach zum Schwimmen oder Wellenreiten. Der ganze Park ist eine Amateurbühne, auf der sich Pantomimen, Akrobaten, Zen-Buddhisten und

Musiker verwirklichen können. Er dient auch als Aufenthaltsort für Stadtstreicher, besitzt Wege für Jogger, eine Rennbahn für Radfahrer. Hier ist des Volkes wahrer Himmel: Münchner Bürger, Touristen, unangepaßtes Jungvolk sowie nackte Sonnenanbeter ertragen sich in der Weitläufigkeit des Englischen Gartens.

Wo die Kunst zu Hause ist: Das Stadtviertel mit den meisten Kunstschätzen heißt Maxvorstadt. Der **Königsplatz,** einer der beeindruckendsten Plätze Münchens, ist eingerahmt von neoklassizistischen Gebäuden und wurde kürzlich zur Grünzone umgestaltet. Die **Propyläen,** die **Glyptothek** und die **Antikensammlungen** sind architektonisch von Bedeutung. Die neoklassizistischen Gebäude wurden unter Ludwig I. errichtet und brachten München den Spitznamen „Isar-Athen" ein. Die Antikensammlungen zeigen weltberühmte griechische Vasen, römische und etruskische Statuen, Glas- und Terracotta-Arbeiten, während in der Glyptothek griechische und römische Statuen zu sehen sind. Hinter den Propyläen steht in einem bezaubernden Garten das **Len-**

Die Wieskirche bei Steingaden im Voralpenland.

bachhaus, 1890 im italienischen Stil mit Balkonen und Innenhöfen für den gefeierten Münchner Maler Franz von Lenbach erbaut. Es bietet die städtische Kunstgalerie mit Werken von Münchner Malern aus dem 15.- 20. Jahrhundert.

Vom Königsplatz gehen wir zum Karolinenplatz mit seinem 1812 errichteten **Obelisken**, der an die Opfer des bayerischen Heeres in Napoleons Rußlandfeldzug erinnert. Die nach links abgehende Barerstraße führt zur **Alten Pinakothek**, einer der bedeutendsten Kunstgalerien Europas mit Werken der europäischen Meister des 14.-18. Jahrhunderts (täglich, außer montags, von 9.00-16.30 Uhr, dienstags und donnerstags auch von 19-21 Uhr). Die benachbarte **Neue Pinakothek,** 1981 in einem neuen Komplex wiedereröffnet, nachdem sie im letzten Krieg zerstört worden war, präsentiert etwa 400 Gemälde und Skulpturen, die einen Rückblick auf die europäische Kunst der Antike, des Impressionismus, des Symbolismus und des Jugendstils ermöglichen (täglich, außer montags, 9-16.30 Uhr, dienstags auch von 19-21 Uhr).

Prächtige Sommerresidenz: Schloß Nymphenburg, die Sommerresidenz der bayerischen Prinzen und Könige, wurde zu Beginn des 18. Jahrhunderts von dem italienischen Baumeister Agostino Barelli errichtet und gilt als eines der berühmtesten spätbarocken Schlösser und Gartenanlagen in Deutschland. Es entstanden Pavillons, Galerien und Außenanlagen (einschließlich der Orangerie und der Ställe) sowie das Gebäude, in dem seit 1761 die Porzellanmanufaktur von Nymphenburg untergebracht ist. Das Hauptgebäude mit dem Marmorsaal und die Wohn- und Empfangsräume der Wittelsbacher im Nord- und Südflügel, die Schönheitsgalerie, die von Ludwig I. für die Münchner Residenz in Auftrag gegeben wurde, und das Marstallmuseum mit Kutschen, Schlitten und Zeremonienwagen der bayerischen Könige und Prinzen, sind sehenswert. Vom Garten im französischen Stil kommt man in den Park mit der **Badenburg** aus dem Jahre 1721 (mit barocken Bädern), der **Pagodenburg** aus dem Jahre 1719, der **Magdalenenklause** (1725) und der

Fischerboot auf dem Chiemsee, dem „bayerischen Meer".

Amalienburg (1739), die von Franz Cuvilliés d. Ä. fertiggestellt und ein Meisterwerk des europäischen Rokoko wurde.

Wenn Sie mit dem Wagen in Nymphenburg sind, können Sie über den Wintrichring und den Georg-Brauchle-Ring direkt zum **Olympiapark** fahren, wo 1972 die Olympischen Spiele stattfanden und inzwischen Europas größtes Sport- und Freizeitzentrum entstand. Die breite Betonschale des **Olympiastadions**, die **Olympiahalle**, viele andere Sport- und Freizeiteinrichtungen und der 290 Meter hohe **Fernsehturm** locken täglich Tausende von Besuchern an. Hauptelement des Komplexes ist das 75 000 qm große Zeltdach. Das **BMW-Museum**, mit seiner eigenartigen Form ähnlich einer Tasse vor dem BMW-Verwaltungsgebäude plaziert, das aus vier Zylindern besteht, unterstützt die futuristische Aussage.

Lebensfrohes München: Der Münchner Fasching ist ähnlich berühmt wie der Karneval am Rhein, und kaum hat man sich vom Fasching erholt, geht es schon weiter auf dem **Nockherberg,** wo die fünfte Münchner Jahreszeit gefeiert wird, das Starkbierfest. München hat über 100 Biergärten, in denen man im Schatten der Kastanienbäume seine Maß trinken und die mitgebrachte Brotzeit vertilgen kann. Der größte Biergarten ist der **Hirschgarten** im Westen der Stadt mit 7000 Sitzplätzen. Ende September beginnt auf der **Theresienwiese** das **Oktoberfest**, das alljährlich über fünf Millionen Besucher zählt.

Ein weiterer Höhepunkt sind die Münchner **Opernfestspiele** im Juli-August, wenn weltberühmte Künstler in der Bayerischen Staatsoper und im Cuvilliéstheater auftreten. Auch Chansonabende, Ballettvorstellungen, Sommerkonzerte in Schloß Nymphenburg und im **Schloß Schleißheim** sind Teil des Festprogramms.

Bayerische Seen: Am Wochenende bilden sich lange Autoschlangen in Richtung Süden und Osten, wenn die Münchner in der Umgebung schwimmen, segeln, surfen, bergsteigen, wandern und skifahren wollen. Am **Starnberger See** südlich von München liegt im Luftkurort Tutzing die Evangelische Akademie. Mit ihren gesellschafts-, umwelt- und friedenspolitischen Veranstaltungen beeinflußt sie bayerische Politik. Vom 728 m hohen Ilka-Hügel genießen Sie in Ruhe einen schönen Blick über den See. Ein bei Touristen sehr beliebter Ort ist **Berg** am Ostufer des Sees. Dort steht ein Kreuz mitten im See und markiert die Stelle, wo Ludwig II. 1886 unter mysteriösen Umständen ertrank.

Von Berg aus geht es durch das Isar- und Loisachtal nach **Wolfratshausen.** Zwischen Mai und September können Sie sich von hier aus bei Bier und Brotzeit und begleitet von einer Blaskapelle auf einem Floß bis nach München treiben lassen. Meist sind die Isarflöße aber auf Jahre hinaus ausgebucht.

Der **Ammersee** etwa 35 km westlich von München ist etwas kleiner und nicht so überlaufen wie der Starnberger See. Sie erreichen ihn mit der S-Bahn, die bis Herrsching fährt. Hier können Sie auch Ihre Rundfahrt um den See beginnen. Bei gutem Wetter hat man unterwegs einen herrlichen Blick auf das Wettersteingebirge und die Zugspitze. Von Herrsching aus führen alle Wege zum **Kloster Andechs** hinauf, einem der berühmtesten oberbayerischen Klöster, dessen Bekanntheit in erster Linie dem Bier zu verdanken ist, das in der Klosterbrauerei gebraut wird.

Versailles von Ludwig II.: Im Chiemsee (85 qkm) liegt das Schloß **Herrenchiemsee,** das 1878 als Imitation von Versailles erbaut wurde. Von Prien am Westufer des Sees kann man nach Herrenchiemsee und zur Fraueninsel übersetzen. Das Schloß sollte als Superlativ fürstliche Pracht und Luxus ausstrahlen und die königliche Macht des bayerischen Thrones zum Ausdruck bringen. Im Sommer finden im Spiegelsaal klassische Konzerte statt.

Das Museum von König Ludwig gibt einen Einblick in das Leben des Königs und seine enge Beziehung zum Theater und zur Architektur. Auf der **Fraueninsel** (12 ha) ist das Benediktinerkloster St. Maria zu sehen. Das Kloster besteht seit dem Jahre 766 n. Chr. und ist ein Dokument mitteleuropäischer Kunstgeschichte, denn es vereinigt romanischen, gotischen und barocken Baustil.

Rechts: Der berühmte Spiegelsaal im Schloß Herrenchiemsee.

ERHOLUNG IN OST-BAYERN

Wer sich dazu entschließt, von München nordöstlich zu fahren, lernt eine fruchtbare, abwechslungsreiche Hügellandschaft kennen mit Kostbarkeiten wie dem mittelalterlichen Regensburg, der Hauptstadt des alten Deutschen Reiches, Landshut, wo alle fünf Jahre eine weltberühmte historische Festveranstaltung stattfindet, und Passau, für Alexander von Humboldt „eine der sieben schönsten Städte der Welt". Auch das Hopfenanbaugebiet in der Holledau, der Donaudurchbruch bei Kelheim sowie der großartige Nationalpark Bayerischer Wald machen den Osten Bayerns zum attraktiven Reiseziel.

Freising, 30 km nördlich von München, eine der ältesten Städte Bayerns, beherbergt das reich bestückte Diözesanmuseum für religiöse Kunst, den Staudensichtungsgarten und mit Weihenstephan eine der ältesten Brauereien der Welt.

Weitere 25 km nach Norden können Sie **Kloster Weltenburg** (Rokoko-Juwel der Asam-Brüder) besichtigen und mit dem Boot durch das tiefste und schmalste Stück der Donau, den Donaudurchbruch, fahren.

Hopfenhauptstadt der Welt: Durch Lindenalleen und Dörfer mit prächtig blühenden Blumen führt die B 301, die Deutsche Hopfenstraße, hinein ins Herz der **Holledau** oder Hallertau, das größte Hopfenanbaugebiet der Welt. Mitte September weht der strenge Hopfengeruch durch **Wolnzach,** dem Schauplatz eines großen Festes, bei dem die Hopfenkönigin gekrönt wird. Innerhalb von drei Wochen werden 12 Prozent der gesamten Hopfenproduktion der Welt in den kleinen Orten der Hallertau geerntet.

Die Vergangenheit wird lebendig: Die **Landshuter Fürstenhochzeit** (1475), Deutschlands berühmtes historisches Fest, wird alle fünf Jahre in der alten Herzogsstadt **Landshut** gefeiert. Landshut liegt 30 km nordöstlich von Freising an der Isar und lohnt auch dann den Besuch, wenn nicht Hochzeit gefeiert wird, wegen des wunderschönen, guterhaltenen mittelalterlichen Stadtbilds und

dem geschäftigen Treiben in den Hauptstraßen der Stadt, die noch denselben Charakter haben wie im Jahre 1475. Damals vermählte der Erzbischof von Salzburg im gotischen **Münster St. Martin** die Prinzessin Hedwig von Polen mit dem Herzogssohn Georg.

Landshuts Stadtbild wird von der **Burg Trausnitz** beherrscht, die im Jahre 1204 gegründet und im 16. Jahrhundert als niederbayerischer Sitz der Herzöge von Wittelsbach zum Renaissancepalast umgestaltet wurde. Der Hofgarten an den Osthängen des Burgberges bietet einen großartigen Blick über Landshut.

Von der Isar zur Donau: Wenn Sie von Landshut aus 45 km auf der B 299 fahren, kommen Sie nach Neustadt. Von hier sind es nur 18 km entlang der Donau bis nach **Kelheim** am Zusammenfluß der Donau und der Altmühl, wo sich die **Befreiungshalle** hoch über dem Fluß erhebt, ein Denkmal, das von Ludwig I. errichtet wurde, um der Befreiungskriege (1813-15) zu gedenken. Seit der Eröffnung des **Museums für Archäologie** hat Kelheim an Bedeutung gewonnen. Hier

kann man sehen, wie vor 80 000 Jahren das Mammut gejagt wurde.

Von Kelheim sollte man einen Umweg zum **Altmühltal** machen, einem hübschen Flußtal, von dem das Schloß von Prunn aus dem 11. Jahrhundert von einem turmartigen Fels aus 100 m Höhe ins Tal hinabschaut. Durch den Bau des umstrittenen Main-Donau-Kanals wird dieses liebliche Tal, ein beliebtes Erholungsgebiet, verändert und möglicherweise für immer zerstört.

Wo Geschichte Spaß macht: Von Kelheim aus fahren Sie 15 km auf der B16, und es erscheint vor Ihnen bereits die Silhouette der 2000 Jahre alten Stadt **Regensburg** (131 000 Einwohner). Das ehemalige römische Legionslager *castra regina* wurde von Kaiser Marcus Aurelius gegründet und ist bereits seit der Zeit des irischen Missionars St. Bonifatius im Jahre 739 Bischofssitz. Nachdem es 1245 zur Freien Reichsstadt ernannt wurde, entwickelte sich Regensburg zu einer mittelalterlichen Metropole Deutschlands und zum Mittelpunkt des europäischen Handels, der hauptsächlich mit Italien stattfand. Von 1663 bis 1806 hatte der Immerwährende **Reichstag** hier seinen Sitz.

Regensburg, das Juwel einer alten deutschen Stadt, liegt am nördlichsten Punkt der Donau, die von hier aus flußabwärts bis zum Schwarzen Meer schiffbar ist. Während des Zweiten Weltkriegs blieb es unzerstört und präsentiert sich mit seinen reichen Schätzen an römischen und mittelalterlichen Gebäuden und Denkmälern. Wenn man durch die Straßen und Alleen von Regensburg schlendert, entdeckt man an jeder Ecke sehenswerte Verzierungen, Treppen, Hinterhöfe und Gasthäuser, die Hunderte von Jahren alt sind.

Der beste Blick über die Stadt bietet sich von der **Steinernen Brücke**, einem Meisterwerk mittelalterlicher Baukunst (12. Jahrhundert), das die Donau mit sechzehn Bögen auf einer Gesamtlänge von 310 m überspannt. Von hier hat man auch einen wunderschönen Blick auf die prächtigen Villen am Ufer der Donau und auf den **Dom** (1250-1525) mit seinen 105 m hohen Türmen, das Hauptwerk der bayerischen Gotik. In seiner

Die größte Orgel der Welt in Passau.

Schatzkammer ruhen herrliche Reliquien, Kreuze, Gewänder etc. Die weltbekannten **Regensburger Domspatzen** verdanken dem Dom ihren Namen.

In der Nähe der Kathedrale sollte man sich den **Bischofshof** anschauen, der seit dem 11. Jahrhundert Residenz der Bischöfe war und jetzt ein Hotel und Restaurant ist. Von hier aus ist es nur ein kurzer Weg bis zu den Bögen und Türmen der *porta praetoria* mit ihren Ruinen aus der Zeit der Römer. Am Bischofspalast vorbei gehen Sie an der Niedermünster Kirche, wo es interessante Ausgrabungen zu sehen gibt, nach rechts und erreichen den malerischen Alten Kornmarkt mit dem **Herzogshof,** der seit 988 n. Chr. Residenz der Herzöge von Bayern war und dcn Herzogssaal mit einer einzigartigen Wappendecke besitzt.

Das **Alte Rathaus** (1350) beeindruckt durch seinen großen gotischen Saal, in dem sich der Immerwährende Reichstag versammelte. In den Kellergewölben des **Reichstagsmuseums** ist eine der letzten mittelalterlichen Folterkammern zu sehen. Das deutsche Recht sah in der damaligen Zeit vor, daß jeder Gefangene, der nicht gestand, drei Tage lang gefoltert werden durfte. Überlebte er diese Tortur, war er frei, selbst wenn er vom Gericht für schuldig befunden worden war. Man kann sich sogar auf den Stuhl des Doktors setzen, der zu entscheiden hatte, wann das Foltern abgebrochen wurde.

Von der Bachgasse aus kommen Sie zum **Benediktinerkloster St. Emmeran,** das im 7. Jahrhundert gegründet und ein Zentrum des klösterlichen kulturellen Lebens wurde. Ganz in der Nähe befindet sich das Schloß der Fürsten von **Thurn und Taxis,** die 1504 den ersten Postbusdienst in Europa einführten.

Viele Hotels und Restaurants in Regensburg haben nicht nur wohlklingende Namen und alte, schön renovierte Gästezimmer, sondern auch bekannte regionale Spezialitäten auf der Speisekarte, zum Beispiel den Wels (Donauwaller), einen Donaufisch, oder Tafelspitz, alles zu gediegenen Preisen. Die historische **Wurstküche**, eine der ältesten Wurstbratereien in Deutschland, steht unweit der Steinernen Brücke an der Donau.

Im Bierzelt.

Ruhmeshalle großer Deutscher: Einige betrachten sie als das fundamentalste Denkmal des 19. Jahrhunderts oder gar die wichtigste künstlerische Arbeit Bayerns seit dem Mittelalter: Die **Walhalla,** 11 km außerhalb von Regensburg, ist eine Nachbildung des griechischen Parthenon. Sie wurde 1830-42 nach den Plänen von Leo von Klenze erbaut und ist das Ergebnis eines Wettbewerbs, den König Ludwig I. von Bayern für eine deutsche Ruhmeshalle zur Ehrung berühmter deutschsprachiger Männer und Frauen in Auftrag gab.

Weiden, 25 km nördlich von Regensburg, hat einen Namen wegen seines weltbekannten Chinaporzellans, seiner Keramiken und Bleikristallvasen, Kerzenständer und Aschenbecher.

Wer Oktoberfestatmosphäre schnuppern möchte und nur im August in bayerischen Landen weilt, sollte für einen Tag nach **Straubing** fahren (45 km südöstlich von Regensburg auf dem Weg nach Passau, für diejenigen, die über die B8 fahren). Straubings **Gäubodenfest** ist Bayerns zweitgrößtes Volksfest. Seine sieben Bierzelte und der riesige Vergnügungspark locken alljährlich 900 000 Besucher an.

Der Bayerische Wald: Nördlich von Straubing überqueren Sie die Donau und fahren durch die fruchtbare Landschaft des Gäubodens, Bayerns Kornkammer, wo Weizen, Mais, Kartoffeln und andere Gemüsefelder durch Pappeln und Erlen getrennt sind. Sie erreichen dann die Waldflächen des hügeligen Bayerischen Waldes, einen Landstrich mit Erhebungen wie dem Lusen (1371 m), dem Dreisessel (1378 m), Rachel (1452 m) und Großer Arber (1457 m) mit seinem idyllisch gelegenen See.

Der Wald zieht sich an der bayerisch-tschechoslowakischen Grenze entlang und geht im Nordosten in den Böhmerwald über. Es ist die größte zusammenhängende Waldfläche in Mitteleuropa. Die Landschaft ist von ganz eigenartiger Schönheit und wurde in vielen Werken Adalbert Stifters beschrieben.

Im Bayerischen Wald finden streßgeplagte, naturverbundene Menschen ideale Bedingungen für den Erholungsurlaub. Die Einheimischen leben hier hauptsächlich von der Holzwirtschaft, oder sie arbeiten in der hier weitverbreiteten Glasindustrie. Daneben sind die Feriengäste eine der wichtigsten Einnahmequellen. Traditionsreiche Erholungsorte bieten Unterkünfte jeder Art und vielerlei Freizeitmöglichkeiten. Mit der Öffnung der Grenzen erschließen sich vom Bayerischen Wald aus auch die Schönheiten des Grenzgebiets der ÇSFR. Zahlreiche Museen informieren über Geschichte und Wirtschaft der Region: das **Glasmuseum in Frauenau** (der Bayerische Wald ist *das* Zentrum der Glasproduktion in ganz Europa), die Silbermine in **Bodenmais** und das Waldmuseum in **Zwiesel**. Der 120 qkm große **Nationalpark Bayerischer Wald** bei Grafenau ist ein einzigartiger Zufluchtsort für urtümliche Flora und Fauna, durch sein fast 200 km umfassendes Netz an Spazierwegen aber auch eine Zuflucht Erholung suchender, naturverbundener Menschen.

Stadt an drei Flüssen: Passau (51 000 Einwohner) wurde von Alexander von Humboldt wegen seiner einzigartigen Lage am Zusammenfluß von Donau, Inn und Ilz zu den „sieben am schönsten gelegenen Städten der Welt" gezählt. Die eigentliche Stadt nimmt eine enge Landzunge ein, die vom Zusammenfluß von Donau und Inn gebildet wird. Die Mariahilfkirche steht auf der anderen Seite des Inn. Die **Feste Oberhaus** thront hoch über der Altstadt, in der sich die im italienischen Stil gebauten Häuser und Kirchen aneinanderschmiegen.

Der Besucher kann hier durch malerische Straßen und Gassen schlendern, die ein wenig an Venedig erinnern. Am **Residenzplatz** bestechen die Bischofsresidenzen sowie die im 17. Jahrhundert neu aufgebauten Häuser im barocken Inn-Salzach-Stil. Um 11.45 Uhr werden am nahegelegenen Domplatz Karten für das **Orgelkonzert im Dom** verkauft, der im 8. Jahrhundert gegründet, 1662 im Barockstil ausgebaut, zerstört, aber wieder aufgebaut wurde. Zwischen Mai und September kommen fast alle Passaubesucher um 12 Uhr hierher, um den himmlischen Klängen der mit 17 300 Pfeifen und 231 Registerzügen größten Orgel der Welt zu lauschen.

„DIE WAA WAR MEIN SCHLÜSSELERLEBNIS"

Deutsche Urlaubslandschaft abseits der touristischen Glanzlichter – die Oberpfalz nördlich von Regensburg, Naturpark Vorderer Bayerischer Wald: viel Land, wenige Arbeitsplätze, historisch interessante Städtchen, attraktive Erholungsorte, ein romantisches, wasserreiches Seen- und Weihergebiet. Gasthöfe, kleine Pensionen, Ferienhäuser, zahlreiche Privatunterkünfte und Urlaub auf dem Bauernhof. Wandern, Schwimmen im Freibad und in der Halle, Angeln, Paddeln, Tennis, Reiten, Golf, Trimm-dich-Pfade, Eissport im Winter. Eine ausblutende Region? In jedem Fall etwas für Urlaubs-Feinschmecker.

Dem romantischen Idyll drohte 1981 plötzlich große Gefahr. Die deutsche Atomwirtschaft plante nahe dem 3800-Seelen-Ort Wackersdorf eine atomare Wiederaufarbeitungsanlage. Bayerns verstorbener Ministerpräsident Franz-Josef Strauß holte das gewaltige Projekt nach Bayern und erreichte, womit im CSU-frommen Ostbayern niemand gerechnet hatte: Lehrer, Landwirte, Stadträte und Hausfrauen zogen vereint durch die Straßen ihrer Heimat, auf denen geschrieben stand: „Wer WAA sät, wird Widerstand ernten."

Und siehe da: Fünfzehn Jahre nach den ersten Protesten und Demonstrationen war es dann soweit: Im Frühjahr 1989 verabschiedete sich die Stromwirtschaft sang- und klanglos von der atomaren Wieder-aufarbeitungsanlage, die zuvor eine ganze Generation von Politikern und Industriellen der Atomwirtschaft auf deutschem Boden für „unverzichtbar" erklärt hatte.

In der gewaltigen Atomfabrik sollten in einem komplexen Prozeß die verbrauchten Brennelemente aus den Atomkraftwerken mechanisch zerkleinert und chemisch aufgelöst werden. Zweck der gefährlichen Übung sollte es sein, die Kernbrennstoffe Uran und Plutonium aus der hochradioaktiven Lösung zu isolieren und in den Brennstoffkreislauf zurückzuführen.

Am Ende jedoch – nachdem bereits 2,6 Milliarden DM verplant und in Wackersdorf verbaut waren – ließen die Betreiber der Atomkraftwerke die Politiker im Regen stehen und beschlossen, die verbrauchten Brennelemente aus den westdeutschen Reaktoren statt in der Oberpfalz im französischen La Hague und im britischen Sellafield behandeln zu lassen. Die zähe Gegnerschaft der vorwiegend konservativen Bevölkerung der Oberpfalz hatte „die Flucht aus Wackersdorf" wesentlich beflügelt.

Seit 1981 erstmals der Standort Wackersdorf im Zusammenhang mit der schon damals heftig umstrittenen Atomfabrik ruchbar wurde, entwickelte sich eine Auseinandersetzung der Superlative: Die regionalen Bürgerinitiativen riefen zu Demonstrationen mit Zehntausenden von Teilnehmern auf. Sogenannte Hüttendörfer wurden von WAA-Gegnern im Taxölderner Forst, der der Anlage geopfert werden sollte, errichtet und von der Polizei umgehend niedergewalzt. Insbesondere an der festungsartig ausgebauten Baustelle – allein der inzwischen abgetragene, 4850 Meter lange Bauzaun aus Beton und Stahl verschlang 28 Millionen DM – trugen Demonstranten und Polizisten regelrechte Schlachten aus. Drei Menschen kamen ums Leben, und bei einer Großdemonstration zu Pfingsten 1986 blieben fast tausend Verletzte auf beiden Seiten zurück.

Politisch konservativ eingestellte Menschen, die über Jahre ihre ganze Energie in den WAA-Widerstand investiert haben, sagen von sich, daß die WAA im Laufe der Jahre ein „Schlüsselerlebnis" für sie geworden sei.

Noch im Sommer 1988 konnte niemand ahnen, daß bereits ein Jahr später andere Industriesparten das bestens erschlossene Industriegebiet in der Oberpfalz unter sich aufteilen würden. Das Gebiet, vor der WAA strukturschwach, ist zum attraktiven Industriestandort geworden.

Und: Wälder sind zwar abgeholzt. Der befürchtete Ausverkauf der Natur, die Zerstörung einer intakten Erholungslandschaft und die Gefährdung von Generationen von Menschen, wurden rechtzeitig gestoppt. Geblieben sind: viel Land, viele Arbeitsplätze, historisch interessante Städtchen, attraktive Erholungsorte, ein romantisches, wasserreiches Seen- und Weihergebiet, Gasthöfe, kleine Pensionen, Privatunterkünfte, Ferienhäuser... Angeln, Paddeln, Tennis....

DER BODENSEE

Wer das Privileg hat, am Bodensee zu wohnen, braucht nie mehr in Urlaub zu fahren. Das Klima ist so angenehm mild, daß Äpfel, Birnen, Pflaumen und der Wein süß und saftig gedeihen, wie sonst nur in mediterranen Ländern. Der See breitet sich mit seinem sauberen Wasser wie ein Binnenmeer aus. Im Hintergrund erhebt sich schützend das mächtige Panorama der Alpen. Bodensee, das bedeutet schwäbische Genügsamkeit und Gemütlichkeit. Der Bodensee ist auch ein entschiedener Vorkämpfer der europäischen Einheit, denn mit seinen 538 qkm ist er nicht nur der größte Binnensee Deutschlands, er gehört auch zur Schweiz und zu Österreich.

Der stille Löwe: Lindau, wo wir unseren Rundweg um den Bodensee beginnen, ist durch eine Auto- und Eisenbahnbrücke mit dem Land verbunden. Im Jahre 15 v. Chr. gründeten die Römer einen Militärstützpunkt auf der Insel. Ende des 13. Jahrhunderts wurde Lindau Freie Reichsstadt, deren wirtschaftlicher Aufschwung mit den Lindauer Kurieren einsetzte. Dieser Kurierdienst – damals eine Neuheit – erledigte Aufträge zwischen Italien und Nordeuropa. Im Jahre 1496 versammelte sich der Reichstag im Rathaus der Stadt. 1803 verlor Lindau seinen Status als Freie Reichsstadt und kam 1806 zu Bayern.

Der **Seehafen** mit seiner breiten Promenade, den Hotels und einladenden Cafés wird von einem 33 Meter hohen Leuchtturm und dem bayerischen Symbol, dem Löwen, flankiert, der allerdings keine Zunge hat, die sein Erschaffer vergaß. Der **Mangturm,** der Überrest der alten Befestigung, steht mitten auf der Promenade. Von hier aus sind es nur ein paar Schritte zum **Reichsplatz** mit dem Lindaviabrunnen auf der Rückseite des Alten Rathauses. Front- und Rückseite sind mit wunderschönen Fresken verziert, die Begebenheiten aus der Zeit des Reichstags erzählen.

Der **Diebesturm** erhebt sich nordwestlich der Maximilianstraße, daran angrenzend die romanische Peterskirche mit Fresken von Holbein d.Ä., die die Leidensgeschichte erzählen. Am Marktplatz fällt die barocke Fassadenbemalung des Hauses zum Cavazzan Nr. 6 ins Auge. Die Kunstausstellung des Museums in diesem Haus ist mit die größte im Bodenseegebiet.

Die österreichische Seite: Von Lindau sind es nur zehn Kilometer bis zum österreichischen **Bregenz.** In den Monaten Juli und August, wenn auf der größten Seebühne der Welt beliebte Opern mit international bekannten Gesangssolisten aufgeführt werden, herrscht hier Hochbetrieb. Ein Spaziergang auf der Seepromenade ist ein beliebtes Wochenendvergnügen der Bregenzer.

Die Schweizer Seite: Von Bregenz ist man in ein paar Minuten in der Schweiz. Der frühere Wohlstand von **Rorschach** (alter Kornmarkt und Weberei) wird deutlich an den prächtigen Fassaden der Patrizierhäuser am Marienberg und in der Hauptstraße. Im barocken Kornhaus hat man ein Museum für das Kunsthandwerk der Region eingerichtet.

Romanshorn, 15 Kilometer westlich, hat einen großen Yacht- und Fährhafen. Autofähren verkehren zur deutschen Seite nach Friedrichshafen. Auf dem Weg von Rorschach nach Romanshorn sollten Sie einen Abstecher nach **St. Gallen** machen. Die Benediktinerabtei aus dem Jahre 612 mit der herrlichen Bibliothek war im frühen Mittelalter ein kultureller Mittelpunkt und eine der ersten Lehranstalten im christlichen Europa.

Universitätsstadt am See: Gegenüber von Kreuzlingen liegt auf einer schmalen Landzunge zwischen Unter- und Obersee **Konstanz,** mit 80 000 Einwohnern die größte Stadt am Bodensee. Die Römer errichteten hier ein Lager, das sie nach Kaiser Constantinus Chlorus benannten. Um 540 wurde Konstanz Bischofssitz. Das wichtigste Ereignis in der Geschichte der Stadt war das Reformkonzil von 1414-18, als die einzige Papstwahl (Martin V.) auf deutschem Boden stattfand. Damals verurteilten die Fürstbischöfe den Reformer Johannes Hus zum Tode. Er wurde 1415 vor den Toren der Stadt auf dem Scheiterhaufen verbrannt.

Zum historischen Kern der Stadt (viele Kleinbetriebe, Universität) gehören das romanisch-gotische Münster (11.-16. Jahrhundert) und das Rathaus. Das **Konzilsgebäude** in Gondelhafen, das als Lagerhaus für Korn und Wein errichtet wurde, blieb seit seiner Erbauung 1388 äußerlich fast unverändert.

Eine frühgotische Nachbildung des Heiligen Grabes befindet sich im Mauritius-Rundbau, von dessen Aussichtsplattform man einen faszinierenden Blick über die Stadt und den Bodensee hat. Historiker aus aller Welt kommen nach Konstanz, um im Kunkel-Haus das empfindliche Weber-Fresko zu studieren (Ende des 13. Jahrhunderts).

Schäumende Wassermassen: Zum **Rheinfall** bei Schaffhausen fährt man von Konstanz oder Kreuzlingen die Uferstraße des Untersees entlang in Richtung Stein, wo der Rhein den Bodensee verläßt. Von der breiten Uferpromenade unterhalb des Wasserfalls bietet sich ein großartiger Blick auf das Naturspektakel. Schäumende Wassermassen von 150 m Breite ergießen sich mit 1080 Kubikmeter pro Sekunde 21 m tief in das Flußbecken hinab.

Früchte und Blumen: Von **Radolfzell** (Sitz der Vogelwarte) verläuft die Straße um die wesentlich größere Halbinsel des Bodanrückens. Ein künstlich angelegter, 4 km langer Damm verbindet das Festland mit der **Insel Reichenau,** einer wichtigen Gemüseanbaugegend von Deutschland. 15 Prozent der fünf Kilometer langen und zwei Kilometer breiten Insel nehmen Gewächshäuser ein. Die Benediktinerabtei von Reichenau war 300 Jahre lang das geistige Zentrum der westeuropäischen Kultur (724-1000).

Die berühmte **Blumeninsel Mainau** auf der anderen Seite der Bodanrücken Halbinsel am Überlinger See sollte man frühmorgens besuchen. Nur das erste Boot um 8 Uhr bietet die Gewähr, daß man den Zauber der subtropischen Blumenpracht, die von März bis Oktober blüht, ungestört genießen kann.

Zurück in die Steinzeit: Überlingen, einst Freie Reichsstadt, ist eine lebendige kleine Stadt mit vielen alten Gebäuden hinter der noch erhaltenen Befestigungsanlage. Die steilen Straßen sollten Sie vom Hafen mit seiner langen Promenade

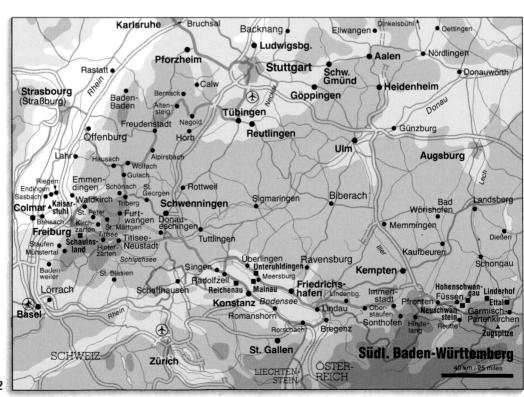

aus erkunden. Das Rathaus mit dem von Jacob Ruß 1490 geschaffenen herrlichen Ratssaal besticht durch einen holzgeschnitzten Arkadenfries mit 41 Statuetten der mittelalterlichen Stände.

Hoch über dem See steht die Wallfahrtskirche **Birnau** mit lebhaftem Rokokodekor mitten in terrassenförmig angelegten Weinbergen fünf Kilometer außerhalb von Überlingen an der Straße nach Meersburg.

Ein paar Minuten vor Überlingen kann man in **Unteruhldingen** ein rekonstruiertes Dorf aus Pfahlbauten aus der Steinzeit (Freilichtmuseum) besichtigen.

Zauber des Mittelalters: Das Stadtbild von **Meersburg** gehört zu den malerischsten in Deutschland. Der Zauber dieser mittelalterlichen Stadt, die nie zerstört wurde, entfaltet sich abends am wirkungsvollsten. Tagsüber wimmelt die Steigstraße, die die Unterstadt mit der Oberstadt verbindet, von Touristen. Abends dagegen ist es möglich, sich die guterhaltenen Fachwerkhäuser in aller Ruhe anzuschauen. Brunnen plätschern, Kirchenuhren schlagen, in den stillen Seitenstraßen stellen die Wirte Tische und Stühle vor die Tür. Der historische Kern ist das **Alte Schloß**, das noch aus der Zeit der Merowinger stammt. Jetzt finden in den eleganten Barockräumen des Neuen Schlosses, der ehemaligen Sommerresidenz der Fürstbischöfe von Konstanz, Konzerte statt.

Das **Fürstenhäusle** gehörte Annette von Droste-Hülshoff (1797-1848), einer Dichterin, deren Kriminalnovelle „Judenbuche" viele vom Deutschunterricht kennen. Eine Droste-Statue ziert die Brücke zum alten Schloß.

Friedrichshafen, mit 52 000 Einwohnern die zweitgrößte Stadt am Bodensee, ging Ende des 19. Jahrhunderts in die Geschichte ein, als hier die glänzenden silbernen Luftschiffe gebaut wurden, deren Erfinder Graf Ferdinand von Zeppelin (1838-1917) in Konstanz geboren wurde. Das Museum mit der Zeppelin-Abteilung am Adenauerplatz ist im Nordflügel des Rathauses untergebracht. Unsere Rundreise um den Bodensee führt über Langenargen nach Lindau zurück.

Graf Zeppelin baute sein berühmtes Luftschiff am Bodensee.

Beste Schwarzwälder Wurst- und Schinkenspezialitäten

Das Adler Sortiment bester Schwarzwälder Wurst- und Schinkenspezialitäten

STREIFZUG DURCH DEN SCHWARZWALD

Der Schwarzwald ist längst nicht mehr dunkel und furchterregend. Die Menschen haben die einstige Wildnis im Laufe der letzten 2000 Jahre gezähmt. Seit langem ist der Schwarzwald mit einem Netz von Straßen, Eisenbahnen und Spazierwegen durchzogen. Den dichten Kiefernwald, den die Römer rühmten, sucht man vergebens. Jahrzehntelang wurden die großen, geraden Stämme zu Zigtausenden gefällt und auf riesigen Flößen den Rhein hinab nach Holland geschifft.

Im 16. Jahrhundert fand besonders in den schiffbaren Flußtälern des Schwarzwalds eine bedeutungsvolle Veränderung statt. Das Land wurde gerodet, die Felder bestellt, Kleinbetriebe des Glas- und Uhrmacherhandwerks entstanden. Diese bilden bis in die heutige Zeit hinein mit der Landwirtschaft und den Urlaubern das wirtschaftliche Rückgrat des Schwarzwalds.

Die einmalige Verquickung von Rheinebene und Bergen, die bis auf 1200 m ansteigen, zieht seit dem 18. Jahrhundert Urlaubsgäste an. In der Ebene sind die Sommertage heiß, die Nächte warm, man sitzt draußen, feiert bei einer guten Mahlzeit und einem guten Gläschen Wein in Gesellschaft freundlicher Menschen. Die bewaldeten Bergkuppen über grünen Postkartentälern laden zu ausgiebigen Wanderungen ein. Auerhähne und Fasane, Bussarde und Habichte, Hirsche, Füchse, Dachse und Hunderte von Schmetterlingsarten bevölkern die abgelegenen Gegenden, wo die Bewohner immer noch an ihrer Tradition festhalten und an Feiertagen die wunderschön verzierten Trachten tragen. Beginnen Sie Ihren Besuch in Freiburg (171 000 Einwohner), dem Tor zum Süden.

Katholischer Hedonismus: Wer beneidet nicht diejenigen, die das Glück haben, in einer Stadt studieren zu dürfen, in der es Wald, gotische Bauwerke, Wein und zahllose Kneipen und Lokale gibt, wo man bis in die Morgenstunden sitzen und diskutieren kann?

Freiburg und seine Universität waren seit ihren Anfängen durch und durch katholisch. Nur 80 Jahre nach Gründung der Stadt im Jahre 1120 begannen seine Bürger mit dem Bau einer Gemeindekirche, die für das mittelalterliche Deutschland zu einem herrlichen Münster heranwuchs. Seinen 116 m hohen Turm halten viele für den schönsten, den die Christenheit hervorgebracht hat. Die **Universität** war in den ersten 80 Jahren nach ihrer Gründung im Jahre 1457 berühmt als Zentrum des liberalen Humanismus in Europa. Sie wurde dann eine Jesuitenbastion der Gegenreformation und blieb dieser strengen katholischen Tradition bis in die zwanziger Jahre unseres Jahrhunderts treu.

Enge Gassen, Straßen mit Kopfsteinpflaster und schnell dahinfließende sogenannte Bächle, die im Mittelalter den Schmutz abtransportierten, charakterisieren das Stadtzentrum um den Münsterplatz. Man könnte ein ganzes Buch darüber schreiben, wenn man alle architektonischen, baulichen und künstlerischen Feinheiten des **Freiburger Münsters** beschreiben wollte. Selbst das Hinaufsteigen auf den Turm in luftige Höhe ist ein Abenteuer, wenn die gewaltigen Glocken ihn erbeben lassen und die komisch-gräßlichen Wasserspeier den verschreckten Besucher auslachen.

Samstag morgens im Sommer, wenn es angenehm warm ist, erscheint das Münster wie ein riesiges Dampfschiff, das in einem Meer von Ständen, Verkäufern, Hausfrauen, Musikern, Touristen, Priestern, Blumen, Brot, Gemüse, Obst und Bratwürsten ruhig seine Bahn zieht: Der Freiburger **Wochenmarkt** ist einer der schönsten des Landes.

Soldaten und Narren: Um die Innenstadt zu erkunden, geht man am besten vom Münsterplatz in östlicher Richtung zum Schwabentor, dem alten Turm der Stadtmauer. Das **Gasthaus Bären**, von dem ebenfalls behauptet wird, es sei das älteste Gasthaus in Deutschland, ist nicht weit entfernt. Im Süden fließt der Gewerbebach-Kanal, der im Mittelalter die Lebensader für die Wirtschaft der Stadt war, im Westen schließt sich der Rathausplatz mit dem Freiburger **Rathaus** aus der Frührenaissance an. Ein Beispiel für **195**

Intakte Natur: Es plätschert das Bächlein durch den tiefen Schwarzwald.

spätgotische Architektur ist das Haus zum Walfisch an der Ecke der Franziskanerstraße. Hinter dem Rathaus in der Turmstraße kann man sich im Narrenzunfthaus Faschingsmasken und Häs (Narrenkostüme) anschauen, die der Fasnet (alemannisch für Fastnacht) eine Spur von wildem, animalischem Ritual verleihen.

Auf, auf und los geht's: Nur fünf Minuten vom Münsterplatz entfernt erreicht man den Schloßberg mit saftigen grünen Wiesen, ideal für einen kleinen Spaziergang. Erholung verschafft auch eine Tour auf den Hausberg von Freiburg, den 1284 m hohen **Schauinsland**. Man fährt mit der Straßenbahn Linie 2 Richtung Güntersal und mit dem Bus Nr. 21 nach Horben. Die verbleibenden 746 m führt dann eine vier Kilometer lange Straße bergan zum Gipfel. An klaren Tagen wird der Aufstieg durch ein überwältigendes Panorama vom Schwarzwald, der Rheinebene und den Vogesen belohnt. Man sollte auch der reichhaltigen badischen Küche und den vollmundigen Weinen die gebührende Aufmerksamkeit schenken.

Schwarzwaldklinik: Nur zehn Minuten mit dem Auto auf der B3/B 294 in nördlicher Richtung von Freiburg dehnt sich eines der schönsten Schwarzwaldtäler aus, das idyllische **Glottertal** mit grünen Hängen, die am Horizont in Wald übergehen. Weniger angenehm ist die schier endlose Reihe von Restaurants, Hotels und Geschäften entlang der Straße. In einer Seitenstraße des Glottertals wurde die Fernsehserie **Schwarzwaldklinik** gedreht.

Die Straße klettert bergan, bis die Abtei von **St. Peter** mit ihren beiden hohen Türmen auftaucht. Sie wurde im Jahre 1093 von Benediktinermönchen gegründet. An Allerheiligen und Karfreitag finden Prozessionen zu der prunkvollen Barockkirche statt, wobei auffallend viele Teilnehmer die Schwarzwälder Tracht tragen.

Weiter geht es nun zu dem Ort St. Märgen; hinter jeder Kurve ein neuer wunderschöner Ausblick auf Hügel und Täler. Der Schwarzwald besteht hier noch aus dunklen Wäldern, ruhigen Tälern, wilden Bächen und mächtigen Bauernhäusern, deren tiefe Dächer fast bis zum Boden reichen.

Die Umgebung des idyllisch auf einem Hügel gelegenen Ferienorts **St. Märgen,** dessen Mittelpunkt ein Augustinerkloster bildet, bietet den perfekten Kompromiß zwischen Zurückgezogenheit, Schönheit der Natur zum einen und den Annehmlichkeiten eines modernen Ferienziels.

Vom Himmel in die Hölle: Den Ausflug zum berühmten **Titisee** östlich von Freiburg sollte man mit der Bahn machen. Die halbstündige Fahrt auf Gleisen, die bereits 1887 gebaut wurden, ist sensationell. Die Strecke führt von der Bahnstation **Himmelreich** zur Station **Höllsteig** und überwindet dabei einen Höhenunterschied von 625 Metern, für einen Zug in Deutschland ein absoluter Rekord. In **Hinterzarten** kann man eine Pause einlegen und essen gehen. Dort fühlte sich schon Königin Marie-Antoinette wohl.

Am Wochenende ist die Allee, die zum malerischen Titisee hinunterführt, sehr überlaufen. Viele Städter kommen immer wieder und machen den schönen Spaziergang um den See (eineinhalb Stunden), oder sie durchqueren für den anstrengenderen Aufstieg zum **Feldberg** (1493 m), dem höchsten Berg des Schwarzwaldes, das wunderschöne **Bärental**.

Am Titisee vorbei und entlang dem weniger belagerten Schluchsee geht es südwestlich zu einem Ort, der mit kulinarischen Spezialitäten lockt: **Bonndorf,** das Zentrum Schwarzwälder Schinkens – direkt südlich des Naturschutzgebietes an der Wutachschlucht gelegen.

Deutschlands Toskana: Die vom Meer her kommenden Winde wehen das Rheintal hinauf und schaffen ein mildes Klima, das für den Obstanbau sehr günstig ist. Die Weinberge und leicht abfallenden Ausläufer der Berge, die zum Schwarzwald hin ansteigen, geben der Region südlich von Freiburg, dem **Markgräfler Land,** mehr als nur einen Hauch südländischen Lebens.

Das malerische **Staufen**, 20 km südwestlich von Freiburg, wurde im Jahre 1539 bekannt, als der Zauberer Dr. Faust von einem der höherrangigen Teufel im Gasthaus „Zum Löwen" getötet wurde.

Der Alchimist Dr. Faust wurde mit Goethes berühmtem Drama unsterblich. Heute steckt der Teufel eher im Markgräfler Wein und in den ausgereiften Schwarzwälder Obstschnäpsen.

Badenweiler, an einem abgerundeten Bergausläufer gelegen, ist schon seit dem Jahre 100 Kurort. Die Reste der römischen Badeanlage im Kurpark sind die am besten erhaltenen Beispiele eines römischen Bades nördlich der Alpen. Im Park stehen auch riesige kalifornische Redwoods. In Badenweiler dürfen keine Autos fahren, es ist ein ruhiger Ort.

Sitz des Kaisers: Der **Kaiserstuhl** ist vulkanischen Ursprungs, und im Sommer werden daher in diesem Bereich tropische Temperaturen erreicht; der Boden kann sich bei intensiver Sonnenbestrahlung bis auf 70° C erhitzen. In diesem Klima gedeihen wilde Orchideen, außergewöhnliche Schmetterlinge und andere exotische Pflanzen und Tiere. Am Kaiserstuhl herrscht auch das ideale Klima für den Wein- und Obstanbau.

Kleine Weindörfer wie Oberbergen haben ihren urtümlichen Charakter be-

halten. Der Gast kann in Achkarren den herzhaften Silvaner, in Bickensohl den aromatischen Gewürztraminer und in Oberrotweil den purpurroten Spätburgunder probieren.

Breisach, auf einem Basaltfelsen am Ufer des Rheins südwestlich vom Kaiserstuhl gelegen, erhält durch sein Münster aus dem 12.-16. Jahrhundert ein majestätisches Aussehen. Der große handgeschnitzte Hochaltar im Münster, geschaffen von dem unbekannten Meister H.L., gilt als eine der wunderbarsten Schöpfungen der deutschen Bildhauerei. Breisach ist eine lebhafte Stadt, im Sommer mit Kunstdarbietungen, Freilichttheater und einem der wohl bekanntesten Weinfeste, das im Juli stattfindet und „Hock" genannt wird.

Von Breisach kann man einen Abstecher nach Frankreich hinüber machen. **Colmar,** 25 km westlich von Breisach, ist mit einigen unübertroffenen Beispielen für Architektur und Kunst absolut sehenswert (Unterlinden-Museum und Dominikanerkirche). Man sollte dann auch die elsässische Küche kosten.

Schwarzwälder Holzschnitzerei.

Im Uhrenmuseum von **Furtwangen** sind Uhren in allen Größen und Ausführungen zu bewundern. Die größte Kukkucksuhr der Welt steht in Schonach, ist 7 m lang, 7,5 m breit und 6,5 m hoch. Der Kuckuck hat die erstaunliche Größe von 0,9 m. Es wird hier zwar viel Kitsch angeboten, doch mit etwas Glück findet man in einem der zahllosen Läden entlang der Straßen von Furtwangen, **Schönwald** und **Triberg** auch schon mal eine Rarität.

Der **Triberger Wasserfall** ist mit 103 Metern der höchste Wasserfall in Deutschland. Von Triberg oder St. Georgen, ein paar Kilometer östlich davon, verkehrt das Schwarzwaldbähnchen nach **Hausach**, eine Fahrt, die Ihnen sicher viel Spaß macht.

An der B 33, nur drei Kilometer südlich von Hausach und 30 Minuten zu Fuß vom Bahnhof Hausach entfernt, steht der **Vogtsbauernhof**, ein Museum mit Häusern aus den verschiedenen Regionen des Schwarzwaldes samt deren Einrichtung und alten landwirtschaftlichen Gerätschaften.

Nagold, 38 km östlich von Freudenstadt im Tal des gleichnamigen Flusses, beherbergt die 1000 Jahre alte Remigiuskirche mit schönen Freskomalereien und einer ungewöhnlichen Marienstatue mit dem Jesuskind an der Hand.

„Der schönste Ort, den ich an der Nagold kenne, ist Calw", schrieb Hermann Hesse (geboren 1877). Dies empfand er auch in späteren Jahren, wenn er in seine Heimatstadt zurückkehrte. **Calw** vermittelt zuweilen noch jenes wunderbare Gefühl von Jugend und Beschwingtheit, das Hesse in seinen Romanen so gekonnt eingefangen hat. Im Heimatmuseum steht das Denkmal des berühmten Sohnes der Stadt.

Im nahegelegenen **Hirsau** sind die Ruinen eines Klosters und zweier Kirchen zu sehen, die zu einer der mächtigsten Benediktiner-Abteien in Europa gehörten, dem Mutterhaus von mehr als 100 Klöstern, die zur Kongregation Hirsau gehörten.

Athen am Neckar: Wenn Deutschland jemals das „Land der Dichter und Denker" war, dann ist **Tübingen** die Stadt, die diesen Titel für sich in Anspruch nehmen kann. Hier lebten viele bedeutende Menschen: Johannes Kepler (1571-1630), der als erster die elliptische Umlaufbahn der Planeten berechnete, oder Wilhelm Schickhardt, der im Jahre 1623 den ersten mechanischen Rechner der Welt erfand. Im „Athen am Neckar" haben die Philosophen Hegel und Schelling gelebt und natürlich die Dichter und Schriftsteller Hölderlin, Mörike, Uhland und Hauff. Sie alle waren Schüler des **Tübinger Stifts**, eines evangelischen Priesterseminars, das 1536 gegründet wurde.

An zwei Hügel gebaut, überblickt Tübingen Neckar und Ammer. Seine mittelalterlichen Sehenswürdigkeiten haben unversehrt den Zweiten Weltkrieg überstanden: die gotische **Stiftskirche** aus dem 15. Jahrhundert, mit den dahinter gelegenen ältesten Teilen der 1477 gegründeten **Universität**, wo der Reformator Philipp Melanchthon von 1514-1518 lehrte. Unten am Neckar erhebt sich inmitten von Trauerweiden der **Hölderlin-Turm,** in dem der kranke Dichter von 1807 bis zu seinem Tode 1843 lebte. Durch die Bursagasse kommt man von hier, das Stift links liegen lassend, zum teils in Fachwerk erbauten **Rathaus** von 1435. Es steht auf dem alten Marktplatz, wo Bauern in ländlicher Tracht auf dem Wochenmarkt ihre Ware verkaufen. Vom Marktplatz aus führt die Burgsteige zum **Schloß Hohentübingen** aus dem 16. Jahrhundert hinauf (373 m), wo man einen Blick über die Dächer von Tübingen und den Neckar hat.

Stadt des „guten Sterns": Stuttgart, die Landeshauptstadt von Baden-Württemberg (550 000 Einwohner) hat das höchste Pro-Kopf-Einkommen aller deutschen Städte. Seit 1926 erstrahlt der „leuchtende Stern der Straßen", der silberne Mercedesstern, über Stuttgarts Himmel.

Das im Renaissancestil erbaute **Alte Schloß** aus dem 16. Jahrhundert am Schillerplatz im Herzen der Stadt könnte Ausgangspunkt eines ergiebigen Stadtrundgangs sein. Gegenüber steht das **Neue Schloß** (1746-1807) mit dem Kultus- und Finanzministerium des Landes. Der Schloßplatz mit dem **Königsbau** und der Königstraße, einem Fußgängerbereich, ist ein beliebtes Einkaufszentrum. Hinter

WALDSTERBEN

„Der Wald stirbt" - Wie keine andere Umweltkrise zuvor elektrisierte zu Beginn der achtziger Jahre die Schreckensvision einer unaufhaltsamen Versteppung weiter Landstriche die Öffentlichkeit in der damaligen Bundesrepublik. Viele Deutsche pflegen ein geradezu mystisches Verhältnis zu ihren Wäldern. Der Wald in Deutschland, das war schon immer mehr als nutzbringendes Wirtschaftsgut, mehr als angenehmes Freizeitangebot und mehr als lebenspendendes Ökosystem.

Immer noch sind über 30 Prozent des Landes bewaldet. Der „deutsche Wald" hatte faktisch und als Kulturlegende eine extreme Bevölkerungsdichte, Zersiedlung und Hochindustrialisierung fast ein Jahrhundert lang schadlos überlebt. Dann war die Grenze der Belastbarkeit unübersehbar überschritten. Schuldige wurden gesucht und schließlich gefunden: Ein Cocktail aus Luftschadstoffen aus den Kaminen der Kraftwerke und Fabriken, aus Millionen Auspuffen von Autos hat Blätter und Nadeln über Jahrzehnte malträtiert. Der Regen, einst Lebenselixier für den Wald, verwandelte sich in eine aggressive Säuredusche.

Hunderte von Millionen Mark investierten die Regierungen in Bund und Ländern, um den komplexen Mechanismus auf die Spur zu kommen, die erst die Tanne, dann die Kiefer, die Pappel, die Buche und schließlich den deutschesten aller Bäume, die Eiche, dahinrafften. Der Wald scherte sich wenig um die hektische Geschäftigkeit, die sein Siechtum unter den Menschen ausgelöst hatte. Er starb weiter. Ende der achtziger Jahre waren deutlich über die Hälfte aller Bäume schwer erkrankt oder bereits abgestorben. Auf dem Territorium der früheren DDR sah es nicht besser aus. Zwar bescherten günstige Witterungsbedingungen den Nadelbäumen in den vergangenen Jahren eine Erholungspause. Gleichzeitig jedoch explodierten die Schäden bei den Laubbäumen. In den Höhenlagen des Schwarzwaldes, des Bayerischen Waldes, des Harzes oder des Fichtel-und Erzgebirges war zu diesem Zeitpunkt nichts mehr zu retten: Große Flächen verwandelten sich in Säuresteppen. Auf Wiederaufforstung wurde häufig verzichtet, weil die übersäuerten Böden derartige Versuche von vornherein zum Scheitern verurteilten. Im Winter und im Frühjahr 1990 fegte zu allem Überfluß eine ganze Serie orkanartiger Stürme über Mitteleuropa hinweg. Wie Streichhölzer knickten die geschwächten Bäume insbesondere in Süddeutschland unter der Gewalt des Windes zusammen. Nie zuvor wurden in Deutschland Sturmschäden dieser Größenordnung registriert.

Erfolge bei der Luftreinhaltung beschränkten sich bis heute im wesentlichen auf einen einzigen Schadstoff: Die Belastung mit Schwefeldioxid aus den gewaltigen Kohlekraftwerken konnte durch den Einbau von Filtern erheblich reduziert werden. Die Stickoxid-Emissionen und andere Luftschadstoffe stagnieren seit Jahren auf unverändert hohem Niveau. Katalysatoren in Personenkraftwagen, die sich allmählich durchsetzen, bleiben praktisch ohne Folgen für die Gesamtbelastung, weil ein neuer Autoboom und immer mehr Lastkraftwagen auf den Straßen die Segnung der neuen Technik zunichte machen. Nach wie vor ist die Bundesrepublik Deutschland das einzige Industrieland ohne Geschwindigkeitsbegrenzung auf dem dichten Netz der Autobahnen. Nach wie vor gilt die von den Politikern im Gleichklang mit der Autoindustrie ausgegebene Parole: „Freie Fahrt für freie Bürger ".

Ein geschlossenes Konzept zur Rettung des Waldes gibt es nicht. Und: Die Bevölkerung beginnt sich an abgestorbene Bäume, braune Nadeln und freie Flächen auf den Kämmen der Mittelgebirge zu gewöhnen.

Die Gegenstrategien der Regierung wirken bestenfalls halbherzig, versuchen an Symptomen zu kurieren. Um der weiteren Übersäuerung der Böden gegenzusteuern, wird Kalk eingesetzt, großflächig in noch nicht vollständig zerstörten Wäldern und im Zuge der Wiederaufforstung. Auch exotische „Lösungen" haben zunehmend Konjunktur: Die Regierung der DDR brüstete sich jahrelang mit ihren Versuchen, säureresistente Bäume zu züchten. In Westdeutschland wurde 1988 die erste Samenbank für den deutschen Wald eingerichtet. In den Kühlräumen der „Forstgenbank" warten die Samen und Keimlinge einheimischer Sträucher und Bäume auf bessere Zeiten....

dem Neuen Schloß umgeben die Akademiegärten das Landtagsgebäude. Gegenüber vom Schloßpark ist das **Württembergische Staatstheater,** wo das weltberühmte John-Cranko-Ballett zu Hause ist. Die **Staatsgalerie** mit einer der führenden Gemäldesammlungen Süddeutschlands hat hinter dem Staatstheater ein neues Gebäude bezogen. Mit dem **Lindenmuseum** unweit des Hauptbahnhofs besitzt Stuttgart eines der schönsten deutschen Völkerkundemuseen.

Im Stadtteil Untertürkheim können die Auto-Fans das hochinteressante **Daimler-Benz-Museum** besuchen. Am rechten Ufer des Neckars, im Stadtteil Bad Cannstatt, wo auch das **Nekkarstadion** steht, fuhr Gottfried Daimler im Jahre 1886 das erste Auto der Welt, das mit Benzin angetrieben wurde. Hier findet auch in jedem Herbst der **Cannstatter Wasen** statt, das schwäbische Pendant zum Münchner Oktoberfest.

Die Goldstadt: Auf dem Weg weiter nach Westen Richtung Karlsruhe, sollte, wer eine Vorliebe für wertvollen Schmuck hat, in **Pforzheim** haltmachen. Es liegt am nördlichen Rand des Schwarzwalds und am Zusammenfluß von Enz, Nagold und Würm. Der Ruf der Pforzheimer Goldschmiede ist vergleichbar mit dem der Amsterdamer Diamantenschleifer. An die 80 Prozent des deutschen Schmucks werden in Pforzheim hergestellt, das meiste immer noch in Handarbeit, vornehmlich in kleinen Betrieben. Das ungewöhnliche **Schmuckmuseum** im Reuchlinhaus führt anschaulich in die Geschichte des Schmucks ein.

18 km nordöstlich von Pforzheim ist in **Maulbronn** das Zisterzienserkloster aus dem 12. Jahrhundert, das besterhaltene mittelalterliche Kloster Deutschlands, zu besichtigen.

Karls Ruhe: Glaubhaften Berichten zufolge hatte Markgraf Karl-Wilhelm von Baden eines Tages genug von seiner strengen Frau und ließ sich einen neuen Palast bauen, wo er in Ruhe mit seinen jungen weiblichen Leibwächtern leben konnte. Am Anfang, 1715, stand da nur das Schloß, und rundherum war nichts.

Die Universitätsstadt Tübingen strahlt im Glanze ihrer Fachwerkhäuser.

Um 1805 war **Karlsruhe** bereits die Hauptstadt des Herzogtums Baden und breitete sich fächerförmig entlang geometrischer Linien um das Schloß und den dahinter liegenden weiten Schloßgarten aus.

Die meisten Sehenswürdigkeiten gruppieren sich um das Schloß, heute das **Badische Landesmuseum.** Die Staatliche Majolika-Manufaktur mit Fayencenkeramik, die Staatliche Kunsthalle mit einer der besten Ausstellungen europäischer Malerei in Süddeutschland und der Botanische Garten mit der Orangerie sind ganz in der Nähe.

Das gilt auch für das **Bundesverfassungsgericht,** das als Wächter über die Einhaltung unserer Verfassung und als letzte Entscheidungsinstanz für wichtige politische Auseinandersetzungen eingesetzt wurde. Der **Bundesgerichtshof** hat die Persönlichkeitsrechte des Einzelnen zu schützen. Er ist das höchste Appellationsgericht des Landes.

Europäische Sommerhauptstadt: Die einzigartige Mischung aus deutscher Gemütlichkeit und französischem Savoir-Vivre, die zauberhafte Gegend, die Heilquellen und eines der schönsten Spielcasinos der Welt sind die Gründe dafür, daß **Baden-Baden** Anspruch auf den Titel der europäischen Sommerhauptstadt erheben kann.

Baden-Badens Tradition als Kurort geht bis in die Zeit der Römer zurück und ist seit 1507 urkundlich belegt. Aber der Geist des Kaiserreiches des zweiten Jahrhunderts kehrte erst wieder, als Jacques Benazet im Jahre 1838 seinen luxuriösen Spielsalon eröffnete, das **Casino im Kurhaus,** mit Glücksspielen, die das Salz in der Suppe waren. Auf einmal wurde es Mode, nach Baden-Baden zu fahren. Im Sommer kamen neben der europäischen Aristokratie, Schriftstellern und Musikern auch stets einige Staatsoberhäupter hierher. Regelmäßige Besucher waren der preußische König, russische Prinzen, Königin Victoria von England, Johannes Brahms und natürlich der berüchtigte Spieler Dostojewski.

Die **Iffezheimer Rennwoche** ist einer der Höhepunkte der deutschen Galopprennsportsaison.

Fachwerk in Neustadt. „Zum Bären" in Freiburg ist das älteste deutsche Gasthaus.

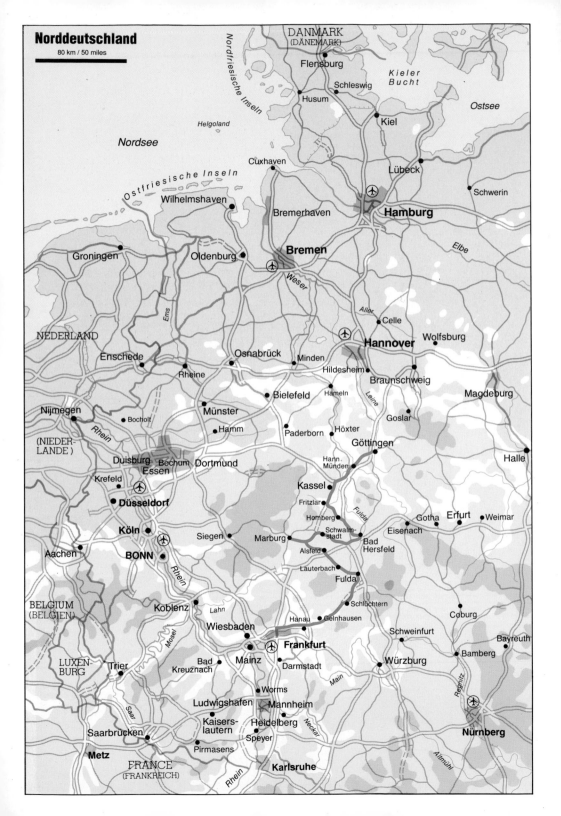

So abgedroschen das Schlagwort vom „Weißwurst-Äquator" auch ist, es läßt sich nicht leugnen, daß etwa am Main entlang eine unsichtbare Grenze verläuft, die den Süden und den Norden Deutschlands teilt. Mit der landschaftlichen Veränderung, den Mittelgebirgen, der Norddeutschen Tiefebene und der Küstenregion ändert sich auch der Menschenschlag. Pauschal geurteilt: Der Norden ist evangelisch und wählt SPD.

Hessen mit der Landeshauptstadt Wiesbaden ist 21 114 Quadratkilometer groß und hat 5,5 Millionen Einwohner. Der Odenwald, der Spessart, der Taunus, die Röhn, der Vogelsberg und das Nordhessische Bergland machen Hessen zum waldreichsten Land der alten Bundesrepublik. 30 Prozent der Bevölkerung leben im Rhein-Main-Gebiet. Industrien aller Sparten siedelten sich an, besonders die Chemie, Elektrotechnik und die der Kraftfahrzeuge (Opel in Rüsselsheim). Um Kassel werden Lokomotiven, Waggons und VWs gebaut.

In Niedersachsen vollzieht sich der Wechsel vom Mittelgebirge, dem Harz, über das Tiefland zum Wattenmeer und der Nordseeküste. Niedersachsen ist 47 450 Quadratkilometer groß, hat 7,2 Millionen Einwohner, die Hauptstadt ist Hannover. Die Weser durchzieht das Land. Die Elbe bildet die natürliche Grenze zu Mecklenburg-Vorpommern, Niedersachsen und Hamburg. Im Salzbergwerk Asse wird mittelradioaktiver Abfall gelagert, und in Gorleben soll eine Atommülldeponie eingerichtet werden. Niedersachsen ist reich an Bodenschätzen: Stein- und Kalisalze kommen an mehreren Standorten vor, Braunkohle um Helmstedt, Eisenerze um Salzgitter und Peine und Zink im Harz. Die Stahlproduktion konzentriert sich auf Salzgitter und Peine, in Wolfsburg hat VW seine Zentrale, und in Hannover werden Süßigkeiten hergestellt. Neben der Fischerei und der fischverarbeitenden Industrie lebt die Bevölkerung an der Küste und auf den Ostfriesischen Inseln hauptsächlich von den Feriengästen.

Innerhalb von Niedersachsen liegt der Stadtstaat Bremen mit 677 000 Einwohnern. Davon leben knapp 140 000 im 60 Kilometer nördlich liegenden, 1827 gegründeten Bremerhaven, seit 1847 Endpunkt der ersten Dampferlinie zwischen dem europäischen Festland und Amerika. Bremen lebt vom Hafen. Über ein weltweites Linienverkehrsnetz kommen Baumwolle, Tabak, Getreide und Reis.

Im Stadtstaat Hamburg, mit 1,6 Millionen Einwohnern die zweitgrößte Stadt Deutschlands, dehnen sich Hafen und die Lagerhäuser immer weiter aus. Neben dem Schiffsbau beherbergt Hamburg Mineralöl-, chemische und elektrotechnische Industrien. Die Stadt ist auch Deutschlands bedeutendste Pressemetropole (Spiegel, Stern, dpa).

Das Land zwischen Nordsee und Ostsee, Schleswig-Holstein mit Kiel (245 000 Einwohner) als Hauptstadt, ist 15 727 Quadratkilometer groß und hat 2,6 Millionen Einwohner. Drei Viertel des industriearmen Landes werden landwirtschaftlich genutzt. 16 Bäder an der Nordsee und 19 an der Ostsee locken den Besucher.

Vorherige Seiten: Schafe beweiden die Dünen.
Kutschenfahrt im Watt.

MIT DEN BRÜDERN GRIMM DURCH HESSEN

Frankfurt ist wie kaum eine andere Stadt in Deutschland zu einer urbanen Metropole geworden, an der sich die Geister scheiden. Nicht umsonst haben Einheimische das abwertend gemeinte Schlagwort vom **„Mainhattan"** geprägt. Der Comic-Zeichner Seyfried verzeichnet diesen Ort als **„Bankfurt"** auf seiner alternativen Deutschlandkarte. Die neuen Kathedralen des großen Geldes, die Hochhaustürme der Großbanken und Finanzkonsortien aus aller Welt, haben der Stadt in den letzten Jahren zu einer „Skyline" verholfen, die es unübersehbar macht, daß hier das Herz nicht nur des deutschen Geldkreislaufs schlägt. Die Bundesbank, die Börse und sämtliche führenden Geldinstitute Deutschlands und Europas sind in der Frankfurter City auf engstem Raum konzentriert.

Unter dieser geballten Macht des Geldes bricht die frühere Infrastruktur der Stadt zusammen: Alteingesessene Läden und Bewohner können bei den in schwindelerregende Höhen kletternden Mietpreisen nicht mehr mithalten und müssen in andere Stadtteile oder ins Umland abwandern. Ja selbst das älteste Gewerbe der Welt muß seinen Stammplatz in der Kaiserstraße am Hauptbahnhof räumen und wird in entfernte Industriegebiete umquartiert.

Das jetzt noch leicht schmuddelige „Bahnhofsviertel", das einst diesem Begriff zu seiner anrüchigen Nebenbedeutung verhalf, soll zur Visitenkarte des „postmodernen" Frankfurt werden, wie es durch den neuen **Messeturm** (mit 257 Metern das derzeit höchste Gebäude Europas) symbolisiert wird. Die zentrale Rolle, die Frankfurt wegen seiner Lage spielte, die es zum Schnittpunkt der wichtigsten Autobahnen, Schienenstränge und Luftverkehrswege Deutschlands werden ließ, macht es heute, wie sein großes Vorbild New York, zu einem Durchlauferhitzer des schnellen Geldes und der schnellen Karrieren, aber auch des grandiosen Scheiterns. Verloren geht darüber das Frankfurt der ehemals Einheimischen: Das *Wasserhäussche'* (ein

Kiosk) an der Ecke, die gemütliche Kneipe mit Gartenwirtschaft, das kleine *Lädsche'* (der Tante-Emma-Laden), in dem noch Frankfurterisch *gebabbelt* wird, werden durch ihre weltweit operierenden Nachfolger ersetzt. Und doch, es gibt es noch, das alte Frankfurt mit seinen romantischen Winkeln, seiner tausendjährigen Tradition und aufgeschlossenen Bevölkerung. Wenn man sich ein wenig Zeit nehmen kann, wird man es entdecken.

Große Vergangenheit: Seit seiner ersten Erwähnung im 8. Jahrhundert hat Frankfurt eine wichtige Rolle in der deutschen Geschichte gespielt. Von 855 bis 1792 wurden 36 Herrscher in Frankfurt gewählt, und von 1502 an wurden die deutschen Kaiser im Frankfurter Dom gekrönt. Auf einem Spaziergang von 1 1/2 Stunden kann man die wichtigsten Gebäude des mittelalterlichen Frankfurt genießen. An diese große Vergangenheit erinnert der **Römer**, Frankfurts Rathaus mit dem Kaisersaal, in dem die Krönungsfeste gefeiert wurden. Auf dem gleichnamigen Platz davor mit dem **Gerechtigkeitsbrunnen** kann man im

Haus Wertheim, einem reich verzierten Fachwerkhaus aus dem 16. Jahrhundert, in einem gemütlichen Lokal einkehren, wenn man den Bummel durch Frankfurts große Vergangenheit beendet hat. Zunächst aber gilt das Interesse der **historischen Ostzeile**, einer Reihe restaurierter Fachwerkhäuser gegenüber dem Römer. Das **Historische Museum**, ältestes Gebäude der City, die **Nikolaikirche** (1290 gebaut) und der **Kaiserdom** liegen gleich nebenan. Nicht weit davon ist die **Paulskirche**, wiederaufgebaut nach starker Beschädigung im Zweiten Weltkrieg. Sie war Sitz des ersten deutschen Parlaments 1848-49. Heute werden hier der Goethepreis und der Friedenspreis des deutschen Buchhandels verliehen. Das **Goethehaus** liegt gleich um die Ecke. Hier wurde der große Dichter geboren, verbrachte er seine Jugend. Es ist ein Museum.

„Shopping": Einen ausführlichen Einkaufsbummel beginnt man am besten an der **Hauptwache** (1792) mitten im Zentrum. Gleich in der Nähe sind die **Zeil**, Deutschlands längste Einkaufsstraße,

und die **Freßgass**, eine Fußgängerzone, die ihren Namen von den vielen hier ansässigen Delikatessenläden und Restaurants erhielt. Die wiederaufgebaute **Alte Oper** steht am Ende der Freßgass. Hier finden Sie auch den berühmten „Jazzkeller", der mithalf, Frankfurt zu einer der Metropolen des europäischen Jazz zu machen.

Die Frankfurter Museen allein sind Grund genug, die Stadt zu besuchen. Eines der interessantesten ist sicher das **Senckenberg-Museum** für Naturgeschichte mit einer weltberühmten Sammlung von Versteinerungen und Saurierskeletten. Nicht weniger als acht Museen finden Sie am Südufer des Mains, dem **Museumsufer**, mit dem **Staedelschen Kunstinstitut**, dem **Deutschen Filmmuseum**, dem **Architekturmuseum** und dem **Museum für Kunsthandwerk**, um nur die bedeutendsten zu nennen.

Die Museen liegen im Stadtteil **Sachsenhausen** mit seinen vielen kleinen Kneipen und Gartenwirtschaften in der Fußgängerzone rund um die „Klapper-

Frankfurt: Größter Flughafen Deutschlands, nach London der zweitgrößte Europas.

gass", in denen bis spät in die Nacht „Ebbelwoi" (Apfelwein) gezecht wird. Versuchen Sie dazu eine der lokalen Wurstsorten.

Sehenswert in Frankfurt sind sicher auch der **Zoo**, der **Palmengarten**, die **Mainpromenade** und der **Stadtwald**, der größte kommunale Wald in Deutschland. Frankfurt ist die Stadt der Messen, aus deren Vielzahl die **Internationale Buchmesse** und die **Internationale Automobilausstellung** hervorzuheben sind.

Ausflüge von Frankfurt: Das Rhein-Main-Gebiet und die romantische Umgebung bieten lohnende Ausflugsziele. **Bad Homburg** vor der Höhe, ein weltberühmter Kurort an den Ausläufern des **Taunus**, ist nur 25 km entfernt. Kaiser und Zaren, Könige und Herzöge kamen hierher, um Heilung zu suchen. Englische Gäste bauten hier den ersten Tennisplatz auf dem Kontinent und später Deutschlands ersten Golfplatz. Ein **siamesischer Tempel**, eine **russische Kapelle** und das älteste **Spielcasino** der Welt sind im Kurpark zu finden.

Von Bad Homburg aus kommt man mit dem Bus zur nahegelegenen **Saalburg**, einem wiederaufgebauten Römerkastell aus der Zeit zwischen 83 und 260 nach Christi Geburt, an der Grenze des damaligen Römischen Reiches. Im **Saalburgmuseum** kann man eine einzigartige Sammlung von Funden aus dieser Zeit bewundern.

Von der Stadtmitte Frankfurts aus braucht man nur 25 Minuten mit der S-Bahn (S 4), um zu der Stadt **Kronberg** zu kommen, die von der gleichnamigen Burg (gebaut 1230) beherrscht wird. Das mittelalterliche Stadtzentrum ist den Besuch wert, und der nahegelegene **Opelzoo** macht den Kindern viel Spaß.

Oberursel, das Tor zum Taunus, kann ebenfalls binnen 25 Minuten mit der U-Bahn (U 3) vom Zentrum Frankfurts aus erreicht werden. Den Obertaunus kann man am besten vom Fuß des Feldbergs aus erkunden. Von der U-Bahnstation Hohenmark an führen markierte Wanderwege durch den gesamten Taunus. Mit dem Bus kommt man von hier aus aber auch bequemer zum **Großen**

Der historische Kern Frankfurts entstand einladend neu.

Bad Kissingen

Ein bunter Strauß harmonischer Kombinationen von Heilkuren, Erholung und Urlaubsfreuden erwartet Sie in unserem schönen Heilbad.

Lebensfreude, Gesundheit erhalten und ein Hauch von Luxus können Ihren Aufenthalt zu einem unvergeßlich schönen Erlebnis werden lassen. Genießen Sie das reizvolle Flair der anmutigen Landschaft. Entdecken Sie den mittelalterlichen Stadtkern mit seinen verträumten Winkeln und lassen Sie sich von der einzigartigen Atmosphäre verzaubern. In Bad Kissingen finden Sie natürlich noch vieles mehr, was Ihren Kuraufenthalt oder Ihren Urlaub verschönert. Erleben Sie den ganz besonderen Reiz, der Bad Kissingen zu jeder Jahreszeit eigen ist.

Leiden Sie an Erkrankungen des Magens, Darms, der Leber und Galle, des Herzens, Stoffwechsels sowie des rheumatischen Formenkreises, dann sind Sie hier genau richtig. Wir verknüpfen langjährige Tradition mit den Erkenntnissen der modernen Medizin und tun unser Bestes für Ihr Wohlbefinden, für Ihre Gesundheit.

Zum Kennenlernen von Land, Leuten und Kur ist unser Schnupperangebot gedacht.

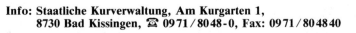

Info: Staatliche Kurverwaltung, Am Kurgarten 1,
8730 Bad Kissingen, ☎ 0971 / 8048-0, Fax: 0971 / 804840

BAD KISSINGEN
BAYERISCHES STAATSBAD

Feldberg, mit 890 Metern der höchste Berg im Taunus mit einem Aussichtsturm und einer bekannten Falknerei.

Die Deutsche Märchenstraße: Jakob (1785-1863) und Wilhelm Grimm (1786-1856) sind durch „Grimms Märchen" schon zu Lebzeiten bekannt geworden. Diese Sammlung von volkstümlichen Märchen und Sagen aus dem Hessenland wurde in mehr als 140 Sprachen übersetzt. Daneben waren aber die beiden Brüder auch Sprachforscher, die die Grundzüge einer Grammatik der deutschen Sprache entwickelten und an einem „Deutschen Wörterbuch" arbeiteten. Nicht zuletzt setzten sie sich für die bürgerlichen Freiheiten ein und traten gegen undemokratische Herrschaftsformen ein, was ihnen mancherlei Ärger einbrachte. Die Brüder Grimm lebten und arbeiteten in Hessen und im Weserbergland, und ihnen verdanken diese Gegenden einen großen Teil ihres Reichtums an überlieferten Volksdichtungen aus längst vergangenen Zeiten. Unsere Reise entlang der „Deutschen Märchenstraße" beginnen wir deshalb an ihrem Geburtsort **Hanau** am Main, wo das Denkmal der Brüder auf dem Marktplatz den Anfang dieser Straße darstellt, die nach 595 Kilometern in der Freien Hansestadt Bremen endet.

In Hanau sind die **Deutsche Goldschmiede** (erbaut 1537-38) am Altstädter Markt, das **Schloß Philippsruhe** mit seinem Museum und der Kurort **Wilhelmsbad** mit seinem Park eine Besichtigung wert. Die Puppensammlung im **Hessischen Puppenmuseum** zieht viele Besucher an.

Unser nächster Halt 20 Kilometer weiter nördlich auf der Märchenstraße ist **Gelnhausen**. Die dortige **Kaiserpfalz** wurde von Kaiser Friedrich Barbarossa selbst in Auftrag gegeben, der an dieser Stelle, dem Kreuzungspunkt wichtiger Straßen seines Reiches, aus drei kleinen Ansiedlungen im Jahre 1170 die Freie Reichsstadt Gelnhausen machte. 1180 fand hier der erste Reichstag statt, und die Stadt behielt das ganze Mittelalter hindurch ihre strategische Bedeutung.

Von Gelnhausen aus folgt man dem schönen **Kinzigtal** und kommt durch

Wächtersbach, das sich den Zauber einer kleinen Residenzstadt erhalten hat, zu den Kurorten **Bad Orb** und **Bad Soden**. Immer auf der alten Handelsstraße zwischen Frankfurt und Leipzig bleibend, erreicht man **Steinau** an der Straße, eine kleine, romantische Stadt im „Bergwinkel", einem der schönsten Landstriche Deutschlands. Die Brüder Grimm verbrachten ihre Kindheit hier im alten **Amtshaus**.

In **Schlüchtern** (acht Kilometer weiter), einer alten Klosterstadt, in romantischer Umgebung zwischen Hügeln eingebettet, sind im **Bergwinkelmuseum** Erinnerungsstücke an die Brüder Grimm und an Ulrich von Hutten (1488-1523) zu finden. Der letztere war ein humanistisch gesinnter Ritter, der für ein starkes und einiges Deutsches Reich kämpfte.

Erinnerungen an den heiligen Bonifatius: In Schlüchtern sollte man die Märchenstraße verlassen und einen Abstecher zur Bischofsstadt **Fulda** (60 000 Einwohner) machen, die an den Ufern des gleichnamigen Flusses zwischen den Ausläufern von Rhön und Vogelsberg gelegen ist. Die Geschichte der Stadt geht zurück bis auf das Jahr 744, als der heilige Bonifatius dem Benediktinermönch Sturmius den Auftrag gab, ein Kloster auf den Ruinen einer Merowingerburg zu errichten. Dieses Kloster wurde zu einem Zentrum von Religion und Wissenschaft im Frankenreich. Nachdem der heilige Bonifatius am 5. Juni 754 in Friesland den Märtyrertod gestorben war, wurden seine sterblichen Überreste in der Erlöserkirche im Kloster beigesetzt. Der Sarkophag des heiligen Bonifatius, des „Apostels Deutschlands", wurde nach und nach zu einer Wallfahrtsstätte. Unter Hrabanus Maurus (Lehrer der Deutschen) errang die Klosterschule im 9. Jahrhundert einen sehr guten Ruf.

Fuldas Barockviertel ist einzigartig in seiner Gesamtanlage. Das **Stadtschloß** geht zurück auf die Jahre 1706-21, als die Fürstäbte von Fulda den früheren Renaissancepalast nach den Plänen von Johann Dientzenhofer umbauen und erweitern ließen. Von ihm stammen auch die Pläne für den Fuldaer **Dom**, der im 9. Jahrhundert auf den Grundmauern der alten Basilika errichtet wurde, nachdem der Strom der Pilger von der ersten Grabkirche des heiligen Bonifatius nicht mehr verkraftet werden konnte. In seiner Krypta steht heute der **Sarkophag des heiligen Bonifatius**. Ein barockes Alabasterrelief, umrahmt von schwarzem Marmor, stellt seinen Märtyrertod dar.

Vor den Toren Fuldas, nur einige Autominuten entfernt, liegt die **Fasanerie**, ein barockes Lustschloß. Ebenfalls außerhalb der Stadt, auf dem **Petersberg,** findet man in der Benediktinerabtei ein Monument herausragender sakraler Architektur in Deutschland.

Im Freilichtmuseum in **Tann** werden die Besucher mit Lebensweise und Brauchtum der Bergbauern in der Rhön vertraut gemacht. Die **Rhön** ist der Rest eines Vulkanmassivs. Die karge Mittelgebirgslandschaft, durchzogen von Hochmooren und stets windumtosten Hochebenen, erstreckt sich zwischen Fulda im Nordwesten und Bad Kissingen im Süden und ist zum Teil als Naturschutzgebiet ausgewiesen.

Im schönen Tal der fränkischen Saale gelegen, ist **Bad Kissingen** mit seinem kohlensäurehaltigen Wasser einer der beliebtesten Kurorte Bayerns. Auf der **Wasserkuppe** (950 Meter) findet man ein Zentrum des Segelflugsports und verwandter Sportarten. Im Winter ist dort ein Mekka des Skisports. Auf dem Weg zur Wasserkuppe liegen die sehenswerten Überreste einer keltischen Festung auf der **Milseburg** (835 Meter).

Zurück auf die Märchenstraße: Wieder in Fulda erreicht man nach 25 Kilometern in nordöstlicher Richtung in **Lauterbach** wieder die Märchenstraße. Hunderttausende von Gartenzwergen werden alljährlich von den hier ansässigen Firmen hergestellt. Rund um den **Ankerturm** findet man viele alte Fachwerkhäuser.

20 Kilometer weiter liegt die Fachwerkstadt **Alsfeld**. Auf dem Marktplatz mit dem eindrucksvollen **Rathaus** (erbaut 1512-16), dem **Weinhaus** (1538) und dem **Hochzeitshaus** (1564-71) und in der umliegenden Altstadt kann man sehenswerte Fachwerk- und Steinhäuser großenteils aus dem 14. Jahrhundert bewundern. Viele von ihnen sind erst in den letzten Jahren von unpassenden **213**

Verblendungen befreit worden. Zum Vorschein kamen massive Eichenbalken, verzierte Eckpfosten und mit Inschriften versehene Querbalken, die von dem hohen Entwicklungsstand der mittelalterlichen Handwerkskunst in Alsfeld zeugen.

Ungefähr 40 Kilometer westlich davon liegt die Universitätsstadt **Marburg**, die Wiege der deutschen Romantik. Hier begannen die Brüder Grimm ihre Forschungen über die deutschen Volksmärchen und Geschichten. Von den Ufern der Lahn steigt die Altstadt mit ihren engen Gäßchen und dem schönen Marktplatz an den Hängen des Schloßbergs empor. Marburgs schönstes Gebäude, die **Elisabethkirche**, ein Meisterwerk der Frühgotik, ist das vollkommene Beispiel einer Hallenkirche. Das **Landgräfliche Schloß** mit dem größten gotischen Rittersaal Deutschlands war der Schauplatz der berühmten „Marburger Religionsgespräche" im Jahre 1529. Marburgs Gesicht wird bis heute wesentlich durch seine Universität geprägt. Gegründet 1527, war sie die erste protestantische Universität der Welt. Ortega y Gasset sagte von ihr: „Ich verdanke ihr die Hälfte meiner Hoffnungen und fast meine gesamte intellektuelle Disziplin."

Rotkäppchenland: Die Gegend nördlich von Alsfeld und östlich von Marburg wird „die Schwalm" genannt. Man kennt sie auch als Rotkäppchenland, weil die bekannte Geschichte hier entstand.

An Sonn- und Festtagen kann man noch die landesübliche Tracht und Kopfbedeckung in den Ortschaften des Schwälmerlands sehen. Hauptstadt dieses Landstrichs ist **Schwalmstadt**, ein Zusammenschluß der beiden Nachbarstädtchen **Ziegenhain** und **Treysa** mit elf kleineren Ortschaften. Die Festzüge während der *Salatkirmes* (in Ziegenhain) und der *Hutzelkirmes* (in Treysa) zählen zu den besten in Deutschland, weil sie einen Schwerpunkt auf die Darstellung überlieferten Brauchtums und alter Kostüme legen.

Wieder auf der Märchenstraße fahren Sie durch die Luftkurorte **Neukirchen** und **Oberaula** am Südhang des **Knüllgebirges**. Diese Erholungsorte bieten vielerlei Möglichkeiten zur sportlichen

Kraftstrotzend-männlich steht der Herkules als Wahrzeichen Kassels über der Stadt.

Betätigung. 19 Kilometer weiter in östlicher Richtung liegt der Kurort **Bad Hersfeld.** Die Stadt ist bekannt wegen ihrer Festspiele, deren Schauplatz die **Stiftsruine** ist, die größte romanische Kirchenruine nördlich der Alpen. Außer seinem gesunden Klima bietet Bad Hersfeld mit dem **Lullusbrunnen** und dem **Vitalisbrunnen** zwei beliebte Mineralbrunnen. Das Lullusfest wird alljährlich im Oktober begangen, um das Andenken des Stadtgründers zu ehren.

Zwischen Bad Hersfeld und Kassel kommt man am Rande der Autobahn A 7 durch zwei bemerkenswerte Kleinstädte: Homberg und Fritzlar. Die Kreisstadt **Homberg** ist bekannt wegen ihrer zahlreichen guterhaltenen Fachwerkhäuser. Besonders sehenswert ist der **Marktplatz** mit der großen **Marienkirche** und seinen alten Bürgerhäusern. Der Gasthof **Krone** aus dem Jahr 1480 ist (nach dem „Riesen" in Miltenberg) das zweitälteste deutsche Gasthaus, das heute noch betrieben wird.

In **Fritzlar,** 25 Kilometer nördlich von Homberg, fällte der heilige Bonifatius zum Staunen der heidnischen Germanen eine Eiche, die dem Donnergott Donar (Thor) geweiht war, ohne von diesem bestraft zu werden. Bonifatius gründete hier 724 ein Benediktinerkloster. Im 9. Jahrhundert war Fritzlar bereits eine wichtige Reichsstadt. Sehenswert ist das mittelalterliche Stadtzentrum mit seinen Stadtmauern, Türmen und Fachwerkhäusern rund um den **Marktplatz.** Fritzlar, viele hundert Jahre lang im Besitz der Mainzer Fürstbischöfe, steht seit 1250 Jahren fest in katholischer Tradition. Der **Dom** (erbaut 11. bis 14. Jahrhundert) ist das weithin sichtbare Wahrzeichen der Stadt.

Stadt der Documenta: Wiederum 25 Kilometer weiter nördlich kommt man nach Kassel, der im geographischen Zentrum des neuen Deutschland gelegenen Großstadt (200 000 Einwohner) in Nordhessen mit Sitz des Bundesarbeitsgerichts und des Bundessozialgerichts.

Am 22.10. 1943 wurde Kassel durch Luftangriffe zu 78% zerstört. Wie in anderen sozialdemokratisch regierten Städten nahmen die Stadtplaner den

„An ihrer Tapete sollt ihr sie erkennen." – Kulturgeschichte im Tapetenmuseum Kassel.

Neuaufbau zum Anlaß, den Grundriß der Stadt zu verändern und nur wenige historische Gebäude (Brüderkirche, Elisabeth-Hospital) wiederaufzubauen. Kassel kam dadurch allerdings auch in den Genuß der ersten autofreien Fußgängerzone der Bundesrepublik. Aus der verschlafenen Residenzstadt ist nun ein Oberzentrum für die Region zwischen Frankfurt und Hannover sowie Dortmund und Erfurt geworden. Wahrzeichen Kassels ist das Denkmal des **Herkules** im prächtigen **Bergpark Wilhelmshöhe** (angelegt nach englischem Vorbild zwischen 1701 und 1707) mit der **Großen Fontäne**, Wasserfällen und künstlichen Ruinen, eine der grandiosesten Parkanlagen Europas, in der Landschafts- und Stadtplanung ideal vereint wurden. Das **Schloß Wilhelmshöhe** (erbaut 1786-1802) steht mitten in diesem barocken Bergpark und präsentiert eine Gemäldesammlung niederländischer und flämischer Meister. Kassel ist die Stadt der Museen. In Wilhelmshöhe und dem Sommerschloß Wilhelmstal kann sich der Besucher ins Leben der

Kurfürsten zurückversetzen lassen. Als eine Rarität zeigt das **Tapetenmuseum** eine aus dem Jahre 1814 stammende Panoramatapete mit der Schlacht von Austerlitz, dazu eine sehr liebevoll gestaltete Stilgeschichte der Tapeten.

Seit 1955 ist Kassel zum Treffpunkt von Künstlern und Kunstliebhabern aus aller Welt geworden. Die *Documenta*, Kassels Präsentation zeitgenössischer Kunst, wird alle fünf Jahre (1992) für hundert Tage zur bedeutendsten Kunstausstellung der Welt. Trotz rückläufiger Besucherzahlen bei modernen Kunstausstellungen wuchs das Interesse an der Documenta beständig. Europas ältester Museumsbau, das **Museum Fredericianum** und die Museumsgebäude der Innenstadt bis hin zur **Orangerie** in der Karlsaue (einem Barockpark) sind Schauplätze der Documenta.

An das dreißigjährige Wirken der Brüder Grimm in Kassel erinnert das **Brüder-Grimm-Museum** mit Dokumenten und anderen Erinnerungsstücken.

Wo man die Gänseliesel küßt: Mit dem neuen Intercity sind es nur wenige Minuten von Kassel bis nach Göttingen (135 000 Einwohner), ebenfalls Wirkungsstätte der Brüder Grimm. Zwischen 1351 und 1572 gehörte **Göttingen** als wohlhabende Stadt zur Hanse. Der Wohlstand endete 1547 mit der Niederlage des lutherischen Schmalkaldischen Bundes. Die Gründung der Georg-August-Universität durch Kurfürst Georg August von Hannover im Jahr 1734 brachte neues Leben in die Stadt.

Bereits 1777 war die Göttinger Universität mit über 30 000 Studenten die größte in Deutschland. Mindestens dreißig Nobelpreisträger studierten oder lehrten in Göttingen. Die Mischung aus mittelalterlichem Flair und hanseatischem Reichtum gibt Göttingen bis heute eine besondere Atmosphäre, die sich in seinen gotischen Kirchen und dem **Alten Rathaus** (1369-1443) manifestiert.

Vor ihm steht „das meistgeküßte Mädchen der Welt", die attraktive **Gänseliesel**, auf dem Brunnen des Marktplatzes. Es ist eine alte Tradition, daß jeder Student, der den Doktorgrad erlangt hat, den bronzenen Mund dieser Schönheit küssen muß.

Documenta in Kassel – die weltweit bedeutendste Ausstellung zeitgenössischer Kunst.

Die Weser
40 km / 25 miles

N

Cuxhaven

Wilhelms-
haven

Otterndorf

Hesel

Nordenham

Bremerhaven

Westerstede

Brake

Bremervörde

Oldenburg

Osterholz-
Scharmbeck

Delmenhorst ✈

Bremen

Weser

Vechta

Hunte

Verden

Sulingen

Walsrode

Aller

Nienburg

Leine

Loccum

Steinhuder
Meer

Bünde

Porta
Westfalica

Minden

Bückeburg

Stadthagen

✈

Bad Oeynhsn.

Hannover

Bad
Salzufen

Vlotho

Rinteln

Bad Münder

Lehrte

Hermanns-
Denkmal

Hämelschenburg

Hameln

Springe

Lügde

Bad Pyrmont

Leine

Schwalenbg.

Polle

Bodenwerder

Hildesheim

Höxter

Holzminden

Corvey

Beverungen

Weser

Warburg

Karlshafen

Goslar

Trendelburg

Sababurg

Dransfeld

Göttingen

Kassel

Hannoversch
Münden

Werra

Fulda

nach Braunschweig u. Wolfsburg

ENTLANG DER WESER

Von Münden an, wo sich ihre Zuflüsse Werra und Fulda vereinigen, schlängelt sich die Weser in unzähligen Windungen 440 Kilometer lang durch eine malerische Landschaft. Weitgehend unberührte Flußauen, herausgeputzte Dörfchen und Kleinstädte, Burgruinen und Renaissanceschlößchen machen es leicht zu glauben, daß hier die Zeit wie im Märchen von Dornröschen stehenbleiben könnte. Daß das Leben ein „langer, ruhiger Fluß" sei, ist nicht unbedingt eine Erkenntnis der Postmoderne. An der Weser ist dies seit Jahrtausenden unumstößliche Erfahrung. Und auf diese Erfahrung wird man von den Menschen hier verwiesen, in Gesprächen am Kneipentresen, im Dorfladen beim „Klönen" und in den Geschichten und Märchen der Brüder Grimm, die großenteils entlang der Weser gesammelt wurden.

Zu beiden Seiten wird die Weser von den bis zu 500 Meter hohen grünen Hügeln des Weserberglands begleitet. Von der „Wesertalstraße" auf der rechten Seite hat man einen ebenso schönen Blick auf den Fluß, die Angler und Ruderboote, die Frachtschiffe und Ausflugsdampfer, wie von der „Deutschen Märchenstraße" auf der linken Seite.

Heutzutage sieht man es dieser verträumten Gegend mit ihren alten Landstädtchen, engen Gassen, krummen Fachwerkhäuschen und Schlössern im Stil der **Weserrenaissance** (einer Mischung aus renovierten Gotikfassaden und deutlichen Elementen der Renaissance) nicht mehr an, daß hier einst das Herzstück des Heiligen Römischen Reiches Deutscher Nation lag. Gegen Ende des 16. Jahrhunderts war das Wesertal eine der Kornkammern Mitteleuropas. Der Reichtum seiner Herrscher und seiner Bürger spiegelt sich in den vielen schönen Schlössern, Rathäusern und Patriziergebäuden.

Hann Münden: Die malerische Kleinstadt wurde im Jahre 1170 von Heinrich dem Löwen gegründet. Sie liegt, wie ein Gedenkstein aus dem letzten Jahrhundert verkündet: „Wo Werra sich und Fulda **219**

küssen, sie ihren Namen büßen müssen. Und so entsteht durch diesen Kuß – deutsch bis zum Meer – der Weserfluß". Münden kann fast 500 guterhaltene Fachwerkhäuser aus dem 16. und dem 17. Jahrhundert vorweisen. Einen Besuch wert sind das **Rathaus**, ein Renaissancegebäude, das **Welfenschloß** (16.-17. Jahrhundert) und die **Ägidienkirche** mit dem Grab des berühmt-berüchtigten Dr. Eisenbarth (1661-1727). Im Sommer wird jeden zweiten Sonntag vor dem Rathaus ein Schauspiel über seine radikalen Heilmethoden aufgeführt. Sein Haus steht noch in der Langen Straße.

Im malerischen Dorf **Veckerhagen,** 13 Kilometer nördlich von Hann Münden, überquert eine ziemlich alte, aber vom ökologischen Standpunkt aus sehr moderne Fähre den Fluß – sie wird nur durch die Strömung getrieben . In nördlicher Richtung liegt dann **Burgfelde**, wo ein Benediktinerkloster aus dem 12. Jahrhundert mit mittelalterlichen Wandmalereien und einer Glocke aus dem 14. Jahrhundert bewundert werden kann.

Auf der anderen Seite des Flusses, wenige Kilometer nach Veckerhagen, liegt das Dorf **Gottstreu**, das der kurhessische Landgraf 1722 Mitgliedern der protestantischen Sekte der „Waldenser", die in ihren Heimatländern Italien und Frankreich von der Inquisition verfolgt wurden, als Zufluchtsort gab.

Von dort aus in westlicher Richtung durch den **Reinhardswald** erreicht man die auf einer Hochebene gelegene **Sababurg**, das Schloß von *Dornröschen*. Ein Hotel mit allem Komfort macht es möglich, in der märchenhaften Kulisse des zur anderen Hälfte verfallenen Schlosses zu übernachten. In der Nähe, mitten im Urwald, der die Burg umgibt, liegt ein Tierpark, der sich auf die Haltung einheimischer Tierarten und die Rückzüchtung ausgestorbener Arten (z.B. Wisente) spezialisiert hat.

Wieder am Fluß ist die Flößerstadt **Gieselwerder** nicht weit, und danach liegt auf der rechten Seite der Weser eine weitere Waldensersiedlung: **Gewissensruh**. Die „weiße Stadt" **Bad Karlshafen** wurde 1699 durch Landgraf Karl von

Vorherige Seite: Modernes Leben in den alten Straßen von Hannoversch Münden. **Unten**: Weser-Renaissance an einer Tür in Vlotho.

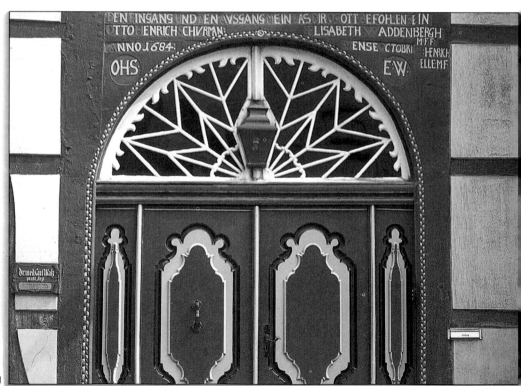

Hessen-Kassel als „Sieburg" gegründet, um von hier aus mit einem Kanal Weser und Diemel zu verbinden. Das Vorhaben erwies sich als undurchführbar. Daraufhin stellte der Landgraf seine Investitionsruine den aus Frankreich geflüchteten Glaubensbrüdern zur Verfügung, die sich „Hugenotten" nannten. Die dankbaren Flüchtlinge tauften den Ort nach ihrem Schutzherrn. Im **Deutschen Hugenottenmuseum** werden die Erinnerungen an diese Flüchtlinge und ihre Kultur, die sie nach Kurhessen brachten, mit gut erhaltenen Schaustücken demonstriert. Die Entdeckung der Solequelle machte die Stadt ab 1730 zur Kurstadt und brachte Einnahmen, die den Bau der mehrstöckigen „weißen" Barockgebäude ermöglichten, die der Stadt ihren Beinamen gaben. Die südwestlich von Karlshafen über der Diemel gelegene **Trendelburg** (15. Jahrhundert) mit Hotel lädt dazu ein, die Umgebung genauer zu entdecken. Nicht weit entfernt findet man den „nassen Wolkenbruch", einen zwölf Meter tiefen Kratersee, an dessen Rand eine tausendjährige Eiche steht.

Von Bad Karlshafen aus, weiter flußabwärts, überquert man den Fluß in **Beverungen** und kommt auf einer Nebenstraße in Richtung Norden nach **Fürstenberg**, das nach Meißen die zweitälteste Porzellanmanufaktur besitzt (gegründet 1747). Nicht weit entfernt ist **Höxter** mit seinen alten Stadtmauern, Fachwerkhäusern und dem sehenswerten Rathaus. Nordöstlich liegt die frühere Reichsabtei **Corvey** (822), im Mittelalter ein kulturelles Zentrum von europäischem Rang, in der im 12. Jahrhundert mehrere Reichstage stattfanden. Der Weser folgend, vorbei an **Holzminden** am rechten Flußufer, erreicht man das Weserrenaissanceschloß von **Bevern**.

Der Lügenbaron: In **Bodenwerder** mit seinen wohlerhaltenen Stadtmauern und Fachwerkhäusern wurde 1702 der Baron von Münchhausen geboren, besser bekannt als der *Lügenbaron*. An seinen „Ritt auf dem halben Pferd" erinnert ein Denkmal vor dem Rathaus. An den in Beton gegossenen riesigen Kühltürmen vorbei, Wahrzeichen des Atomkraftwerks **Grohnde**, gelangt man nach

Der Rattenfänger von Hameln.

Emmern. Das dort etwas abseits gelegene **Schloß Hämelschenburg** ist das wichtigste Schloßgebäude der Weserrenaissance. Errichtet zwischen 1588 und 1610, blieb es mit seinen Erkern und achteckigen Treppentürmen bis heute völlig erhalten.

Die Stadt des Rattenfängers: Hameln, aus einem Kloster im 8. Jahrhundert hervorgegangen, nennt sich selbst stolz und zu Recht „die Stadt der Weserrennaissance", weil es viele alte Gebäude in diesem Stil besitzt, die seit dem 17. Jahrhundert als Zeichen der Wohlhabenheit errichtet wurden. Weltbekannt wurde die Stadt allerdings durch die Geschichte des Rattenfängers.

Im Jahr 1284 wurde die Stadt durch eine Rattenplage heimgesucht. Ein phantasievoll gekleideter Durchreisender namens Bundtig wurde von den Stadtvätern engagiert, weil er versprach, die Rattenplage zu beenden. Als es ihm mit Hilfe seiner Flöte gelungen war, die Ratten aus der Stadt zu locken, verweigerten ihm die Stadtväter seinen Lohn. Er revanchierte sich damit, daß er eines Sonntags, als alle erwachsenen Bürger in der Kirche waren, die Kinder der Stadt ebenso weglockte wie vorher die Ratten. Von Juli bis Oktober werden jeweils Sonntags vor dem sehenswerten **Hochzeitshaus** mit seiner Rattenfängeruhr und seinen mechanischen Figuren die Rattenfängerspiele aufgeführt.

Ein Ausflug nach Hannover: Von Hameln aus kann man leicht **Hannover,** die Hauptstadt Niedersachsens (514 000 Einwohner), erreichen. Sie ist ein Zentrum von Handel und Industrie in Niedersachsen und bekannt als Ort der **Hannover-Messe,** der Welt größter Industrieausstellung, die alljährlich im April stattfindet. Gegründet im Jahre 1163, wurde Hannover bald Mitglied der Hanse. Von 1714 bis 1837 wurden Hannover und Großbritannien vom gleichen Herrscher regiert, bis die Stadt in preußischen Besitz kam.

Wegen der Zerstörungen des Zweiten Weltkriegs sind Hannover nur wenige sehenswerte Gebäude geblieben. Jedoch sind die Ägidienkirche (14. Jahrhundert), das alte Rathaus und der Marktplatz einen Besuch wert. Nicht weit vom **Leineschloß** aus dem 17. Jahrhundert liegt das Grab des berühmten Philosophen G. W. Leibniz (1646-1716) in der Neustädter Kirche. Im **Kestnermuseum** findet sich antike griechische, römische und ägyptische Kunst. Das **Niedersächsische Landesmuseum** hat eine reichhaltige Sammlung deutscher Impressionisten. Ein wunderschöner Barockgarten ist der im Westen Hannovers an der von vier Reihen Lindenbäumen gesäumten Herrenhäuser Allee gelegene, streng geometrisch angelegte **Große Garten.**

Das nordöstlich gelegene **Braunschweig** ist mit seinen 260 000 Einwohnern die zweitgrößte Stadt in Niedersachsen. Zerstört im Zweiten Weltkrieg, hat es in den Jahren danach seine alte wirtschaftliche Bedeutung wiedererlangt. Braunschweig ist die Stadt Heinrichs des Löwen, Herzog von Bayern und Sachsen, der ab 1166 hier residierte. Im Zentrum der Altstadt erinnert die Burg Dankwarderode mit dem **Braunschweiger Löwen** an diesen Herrscher. Seine Grabplatte, ein Meisterwerk romanischer Steinmetzkunst, liegt im Mittelschiff des romanischen **Doms** (1173-95).

Eine halbe Autostunde nördlich von Braunschweig, in **Wolfsburg,** wurde im Jahr 1938 auf der grünen Wiese die Firma aus dem Boden gestampft, die heute hier Europas größtes Automobilwerk betreibt: das **Volkswagenwerk.** Das kleine Dörfchen von 150 Seelen wurde zu einer modernistischen Großstadt.

Zur Weser bei Hameln zurückgekehrt, liegt das malerische **Hildesheim** nicht weit. In der Bischofsstadt (seit 815) ist noch der romanische **Dom** mit dem meterhohen **tausendjährigen Rosenstock** an der Außenwand erhalten. Das **Römer-Pelizäus-Museum** zeigt eine ägyptische Sammlung.

Auf dem Weg nach Bremen: Nördlich von **Rinteln** an der Weser bietet das Schloß **Schaumburg** einen herrlichen Blick über das Wesertal. Über **Vahrenholz** (auch ein Juwel der Weserrenaissance) und **Vlotho** erreicht man **Bad Oeynhausen,** einen Kurort, der eine der größten Thermalquellen der Welt besitzt. Der **Jordansprudel** bildet eine 52 Meter hohe Fontäne, die jeden Mittwoch, Samstag und Sonntag zu sehen ist.

222

DER VW-KÄFER

Die Zollbeamten im New Yorker Flughafen staunten. Ein Geschäftsmann aus Deutschland legte ihnen Karten und Pläne vor, die ein buckliges Etwas auf vier Rädern darstellten. Das sei ein neues Auto, für das er in Amerika, dem Land der Limousinen, werben wolle, erklärte der Reisende. Aber die Beamten waren nicht zu überzeugen: „Sowas können Sie nirgends in der Welt als Auto verkaufen." Die Unterlagen wurden als Kunstgraphik verzollt, der Reisende mußte 30 Dollar Einfuhrabgabe dafür bezahlen.

Die Geschichte soll sich 1949 um Ostern zugetragen haben. Der Geschäftsmann war kein Geringerer als Volkswagenchef Heinrich Nordhoff. Sein geschicktes Marketing machte das seltsame Auto zum deutschen Verkaufsschlager, auch im Mutterland des Automobils. Allein fünf Millionen Käfer wurden in den Vereinigten Staaten abgesetzt. 1972

überrundete der Volkswagen das bis dahin erfolgreichste Modell der Autogeschichte, Henry Fords „Tin Lizzy". Fords Auto, das erste, das am Fließband montiert wurde, hatte es auf eine Stückzahl von insgesamt 15 Millionen gebracht. Der Käfer wurde über 20 Millionen mal produziert, ein bis heute unübertroffener Weltrekord.

Volkswagen: Der Name war das Programm. 1933 beauftragte der Autonarr Adolf Hitler den begabten Konstrukteur Ferdinand Porsche mit der Entwicklung von Plänen für die Fertigung eines Autos, das für die Masse der arbeitenden Bevölkerung erschwinglich sein sollte. Konstruktion und Erprobung der Prototypen wurden vom nationalsozialistischen Staat, gegen den Widerstand der Autoindustrie, finanziert.

1938 legte Hitler persönlich den Grundstein zum Volkswagenwerk. Auf Sumpfgelände entstand die „Stadt des KdF-Wagens" (KdF = Kraft durch Freude), das heutige Wolfsburg. Bei Kriegsende lebten dort neben 14 298 gemeldeten Einwohnern über 18 000 russische und polnische Zwangsarbeiter; heute zählt Wolfsburg 130 000 Menschen.

270 000 Volkgenossen legten seit 1939 ihr Geld in Sparmarken für den KdF-Wagen an. Das von der staatlichen Propaganda schon seit Jahren

groß angekündigte Auto für jedermann bekamen sie jedoch nie zu Gesicht. In den Kriegsjahren wurde das zivile Projekt auf die Erfordernisse der Wehrmacht umgestellt, der geplante Volkswandelte sich in einen vielfach variierbaren Geländewagen.

Der Erfolg des Käfers in der Nachkriegszeit, sein Ruf als das am besten konstruierte Auto der Welt, verdankt er unter anderem dem ununterbrochenen Härtetest, dem Porsches Konstruktionen in den Kriegsjahren ausgesetzt waren: Sie mußten im nordafrikanischen Wüstensand so verläßlich sein, wie bei minus 40 Grad in der russischen Steppe.

Die britischen Besatzer kurbelten bereits 1945 eine erste Käferproduktion an. Der Käfer, dem man anfangs nachsagte, er habe so viele Fehler wie ein Hund Flöhe, wurde in seiner zwanzigjährigen Amtszeit zum volkswirtschaftlich bedeutsamsten Exportartikel, zum Symbol für das deutsche Wirtschaftswunder und deutsche Wertarbeit. Zwanzig Jahre lang ließ Nordhoff keinen der von den Werksingenieuren entwickelten Pkw-Prototypen, insgesamt 36 Stück, in Serie gehen, weil er am Mythos des Käfers festhalten wollte.

Äußerlich unterschieden sich ein Käfer von 1948 und einer von 1958 kaum, doch das jüngere Modell enthielt nicht ein einziges Bauteil mehr in der ursprünglichen Gestalt.

Bis in die siebziger Jahre hinein wurde der Käfer verbessert, erst in den achtziger Jahren wurde seine Produktion in Deutschland eingestellt.

Der Käfer war dank seiner Robustheit auch das vielseitigste Auto: Bastler setzten edle Karosserien auf sein Fahrgestell oder frisierten ihn zum Rennwagen, mit dem Rallyes und Autocross-Rennen gefahren werden konnten. Umgebaut diente er als Lieferwagen, Schneepflug, Schlitten und sogar als Lokomotive auf Gleisanlagen. Seine Beliebtheit und sein Outfit inspirierte Bildhauer und Designer, und er spielte auch die Hauptrolle in einem abendfüllenden Spielfilm.

Andere Typen haben den Käfer inzwischen fast vollständig von den Straßen verdrängt, nicht aber aus dem Bewußtsein. Noch immer ist er das einzige Modell, das jeder kennt – auch der Autofeind, dem Automarken schnuppe sind und der über den Motorisierungswahn der Deutschen nur den Kopf schüttelt.

Von Bad Oeynhausen sind es nur wenige Minuten Fahrt zur **Porta Westfalica**, wo der Fluß sich in einer 800 Meter breiten Schlucht seinen Weg durch das Weserbergland in die Norddeutsche Tiefebene gebahnt hat. Diese Ebene erstreckt sich im Norden bis nach Dänemark, im Westen bis nach Holland und im Osten bis nach Polen.

Nördlich der Porta Westfalica liegt die alte Stadt **Minden**, deren Rathaus aus dem 13.Jahrhundert eines der ältesten in ganz Deutschland ist. Auf dem nahegelegene **Wasserstraßenkreuz** überquert der **Mittellandkanal** in einer 375 Meter langen und 13 Meter breiten Betonwanne die Weser. Dieses technische Kunstwerk einer wasserführenden Kanalbrücke stellt mit seinen drei Schleusen die Verbindung zwischen den vielbefahrenen Wasserwegen her.

Das Kloster **Loccum** (12.-13. Jahrhundert) liegt nun nördlich. Es ist Sitz einer evangelischen Akademie und bekannt für seine Tagungen zu Themen aus Religion und Gesellschaft. Von hier aus führt eine Nebenstraße zum **Steinhuder Meer**, dem größten deutschen See zwischen dem Bodensee und der Nordsee. Bei einer Wasseroberfläche von 32 Quadratkilometern beträgt seine maximale Tiefe nur drei Meter. In **Verden** erreicht man den Zusammenfluß von Aller und Weser. Der **Dom** aus dem Jahre 786 im Zentrum der Stadt ist die älteste Backsteinkirche in Norddeutschland.

Bremen: Die alte Hansestadt (555 000 Einwohner), die zusammen mit **Bremerhaven,** 57 Kilometer weiter nördlich, das kleinste Bundesland Deutschlands bildet, liegt fast am Ende dieses ,,märchenhaften" Flusses. Angeblich brachen die Sachsen im Jahr 449 hier auf, um England zu erobern. Bremen selbst wurde im 8. Jahrhundert gegründet und von Karl dem Großen 789 zur Bischofsstadt erhoben. Lange Zeit galt Bremen als ,,Rom des Nordens", denn es war der Ausgangspunkt für die Christianisierung Skandinaviens. Im Jahr 1358 schloß sich Bremen dem Hansebund an und wurde im Jahr 1646 eine Freie Reichsstadt. Während dieser 300 Jahre war Bremen in einen andauernden Machtkampf mit

Hansestadt Bremen: Der „Roland" auf dem Freimarkt symbolisiert die Unabhängigkeit.

Hamburg verstrickt. Heute geben Bremer Bürger zwar zu, daß Hamburg vielleicht Deutschlands Tor zur Welt sei. Aber sie bestehen immer noch darauf, daß in Bremen der Schlüssel dazu liegt (deshalb der Schlüssel im Stadtwappen).

Heute ist Bremen der zweitgrößte Hafen Deutschlands nach Hamburg. Traditionellerweise werden hier hauptsächlich Getreide, Baumwolle und Kaffee umgeschlagen. Das **Überseemuseum** hat eine lehrreiche ethnographische Sammlung sowie Nachbildungen japanischer und chinesischer Gartenanlagen und Gebäude. Buchstäblich alle Sehenswürdigkeiten der Altstadt können innerhalb weniger Minuten vom Marktplatz aus erreicht werden: Das erste erwähnenswerte Gebäude ist das gotische **Alte Rathaus** aus dem 15. Jahrhundert mit seiner reich gegliederten Renaissancefassade. Der **Große Saal** ist Schauplatz der jährlichen **Schaffermahlzeit**, des ältesten Bruderschaftsessens der Welt. Der **Ratskeller** ist sowohl wegen seiner gotischen Rundbögen berühmt als auch wegen der mehr als sechshundert verschiedenen Weinsorten, die hier ausgeschenkt werden. Unter dem Nordwestturm finden wir Bremens zweites Wahrzeichen: die **Bremer Stadtmusikanten**. Sie entstammen einem Märchen der Brüder Grimm. Neben dem Rathaus steht Bremens drittes Wahrzeichen, die zehn Meter hohe Statue des **Roland** (errichtet 1404), die ein Symbol für Bremens Freiheit und Unabhängigkeit ist. Roland blickt herausfordernd auf den **Dom** mit seinen 98 Meter hohen Kirchtürmen, die 1200 Jahre Geschichte verkörpern. Besonderen Schauder ruft im Inneren immer der **Bleikeller** hervor, der Mumien beherbergt. Neben dem **Schütting**, dem alten Haus der Kaufleute, liegt der Eingang zur **Böttcherstraße**, deren restaurierte mittelalterliche Gebäude eine Art Freilichtmuseum darstellen. Von hier aus sind es nur ein paar Schritte bis zum **Schnoor**, dem ältesten Teil Bremens mit seinen Bürgerhäusern, Kneipen und Lädchen aus dem 15. Jahrhundert. Wenn Sie eine Prise Nordseeluft schnuppern wollen, sollten Sie noch 57 Kilometer weiter nach Norden fahren.

Das historische Handwerk wiederbelebt: Schnoorviertel in Bremen.

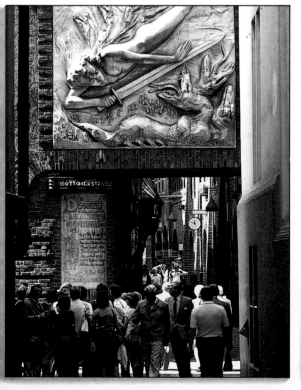

Günter Strack für Malteserkreuz.

Wilkens Ayer

Man gönnt sich ja sonst nichts.

Malteserkreuz Aquavit

LEBEN MIT EBBE UND FLUT

"Nordsee ist Mordsee" lautete vor einigen Jahren der Titel eines Films des Hamburger Regisseurs Hark Bohm. Wie ließe sich besser die tiefe Beziehung der norddeutschen Küstenbewohner zu dem Element kennzeichnen, das ihnen seit Jahrtausenden ihren Lebensunterhalt als Fischer, Schiffsbauer, Händler, See- und Strandräuber sichert? Oft genug blieb einer von ihnen auf See, und oft genug kam die See bis vor die Türen ihrer Katen und Bürgerhäuser, wenn der "blanke Hans", das Wasser, stark und lange landeinwärts peitschte, oft genug nahm sich die See einfach ein Stück Land, mit allem was darauf stand.

Sagen und Mythen ranken sich um die Nordsee. Sie handeln von Piraten wie Klaus Störtebeker und Deichgrafen wie Hauke Haien, aber für Gute wie Böse spielt die Gewalt der Elemente in den Geschichten eine schicksalhafte Rolle. So hat die Nordsee, dieses durchschnitt-

lich nur hundert Meter tiefe Randmeer des Atlantiks, einen Menschenschlag geprägt. Als schweigsam, ja abweisend gelten sie, die Ostfriesen, ein bißchen dumm sollen sie sein und waren deswegen Zielscheibe ganzer Serien von Witzen, die nach ihnen benannt wurden. Seit dem Jahr 12 vor unserer Zeitrechnung wohnen die "Frisiones" in ihrem Kerngebiet zwischen dem holländischen Ijsselmeer und der deutschen Ems.

Von Karl dem Großen im 8. Jahrhundert mit Gewalt christianisiert, bildeten sie auf ihren Gehöften, umgeben von fruchtbarem Ackerland, ein ständiges Widerstandspotential unabhängiger Bauern mit eigenen Republiken, die erst im späten Mittelalter in regelrechten Kreuzzügen zerstört wurden. Seit dieser Unterwerfung haben die Friesen sich auf das Geschäft und die Seefahrt verlegt und waren darin, wie in Ackerbau und Viehzucht, recht erfolgreich.

Sie haben gelernt, schweigsam zu sein, und ihren Reichtum nicht nach außen zu zeigen. Ihre kluge Politik, die Aufmerksamkeit von Nachbarn und Obrigkeit

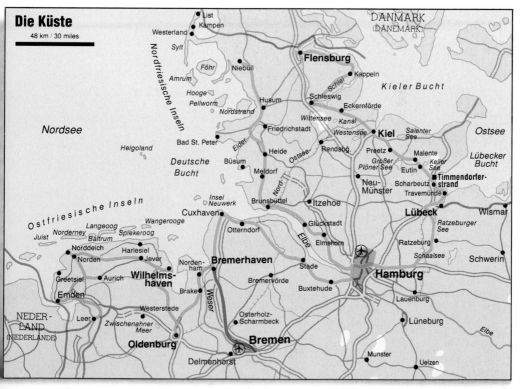

Die Küste

48 km / 30 miles

Nordsee

Helgoland

List
Kampen
Westerland
Sylt
Föhr · Niebüll
Amrum
Hooge
Pellworm
Nordstrand
Husum
Friedrichstadt
Bad St. Peter
Deutsche Bucht
Büsum
Heide
Meldorf

Nordfriesische Inseln

DANMARK (DÄNEMARK)

Flensburg
Kappeln
Schlei
Schleswig
Eckernförde
Wittensee · Kanal
Westensee · Kiel
Rendsbg.
Preetz
Großer Plöner See
Eutin

Kieler Bucht

Salzter See
Malente
Keller See
Neu-Münster
Scharbeutz
Travemünde

Ostsee

Lübecker Bucht

Timmendorfer-strand

Ostfriesische Inseln

Langeoog
Wangerooge
Norderney · Spiekeroog
Juist · Baltrum
Norddeich
Norden
Greetsiel · Aurich
Emden
Leer

Harlesiel
Jever
Norden-ham
Brake

Insel Neuwerk
Cuxhaven
Otterndorf

Wilhelms-haven

Bremerhaven
Bremervörde

Brunsbüttel
Glückstadt
Elmshorn
Stade
Buxtehude

Itzehoe

Nord

Elbe

Lübeck
Ratzeburger See
Ratzeburg
Schaalsee

Wismar

Schwerin

Hamburg

Lauenburg

Weser

Westerstede
Zwischenahner Meer
Oldenburg

Osterholz-Scharmbeck
Delmenhorst

Bremen

Lüneburg
Elbe

Munster
Uelzen

NEDER-LAND (NIEDERLANDE)

nicht unnötig zu erregen, wird ihnen von geschwätzigeren Stämmen als Verstocktheit ausgelegt. Drei Landschaftsformen bestimmen das Gesicht der norddeutschen Küste: Das *Wattenmeer* mit seinen Lebensformen zwischen Ebbe und Flut, die *Marschen*, die fruchtbaren Gebiete weiter landeinwärts, welche die Ostfriesen zu stolzen und unabhängigen Bauern gemacht haben, und die *Geest,* das Binnenland zwischen Elbe und Ems, das durch die abziehenden Gletscher am Ende der Eiszeit vor 180 000 Jahren glattgehobelt wurde, mit ihren Feldern, Mooren und Wäldchen.

Die „deutsche Riviera": Die alte Hafenstadt **Leer** mit ihrer sehenswerten **Drehbrücke** über die Ems (3 Kilometer westlich) eröffnet den Weg aus Holland und dem Emsland zur ostfriesischen Küste. Die westlichste Stadt an dieser Küste ist **Emden** (55 000 Einwohner), ein altes Piratenversteck, das im Mittelalter durch Flüchtlinge aus dem niederländischen Freiheitskampf zu einer Stadt des Schiffbaus und des Seehandels aufsteigen konnte. Im 17. Jahrhundert war es der Stützpunkt der deutschen Handelsmarine, die von hier aus nach Afrika und Indien segelte. Heute ist Emden als Industriestandort und als Europas größter Verladehafen für den Autoexport (VW) erwähnenswert. Das **Rathaus** (1576) ist eine Kopie des Rathauses von Antwerpen und beherbergt heute das **Ostfriesische Landesmuseum.** Eine neue **Kunsthalle** wurde vom Herausgeber des „Stern" seiner Heimatstadt gestiftet, und **Dat OTTO Huus** erfreut die Fans des ostfriesischen Blödelkünstlers. Hier beginnt die „Deutsche Riviera" genannte Küstenstrecke mit ihren rund 160 Badeorten. **Norden** an der äußersten Nordwestecke Deutschlands ist durch **Norddeich Radio,** dessen Sendeanlagen außerhalb der Stadt direkt an der Küste liegen, den deutschen Seeleuten bekannt, weil von hier aus die Grüße der Daheimgebliebenen in alle Welt gefunkt werden. In Norden selbst ist die **Ludgeri-Kirche** (Ende 12. Jahrhundert) als größte mittelalterliche Kirche Ostfrieslands erwähnenswert. Hohe Deiche schützen heute die gesamte Küste vor den verheerenden

Leuchtturm in der Marsch.

Sturmfluten, eine Schutzmaßnahme, die seit dem Beginn der Besiedlung der Küste durch die Friesen nachgewiesen werden kann.

Vor den Deichen erstreckt sich das **Wattenmeer** 565 000 Hektar groß, eines der letzten Naturreservate Europas. Mehr als 250 verschiedene Tierarten leben in dieser einzigartigen Naturlandschaft mit Hilfe einer Nahrungskette, die auf den Gezeitenhub der Nordsee von 3,5 Metern im Durchschnitt angewiesen ist. Die nördliche Begrenzung des Wattenmeers bilden die **Ostfriesischen Inseln**, die sich zwischen den Mündungen von Ems und Weser aneinanderreihen. Sie können jeweils von anderen Häfen aus per Fähre erreicht werden.

Borkum mit seinem **Leuchtturm** aus dem 16. Jahrhundert wird von Emden aus angefahren. Ihre Nachbarinsel **Juist** ist mit 17 Kilometern die längste der „sieben zum Verlieben", während **Norderney** (Fähre von Norddeich) das älteste Seebad Deutschlands ist (gegründet 1797). **Baltrum** mit seinem Sandstrand wird von Nessmersiel aus erreicht,

Ostfriesische Tracht.

Langeoog (Fähre von Besmersiel) interessiert besonders die Vogelliebhaber. **Spiekeroog**, ein altes Piratenversteck, wird von Neuharlingersiel aus angefahren und **Wangerooge**, der Ort, an dem der Strandkorb erfunden wurde, ist über Harlesiel zu erreichen. Nur auf den Inseln Borkum und Norderney ist der Autoverkehr erlaubt.

Die Pier der Tränen: Die Badeorte an der Küste haben trotz touristischer Erschließung und allsommerlicher Masseneinquartierung ihren Charakter als Fischerdörfchen und ihren gesundheitlichen Wert (Reizklima) bewahrt. Nur sollte man nicht unbedingt in der Hauptsaison buchen, wenn man Ruhe und einsame Strandspaziergänge schätzt. Weiter ab von der Küste in der **Marsch** findet man aber auch im Sommer das ursprüngliche Friesland mit seinen reetgedeckten Bauernhäusern inmitten saftiger Wiesen, die von schwarzbunten Kühen beweidet werden, mit Feldern, deren Schutzhecken seit Jahrhunderten gegen Winderosion gepflanzt werden, und mit Dörfern, Windmühlen und lichten Wäldern.

DIE HANSE

Was haben die Städte Brügge und Nowgorod, Lübeck und Bergen, Braunschweig und Reval gemeinsam? – Diese Städte – und noch 200 weitere – gehörten zwischen dem 12. und 17. Jahrhundert dem Städtebund der Hanse an. Dieser Bund war wirtschaftlich und politisch mächtiger als jeder deutsche Staat vor 1871 und militärisch stärker als manches Königreich seiner Zeit.

In die Wiege gelegt war dieser Einfluß beileibe nicht. Die Hanse war ursprünglich gegründet worden als Zusammenschluß deutscher Kaufleute im Ausland, zum Schutz vor Überfällen, zur besseren Durchsetzung ihrer Interessen und zur gemeinsamen Nutzung von Büros und Lagerhäusern. Aus dieser losen Organisation wurde im Lauf der Zeit ein immer festerer Zusammenschluß von immer mehr Städten, vor allem aus dem Norden Deutschlands. Ab Mitte des 14. Jahrhunderts kontrollierte dieser Städtebund unter der Führung Lübecks den gesamten Nord- und Ostseehandel. Die Hanse konnte als wirtschaftliche, militärische und politische Macht auftreten, weil ihre Mitglieder strenge Regeln zu befolgen hatten, deren Übertretung hart geahndet wurde. Auf den sogenannten Hansetagen wurden wichtige Beschlüsse über gemeinsam interessierende Fragen gefaßt, die für alle bindend waren. Wer sich nicht daran hielt, dem drohte die Verhansung, ein Handelsboykott durch sämtliche Hansemitglieder. Eine solcherart bestrafte Stadt konnte ihre Waren in keiner angeschlossenen Stadt mehr absetzen und auch die so wichtigen Kontore und Lagerhäuser der Hanse im Ausland nicht mehr nutzen. Damit steuerte die Hanse aber nicht nur die wirtschaftliche Entwicklung einer Stadt, sondern auch die politisch-soziale. Als zum Beispiel die Handwerker der Stadt Braunschweig nach langen Auseinandersetzungen mit den patrizischen Kaufleuten ihre Teilnahme am Stadtregiment erkämpft hatten, zwang die Hanse die Stadt Braunschweig durch Boykott, wieder zur alten Ordnung zurückzukehren. Diesen Abhängigkeiten standen große wirtschaftliche Vorteile gegenüber. So gewährten sich die Mit-

glieder untereinander Zollbefreiung, man rechnete mit einheitlichen Maßen und Gewichten und zahlte mit gleichwertigen Münzen. Das gemeinsame Auftreten minderte die Kosten im Ausland, verbilligte die Transporte und bot größeren Schutz vor unliebsamer Konkurrenz.

Im Lauf der Zeit wurde die Hanse so mächtig, daß sie es 1370 sogar wagen konnte, Krieg gegen den dänischen König um ihre Privilegien und den freien Zugang zur Ostsee zu führen. Der Städtebund siegte, zwang Dänemark einen neuen König auf und setzte sämtliche Forderungen durch. Die Hanse schützte so ihren Markt, der sich von Brügge und London im Westen bis nach Nowgorod im Osten erstreckte. Sie fungierte so als Drehscheibe zwischen Ost und West. Auf ihren dickbauchigen *Koggen*, hochwandigen Lastschiffen mit einer Kapazität von 120 bis 160 t, brachte sie vor allem Rohstoffe, wie Pelze, Wachs, Salz, Honig und Bernstein aus dem Osten und transportierte Metallwaren, Textilien, aber auch Wein und Bier aus dem Westen. Die Hanse unterhielt Handelsrouten zu fast jeder größeren Stadt Nord- und Mitteleuropas.

Die schwerbeladenen Koggen waren auch ein bevorzugtes Ziel beutegieriger Piraten, die die Hanse Zeit ihrer Existenz bekämpfte. Besonders schlimm trieben es die Piraten zwischen 1370 und 1402. Einer der tollkühnsten war Klaus Störtebeker. Mit dem Wahlspruch „Gottes Freund – jedes Menschen Feind!" plünderten die Piraten jedes Schiff, dessen sie habhaft werden konnten. Gefangene wurden nicht gemacht; Überlebende warf man kurzerhand ins Meer. Doch auch die andere Seite kämpfte unbarmherzig. Überwältigte Piraten wurden an Land hingerichtet.

Der Höhepunkt der hansischen Macht war am Ende des 15. Jahrhunderts überschritten. Immer mehr Fürsten gewannen die Kontrolle über die auf ihrem Gebiet liegenden Städte, der Aufstieg der Nationalstaaten (Schweden, Rußland, England) engte den Spielraum weiter ein, die Solidarität der Hansestädte zerbrach. 1598 wurde der letzte ausländische Stützpunkt, London, aufgegeben.

Noch heute zeugen prächtige Gebäude in den norddeutschen Hansestädten und nicht zuletzt der Stolz vieler Bürgerschaften von der mächtigen Vergangenheit.

Aurich war einst der Sitz friesischer Häuptlinge, später dann der Prinzen von Ostfriesland. Nicht weit östlich davon liegt **Jever,** nicht nur bekannt wegen seiner Bierbrauerei, sondern auch, weil in seinem **Schloß** (1505) ein Porträt der russischen Zarin Katharina II. hängt, die von 1793 bis 1818 das Jeverland von Rußland aus regierte.

Wilhelmshaven (100 000 Einwohner) am **Jadebusen,** bis Ende des Zweiten Weltkriegs der größte deutsche Kriegshafen, wird als Einspeisepunkt für die Ölpipeline ins Ruhrgebiet von Supertankern angelaufen.

Oldenburg (140 000 Einwohner) ist eine bedeutende Industrie- und Universitätsstadt mit wechselhafter Geschichte. Nach über hundertjähriger Zugehörigkeit zu Dänemark entwickelte es sich gegen Ende des 18. Jahrhunderts zum kulturellen Zentrum Norddeutschlands. Im **Schloß** (17. Jahrhundert) ist heute das **Landesmuseum** mit einer Sammlung italienischer Meister untergebracht.

An der Mündung der Weser in die Nordsee liegt **Bremerhaven** (150 000 Einwohner), Teil des kleinsten Bundeslandes Bremen. Die „Pier der Tränen", wie der **Columbus-Kaje** auch genannt wird, war der Ort, von dem aus mehr als 10 Millionen Europäer in eine ungewisse Zukunft in der Neuen Welt aufbrachen. Bremerhaven ist heute Europas größter Fischerei- und Containerhafen. Informativ ist ein Besuch im **Deutschen Schifffahrtsmuseum,** in dem eine Hansekogge zu besichtigen ist.

Bei der ansehnlich restaurierten Stadt **Stade** finden wir im **Alten Land** das größte Obstanbaugebiet Deutschlands. Die Mündung der Elbe ist bei **Cuxhaven** (62 000 Einwohner) bereits 15 Kilometer breit. Die **Alte Liebe,** eine alte Pier, und der nahegelegene **Leuchtturm** sind der ideale Ort, um die einfahrenden Ozeanriesen auf ihrem Weg nach Hamburg zu begrüßen.

Bei Ebbe kann man durch das Wattenmeer bis zu der 13 Kilometer entfernten Insel **Neuwerk** wandern, wobei man sich aber vorher über den Gezeitenwechsel bei den Einheimischen sehr eingehend erkundigen sollte.

Kein Feierabend: die Netze müssen ausgebessert werden.

233

Der Felsen im Meer: Von der Alten Liebe aus fährt auch das Boot nach **Helgoland**, das 70 Kilometer vor der Elbemündung liegt. Die Insel besteht aus einem roten Sandsteinfelsen, der der Sage nach vom Teufel aus Norwegen hierhergebracht worden sein soll. Die exponierte Lage erklärt die wechselvollen Besitzverhältnisse der Insel, die zuerst im 13. Jahrhundert als Piratenstützpunkt diente, dann in dänischen und danach in englischen Besitz überging, bis sie 1890 vom Deutschen Reich gegen die Insel Sansibar eingetauscht wurde. Sie diente dann in beiden Weltkriegen als Flottenstützpunkt. Die Bombardierungen im Zweiten Weltkrieg machten sie unbewohnbar, so daß sie danach von der britischen Air Force als Übungsziel benutzt wurde. Eine äußerste gewagte, gewaltfreie Besetzung durch deutsche Jugendliche führte dazu, daß Helgoland 1952 wieder an seine ehemaligen Bewohner zurückgegeben wurde, die es zu einer einmaligen Touristenattraktion machten.

Südöstlich von Cuxhaven in **Otterndorf** kann man das größte Wasserschöpfwerk der Welt besichtigen. Ein wenig weiter in Wischhafen geht die Fähre nach Glückstadt (gegründet 1617 vom dänischen König) ab.

Durch Dithmarschen: Auf der anderen Seite der Elbe in **Glückstadt** ist die wechselvolle Geschichte des heutigen Bundeslandes Schleswig-Holstein erfahrbar. Das Ziel der Stadtgründung, nämlich Hamburg zu überflügeln, hat der Dänenkönig Christian IV. nicht erreicht. Und die Gegend von Glückstadt bis Flensburg blieb jahrhundertelang umstrittenes Gebiet zwischen Deutschland und Dänemark, bis der Deutsch-Dänische Krieg 1863/66 eine vorläufige Entscheidung brachte und Schleswig-Holstein zur preußischen Provinz wurde.

Das ermöglichte den Bau des **Nord-Ostsee-Kanals**, der bis heute für Deutschland sowohl wirtschaftliche als auch strategische Bedeutung hat. Auf dem Weg nach **Brunsbüttel**, wo der Kanal in die Elbe mündet, fährt man an dem während des Baus militant bekämpften und immer noch umstrittenen Kernkraftwerk von **Brokdorf** vorbei.

Leuchtturm auf einer Hallig.

Die fruchtbaren Ländereien von **Dithmarschen** waren bis 1559 unabhängige Bauernrepublik, ehe sie sich dem dänischen König unterwerfen mußten. Der **„Dom der Dithmarscher"** (1250) in **Meldorf** ist Zeugnis der frühen Christianisierung der Bauern. Wirtschaftliches Zentrum des alten Dithmarschen war **Heide** mit einem der größten Marktplätze Deutschlands.

Nördlich von Heide, an der Eider, liegt **Friedrichstadt**, das 1621 von Religionsflüchtlingen aus Holland gegründet wurde. Sie bauten sich ihre neue Heimat ganz im Stil der alten mit Grachten und hübschen Bürgerhäusern, die bis heute erhalten geblieben sind.

Am Nordrand der Halbinsel Eiderstedt liegt die alte Stadt **Husum**, bis zur Sturmflut von 1362 eine Binnenstadt. Die Katastrophe machte sie zur „grauen Stadt am Meer" und brachte ihr damit den wirtschaftlichen Aufstieg. **Theodor Storm**, der den erwähnten Beinamen prägte, liegt auf dem St.-Jürgen-Friedhof begraben. Im Hafen mit seinen Krabben-Trawlern fahren die Boote und Fährschiffe zu den Halligen und den **Nordfriesischen Inseln** ab.

St. Tropez des Nordens: Vor der Küste bei Husum liegen die Inseln **Nordstrand** (durch einen Damm mit dem Festland verbunden), **Pellworm** und die **Halligen**. Einstmals war dies alles Festland, aber die Sturmfluten von 1362 und 1364 überspülten das Marschland und ließen nur noch jeweils ein paar Hektar davon aus dem Wattenmeer herausragen. Auf den Halligen liegen die wenigen Bauernhöfe auf *Warften*, Erdhügeln, die sie vor Überflutung schützen, wenn ansonsten „Land unter" gemeldet werden muß.

Von den Halligen oder vom kleinen Hafen **Dagebüll**, nördlich von Husum, gehen Fähren zu den drei großen Nordfriesischen Inseln.

Amrum hat eine 15 Kilometer lange Sandbank, den „Kniepsand", die durch Wind und Wellen jährlich um 50 Meter nach Norden versetzt wird. Die Insel **Föhr** (82 Quadratkilometer) kann mit einer vergleichsweise üppigen Vegetation aufwarten. Ihr **Friesenmuseum** in der Inselhauptstadt **Wyk** erinnert an den im 8. Jahrhundert eingewanderten Volksstamm, der die Küste und die heutigen Inseln besiedelte.

Der nördlichste Punkt Deutschlands liegt auf der Insel **Sylt**, die vom Volksmund und der Boulevardpresse „das St. Tropez des Nordens" getauft wurde, weil sich dort der „Jet-Set" und diejenigen, die gern dazu gezählt werden möchten, ein Stelldichein geben. Von Niebüll aus fährt der Autozug über den **Hindenburgdamm** zu diesem fast 100 Quadratkilometer großen Tummelplatz der High Society. Die Inselhauptstadt **Westerland** ist Endstation des Zugs und ein El Dorado für Glücksspieler.

Das Dorf **Keitum** liegt etwas abseits vom Trubel und hat deswegen seine alten Häuser und eine Kirche aus dem 12. Jahrhundert in die Neuzeit hinüberretten können. **Kampen**, der Strandort der „oberen Zehntausend" vier Kilometer nördlich von Wenningstedt (Großsteingrab Denghoog aus der Jungsteinzeit) an der Westküste, ist mittlerweile besorgt, ob das **Rote Kliff** (30 Meter hoch) die nächste Sturmflut überstehen wird.

Angst vor der nächsten Sturmflut: Die Küste muß befestigt werden.

235

DER NEUE PHILISHAVE.
DIE ZEITMASCHINE.

PHILIPS

HAMBURG – DAS TOR ZUR WELT

Daß sich aus der Lage der Siedlung **Hammaburg** an der Mündung von Alster und Bille in die Elbe Kapital schlagen ließ, wußte schon Ludwig der Fromme, Sohn Karls des Großen. Mit dieser Burg (9. Jahrhundert) wollte er nicht nur die immer aufmüpfigen Bewohner der umliegenden sächsischen Dörfer einschüchtern, sondern auch einen sicheren Handelshafen schaffen, der den Austausch mit nördlichen und westlichen Nachbarn ermöglichte. Aber der Ort (in der Nähe des heutigen Pressehauses) blieb nicht nur ein Stapelplatz für die Kaufleute. Im 11. Jahrhundert fuhren von Hamburg aus bereits die ersten Hochseefischer weit in die Nordsee hinaus.

Mit der Verleihung der Freihandelsrechte („Freibrief") durch Friedrich Barbarossa im Jahre 1189 begann die Entwicklung Hamburgs zu einer wohlhabenden Handelsstadt, deren neugebautes Zentrum, die Neustadt, mit Siedlungsgebäuden für Schiffer und Händler am heutigen Nikolaifleet lag. Lange Zeit war Hamburg der Nordseehafen der damals reicheren Stadt Lübeck, und aus dieser Interessengemeinschaft entwickelte sich schließlich der Bund der Hanse. Deren Niedergang machte Hamburg keine Probleme. Inzwischen hatte sich der einstige „Juniorpartner" mit Tatkraft und Glück zur weitgehend selbständigen Freien Reichsstadt (1415) gemausert und war faktisch ein eigenständiger Stadtstaat, der dank seiner Befestigungsbauten sogar den Dreißigjährigen Krieg unbeschadet überstand.

Vom 17. Jahrhundert an verdienten Hamburger Kaufleute beim Transport von Rohstoffen und Menschen zwischen Europa und den neuen Kolonien kräftig mit. Aus dieser Zeit stammen auch Hamburgs Beiträge zur Entwicklung des deutschen Geisteslebens. Seit 1776 war Gotthold Ephraim Lessing Dramaturg am Deutschen Nationaltheater. Matthias Claudius brachte von 1771-1776 den „Wandsbecker Bothen" heraus. Hebbel, Heine, Brahms, Händel und Telemann lebten und arbeiteten in Hamburg.

Der Beitritt zum Deutschen Zollverein, von vielen Hamburgern zunächst heftig bekämpft, brachte enorme Handelsvorteile und die Ansiedlung von neuen Industrien. Hamburg war 1913 nach New York und London der drittgrößte Hafen der Welt. Als 1918 Deutschland fast seine gesamte Handelsflotte an die Siegermächte ausliefern mußte, traf dies Hamburg natürlich besonders hart. Es dauerte aber nur wenige Jahre, bis die Verluste wieder weitgehend wettgemacht waren. 1937 wurden die Städte Harburg und Wandsbek eingemeindet. Damit erreichte Hamburg seine heutige Ausdehnung von 751 Quadratkilometern. Der Zweite Weltkrieg brachte Hamburg wegen seiner wirtschaftlich-strategischen Bedeutung enorme Zerstörungen durch Bombenangriffe und 60 000 Tote in der Zivilbevölkerung. Doch auch diesen Schlag hat die Stadt mit hanseatischer Gelassenheit weggesteckt, die Trümmer fortgeräumt und einen neuen Anfang gemacht. Der Verlust des Hinterlandes durch die neue Grenze zur DDR wog schwer, doch bemühte sich die Stadt

erfolgreich um die Ansiedlung von neuen Industrien, welche die seit fünfzehn Jahren wachsende Konkurrenz durch den Rotterdamer Hafen weniger problematisch machen, weil die Stadt nicht mehr ausschließlich vom Warenumschlag lebt. Heute ist Hamburg mit 1,6 Millionen Einwohnern die zweitgrößte Stadt Deutschlands.

Die Hamburger gelten weiter im Landesinneren als die „deutschen Engländer", weil ihre hanseatischen Tugenden des Fleißes, der Geschäftstüchtigkeit und der abwägenden Weltsicht denen des großen Seefahrervolkes so ähneln. In der Tat waren die englischen Kaufleute und Seefahrer seit dem 17. Jahrhundert in vieler Hinsicht Vorbilder der Hamburger. Deshalb sollte man als Fremder die Hamburger aber nicht für gefühlsarm und blutleer halten.

Das Tor zur Welt: Die **St.Pauli Landungsbrücken** nahe beim **Alten Elbtunnel** sind der Ort, den viele Besucher Hamburgs zuerst ansteuern. Hier landeten früher die alten Segelschiffe und Ozeandampfer, bevor sich das Zentrum der wirtschaftlichen Aktivität nach außerhalb verlagerte. Heute fahren hier die Boote der Hafenrundfahrt ab. Die kleineren dieser Boote können auch unter den Brücken des alten Hafens hindurch, während die großen sich auf die neuen Hafenteile beschränken.

Die alte **Speicherstadt** mit ihren Kanälen und dem größten Lagerhaus-Komplex der Welt kann auf diese Weise besichtigt werden. Kaffee, Tee, Tabak, Gewürze und andere Waren werden hier in riesigen gotischen Backsteingebäuden aufbewahrt. In diesem zehn Quadratkilometer großen, umzäunten **Freihafen** können Güter ohne Zollabfertigung aufbewahrt werden.

Die 15 000 Schiffe, die Deutschlands größten Hafen jährlich ansteuern, werden hauptsächlich in **Steinwerder** be- und entladen, das durch den Alten Elbtunnel mit seinen Fahrzeugliften und den gekachelten Wänden erreicht werden kann. Quer über diesem Gewimmel von Schiffen und Kränen, Leichtern und Schleppern, Schuten und Barkassen schwebt die **Köhlbrandbrücke**, die zusammen

Hamburgs Speicher: Grundlage für Hafen und Handel.

mit dem **Neuen Elbtunnel** die Hauptlast des Nord-Süd-Autobahnverkehrs zu tragen hat.

In der Nähe der Landungsbrücken und der **Hafenstraße,** deren „autonom" besetzte Häuser nicht nur Ort gewalttätiger Auseinandersetzungen zwischen Staatsmacht und den verlorenen Kindern des Wohlstandsstaates, sondern auch eine Touristenattraktion ersten Ranges waren, liegt die **Reeperbahn,** einst Arbeitsplatz der Seiler (Reeper), die hier die Takelage für die Segelschiffe anfertigten. Heute gilt sie zusammen mit ihren Nebenstraßen **Große Freiheit** und **Herbertstraße** als die „sündige Meile" der Hafenstadt.

Besucher aus der Provinz treiben sich hier samstags oft bis zum frühen Sonntagmorgen herum, um dann auf dem **Fischmarkt** beim „Holländer" (aus Lübeck) ein paar Topfblumen als Andenken zu erstehen. Manch ein Einheimischer schafft es sogar, sich bis zu einem der immer weniger werdenden Fischkutter vorzudrängeln und nach Hause zurückzukehren, bevor die nahegelegene

Kirche **St. Michaelis** zehn schlägt. Dieses barocke Wahrzeichen Hamburgs mit herrlicher Aussicht auf den Hafen ist besser bekannt als „Michel". Am Michel findet man die **Krameramtswohnungen,** eine frühe Form der Witwenrente, die die Krämergilde ab 1676 betrieb. Seit 1969 werden die Wohnungen nicht mehr zu diesem Zweck benutzt, sondern als Museum, Galerie und Gaststätte. Nicht weit davon entfernt, Am Holstenwall 24, steht das instruktive **Museum für Hamburgische Geschichte** mit vielen Schiffsmodellen und dem Gebäude des **Auswanderungsamts.**

Das „feinere", wenngleich nicht so authentische Hamburg lernt man kennen, wenn man von Hamburgs **Hauptbahnhof** aus durch die Innenstadt spaziert. Die meisten der „historischen" Gebäude sind zwar Nachbildungen der in den diversen Katastrophen zerstörten Vorbilder, doch lohnt der Gesamteindruck die Mühe des Gehens, auch wenn man vor dem **Bieberhaus** (Touristen- Information) in einen kleinen Zug steigen kann, der die Besucher zur allgemeinen Belustigung

Ruhiger, freundlicher Winkel der Krameramtsstube.

durch die Innenstadt transportiert. Gleich nebenan steht das **Deutsche Schauspielhaus** (1900), dessen Aufführungen Weltruhm genießen.

Um die Ecke locken die Läden der **Mönckebergstraße,** aber interessant ist auch die Kirche **St. Petri**, die älteste Kirche Hamburgs (1050), die beim Großen Brand zerstört wurde und erst 1842 ihr heutiges Gesicht bekommen hat. Östlich von St.Petri in der Steinstraße liegt die Kirche **St. Jacobi** (1340) mit der kostbaren Schnitger-Orgel (17. Jahrhundert) und dem Lucas-Altar (1499).

Am Ende der Mönckebergstraße steht das **Rathaus**, erbaut 1886/87 und heute Sitz von Senat, Bürgerschaft und Rat der Stadt Hamburg. Eine Führung erschließt einen Teil der 647 Räume des Baus, der sich an seiner Fassade im Renaissancestil mit Figuren der deutschen Kaiser schmückt.

In direkter Nachbarschaft liegt die **Börse** (gegründet 1558). Das Gebäude wurde nach dem Großen Brand wiederaufgebaut, der in der nahegelegenen **Deichstraße** ausbrach.

Rund um die Alster: Wenige Minuten vom Rathaus entfernt liegt die **Binnenalster**. Der **Jungfernstieg** mit seinen Kaufhäusern und Geschäften auf der Stadtseite und dem **Alsterpavillon** auf der Seeseite ist Ablegestelle für die Boote der Alsterschiffahrt (Stadtbesichtigungen). Nicht weit entfernt von der Binnenalster liegt die **Hamburgische Staatsoper** (Große Theaterstraße 35). Hier im Umkreis der Binnenalster findet der erlesene Geschmack Fachgeschäfte der Spitzenklasse, Kaufhäuser für gehobene Ansprüche, Arkaden von Glas und die gediegenen Restaurants und Cafés der oberen Preisklasse.

Der von hier aus westlich gelegene Stadtteil **Altona** wurde erst 1937 Teil Hamburgs. Gegründet 1520, wurde die Kleinstadt 100 Jahre später dänischer Besitz. Im **Altona-Museum** kann die wechselvolle Geschichte des Stadtteils nachvollzogen werden. Außerdem findet man hier eine Sammlung von Schiffsmodellen, Galionsfiguren und Seekarten.

Am Fluß entlang führt die von luxuriösen Villen gesäumte **Elbchaussee** zum

Einkaufen im Hamburger Hansaviertel.

ehemaligen Fischerdorf **Blankenese**, dessen romantische Häuser mit Blick auf die Elbe sich heute nur noch Spitzenverdiener leisten können. Der Normalverbraucher muß sich mit der Aussicht vom Spazierweg am Elbufer begnügen. Etwas weiter auf der Elbchaussee liegt der **Willkomm-Höft,** von dem aus alle großen Schiffe per Flagge und Lautsprecher begrüßt oder verabschiedet werden.

Erholung in Hamburg: In Hamburg gibt es viele Möglichkeiten, dem Alltag zu entfliehen. Für Blumenfreunde bietet der **Planten un Blomen Park** Gewächshäuser, Spielplätze und Wasserfontänen, die **Wallanlagen** und der **Alte Botanische Garten** laden zu Spaziergängen ein, **Hagenbecks Tierpark**, der erste Privatzoo der Welt, besteht seit 1907. Ein Besuch der Hamburger **Kunsthalle** lohnt sich, denn neben ständig ausgestellten Kunstwerken von Picasso, Kokoschka und Warhol sind die interessanten Sonderausstellungen hervorzuheben.

Ausflug in die Lüneburger Heide: Südlich von Hamburg liegen 720 Quadratkilometer relativ unfruchtbarer Heideland-

schaft. Die Heide bleibt nur bestehen, wenn die ständige Beweidung durch Heidschnucken dafür sorgt, daß sich kein großer Bewuchs ausbreiten kann. Viele Hünengräber zeugen hier von früher Besiedlung. Der große **Naturschutzpark Lüneburger Heide** liegt bei **Undeloh** und kann von Hamburg aus auf der Autobahn A7 erreicht werden.

Die alte Handelsstadt **Lüneburg** gab der umliegenden Landschaft ihren Namen. Die Stadt verdankt ihren grandiosen Aufstieg dem Salz, das hier seit 936 gewonnen wird. Aber erst die Zerstörung der Nachbarstadt Bardowick brachte das Monopol auf die Salzgewinnung und damit den Reichtum, der sich in zahlreichen gotischen Backsteinhäusern der reichen Bürger („Am Sande") dokumentiert. Entlang des Flüßchens Ilmenau finden sich noch die alten Lagerhäuser, Mühlen und Hafenanlagen (mit 640 Jahre altem Kran) aus der glorreichen Zeit, da Lüneburg mit Lübeck gemeinsam den Salzhandel bestimmte. Aus dieser Zeit stammt auch das prächtig ausgestattete **Rathaus** (1300 bis 1706).

Links: Bananen-Harry, eine der bedeutendsten Hamburger Persönlichkeiten. <u>Rechts:</u> Die Binnenalster und der Michel in Hamburg.

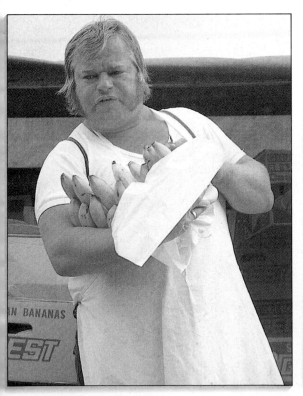

Eigentlich ist Schönheitsurlaub ein Klacks.

Was gibt es Schöneres als eine Creme, die Ihre Haut alle Strapazen des Alltags vergessen läßt. Die Ihre Haut in Feuchtigkeit badet und nicht in Konservierungsstoffen. Die nur aus reinen Inhaltsstoffen besteht und darum die Haut vor unnötigen Reizen bewahrt. Und die dank ihrer besonderen Zusammensetzung so zuverlässig vor Wind und Wetter schützt, daß Ihre Haut glaubt, Sie hätten 365 Tage Urlaub im Jahr. Etwas Schöneres kann es doch gar nicht geben, oder? <u>Nivea Creme. Was die Haut zum Leben braucht.</u>

VON LÜBECK NACH FLENSBURG

„Schleswig-Holstein, meerumschlungen", ist wie kein zweites Bundesland eine Drehscheibe zwischen Skandinavien und Mitteleuropa, zwischen Ostsee und Nordsee. Dieser Landstrich, der erst nach dem Ende der letzten Eiszeit vor 8000 Jahren zur „Cimbrischen Halbinsel" wurde, beherbergte Angeln, Dänen, Stormarn, Holsten, Abotriten und Friesen zur gleichen Zeit oder nacheinander. Entsprechend wechselvoll war seine Geschichte, zumindest seit sie als solche nachvollziehbar ist. Und entsprechend gegensätzlich sind die Charaktere, die der Landstrich bis heute hervorbrachte: Matthias Claudius und Friedrich Hebbel, Theodor Storm und Emil Nolde, Ernst Barlach und Theodor Mommsen sind mit diesem Land auf das engste verbunden. Das fruchtbare Marschland im Westen und die hügeligen Höhenrücken im Osten mit ihren weit eingeschnittenen Förden (Ostseebuchten) machen das

Land zu einem Gebiet der extensiven Landwirtschaft, die ihren fruchtbaren Boden mit Knicks (Hecken) gegen Winderosion zu schützen weiß.

Der Mangel an Bodenschätzen hat gleichzeitig zur Folge, daß die Industrie den Landstrich bis heute meidet. Er gilt deshalb seit dem Zweiten Weltkrieg als „strukturschwaches Gebiet", ein vornehmes Wort für „Armenhaus". Das war nicht immer so. Im Mittelalter kam der Reichtum der Gegend aus ihrer Landwirtschaft, aber auch aus ihrer Lage am Schnittpunkt vieler Machtgebiete und Einflußsphären, die ihren Handel miteinander durch dieses Nadelöhr der Land- und Seewege abwickelten.

Königin der Hansestädte: 250 Jahre lang war **Lübeck** (220 000 Einwohner) unbestrittene Handelsmetropole Deutschlands. Im Bund mit Hamburg und Bremen und vielen anderen Städten Nord- und Mitteldeutschlands sicherten sich die Kaufleute der Stadt Reichsfreiheit, Macht und Einfluß bis zum Dreißigjährigen Krieg (1618-48).

Gegründet durch Heinrich den Löwen als befestigter Handelsplatz auf einer Flußinsel der Trave, in der Nähe des heutigen Travemünde, entwickelte sich die Stadt seit dem Sieg der Lübecker über die Dänen in der Schlacht bei Bornhöved im Jahr 1227 durch Zuwanderung aus dem Rheinland und Westfalen allmählich zum Ausgangspunkt der gemeinsamen Fahrten der Kaufleute über die Ostsee nach Norden und Nordosten. Hier wurden Fische und Holz aus dem Norden gegen flandrische Tuche und niederrheinisches Eisen getauscht. Pelzwerk, Teer, Honig und Bernstein aus dem Baltikum konnte als Bezahlung für Schafwolle, Kupfer und Zinn aus England dienen. Die Kaufleute allein bestimmten die Geschicke der aufstrebenden Stadt im Stadtrat, den sie als gemeinsame Interessenvertretung verstanden.

Ab 1356 galt Lübeck als die mächtigste der kaufmännisch und politisch verflochtenen Hansestädte, deren Zahl nie eindeutig feststand. Zeitweise konkurrierte Lübeck mit Köln um den Titel der größten Stadt des Deutschen Reiches. In dieser langen Zeit der Blüte entwickelte sich hier der originäre Baustil der

Links: Wahrzeichen Lübecks: das Holstentor. **Unten**: Das Voss-Eck in Eutin.

243

Backsteingotik zur Vollkommenheit, und die erhaltenen Gebäude aus dieser Zeit machen den Besuch Lübecks zu einem einmaligen optischen Genuß.

Die sieben Türme Lübecks kann man, von Hamburg kommend, aus großer Entfernung sehen. **St.Marien** wurde im 13. Jahrhundert gebaut und diente als Vorbild für viele Backsteinkirchen an der Ostsee. Der **Dom** (Grundsteinlegung 1173 durch Herzog Heinrich den Löwen) war zunächst als romanische Pfeilerbasilika geplant und wurde im 13. und 14. Jahrhundert in seiner heutigen gotischen Form vollendet. Beide Kirchen wurden im Zweiten Weltkrieg zerstört und bis 1959 wieder restauriert.

St. Ägidien (14. Jahrhundert), **St. Jakobi** (13. Jahrhundert) mit einer der ältesten Orgeln Europas (15. Jahrhundert), **St. Katharinen** (14. Jahrhundert) und **St. Petri** (14. Jahrhundert) sind in der Lübecker Altstadt auf engem Raum zu finden. Zugang zu diesem Teil der Stadt bieten die Brücken und Dämme über Flüsse und Kanäle, die in alten Zeiten den Stadtbewohnern Schutz boten, wenn das vielgerühmte diplomatische Geschick der Lübecker Kaufleute versagt hatte. Das **Holstentor** (1466), das imposanteste der wenigen Relikte der Stadtbefestigung, die noch erhalten sind, diente einst zur Verteidigung des westlichen Zugangs zur Stadt und der nahegelegenen **Salzspeicher** (16. Jahrhundert), in denen das Salz aus Lüneburg aufbewahrt wurde. Heute beherbergt das Holstentor ein Museum mit einem großem Stadtmodell von 1650.

Im Zentrum der Stadt, wenige Gehminuten vom Holstentor entfernt, liegt das gotische **Rathaus** (1484), eines der ältesten in Deutschland, in dessen Eingangshalle ein Denkmal des Schwedenkönigs Gustav Wasa steht. Einzigartig sind die Windlöcher in der Fassade und die Arkadengänge, die bis ins 19. Jahrhundert zahlreichen Marktbuden als Wetterschutz dienten. Ein paar Schritte weiter liegt das **Haus der Buddenbrooks** (18. Jahrhundert), in dem Thomas und Heinrich Mann ihre Jugend verbrachten. Der gleichnamige Roman Thomas Manns über seine Vaterstadt machte das

Im Flaschenschiff-Museum in Kiel.

namenlose Haus in der Mengstraße zum literarischen Wallfahrtsort. Ganz in der Nähe kann man im **Schabbelhaus** sehr gepflegt speisen. Etwas weniger gepflegt, dafür mit reichlich ozeanischer Atmosphäre, kann man im **Haus der Schiffergesellschaft** (Breite Straße) einkehren, das mit seinem blanken Holzmobiliar, seinen Kupferlampen und Schiffsmodellen, die von der Decke herabhängen, noch daran erinnert, daß hier seit 1535 die Kapitäne der Hansekoggen ihren Lebensabend verbrachten.

Das **Heilig-Geist-Hospital** (Fresken aus dem 13. Jahrhundert im sternförmigen Gewölbe) war eine der frühesten sozialen Einrichtungen in Deutschland. In der Nähe liegen die **Wohngänge**, Siedlungen, die in den Gärten hinter den großen Bürgerhäusern im 16. Jahrhundert errichtet wurden, um die sich ständig vergrößernde Innenstadtbevölkerung aufzunehmen. In den Cafés am Marktplatz bekommt man das berühmte Lübecker Marzipan.

Badeorte und Strände: Nordöstlich von Lübeck, in der Lübecker Bucht, liegt **Travemünde**, seit dem 14. Jahrhundert zu der großen Nachbarstadt gehörend. Seit 1802 ist Travemünde ein Kurort der Reichen und Mächtigen mit dem **Casino** als Hauptattraktion. Nach Norden zu erstrecken sich hier die Strände der bekannten Badeorte in der **Lübecker Bucht**. Endlose Reihen von Strandkörben, Liegestühlen und die im Sommer täglich neu entstehenden Variationen der urdeutschen „Strandburg" sind die Erkennungszeichen von **Timmendorfer Strand, Scharbeutz** und **Haffkrug**, um nur die bekanntesten zu nennen. Zwischen Travemünde und Timmendorf liegt am **Hemmelsdorfer See** mit 44 Metern unter dem Meeresspiegel der tiefste Punkt Deutschlands.

Nur 10 Kilometer weiter nördlich erkennt man die „mächtigen" Erhebungen der **Schleswig-Holsteinischen Schweiz** mit ihren Buchen- und Eichenwäldern, die an die 200 Seen säumen. Im Luftkurort **Eutin** (18 000 Einwohner), dem „Weimar des Nordens" übersetzte Johann Heinrich Voss die Epen Homers. Im **Schloß** sind Historienbilder Tischbeins

Das Segelschiff „Passat", Zeuge einer vergangenen, heute romantisierten Zeit.

aus seiner Eutiner Zeit zu bewundern, und im Schloßpark finden alljährlich Sommerspiele zu Ehren des berühmtesten Eutiners, des Komponisten Carl Maria von Weber, statt. Zwischen dem **Kellersee** und dem **Dieksee** nördlich von Eutin liegt der Kurort **Malente-Gremsmühlen** und etwas abgeschieden weiter östlich der **Ukleisee.** Der zentrale Ort der Holsteinischen Schweiz ist **Plön**, wo ein **Wasserschloß** im Stil der Renaissance direkt am **Plöner See** zu den Hauptattraktionen zählt. Die wechselvolle Chronik des Schlosses von der Herzogsresidenz, über die Kadettenanstalt und Nazischule zum heutigen Gymnasium ist ein Spiegelbild Schleswig-Holsteinischer Geschichte. Vom Kirchturm von St.Petri in **Bosau** südlich des Plöner Sees hat man einen herrlichen Blick über den ganzen Landstrich. Zehn Kilometer westlich davon liegt **Bornhöved**, ein Ort, der zweimal (789 und 1227) Schauplatz entscheidender Schlachten der Holsteiner gegen die Dänen wurde. In **Preetz**, nördlich von Plön, liegt ein Kloster der Benediktinerinnen aus dem

13. Jahrhundert mit dreischiffiger Backsteinkirche (1325). Der **Seelenter See** im Norden von Preetz ist ein Refugium für seltene Vögel. In der Nähe stehen mehrere herrschaftliche Häuser und kleine Schlößchen sowie der **Bungsberg**, mit „imposanten" 164 Metern die höchste Erhebung der Holsteinischen Schweiz.

Hauptstadt des Nordens: Die Hauptstadt Schleswig-Holsteins ist **Kiel**. Mit 249 000 Einwohnern, einem bedeutenden Hafen mit Anschluß an Nord- und Ostsee und modernen Industriebetrieben ist sie zugleich die größte und wirtschaftlich bedeutendste Stadt des Bundeslandes. Obwohl die Stadt bereits 1233 an der äußersten Westspitze der **Kieler Förde** gegründet wurde, kam sie erst mit der Annexion Schleswig-Holsteins durch Preußen im Jahr 1865 zu größerer Bedeutung. Der Bau des Nord-Ostsee-Kanals und die nachfolgende Einrichtung des Haupthafens der deutschen Kriegsflotte machten Kiel zu einem Ort von strategischer Bedeutung, was die Stadt im Zweiten Weltkrieg zum Ziel

Fruchtbares Marschland in Schleswig-Holstein, meeresumschlungen, durchströmt von würziger, salziger Luft.

zahlreicher Luftangriffe machte. Kiels Sehenswürdigkeiten sind infolge der Zerstörungen hauptsächlich neueren Datums. Nur rund um den **Markt** mit seinem Rathaus aus dem 16. Jahrhundert sind noch einige Straßenzeilen mit Fachwerkhäusern übriggeblieben. Das **Marine-Ehrenmal** in Laboe, das **Freilichtmuseum** im Vorort Molfsee und die Brücke über den Nord-Ostsee-Kanal sind interessante Ausflugsziele von Kiel aus. Das **Hindenburgufer** bietet eine schöne Aussicht auf Hafenanlagen, Docks und die Emsigkeit, die auch außerhalb der Kieler Woche in dem immer betriebsamen Kieler Hafen herrscht.

50 Kilometer nördlich von Kiel, im ehemaligen Herzogtum Schleswig, kommt man durch den Dänischen Wohld (Wald) nach **Eckernförde**, wo die bekannten Kieler Sprotten fangfrisch geräuchert werden. In westlicher Richtung, kurz nach dem Ferienort **Haddeby,** kommen wir zu den ringförmigen Überresten des wichtigsten Handelsplatzes der Wikingerzeit, damals **Haithabu** genannt. Am Kreuzungspunkt der alten Nord-Süd-Straße mit der Ost-West-Verbindung über die Flüsse Schlei, Eider und Treene war diese Festung bis ins 11. Jahrhundert hinein der bedeutendste Umschlagplatz von Nord- und Ostsee in Mitteleuropa und Skandinavien.

Auf der anderen Seite der Schlei liegt der Nachfolger Haithabus, **Schleswig** (29 800 Einwohner), die älteste Stadt im Staat Schleswig-Holstein (Stadtrechte seit 1200). Neben der sehenswerten **Altstadt** ist besonders das Renaissanceschloß **Gottorf** als größtes Fürstenschloß des Landes deswegen bedeutsam, weil die zwei wichtigsten Museen des Bundeslandes hier untergebracht sind: Das **Landesmuseum** und das **Museum für Vor- und Frühgeschichte**, das größte dieser Art in Deutschland, das auch das **Nydam Boot** (Wikingerboot) aus dem 4. Jahrhundert zeigt. Im **Dom St. Petri** (12. Jahrhundert), einer gotischen Hallenkirche aus Backstein, steht der **Bordesholmer Altar**.

Weit zurück in die Vergangenheit weist auch die Halbinsel **Angeln** nordöstlich von Schleswig, von wo aus der gleichnamige germanische Stamm im 5.

und 6. Jahrhundert die Eroberung Englands begann. Von Schleswig aus kann man den alten Ochsenweg zwischen Hamburg und Dänemark (heute B76) oder die Küstenstraße über **Kappeln** benutzen, um nach Flensburg zu kommen. Bei **Ringsby** liegt das Wasserschloß **Glücksburg** (1587), ehemals Sommerresidenz des dänischen Königs.

Flensburg (90 000 Einwohner) ist die nördlichste Stadt Deutschlands. Entstanden im 12. Jahrhundert aus einem Fischerdorf, später eine dänische Handelssiedlung, zeigen die Bürgerhäuser und öffentlichen Gebäude, daß Flensburg seit dem 13. Jahrhundert eine wohlhabende Handelsstadt und im späten 16. Jahrhundert der größte Seehandelshafen Dänemarks war. Das **Nordertor** aus dem 16. Jahrhundert), ein Backsteinbauwerk, ist das Wahrzeichen dieser Hauptstadt der Rumherstellung (seit dem 18. Jahrhundert Einfuhren aus Dänisch-Westindien) gleich an der heutigen dänischen Grenze, die im Zeichen der europäischen Einigung ihren trennenden Charakter verloren hat.

247

MITTELEUROPA

*Der mitteleuropäische Raum bietet eine Fülle von klassischen Reisezielen, und die **APA Guides** sind hier unentbehrliche Begleiter: in Paris, der romantischsten Metropole der Welt; in der Kunststadt Florenz; im malerischen Elsaß oder unterwegs auf dem Rhein, vorbei an sagenumwobenen Landschaften und Schlössern.*

RV

**A P A
GUIDES**

LORD IST EXTRA

LE 3/90 H

THÜRINGEN UND SACHSEN

Thüringen und Sachsen, diese beiden neuen Bundesländer stehen für Esprit und Lebensfreude. Im Gegensatz zu Berlin, dem Hauptquartier der preußischen Militärs, oder einer schnellen Weltstadt wie Frankfurt am Main wurde hier die Langsamkeit als raffiniertes Vergnügen entdeckt. Goethe erwanderte von Weimar aus den Thüringer Wald, und August der Starke feierte in Dresden rauschende Feste.

Die Menschen sind wie überall geprägt von der Landschaft, in der sie leben: sanfte Hügel, unendliche Wälder, mittelalterliche Dörfer. Großstadtneurotiker wird man hier nicht finden. Aber natürlich übte auch die lange Zeit der nationalsozialistischen Diktatur und des Pseudo-Sozialismus à la DDR ihren Einfluß aus: Ausgesprochene Kämpfernaturen gegen die SED-Herrschaft taten sich nicht hervor.

Thüringen ist flächenmäßig das kleinste der neuen Bundesländer, gleichzeitig mit 2,5 Millionen Einwohnern das am dichtesten besiedelte. Ein Fünftel der industriellen Produktion der ehemaligen DDR kam aus Thüringen: In Eisenach wurden bis März 1991 die Wartburgs hergestellt, Zeiss in Jena produziert optische Geräte.

In Sachsen leben fünf Millionen Menschen, die ein knappes Drittel zum Bruttosozialprodukt der ehemaligen DDR beigetragen haben. Aus Chemnitz, dem zeitweiligen Karl-Marx-Stadt, kommen Textilwaren, aus Dresden die Computer und Büromaschinen von „Robotron". Porzellan wurde Anfang des 18. Jahrhunderts in Sachsen auf der Suche nach künstlichem Gold (wieder-)erfunden und wird bis heute in Meißen nach alter Tradition hergestellt.

Zur Umweltbelastung der Länder tragen vor allem der Braunkohle- und Uranbergbau, aber auch die Landwirtschaft und die chemische Industrie um Leipzig und Halle bei.

Ruinen schaffen – ohne Waffen. Dieses Leitmotiv begleitet den Reisenden auf der Kulturschiene entlang der Städte Eisenach, Weimar, Jena, Dresden durch den Süden Ostdeutschlands. Enorme kulturelle Leistungen und hervorragende Restaurierungen in einigen Städten stehen dem langsamen Verfall während der vierzig Jahre DDR gegenüber.

Sachsen und Thüringen gehörten beide zum Reich der Wettiner. Nur rund hundert Jahre lang vor der Reformation waren beide Regionen getrennt. Thüringen und Nordhessen, besonders Kassel und Schmalkalden, gehörten über Jahrhunderte eng zusammen. Das neue Wappen Thüringens mit dem rot-silbernen Löwen auf blauem Grund ähnelt sehr dem Hoheitszeichen von Hessen. Wegen dieser aktuellen und historischen Nähe beginnt die Tour durch das südliche Ostdeutschland in Kassel und orientiert sich, bis auf einen Ausflug in den Thüringer Wald nach Schmalkalden, an der alten Fernverbindung (heute B7/F7) Richtung Dresden.

Vorherige Seiten: Durch den Thüringer Wald, das grüne Herz Deutschlands, wanderten auch Goethe und Schiller. Ihr berühmtes Denkmal steht in Weimar (links).

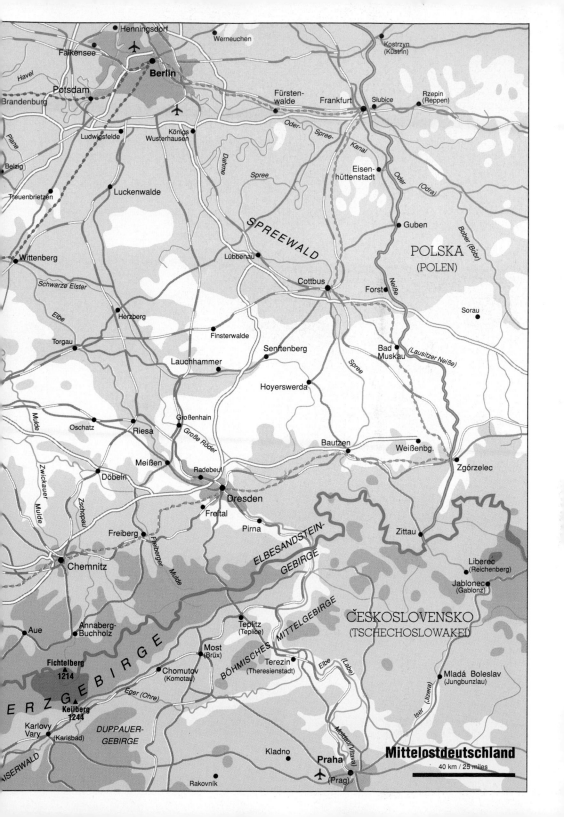

Henningsdorf
Werneuchen
Falkensee
Kostrzyn
(Küstrin)
Havel
Berlin
Potsdam
Fürsten-
walde
Frankfurt
Słubice
Rzepin
(Reppen)
Brandenburg
Oder-
Spree-
Kanal
Ludwigsfelde
Königs
Wusterhausen
Belzig
Dahme
Eisen-
hüttenstadt
Oder
(Odra)
Plane
Spree
Treuenbrietzen
Luckenwalde
Guben
Bober (Bóbr)
SPREEWALD
POLSKA
(POLEN)
Wittenberg
Lübbenau
Schwarze Elster
Cottbus
Forst
Neiße
Sorau
Herzberg
Elbe
Finsterwalde
Bad
Muskau
(Lausitzer Neiße)
Torgau
Senftenberg
Lauchhammer
Spree
Hoyerswerda
Mulde
Großenhain
Oschatz
Riesa
Große Röder
Bautzen
Weißenbg.
Meißen
Radebeul
Zgórzelec
Zwickauer
Döbeln
Mulde
Dresden
Zschopau
Freital
Zittau
Freiberger
Freiberg
Pirna
ELBESANDSTEIN-
GEBIRGE
Liberec
(Reichenberg)
Chemnitz
Mulde
Jablonec
(Gablonz)
BÖHMISCHES MITTELGEBIRGE
ČESKOSLOVENSKO
(TSCHECHOSLOWAKEI)
Aue
Annaberg-
Buchholz
Teplitz
(Teplice)
E R Z G E B I R G E
Fichtelberg
1214
Most
(Brüx)
Elbe
(Labe)
Mladá Boleslav
(Jungbunzlau)
Chomutov
(Komotau)
Terezin
(Theresienstadt)
Eger (Ohre)
Iser (Jizera)
Keilberg
1244
Karlovy
Vary
(Karlsbad)
DUPPAUER-
GEBIRGE
Moldau (Vltava)
Kladno
Praha
(Prag)
MSERWALD
Rakovník

Mittelostdeutschland

40 km / 25 miles

EISENACH UND GOTHA

„Trans-Banana" wird die Bundesstraße 7 liebevoll genannt, auf der die Trabi-Kolonnen nach der Öffnung der Grenze 1989 in den Westen rollten. Nach 40 Jahren Entbehrung war die Banane zum Symbol westlicher Lebensqualität geworden, die doch auch „drüben" so leicht hätte erreicht werden können.

Die Sehenswürdigkeiten Kassels, der Stadt der Parks und Museen, wurden im Kapitel „Auf den Spuren der Brüder Grimm" beschrieben. Über die inzwischen völlig überlastete B 7 Richtung Eisenach rollt heute der Verkehr praktisch ununterbrochen – mitten durch kleine Dörfer, die bisher im ungestörten Abseits der Zonengrenze lagen. Den Übergang in die ehemalige DDR erkennt man auch ohne Hinweisschilder; denn Alleen knorriger alter Bäume direkt an der Straße stehen nur noch da, wo, wie in der DDR, auf die Sanierung der Seitenstreifen zugunsten der Raser verzichtet wurde. Hier liegt der Mittelpunkt des neuen Deutschlands. Schneidet man Deutschland fein säuberlich aus, klebt es auf Karton und pendelt aus, liegt das Zentrum irgendwo im magischen Dreieck zwischen Eisenach, Mühlhausen und Eschwege.

Creuzburg: Auf die Überreste des einstigen Todesstreifens muß man bewußt achten. Er verschwindet immer mehr und ist kaum mehr als Mahnmal wahrzunehmen. **Creuzburg**, etwa 70 Kilometer von Kassel entfernt, die erste Stadt nach der ehemaligen Zonengrenze, lag früher im Sperrgebiet. Selbst Bürger der DDR durften nur mit Sondergenehmigung hierherkommen. Funde aus der Zeit bis 4000 v. Chr. belegen die lange Siedlungsgeschichte der Kelten, die etwa 200 n. Chr. von den Germanen aus dieser Gegend vertrieben wurden. Bonifatius weihte 724 eine Kapelle auf dem großen fränkischen Königsgutkomplex über der Stadt. Am Ortsausgang links, hinter der steinernen Brücke über die Werra, wurde Ende des 15. Jahrhunderts die **Liboriuskapelle** errichtet, ein Kleinod der Spätgotik. Nur wenige Kilometer entfernt, weiter auf der F 7 und am alten Zonengrenzübergang Herleshausen vorbei, liegt in einem industrie-dunstigen Talkessel Eisenach.

Eisenach: Nur einmal in 900 Jahren wurde die vierhundert Meter auf einem Felsplateau über Eisenach liegende **Wartburg** belagert, nie aber eingenommen, nie zerstört. Sie ist so bekannt wie Neuschwanstein, erreicht ähnliche Besucherrekorde, hat aber historisch unvergleichlich mehr zu bieten: Luther, der verkleidet als Junker Jörg die Bibel übersetzte; die heilige Elisabeth; den Sängerwettstreit und schließlich das Wartburgfest. Die Wartburg ist nicht die größte, nicht die schönste, aber sicherlich die „deutscheste" aller deutschen Burgen. Der Sage nach wurde sie 1067 von Ludwig dem Springer gegründet. „Wart Berg, du sollst mir eine Burg werden", rief er aus und ließ Erde aus Schauenburg heranbringen, um beiden zu können, daß er „auf Eigen" stehe. Das ihm gewidmete Landgrafenzimmer wurde 1854 von Moritz von Schmid unterhalb der Decke mit einem erzählenden Bilderfries ausgeschmückt.

257

Unter Fürst Hermann I. (1190-1217) fand der legendäre **Sängerkrieg** statt (1206-1207), zu dem die namhaftesten Minnesänger erschienen sein sollen: Walther von der Vogelweide, Wolfram von Eschenbach und Heinrich von Ofterdingen. Thema der Veranstaltung: Warum ist unser Fürst Hermann so prächtig? Jahrhunderte später gab diese Sage den Stoff für E.T.A. Hoffmanns Erzählung über die „Serapionsbrüder" (1812), für Ludwig Tiecks „Phantasus" (1816) und für Richard Wagners Oper „Tannhäuser". Im Sängersaal erinnert ein großformatiges Fresko aus dem Jahre 1855 an das Musikfestival.

Auch der Ruhm der 1235 heilig gesprochenen **Elisabeth** (1207-1231) strahlt von der Wartburg ab. Elisabeth heiratete 1221 im Alter von knapp 14 Jahren den 20jährigen Ludwig IV., verwandelte sich damit von einer ungarischen Königstochter zur Landgräfin und gebar ein Jahr später auf der Creuzburg ihr erstes Kind Hermann. Franziskanermönche beeindruckten Elisabeth mit der Losung, Armut verbürge die ewige Seele.

Sie stiftete unter persönlichem Verzicht Kirchen, Altersheime und mehrere Hospitale. Ihr Beichtvater, ein Freund des Papstes, Herr über alle deutschen Klöster und oberster Ketzerrichter, also eine gefürchtete Persönlichkeit, gebot der 18jährigen Elisabeth strenge Askese und freudige Duldung aller auferlegten Belastungen. Die bekannte Legende vom Rosenwunder erzählt, daß Elisabeth Fleisch und Brot für die Armen unter ihrem Mantel zum Hospital trug. Bei einer Kontrolle durch den Landgrafen seien plötzlich Rosen unter dem Mantel gewesen. In der Elisabethkemenate zeigt ein 1902-1906 entstandenes prunkvolles Glasmosaik Szenen aus dem Leben und der Legende von Elisabeth.

Alles andere als dem Vatikan hörig war der nächste prominente Gast der Wartburg, **Martin Luther**. Er kam gerade aus Worms, wo er vor Kaiser Karl seine in zwanzig Büchern entwickelte Kritik an der katholischen Kirche widerrufen sollte. „Hier stehe ich, ich kann nicht anders", weigerte er sich. Bis ins Mittelalter hinein waren die Machtver-

„Mutterboden" wird die Braunkohle mit geringem Brennwert und hohem Schwefelgehalt genannt.

hältnisse gottgewollt und unveränderlich. Luthers Vorstellungen befreiten die Menschen vom Fatalismus und ermutigten sie, bewußt und zielstrebig zu handeln. Er schuf die Grundlagen der protestantischen Ethik, der spätere ideologische Überbau der westlichen Industriegesellschaften. Papst und Kaiser spürten diese Gefahr. Noch während Luther auf dem Heimweg war, erklärte der Kaiser ihn 1521 für „vogelfrei". Als Junker Jörg lebte er zehn Monate auf der Wartburg, wurde fett und depressiv, bis seine Freunde ihn aufforderten, die Bibel endlich richtig zu übersetzen.

Luther leistete einen epochemachenden Beitrag zum Übersetzen: „Man muß nicht die Buchstaben der lateinischen Sprache fragen, wie man deutsch reden soll. Sondern man muß dem einfachen Mann aufs Maul sehen." Ein Kritiker meinte, daß jetzt „auch die Schneider und Schuster, ja auch die Weiber und andere einfältige Idioten" die Bibel lesen könnten. Martin Luthers Arbeitstisch im bohlenverschalten Arbeitszimmer wurde so ausgiebig von Gläubigen in Splitter zerlegt, daß Luthers Nachfahren einen spätgotischen Klostertisch spendierten, an dem er auch einmal gesessen haben soll.

Über das gesamte zweite Geschoß erstreckt sich der von Säulen-Kapitellen (12. Jahrhundert) getragene und im vorigen Jahrhundert mit einer Holz-Kassetten-Decke abgeschrägte, prunkvolle Festsaal. Über dessen mittlerem Kamin hängt die Fahne der Burschenschaften. Der Marsch der Burschenschaften 1817 zum „**Wartburgfest**" mit schwarz-rot-goldenen Fahnen galt der deutschen Einheit und war eine Kampfansage an kleinstaatliche und konservative Fürsten und Monarchen. Deutsche Geschichte, auf der Wartburg konzentriert – das erklärt die Anziehungskraft der Burg. Sie drohte im 19. Jahrhundert zu zerfallen und wurde auf eine Initiative Goethes bis 1890 restauriert.

In der Stadt **Eisenach** mit ihren 50 000 Einwohnern gruppieren sich **Schloß, Rathaus, Residenzhaus** und die **St. Georgenkirche** um den mittelalterlichen **Marktplatz** (Eisenach-Information). Eines der schönsten und ältesten

Karge und extensive Landwirtschaft in den Bergen.

Bürgerhäuser, wo Luther 1498 bis 1501 als Lateinschüler bei Ursula Cotta gewohnt hat, konnte als Lutherhaus nach der Zerstörung 1944 originalgetreu wiederaufgebaut werden. Johann Sebastian Bach wurde in der Straße Frauenplan (Museum) am 21. März 1685 geboren.

Mit der Schließung der „Wartburg" Autofabrik verlieren 16 000 Beschäftigte (einschließlich Zulieferer) ihren Arbeitsplatz. Opel investiert allerdings eine Milliarde DM in neue Anlagen. Umweltschützer befürchten durch die Werkserweiterung im Hörseltal weitreichende klimatische Veränderungen. Das westlich gelegene Tal dient der im Kessel gelegenen Stadt bei Westwind als Frischluftkorridor.

Hörselberge: Dem Wind und der Hörsel folgend, weiter auf der F 7 Richtung Gotha, biegt man in Sättelstädt bei der Kirche links ab, um in die sagenumwobenen Hörselberge vorzudringen. Steil führt die Straße zu diesem nur sieben Kilometer langen Muschelkalkzug hinauf, der von der nahen Autobahn gut zu sehen ist. Als ranghöchster Bewohner der Hörselberge könnte Ihnen, besonders im Nebel, Wotan begegnen, der altgermanische Götterkönig. Seine Begleiter, die „wilde Jagd", tragen ihre in Schlachten verlorenen Köpfe, Arme und Beine auf dem Rücken. Sie johlen wie der Sturmwind, und Hörnerklang und Geschrei eilen dieser ungemütlichen Truppe voraus. Aber der getreue Eckart warnt und rät, der „wilden Jagd" auszuweichen oder die Augen zu schließen.

Auf dem Kamm in 480 Meter Höhe ist es von der Gaststätte aus nicht weit zur Höhle der Venus, die, „mit unsäglichen Reizen und nach heidnischer Art nur leicht und locker bekleidet", den Ritter Tannhäuser sieben Jahre lang umstrickt haben soll. Wagner baute seine Oper aus unterschiedlichen Überlieferungen zusammen, verknüpfte Tannhäuser mit Heinrich von Ofterdingen und brachte so die Sagenwelt der Hörselberge und der Wartburg zusammen.

Frau Holle ist die bekannteste Bewohnerin der Berge. Sie belohnt die Fleißigen und bestraft die Faulen. Es geht auch anders: Goldmarie erntet die reifen Äpfel

Rathaus in Gotha, der Stadt der Kartographie.

im richtigen Moment und läßt das Brot nicht verbrennen. Sie handelt im Einklang mit der Natur, ist in unseren Tagen Vorbild der ökologischen Feministinnen – die noch auf ihre Belohnung warten.

Südlich erstreckt sich der Thüringer Wald, die grüne Lunge Thüringens, das Ski- und Wanderparadies mit den traditionsreichen, dem Fremdenverkehr gut erschlossenen Orten **Oberhof, Friedrichroda** und **Bad Liebenstein** . Eilige Reisende werden auf der F 7 direkt weiter nach Gotha fahren.

Gotha: Schon von weitem ist das auf dem Berg über **Gotha** thronende **Schloß Friedensstein** zu sehen. Nach dem Dreißigjährigen Krieg wurde es 1643-1657 als erstes deutsches Barockschloß erbaut. Herzog Ernst der Fromme wünschte sich eine geschlossene Dreiflügelanlage im italienischen Palazzostil. Aus diesem fruchtbaren Haus stammen Vorfahren der Königshäuser in Schweden, England, Belgien und Bulgarien. Das Schloß beherbergt mehrere sehenswerte Museen. Ein karthographisches Museum erinnert an Julius Perthes, dessen 1785 ge-

gründete Kartenanstalt mit ihren Atlanten die Grundlage des Gothaer Verlagswesens bildete. Im Schloßmuseum blieben die Wohn- und Festräume der Herzöge erhalten, unter anderem eine Gemäldesammlung mit Werken von Lucas Cranach d. Ä., Rubens und Franz Hals. Im Westturm befindet sich das **Ekhof-Theater**, in dem 1774 zum ersten Mal in Deutschland die Schauspieler ein festes Engagement erhielten. Die Bühnentechnik des Theaters ist weitgehend im Originalzustand erhalten.

Rund um den rechteckigen Markt liegen in der Altstadt alle erhaltenen und restaurierten Gebäude dicht zusammen – im Mittelpunkt das rote Renaissance-Rathaus. Im Mai 1875 schlossen sich in Gotha die Sozialdemokratische Arbeiterpartei Deutschlands (Eisenacher) und der Allgemeine Deutsche Arbeiterverein (Lassalleaner) zusammen und gründeten damit die Vorläuferorganisation der heutigen SPD. Am historischen Ort, nämlich im Tivoli, fanden sich im Januar 1990 die Sozialdemokraten der DDR zusammen, um ihre Partei neu zu gründen.

Auf zu neuen Ufern.

THÜRINGER WALD

Südlich der Städte Eisenach, Gotha, Erfurt, Weimar und Jena beginnt das sanft hügelige Wandergebiet des Thüringer Waldes. Heute entdecken Naturfreunde voller Wanderslust die erholsame Ruhe des von der Industrie kaum geschundenen, 168 Kilometer langen Rennsteigs neu. Goethe war ihr prominentester Vorläufer. Dunstschleier und Nebelstreifen liegen über buckeligen Wiesen und grünen Terrassen. Gut hundertfünfzig Tage im Jahr herrscht auf den Höhen Frost. Für Wanderer heißt das, einen warmen Pullover einzupacken, für Wintersportler, ihre Ski frisch zu wachsen. Die Werra entspringt in der Nähe des Rennsteigs und arbeitet sich kraftvoll dem Tal entgegen. Sie begrenzt den Thüringer Wald im Süden, wo ihr Wasser aber durch den Kaliabbau stark versalzen und der Fluß tot ist. Die Fische konnten sich nicht daran gewöhnen, während der Woche in ungefilterter Salzlauge zu leben und am

arbeitsfreien Wochenende Süßwasser serviert zu bekommen.

Wie leben die Thüringer? Zwischen Schlössern und Burgen, am Rande der in Tälern gelegenen mittelalterlichen Dörfer, entstand eine dichte Kleingartenkultur, in der sich seine Datsche zusammenstoppelte, wer immer es von den Thüringern konnte, um sich gegenüber dem bürokratisierten Alltag eine kleine, private Nische zu sichern. Altmodisch wirkt das alles, langsam. Gemächlich klingt auch die Einfärbung der Sprache, die sich bis heute gehalten hat. Großstädtischem Rummel und gestylter Schickeria wird man nicht begegnen. Gelassenheit, Gemütlichkeit, Anpassungsfähigkeit, Muff und Enge – das alles liegt dicht beieinander.

Zum Rennsteig: Von den Hörselbergen aus in Wutha verläßt man die F 7 Richtung **Thal**. Selbst in diesem kleinen Dorf spiegelt sich deutsche Geschichte wider. Als nach dem Ersten Weltkrieg 1920 in Berlin rechtsnationale Kräfte um den ostpreußischen Beamten Kapp putschten, traten Arbeiter im ganzen Land in den Generalstreik. In Thal hatten die Arbeiter in Privatbesitz befindliche Waffen beschlagnahmt. Freiwillige des militärisch ausgerüsteten „Studentenkorps Marburg" erschossen fünfzehn verhaftete Arbeiter auf dem Weg nach Gotha. Die Täter wurden freigesprochen. Ein Denkmal auf dem Friedhof erinnert an die Morde.

Auf dem Weg nach **Ruhla** mischen sich immer mehr Fichten unter das Laubholz. Der Aufstieg Richtung Rennsteig beginnt. Die Häuser des Ortes mit 7000 Einwohnern sind entlang des engen Erbstromtals die Berge hinauf geschachtelt. Ruhla ist nicht nur die Stadt der Pfeifenmacherei, über die das Heimatmuseum Auskunft gibt, sondern vor allem die Stadt der Uhren und der daraus entwickelten Fahrzeug-Elektrik. Von A bis Z, nämlich von Anlassern bis zu Zündkontakten, wurde alles rund ums Auto hergestellt und exportiert. 12 000 Menschen wurden in den umliegenden Orten beschäftigt. Typisch für den Thüringer Wald: Fabriken und Kleinhandwerksbetriebe gliedern sich relativ harmonisch in das Waldgebiet ein. Ruhla ist die Ausnahme.

Links: Schmalkalden, ein Städtchen, das Geschichte gemacht hat.

Rennsteig: Sicher ist der berühmteste deutsche Waldwanderweg – von Hörschel bei Eisenach bis 15 Kilometer nach Bayern hinein – älter als sein erster historischer Beleg von 1330. Man kreuzt ihn gleich nach Ruhla unweit des östlich gelegenen Großen Inselsberges (916 Meter), später noch einmal direkt am Großen Beerenberg (982 Meter) vor Ilmenau. Natürliche Grenze war der Rennsteig schon immer; zwischen Thüringen einerseits und Hessen und Franken andererseits. Die Wasser auf der einen Seite fließen in Weser und Rhein, auf der anderen in die Elbe. Wer in den Vorzeiten diesen Weg schon benutzt haben mag, läßt sich nur ahnen. Vielleicht schon die Jäger und Sammler? Möglicherweise zogen sich die Kelten über den Rennsteig von ihren Burgen zurück, als die Germanen sie bedrängten. War er ein Kurierweg, Teil eines Schnellweges bis zur Donau? Wie dem auch sei, der zünftige Wanderer braucht gut fünf Tage für die knapp 170 Kilometer auf der mit einem großen „R" gekennzeichneten Strecke. Manche Naturfreunde sagen, für sie hatte die Öffnung des Rennsteigs die gleiche symbolische Bedeutung wie die des Brandenburger Tores für die Berliner.

Bad Liebenstein: Ähnlich wie Ruhla verbindet sich in Liebenstein die Kleinindustrie mit dem Leben im Wald und seiner Gaben, dem Heilwasser. Seit 1610 spezialisierte sich der Ort auf Herzkrankheiten. Von den Krankenhäusern allein läßt sich nicht leben. Kekse werden für das Inland hergestellt, Fahrradklingeln für Benelux. Das alles in einer Umgebung aus renoviertem Fachwerk – das Postamt erinnert an ein kleines Schlößchen – und neuen Kurheimen. Über das schmale Trusetal mit seinem Wasserfall gelangt man schön vorsichtig die engen Serpentinen hinauf in ein Städtchen, das Geschichte gemacht hat.

Schmalkalden: Die Reformation entwickelte in Schmalkalden ihre materielle Kraft. Luthers Demokratisierung des Gottesdienstes sprengte schon den Rahmen reiner Glaubensfragen. In Schmalkalden schlossen sich die Protestanten 1530 zum „Schmalkaldischen Bund" zusammen, um dem Machtanspruch der

Die Zeit scheint stehengeblieben zu sein in Arnstadt.

263

katholischen kaiserlichen Zentralgewalt zu trotzen und die Reformation zu fördern. Auf dem Höhepunkt seiner Macht hielt der Schmalkaldische Bund am 10. Februar 1537 sein entscheidendes Treffen ab. 18 protestantische Fürsten und die Vertreter von 28 Reichs- und Hansestädten kamen zusammen, dazu Gesandte Dänemarks, Frankreichs, des Kaisers und des Papstes sowie 42 führende Theologen, unter ihnen auch Melanchthon und Luther (renoviertes Lutherhaus am Schloßberg).

Die Zusammensetzung dieses Treffens verrät schon, daß es jetzt um die Macht in den deutschen Ländern ging. Der Vertreter des Kaisers stieß auf einhellige Ablehnung. Noch derber sprang man mit dem Gesandten des Papstes um: Er wurde nicht einmal angehört. Luther gab seine ungewöhnlich scharfen „Schmalkaldischen Artikel" heraus, die die Trennung von evangelischer und katholischer Kirche besiegelten. Kaiser Karl V. holte zum Gegenschlag aus und schlug die Fürsten im Schmalkaldischen Krieg bei Mühlberg an der Elbe vernichtend. Sie

kapitulierten am 19. Mai 1537 in Wittenberg. Der Siegeszug des Protestantismus konnte dadurch auf Dauer nicht aufgehalten werden. 1555 war Deutschland zu neunzig Prozent protestantisch; im Augsburger Religionsfrieden vereinbarte man ein Stillhalteabkommen zwischen beiden Konfessionen. Luther erlebte das nicht mehr, er starb 1546 in Eisleben.

Die Stadt **Schmalkalden** wurde 874 erstmals erwähnt, gehörte den thüringischen Landgrafen, später den Grafen von Henneberg und nach deren Aussterben nach 200 Jahren Doppelherrschaft allein den Landgrafen von Hessen (Kassel). Über die Blüte der Eisen- und Stahlverarbeitung seit dem 15. Jahrhundert berichtet das Museum auf Schloß Wilhelmsburg, das sich Landgraf Wilhelm IV. von Hessen 1590 als Jagd- und Sommersitz bauen ließ. Die Baumeister und Künstler des innen mit Stuck und Wandmalereien reichlich verzierten und hervorragend restaurierten Schlosses kamen meist aus Kasseler Hofwerkstätten. In den hessischen Landesfarben Rot-Weiß ist auch die gesamte Außenfront gehalten. Neben nützlichen Gebrauchsgegenständen der Kleineisenindustrie wurden seit 1745 Gewehre und im Zweiten Weltkrieg Handgranaten und Panzerfäuste hergestellt. Zwei Bombenangriffe zerstörten Wohnhäuser und Industrieanlagen. Nur ein kleiner Teil des mittelalterlichen Stadtkerns wurde gerettet.

Wintersport: Mehr sein als scheinen. Verschlafene, hinterwäldlerische Nester wie Steinbach-Hallenberg, Zella-Mehlis und **Oberhof** mit seinen 3000 Einwohnern scheinen hinter dem Mond zu liegen, können aber immerhin mit einer barocken Kirche und mannigfaltiger Kleinindustrie glänzen. Oberhof, 830 Meter über dem Meer, wurde zu einem prominenten Wintersportgebiet mit weit über 100 000 Feriengästen im Jahr, die von dem Schanzenkomplex am Rennsteig, dem Biathlonstadion und der künstlich vereisbaren Rennschlittenbahn angezogen werden. Einheimische erkennt man am betörenden Braunkohleduft im Haar, der sich im Winter über diesen Ort legt und alles durchdringt.

Wanderers Nachtlied: Über alpine Serpentinen geht es hinab nach **Ilmenau**, der

Szene aus-
Zella-Mehlis,
im Winter
mitten im
Ski- und
Rennrodel-
Gebiet.

Stadt mit 35 000 Einwohnern, über der eine Fabrik für technisches Glas thront. In deren Poliklinik wurden regelmäßig am Dienstag und Freitag Ohnmächtige aus dem Betrieb und der näheren Umgebung eingeliefert. Das Ehepaar Ilona und Rainer Wallner sammelte über lange Zeit heimlich die Krankheitsdaten und entdeckte, daß an den betreffenden Tagen im Heizkraftwerk Phenolteer unvollständig verbrannt wurde, wobei Giftstoffe freigesetzt wurden, die zu Herzattacken, Atemnot und asthmatischen Anfällen führten. Weitere Untersuchungen wurden ihnen vor der Wende verboten, Schikanen und Drohungen folgten.

Goethe hatte diese Stadt ganz anders in Erinnerung. Genau gegenüber der Glasfabrik schrieb er 1780 in einer Jagdhütte auf dem Berg Kickelhahn sein wohl bekanntestes Gedicht: *„Über allen Gipfeln/ Ist Ruh,/ In allen Wipfeln/ Spürest Du/ Kaum einen Hauch;/ Die Vögelein schweigen im Walde./Warte nur, balde / Ruhest Du auch ."* Goethe war häufig als Urlaubsgast oder im Auftrag des Weimarer Herzogs in Ilmenau (1776-1796), um den Silber- und Kupferbergbau zu inspizieren. Der 18 Kilometer lange Goethe-Wanderweg führt vom Amtshaus in Ilmenau über Manebach zum Goethehaus nach Stützerbach.

Arnstadt: Richtung Erfurt auf der F 4 durfte sich Arnstadt wegen seiner ersten urkundlichen Erwähnung 704 „älteste Stadt der DDR" nennen. Über 200 Jahre, seit 1620, prägten Caspar, Heinrich, Johann Christoph und vor allem Johann Sebastian Bach die Musikgeschichte der Stadt. Caspar blies die Stunden auf dem Neideckturm. Johann Sebastian war 1703 bis 1707 Organist der heutigen Bach-Kirche. Im Schloßmuseum weltweit einmalig: die Puppenstadt Monplaisir mit über 400 Wachsfiguren aus der Zeit um 1690 bis 1750, die Fürstin Auguste Dorothea sammelte. Bleikristall, eine im 17. Jahrhundert entwickelte und heute von böhmischen und thüringischen Schleifern gepflegte Kunst, sind der Exportschlager der Stadt. Elf Kilometer nordwestlich zählt die Küche der „Wachsenburg" zu den gastronomischen Renommierobjekten des Landes.

Herzhafte Thüringer Rostbratwürste.

ERFURT UND WEIMAR

Auferstanden aus Ruinen – davon träumt die neue Hauptstadt Thüringens mit ihren 220 000 Einwohnern. **Erfurt**, die größte Stadt Thüringens, könnte ein Gesamtkunstwerk werden, vielleicht schon zum 1250jährigen Jubiläum der Stadt 1992. Denn vom Krieg blieb die Stadt weitgehend verschont. Bisher aber haben Abrißbirnen die Auferstehung verhindert. Nur die „Protokollstrecken", an denen SED-Bonzen mit ihren Gästen entlang fuhren, wurden aufgepäppelt.

Architekturgeschichtlich wertvolle Gebäude wie **„Das goldene Rad",** die **„Krone"** oder der **Fruchtbasar** warten sehnsüchtig auf Restauratoren. Besonders das **Andreasviertel**, in dem über Generationen hinweg Handwerker lebten und arbeiteten, war von bröckelndem Putz, abgebrochenen Regenrinnen und eingeworfenen Fensterscheiben geprägt. Von 1100 Wohnungen blieben gerade 650 bewohnbar – oft unter mittelalterlichen Bedingungen.

Als auch noch eine vierspurige Ringstraße mitten durch das Viertel geplant wurde, machte der Evangelische Jugendverband mobil. Tausende von Bürgern bildeten im Dezember 1989 eine Menschenkette als „Bürgerwall für die Altstadt". Dieser Wall umschloß auch Gebäude, die bereits saniert wurden: die mittelalterliche **Krämerbrücke**, die einzige bebaute Brückenstraße nördlich der Alpen, einst Teil der alten Ost-West-Handelsstraße, heute Herberge von Kunstgewerbe und Antiquitätenhandlungen. (Einladend ist hier das Tagescafé von Renate Michaelis). Oder den **Dom,** gegründet 742, mit einer der größten Glocken der Welt, der „Gloriosa", und dem „Wolfram", einem Kerzenständer aus dem 12. Jahrhundert. Zu den Attraktionen der Stadt gehört auch die **Severikirche**, direkt neben dem Dom, aus dem 12. Jahrhundert, mit reichen Ausstattungsstücken und dem Sarkophag des heiligen Severus (um 1365). Die Türme von rund zwanzig weiteren Kirchen und Klöstern prägen das Stadtbild. Barfüßerkirche, Dominikanerkirche, Predigerkirche und

Augustinerkirche, das Benediktiner- und Ursulinenkloster – sie alle weisen auf die vielen geistlichen Orden hin, die sich hier niedergelassen haben. Der Mönch Bonifatius betrieb von Erfurt aus die Christianisierung der heidnischen Germanen. 742 gründete er ein Bistum, das aber bald an Mainz angegliedert wurde. Im Mittelalter war Erfurt durch den Export von blauem Färbestoff reich geworden. Der Garten- und Gemüsebau entwickelte sich als eigenständiger Wirtschaftsfaktor seit dem 17. Jahrhundert, aus dem die ständige Gartenbauausstellung IGA erwuchs. Hauptstadt des Landes Thüringen war Erfurt schon zwischen 1948 und 1952, bis die DDR in Bezirke aufgeteilt wurde. Im **Erfurter Hotel** am Hauptbahnhof leitete das Treffen zwischen Willy Brandt und Willi Stoph am 19.3.1970 (und ihre Begegnung am 21.5. in Kassel) die neue Ostpolitik ein.

Den früheren Reichtum der Stadt kann man in der heutigen Fußgängerzone um den kleinen, quadratischen Fischmarkt mit dem Roland (1591) bewundern, an dem auch das neugotische Rathaus liegt.

Enge Fachwerkgassen in Erfurt bewahren die historische Identität der Stadt.

Weimar: Weimar hatte kein Glück. Die Stadt mit Weltruf, nur zwanzig Kilometer von Erfurt entfernt, wäre auch gerne neue Hauptstadt des neuen Bundeslandes Thüringen geworden, wie schon einmal 1920. Aber mit den heute nur rund 60 000 Einwohnern fehlt der Stadt die nötige Infrastruktur. Pech also?

So bleibt das Kultur-Kombinat Weimar Wallfahrtsort für traditionsliebende, kulturbeflissene Besucher aus aller Welt. Eine Kulturinitiative Weimarer Bürger will verhindern, daß aus der Stadt ein rosarotes Goethe-Schiller-Disney-Land wird.

Herzogin Anna Amalia: Als Goethe und Schiller in die Stadt kamen, hatte sie 6000 Einwohner. Es stank in den engen Gassen. Morgens trieb der Stadthirte das Vieh auf die Weide, und abends ließen die Kühe ihre rutschigen Fladen in den Straßen fallen.

Eine Frau hat Weimar zu der weltbekannten Kulturmetropole gemacht, die dichtende, komponierende und kunstverständige Herzogin Anna Amalia. Sie war eine Tochter von Herzog Karl I. und Nichte Friedrichs des Großen. Mit 19 Jahren übernahm sie 1758 nach dem Tod ihres Gemahls Ernst August Constantin (1688-1758) die Regierung des Herzogtums Sachsen-Weimar-Eisenach. Für ihre Söhne Carl August und Konstantin waren gerade die besten Erzieher gut genug. Aus Erfurt holte sie 1772 für Konstantin den Dichter Christoph Martin Wieland, der dort als Philosophie-Professor unterrichtete. Karl August hatte seit 1774 einen preußischen Offizier als Lehrer, Karl Ludwig von Knebel. Dieser stellte seinem Schüler im gleichen Jahr in Frankfurt Johann Wolfgang von Goethe vor, der durch die „Leiden des jungen Werther" schon berühmt war. Herzogin Anna Amalia zog sich ein Jahr später von den Regierungsgeschäften zurück, um Zeit für Literatur, Kunst und ihre beliebten Tafelrunden zu haben (auf ihrem barocken Sommersitz Schloß Tiefurt mit Landschaftspark, einen kleinen Spaziergang abwärts der Ilm). Sie übergab die Regierungsgeschäfte Karl August, der Goethe nach Weimar holte. Er blieb fast 60 Jahre.

In Zukunft Museum oder Disney-Land? Bibliothek in Weimar.

Goethes Blitzkarriere: 1777 übernahm Goethe die Leitung der Ilmenauer Bergwerkskommission und sorgte dafür, daß die „armen Maulwürfe" wieder Arbeit hatten und der Staatsetat schwarze Zahlen schrieb. Zwei Jahre später reduzierte er als erster deutscher Abrüster die Truppen um weit über die Hälfte auf 200 Infantristen. Die Folge: niedrigere Steuern. Als früher Vertreter gewerkschaftlicher Ideen machte er sich für tarifgerechten Lohn der Arbeiter stark, die das Weimarer Schloß aufbauten. Immer hart an der Wirklichkeit erkannte er „das durchaus Scheißige dieser zeitlichen Herrlichkeit". Seine Reformbemühungen führten auf keinen grünen Zweig. Er setzte sich 1786 enttäuscht vorübergehend nach Italien ab.

Schiller: Während dieser Zeit kam Friedrich Schiller (Juli 1787) nach Weimar. Wie gingen die großen Geister miteinander um? Respektvoll, aber nie herzlich verkehrten der Aufklärer Christoph Martin Wieland, der (auf Goethes Wunsch nach Weimar gerufene) Theologe und Philosoph Johann Gottfried Herder und Goethe miteinander.

Ganz anders lief es mit Goethe und Schiller: Die Geschichte der Literatur kennt keine zweite Beziehung, die so symbiotisch war. Als beispielsweise 1798 Schillers Drama „Wallensteins Lager" uraufgeführt wurde, nahm Goethe intensiv an den Probearbeiten teil. 26 Jahre war er Direktor des Theaters. Schiller war zu der Zeit schon von der französischen Nationalversammlung (am 26. August 1792) zum Ehrenbürger der Republik ernannt worden. Die Aufführung seiner „Räuber" hatte in Paris Furore gemacht.

Aber innerhalb von nur wenigen Jahren brach die Schaffenskraft Weimars zusammen. Herder starb 1803, Schiller 1805, Anna Amalia 1807, Wieland 1813. Goethe überlebte sie alle. Er starb am 22. März 1832.

Die Musentempel heute: Alle historischen Stätten sind noch erhalten, auch die kulinarischen. Der „Weiße Schwan", der „Schwarze Bär" und das „Hotel Elefant" am Markt, in dem Thomas Mann seinen Roman „Lotte in Weimar" spielen ließ, Werthers Lotte; überfüllt sind meistens auch das Esplanade und Goethes Café.

Im **Schloß**, dessen Umbau Goethe beaufsichtigte, ist heute die Staatliche Kunstsammlung untergebracht: Meisterwerke von Cranach d. Ä., Tintoretto, Rubens und Caspar David Friedrich. Ganz in der Nähe beherbergt das Grüne Schloß die **Zentralbibliothek der Deutschen Klassik** mit 840 000 Bänden. Weimar kann mit seinen Büchern protzen. Denn im „Goethe und Schiller Archiv" am gegenüberliegenden Ufer der Ilm lagern noch einmal 600 000 Bände.

Auf dieser östlichen Uferseite steht auch Goethes altes Gartenhaus. Noch heute sieht es so aus, als sei der Dichterfürst nur gerade spazierengegangen. Hier verbrachten er, zu der Zeit Staatsminister, und seine Geliebte Christiane Vulpius ihre schönste Zeit. Unverheiratet lebten sie 18 Jahre zusammen, bis sie 1806 heirateten. Ein Skandal in dem Klatschnest, in dem man sich schon das Maul zerriß, als Herzog Karl August sich die Haare kurz schneiden ließ.

In Goethes klassischem, großbürgerlichen **Haus am Frauenplan** unweit des Marktes sind 17 Räume zu besichtigen. Alles steht, wie er es verlassen hat. Ein wahrer Glücksfall und ein sehr persönliches Ausstellungskonzept. Nur zu den eigentlichen Wohn- und Arbeitszimmern im Hinterhaus, in die Goethe auch zu Lebzeiten nur enge Freunde ließ, muß der Besucher Distanz wahren. Ein Gitter schützt die Bibliothek, in der fast 8000 Bände in den schlichten, graugestrichenen Regalen noch heute nach seinem System geordnet sind. Respektvolle Blicke bestaunen das berühmte Stehpult zwischen den Fenstern zum Garten. Im **Goethe-Museum** neben dem Goethe-Haus fühlt man sich in sein Leben versetzt, wie auf einem Abenteuerspielplatz.

Ebenfalls nur wenige Schritte entfernt in der Fußgängerzone liegt das **Schillerhaus**, für das der Dichter 1802 sein gesamtes Vermögen von 4200 Talern ausgab. Das neue **Schillermuseum** daneben mit seinen hellen, großen Räumen ist der einzige spektakuläre Museumsneubau der DDR. Richtung Nationaltheater im Wittumspalais verbrachte

DEUTSCHER GEIST: GOETHE FÜR DEUTSCHE

Am 7. November 1775 betritt der sechsundzwanzigjährige, in Frankfurt geborene Johann Wolfgang Goethe erstmals das armselige Residenzstädtchen Weimar. Durch seinen Roman „Die Leiden des jungen Werther" ist der junge Autor bereits über Deutschlands Grenzen hinaus berühmt. Aber Goethe ist mehr als ein Schriftsteller. Weimar ist das Wirkungsfeld, in dem er seine vielfältigen Talente unter Beweis stellen kann. Binnen kurzem steigt er vom Freund und Erzieher des zwanzigjährigen Herzogs Karl August zum hohen Beamten mit Sitz im Staatsrat auf. 1782 wird er in den Adelsstand erhoben.

Nach zehn Jahren gescheiterter Reformversuche und fleißiger Regierungsarbeit, in denen die poetische Produktion fast ganz zum Erliegen kommt, resigniert Goethe und reist nach Italien. 1788 kehrt er nach Weimar zurück und übernimmt als Unterrichtsminister und Theaterdirektor noch einmal Verantwortung. Vor allem aber widmet er sich in der langen zweiten Lebenshälfte – Goethe stirbt am 22. März 1832 – seinem literarischen Werk und umfangreichen Naturforschungen, die sich in Schriften zur Botanik, Zoologie, Geologie, Farben- und Witterungslehre niederschlagen. Der kleine Hofstaat entwickelt sich zum Wallfahrtsort für Intellektuelle aus ganz Europa.

Goethes unvergleichliche Stellung in der Geschichte der deutschen Kultur verdankt sich nicht allein seinen Schriften. Die vielen bedeutenden Werke, die aus seiner riesigen, oft mittelmäßigen und mißlungenen Produktion herausragen, sind, nach Goethes Worten, nur „Bruchstücke einer großen Konfession". Damit ist mehr als eine Weltanschauung gemeint. Goethe war ein ungemein sinnlicher und praktischer Mensch, kein Freund der Philosophie und der bloß theoretischen Wissenschaften; er wurde zum universalen Denker, weil er universal leben wollte, das heißt, alle Möglichkeiten ausschöpfen wollte, die einem Menschen offenstehen. Immer und überall fühlte er Lust zu „wirken", „tätig" zu sein.

Goethes größtes Kunstwerk ist daher sein Leben. Sein Verhalten zur Welt, sei es als Liebhaber oder Naturforscher, sei es als Politiker oder Reisender, hat eine Wirkungsgeschichte wie sonst nur klassische Kunstwerke. Aus den überreichen Zeugnissen seiner Biographie zimmerte sich jede nachfolgende Generation eigene Vorbilder.

Der Drang nach Erkenntnis und nach universaler Erweiterung der Persönlichkeit ist auch das Thema der Faust-Dichtung, Goethes „Hauptgeschäft", an dem er sechzig Jahre lang arbeitete. Der Gelehrte Faust, des toten Bücherwissens überdrüssig, verschreibt sich dem Teufel, der ihm jede nur denkbare Erfahrung in der Menschenwelt zugänglich machen kann. Am Ende ist Faust, aller Erfahrungen und Erfolge zum Trotz, ein gescheiterter Mann, klüger, aber nicht klug, reich, aber nicht glücklich. Engel retten seine Seele aus den Klauen des Teufels, denn: „Wer immer strebend sich bemüht, den wollen wir erlösen."

Goethe hat seinen Lebensweg als ähnlich tragisch gesehen und gleiche Rettung für sich erhofft: „Die Überzeugung unserer Fortdauer entspringt mir aus dem Begriff der Tätigkeit; denn wenn ich bis an mein Ende rastlos wirke, so ist die Natur verpflichtet, mir eine andere Form des Daseins anzuweisen, wenn die jetzige meinen Geist nicht ferner auszuhalten vermag."

Die Natur war Goethes Gott, in ihr fühlte er sich aufgehoben. Das Naturstudium war sein Gottesdienst. Der junge Goethe wurde berühmt als größtes „Originalgenie" der Zeit, als Prototyp des schöpferischen Individuums, das, indem es seine persönliche Gefühlslage artikulierte, eine neue Sprache für eine ganze Generation erfand.

Der späte Goethe begriff sich als „kollektives Wesen", seine große Altersweisheit und seine Werke als lockere Synthese aus tausenderlei Einflüssen. Er weigerte sich, die dem Nationalstaat zustrebenden Deutschen zu repräsentieren; als Übersetzer, als Kritiker und als Dichter des „West-östlichen Divan" setzte er sich für die Herausbildung einer „Weltliteratur" ein – in der Hoffnung, daß die zerstrittenen europäischen Völker „einander gewahr werden, sich begreifen und, wenn sie sich wechselseitig nicht lieben mögen, sich einander wenigstens dulden lernen."

Anna Amalie gut dreißig Jahre. Dort ist auch ein Christoph-Martin-Wieland-Museum eingerichtet. Gegenüber schließlich, wie zur Krönung des Rundgangs durch Weimar, stehen Goethe und Schiller als Denkmal gemeinsam auf einem Sockel vor dem Hauptportal des Deutschen Nationaltheaters. Zur Zeit der Wende während der großen Demonstrationen, die auch in Weimar stattfanden, trugen sie ein Schild um den Hals: „Wir bleiben hier". Die Nationalversammlung tagte 1919 im Museum und verabschiedete die „Weimarer Verfassung", die der ersten deutschen Republik ihren Namen gab.

Wer sonst noch in Weimar weilte, läßt sich nur aufzählen. Schon vor der „deutschen Klassik" arbeitete Johann Sebastian Bach 1708 bis 1717 als Hoforganist in der Stadt. Später kamen Franz Liszt, der 17 Jahre hier lebte, Richard Strauß, Friedrich Nietzsche. Walter Gropius baute das „Bauhaus" auf, das aber bald nach Dessau verlegt werden mußte, denn in den zwanziger Jahren unseres Jahrhunderts war vom humanistischen Geist der Toleranz der Stadt nicht viel geblieben.

Das Grauen Weimars: Wie sehr auch Weimar strahlt, überschattet wird die Stadt durch das 1937 errichtete **Konzentrationslager Buchenwald.** Mehr als 60 000 Menschen aus 35 Ländern kamen hier ums Leben. Die Lageruhr steht auf 15 Uhr 15. Zu diesem Zeitpunkt befreiten sich am 11. April 1945 die Häftlinge selbst. Aber damit ging die Tragödie nicht zu Ende. Der sowjetische Geheimdienst übernahm das Lager. Nach Schätzungen der Mitarbeiter der Gedenkstätte kamen zwischen 1945 und 1950 bis zu 13 000 weitere Menschen ums Leben, angebliche politische, nationalsozialistische Häftlinge, viele zu Unrecht denunziert. Warum haben die Häftlinge 40 Jahre lang geschwiegen?

Das Mahnmal mit seinem weithin sichtbaren, 50 Meter hohen Glockenturm liegt etwa einen Kilometer vom eigentlichen Lager entfernt – am Großen Ettersberg, wo Goethe am „Tasso" gearbeitet hat und Schiller die „Maria Stuart" vollendete.

Kunstperformance unter den Augen von Goethe und Schiller vor dem Nationaltheater in Weimar.

JENA, GERA UND ALTENBURG

Jena ist nach Gotha, Erfurt und Weimar die letzte der Städte, die wie an einer Perlenkette aufgezogen an der Fernstraße 7 liegen. Was fällt einem bei Jena ein? Die gläserne Auflaufform, in der die überbackenen Nudeln so köstlich schmecken, und das Objektiv am Fotoapparat. Otto Schott und Carl Zeiss.

Wissenschaft und Technik: Der dreißigjährige Carl Zeiss begriff, daß die beginnende industrielle Entwicklung eine enge Zusammenarbeit zwischen Wissenschaftlern und handwerklichen Fachkräften forderte. 1846 eröffnete er eine optische Werkstatt. Aber erst durch die Zusammenarbeit mit dem Physiker Ernst Abbe ab 1866 schlug auch der geschäftliche Erfolg durch. Abbe entwickelte das erste nach wissenschaftlichen Methoden gebaute Mikroskop. Voraussetzung für den Bau optischer Präzisionsgeräte sind optimale Gläser. Der Chemiker Otto Schott stellte sie her. Er erfand das feuerfeste „Jenaer Glas" und gründete die Glaswerke Schott. Die Glasindustrie bestimmt bis heute das Leben der Stadt mit derzeit 100 000 Einwohnern. Das **optische Museum** am Carl-Zeiss-Platz informiert über die beiden Glasmacher und zeigt 13 000 optische Geräte und gut 1000 Exponate aus der Geschichte der Optik. Beim Botanischen Garten steht das Zeiss-Planetarium (1926), das 1985 mit einem Großraumprojektor ausgestattet wurde, der aus kosmischer Perspektive 9000 Planeten zeigt.

Universität: Nicht nur Naturwissenschaftler brachte die 1558 gegründete Universität hervor. Friedrich Schiller hielt 1789 seine Antrittsvorlesung über „Freiheit, Gleichheit, Brüderlichkeit" und die Ideale der Französischen Revolution. Schiller war schon mit dreißig Jahren eine bekannte Persönlichkeit, das Auditorium war überfüllt. Heute trägt die Universität seinen Namen. In Schillers ehemaligem Gartenhaus, in dem er von 1797 bis 1802 die „Jungfrau von Orleans" schrieb, ist die Gedenkstätte untergebracht.

Goethe war zeitlebens ein ergiebiges Klatsch-Thema auf dem Markt von Weimar.

Probleme mit der Universität hatte der Philosophieprofessor Johann Gottlieb Fichte. 1799 wurde ihm der schwerwiegende Vorwurf des Atheismus gemacht. Er verteidigte sich mit einer Schrift, „die man erst zu lesen bittet, ehe man sie confisciert." Zuviel der Ironie: Fichte wurde suspendiert.

Am Rande des Marktes liegt das älteste Gebäude der Universität, das „Collegium Jenense" (aus dem 13. Jahrhundert). Ihr Gründer, Kurfürst Johann Friedrich, kurz Hanfried genannt, steht als Denkmal mitten auf dem Markt. Er hält in der Rechten ein hochaufgerichtetes Schwert. Möglicherweise hat das die Architekten des als „Penis Jenensis" verspotteten 120 Meter hohen Büroturms der Universität gleich neben Hanfried zu ihrer grandiosen Bauidee inspiriert. So sehr sich auch über die Ästhetik des Hochhauses streiten läßt, ganz deplaziert wirkt es in der vom Krieg weitgehend zerstörten und im Plattenbau wiederhochgezogenen Stadt nicht. Zudem bietet es dem Besucher aus dem Restaurant im 25. Stockwerk einen hervorragenden Rundblick.

Als eines der wenigen noch erhaltenen Gebäude präsentiert sich ebenfalls am Markt als Doppelhaus mit zwei Walmdächern das spätgotische Rathaus (1377) mit seinem Figurenspiel „Schnapphans". Schnapphans mit der Narrenkappe reißt bei jedem Stundenschlag seinen zahnlosen Mund weit auf, schnappt nach einer ihm von einem Pilger hingehaltenen Kugel, worauf ein krächzender Klagelaut erklingt.

Gera: Vom zahnlosen Schnapphans weiter zu den Giftzähnen von gestern. Gera, ebenfalls an der F 7 gelegen, spielte in der aktuellen Geschichte der DDR eine besondere Rolle. Aus der Zentrale der Staatssicherheit, in der alleine für den Bezirk Gera 2500 Spitzel und Schnüffler arbeiteten, kam noch im Dezember 1989 der letzte konterrevolutionäre Aufruf, die demokratische Wende rückgängig zu machen. „Genossen, Bürger, sollte es uns nicht kurzfristig gelingen, die Anstifter dieser haßerfüllten Machenschaften zu entlarven und zu paralysieren, werden sie einen weiten Teil der Bevölkerung gegen den Staat und die Regierung aufbringen."

Nach der Schicht: Tüten schleppen in Gera.

Stasi auflösen: Wenig später besetzte das Bürgerkomitee zur Auflösung der Stasi den ummauerten Gebäudekomplex und sorgte dafür, daß keine Akten vernichtet wurden. Das von der Staatsanwaltschaft versiegelte Material wartet noch immer auf seine Auswertung. Nur wenige Verfolgte der DDR durften ihre von 86 000 Hauptamtlichen gesammelten Akten einsehen.

Die Auflösung der Staatssicherheit entwickelte sich bis zur deutschen Einheit als eine der unangenehmsten Fragen für die DDR. Minister traten zurück, Abgeordnete der Volkskammer mußten ihr Mandat niederlegen.

Marktplatz: Vom Stasi-Komplex ist es nicht weit bis in die Innenstadt. Der Markt von Gera gehört zu den schönsten von Thüringen. Rund um das **Rathaus** aus dem 15. Jahrhundert mit seinem reich verzierten, sechsgeschossigen Treppenturm (57 Meter) wurden Ende der sechziger Jahre die Stadtapotheke (1606), das dreigeschossige barocke Regierungsgebäude (1722) und ein Ensemble mittelalterlicher Häuser restauriert.

Über die Geschichte der Stadt informiert das im ehemaligen **Zucht- und Waisenhaus** (1738) untergebrachte Museum (Straße der Republik). Die Kunstgalerie der Stadt in der **Orangerie** (in Gera-Untermhaus) beherbergt eine beeindruckende Sammlung von Werken von Lucas Cranach d. Ä., Rembrandt, Jan von Goyen und Max Liebermann. Auch DDR-Künstler wie Bernhard Heisig, Willi Sitte und Werner Tübke sind hier vertreten.

Besondere Bedeutung kommt dem **Otto-Dix-Kabinett** zu. Der 1891 in Gera geborene Maler und Grafiker prangerte mit seinen Bildern in den zwanziger und dreißiger Jahren Krieg und soziale Ungerechtigkeit an, bis er 1934 mit Malverbot belegt wurde.

Gera wartet mit drei großen Kirchen auf: Die Pfarrkirche **St. Marien,** ein spätgotisches, einschiffiges Bauwerk, wurde im 15. Jahrhundert erbaut. Die dreischiffige, barocke **Salvatorkirche** (1720) wurde 1903 im Jugendstil ausgemalt. Auf das 14. Jahrhundert geht die gotische **Trinitatiskirche** zurück.

Wie in anderen Städten umzingeln auch in Gera Wohnblocks das alte Zentrum.

Ronneburg: Zwei schwarze Pyramiden, über hundert Meter hoch, sind schon von weitem und auch von der Autobahn aus 14 Kilometer hinter Gera auf der F 7 nicht zu übersehen. Schwarzes Gold, Pechblende wurde das Erz früher genannt. Uran heißt es heute. Mehr als 50 000 Menschen arbeiteten im Uranbergbau, um den Grundstoff für die Atombomben der Sowjetunion zu fördern.

„1766 wurde die erstaunliche Heilkraft der radioaktiven Ronneburger Quellen bekannt", heißt es noch in einem DDR-Führer. Für einige Jahrzehnte erlangte Ronneburg den Ruf eines Bades von europäischem Rang, fiel aber dann wieder rasch in Vergessenheit. Zum Glück. Denn die der Radioaktivität nachgesagte Heilkraft ist mit der größte Unsinn der Geschichte der Naturwissenschaft. Zehntausende krebserkrankter Uranarbeiter bezahlen die angeblich biopositive Wirkung mit ihrem Leben. Eine Untersuchung aus dem Jahr 1926, die heutigen Kriterien standhält, belegte, daß 71 Prozent der Bergleute an Krebs starben. Heute ist das Gebiet um Ronneburg drei-hundert mal höher radioaktiv belastet als Berlin. Von den Erzhalden verwehter radioaktiver Staub überzieht die Region. Aus den Schlammteichen rund um die Halden sickern bis heute ungefiltert kleine Wasserläufe mitten durch Getreide- und Kartoffelfelder. „Kein Trinkwasser" ist die einzige Warnung, die sich auf verrosteten Schildern entziffern läßt. Milliardenbeträge sind nötig, um die verstrahlte Mondlandschaft zu sanieren. Die DDR gibt es nicht mehr, und die Sowjetunion, der das Uranbergwerk mehrheitlich gehörte und die als Verursacher dafür aufzukommen hätte, steht vor dem wirtschaftlichen Ruin.

Wenn man trotz dieser Umstände auf eine Besichtigung von Ronneburg nicht verzichten möchte, stößt man auf ein spätgotisches Schloß, im 19. Jahrhundert umgebaut, und einige Anlagen aus dem Kurbetrieb: Brunnenhäuschen, Esplanade, Traiteur- und Badehaus.

Altenburg: Das Paradies der Zocker ist die letzte Station auf der F 7. Wer auch immer Skat spielt, kennt Altenburg, die Stadt, in der zwischen 1810 und 1817 aus

Uran für die sowjetische Bombe, Krebs für Arbeiter und Bevölkerung in Ronneburg.

mehreren älteren Kartenspielen Skat neu entwickelt wurde. In Altenburg sitzt der oberste Skat-Gerichtshof, dessen Entscheidungen international anerkannt werden. Am ältesten Marktplatz der Stadt, dem Bühl, kann man vielleicht das **Seckendorfsche Palais** (1725), das gegenüberliegende Regierungsgebäude (1604) und die ansehnlichen Bürgerhäuser übersehen, nicht aber den Skatbrunnen, das einzige Denkmal, das einem Kartenspiel gewidmet ist. Auch das Schloß, wesentlich geprägt durch die Umbauten aus dem 18. Jahrhundert, aber im Kern – wie der erhaltene Hausmannsturm – auf das 10. Jahrhundert zurückgehend, bildet nur den Rahmen für die nächste Skat-Episode, nämlich das Spielkarten-Museum. Umfangreiche Spielkartensammlungen, mit historischen Tarock- und Skatblättern, handkolorierten Holzschnittkarten aus dem 15. Jahrhundert, sowie einer Kartenmacherwerkstatt aus der Zeit um 1600 rechtfertigen den Anspruch auf absolute Skat-Dominanz von Altenburg – der östlichsten Stadt Thüringens.

Zwickau: 35 Kilometer weiter südlich, schon in Sachsen, liegt die Industriestadt Zwickau, der Produktionsort der Trabis, jener durch die Öffnung der Mauer weltberühmt gewordenen Zweitakter, eine kreative Schöpfung der ortsansässigen Automobilindustrie aus den fünfziger Jahren. Die Hartplaste-Bomber verfügen über keine Knautschzone, splittern schon beim Crash mit Tempo 30 weg und gefährden die Insassen durch Lenksäulen, die beim leichtesten Aufprall wie eine Lanzenspitze ins Wageninnere geschoben werden. Der Tank ist geschickt im Motorraum angebracht, direkt an der gefährlichen Kollisionszone. In diesem hoffnungslosen Zustand müßten die in Deutschland noch 3,4 Millionen rollenden Umweltkatastrophen schnellstens endgelagert werden. Die Produktion der Wagen wird immerhin eingestellt. VW investiert mehrere Milliarden, um in den alten Fabrikanlagen und in neuen Hallen den Polo zu bauen.

Bei ihrer Ersterwähnung 1118 war die Stadt ganz offenbar darum bemüht, wirklich an letzter Stelle des Alphabets

Das Auto des Jahres aus Zwickau wird eingefroren.

vorzukommen. Sie schrieb sich Zzwikkaw. Zwickau ging aus einer Zollstätte auf der Handelsstraße zwischen Prag und Halle hervor, blühte im 15. Jahrhundert durch die Tuchmacherei und den Silberbergbau im Erzgebirge auf und war bis 1977 Zentrum des Steinkohlebergbaus der DDR.

Alle Sehenswürdigkeiten der vom Krieg verschonten Stadt sind um den Hauptmarkt gruppiert: das 1862 neugotisch umgestaltete Rathaus, das Gewandhaus aus dem Jahre 1525 (seit 1823 Stadttheater), mehrere Patrizierhäuser, zu denen auch das Geburtshaus des Komponisten Robert Schumann (1810-1856) zählt, dessen Erbe vielfältig gepflegt wird: im Museum, der Schumann-Gesellschaft und dem Konservatorium. Eines der hochehrwürdigen Häuser am Markt gehörte dem Silbergrubenbesitzer Martin Römer. Auf dem Weg nach Italien besuchte er in Nürnberg den Meister der Schnitzkunst, den Lehrer Albrecht Dürers, Michael Wohlgemut. Um den Schöpfer zu ehren, „der allein die Bergleute fündig werden ließ über alles Maß

der Erwartung", bestellte Römer bei Wohlgemut einen stattlichen Flügelaltar (1479) für den Zwickauer Dom, bei dem „an Gold und Figuren nicht gespart werden" sollte. Dieses Prunkstück glänzt in himmlischem Licht, das durch die mit Blendmaßwerk verzierten gotischen Fenster dringt. Die vielen Straßencafés der Fußgängerzone zwischen restaurierten Wohn- und Geschäftshäusern laden zu einem kleinen Schwätzchen ein.

Chemnitz: Von einer Industriestadt geht es zur nächsten. Im Gegensatz zu Zwickau wurde in Chemnitz bis auf wenige Gebäudeteile die gesamte Innenstadt im Krieg zerstört. Breite Boulevards im neuen Zentrum mit den in Beton gefaßten Blumenrabatten lassen wenig Stimmung aufkommen. Ein auffälliger Höhepunkt unterbricht die Fußgängerzone, der „Nüschel". Ein energischer, ausdrucksvoller Denkerkopf, ein majestätisches Monument. Sieben Meter hoch, 42 Tonnen schwer, in sechsjähriger Arbeit geschaffen, der Sockel aus ukrainischem Granit. Und dieser „Nüschel" gehört ausgerechnet Karl Marx. Er hat erstens die Stadt nie

Das Haus bröckelt etwas, aber mit dem getunten Trabi geht es rasant in die Zukunft.

betreten und rangiert zweitens in der Hitliste der nach der Wende beliebten Denkmäler ganz unten. Daß die Bürger der Stadt den ihnen im Mai 1953 aufgezwungenen Namen „Karl-Marx-Stadt" wieder gegen Chemnitz eintauschten, ist verständlich. Aber was soll aus der Fußgängerzone werden, wenn Karl Marx nicht mehr brütend dem „Interhotel Kongreß" gegenübersteht und sich offensichtlich tiefgreifende Gedanken über die Zukunft der Stadt macht? Vielleicht genösse er gelegentlich auch gerne vom Café des Interhotels aus einen Panorama-Blick über die Stadt.

Wer außer dem „Nüschel" sollte in Chemnitz noch an Karl-Marx-Stadt erinnern? Rechts: Handwerkskunst in Chemnitz, dem Vorposten des Erzgebirges.

Grundlage des Chemnitzer Wohlstandes seit dem 15. Jahrhundert war der Erzbergbau im Erzgebirge. Die Stadt diente als Versorgungsbasis und Umschlagplatz. Wie in Zwickau spielte auch in Chemnitz die Textilindustrie eine bedeutende Rolle, zunächst im Rahmen von Heimarbeit der Weberfamilien, dann durch die großen Spinnereien, die seit 1800 mit Wasserkraft, später mit Dampfmaschinen angetrieben wurden. Chemnitz erwarb sich den Ruf eines „deutschen Manchester". Mit allem, was dazugehört: dem wirtschaftlichen Aufschwung weniger und der unvorstellbaren Armut vieler ins Nichts geworfener Heimarbeiterfamilien.

Da VW schon vor der Wende in Chemnitz die Motoren produzierte, die in den Wartburg eingebaut werden, scheint für die wirtschaftliche Entwicklung ein gewisser Rückhalt gegeben.

Innenstadt: Einzig unversehrter Teil der alten Innenstadt ist der Theaterplatz, mit der Oper und dem Museum, dessen Innenausstattung im Jugendstil erhalten blieb. Wahrscheinlich einmalig ist der 250 Millionen Jahre alte versteinerte Wald am Museum. Das Alte Rathaus aus dem Jahr 1498 wurde zerstört, aber nach dem alten Vorbild wiederaufgebaut.

Zwickau und Chemnitz – beide Industriestädte sind historisch beeinflußt vom Erzgebirge und aktuell von der Automobilindustrie. Arbeiten und Geld verdienen scheint in der nun folgenden glanzvollen Stadt keine Rolle gespielt zu haben, die die Höhepunkte sächsischer Kultur in sich vereint: Dresden.

S Ü D W E S T E U R O P A

Das klassische Urlaubsland Spanien
begeistert jährlich unzählige von
Besuchern mit Sandstränden und
Stierkämpfen, Fiestas und
Flamenco. Die Kanarischen
Inseln stehen ebenfalls ganz
oben in der Gunst deutscher
Urlauber. Gran Canaria,
Lanzarote, Fuerteventura sowie
Teneriffa, La Gomera, La
Palma und El Hierro
haben weitaus mehr zu
bieten als Sonne und
endlose Strände. Und
Portugal gewinnt
zunehmend an Beliebtheit.

¡ HASTA LA VISTA!

Gran Canaria ISBN 3575213135
Lissabon ISBN 3575210098
Portugal ISBN 3575213496
Spanien ISBN 357521350X
Teneriffa ISBN 3575213240

In Vorbereitung:

Algarve ISBN 3575214042

RV

APA GUIDES

A S P I R I N®

PLUS C

Jetzt geht's ihr wieder gut

Aspirin plus viel Vitamin C gegen
Kopfschmerzen und grippale Infekte.
Hochwirksam und gut verträglich.

DRESDEN, DAS ELB-FLORENZ

Dresden – die schönste Stadt Deutschlands. Die Dresdner selbst sind sich da sicher. Aber auch Millionen von Besuchern lassen sich jedes Jahr vom Zwinger, der Semper-Oper, der Elbe und Schloß Pillnitz begeistern. Üppiger Barock, prächtige Gärten und goldener Glanz – all das diente als Kulisse der rauschenden Feste Augusts des Starken (1670-1733). Was Dresden heute ausmacht, geht auf ihn zurück, den Hünen mit dem kindlichen Gemüt, der sein sinnliches Leben auskostete und gleichzeitig als Zukunftsplaner mit Visionen gestalterisch in seinen Staat eingriff.

Mehr Kultur, mehr Kunst, weniger Militär, weniger Macht. „Fürsten schaffen sich Unsterblichkeit durch ihre Bauten", war sein Motto. Deswegen holte er sich die fähigsten Architekten und Künstler an seinen Hof. Ganz bewußt arbeitete er schon zu Lebzeiten mit Erfolg an seinem Denkmal. Die Ausnahme: Sein echtes Denkmal, das vergoldete Reiterstandbild, steht etwas deplaziert am Neustädter Markt. Ein Leben nach dem Tod hat August sich aber auch durch seine 352 Kinder gesichert, die seinen starken Lenden entsprangen und mit denen er seine zahlreichen Freundinnen und Mätressen beglückte. Die bekannteste unter ihnen war Gräfin Cosel, die 47 Jahre lang auf der Burg Stolpen festgehalten wurde, selbst über den Tod von August hinaus. Intrigen und der Vorwurf, sie habe sich zu stark in die Politik eingemischt, wurden ihr zum Verhängnis. Zur Kehrseite der Medaille gehört auch die Unterdrückung der Bauern, die Steuerschraube, die unaufhörlich angezogen wurde, und der schlechte Lohn der Bauarbeiter des Zwingers, die bei Streik gnadenlos bestraft wurden. Und natürlich hielt sich August auch ein Heer, mußte es aber nicht einsetzen, um König von Polen zu werden. Das erreichte er durch Korruption.

Dresden, das Elbflorenz: Wie spielerisch hingehaucht liegt die Stadt an einer Elbschleife. August ließ sich in venezianischen Prachtgondeln auf seinem „Canale Grande", der Elbe, nach Pillnitz bringen, zu seinem Schloß im chinesischen Stil. Für die Lustbarkeiten, die den Adel aus ganz Europa anzogen, hielt er sich eigens einen Oberkämmerer. Die Preußen verachteten diesen Lebensstil. „Als die Prunksucht der sächsischen Albertiner mit der Unzucht des polnischen Adels sich freundlich zusammenfand, trug der deutsche Absolutismus in seiner Sünde Blüte", kommentierte einer ihrer Geschichtsschreiber.

Viele Künstler machten die Stadt berühmt: die Komponisten Heinrich Schütz, Carl Maria von Weber, Richard Wagner, Robert Schumann, die Dichter E.T.A. Hoffmann, Erich Kästner und Karl May, die Maler Canaletto, Philipp Otto Runge, Caspar David Friedrich. Nicht zu vergessen die klingenden Namen einer jahrhundertelangen Musiktradition – der Kreuzchor, die Staatskapelle, das Orchester der Semper-Oper und die Dresdner Philharmonie.

Geschichte und Gegenwart: Heute lebt Dresden im Spannungsfeld zwischen seiner wiederaufgebauten Geschichte und der protzig überdimensionierten, aber

Vorherige Seiten: Als Kulisse für eine Hochzeit ließ August der Starke den Zwinger bauen. **Links:** Warten unter dem Denkmal von August dem Großen – dem über 700 Geliebte nachgewiesen wurden. **Rechts:** Der Eindruck täuscht, das Dresdner Schloß wird in wenigen Jahren in neuem Glanz erstrahlen – industrie-gesponsert und nicht in Plattenbauweise.

architektonisch kleinkarierten Fußgängerzone Prager Straße. Es lebt zwischen ungeklärten Abwässern, belasteter Luft und dem Versuch, sich wieder zu einer Metropole des klassischen Tourismus zu entwickeln. Im Herbst 1989 hatten die Dresdner großes Glück. Ihr Oberbürgermeister Wolfgang Berghofer und der Bezirksparteichef Hans Modrow waren heimliche Anhänger Gorbatschows. Beide stellten sich Anfang November 1989 an die Spitze der Demonstrationen. Im „Tal der Ahnungslosen", wie der Bezirk genannt wurde, weil dort das Westfernsehen nicht zu empfangen war, lag die Zahl der Ausreiseanträge stets überdurchschnittlich hoch. Allein im Sommer 1989 sollen 22 000 Menschen in den Westen geflohen sein. Nach der Wende mußten Firmen wie der Kamerahersteller Pentacon mit 6000 Beschäftigten schließen.

Das historische Dresden versank in der Nacht zum 14. Februar 1945 in einem von Churchill gebilligten britischen Bombenangriff, bei dem die Innenstadt planmäßig vernichtet wurde und mindestens 35 000 Menschen ums Leben kamen – möglicherweise als Rache für das im November 1940 von deutschen Bombern ausgelöschte Coventry.

Erste Orientierung: Geschichte und Gegenwart erschließen sich auf einen Blick vom Rathausturm aus, wo ein Fahrstuhl das Treppensteigen erspart. In der **Kreuzkirche** direkt unterhalb des Turmes, im Barockstil wiederaufgebaut, soll ein Splitter des Heiligen Kreuzes aufbewahrt worden sein. Jeden Samstag nachmittag findet in der Kirche eine Vesper mit dem Kreuzchor statt. Wo heute die **Ruine der Frauenkirche** als mahnendes Denkmal an den Zweiten Weltkrieg erinnert, entstand die Stadt in der Mitte des 11. Jahrhunderts als christliches Missionszentrum unter den slawischen Sorben.

Kaufleute ließen sich am Elbübergang nieder, und im Mittelalter stand schon eine Steinbrücke an der Stelle, wo heute die **Augustusbrücke** die Stadtteile beiderseits des Flusses verbindet. 1485 erhoben die albertinischen Wettiner, die sächsische Linie dieser Fürstenfamilie, Dresden zur Residenzstadt. Als die mittelalterliche

Die Semper-Oper bei Nacht.

Enge sich durch Luther und die Reformation zu öffnen begann, stand Georg der Bärtige fest auf seiten des Papstes. Erst nach dem Dreißigjährigen Krieg kam mit dem Barock unter August dem Starken Dresdens große Zeit. Es entstand eine ganz neue Welt, die nicht im geringsten an das Alte anknüpfen wollte.

Zwinger: Nach der ersten Orientierung vom Rathausturm aus steht der **Zwinger,** die Krönung des Barock an der Elbe, im Mittelpunkt der Stadtbesichtigung. August wollte zunächst eine Orangerie – die hatte damals jeder Fürst, der auf sich hielt. „Zwinger" wurde die Gesamtanlage genannt, weil sie zwischen innerer und äußerer Befestigungsanlage eingezwängt lag. Mit seinen großen Portalen, den Pavillons, Galerien und dem Gartenhof entfaltete sich das Prachtgebäude so weit, daß es mit seinen Wasserspielen und Plastiken 1719 bei der Vermählung des Kurprinzen Friedrich August II. (1696-1763) mit der Erzherzogin Maria Josepha (1699-1757) aus dem Hause Habsburg, einer Tochter der österreichischen Kaiserin, provisorisch fertiggestellt war

und als „Festplatz unter freiem Himmel" dienen konnte. Danach ging August das Geld aus. Hofbaumeister Matthäus Daniel Pöppelmann und der Bildhauer Balthasar Permoser nahmen sich für ihre von 1710 bis 1732 geschaffene Anlage alles zum Vorbild, was im Laufe der Geschichte an repräsentativen Bauwerken entstanden war: Rom, Wien, Prag, aber auch die Orangerie des Schlosses von Versailles. August hatte sie kennengelernt, als er Ludwig XIV. besuchte.

Der Zwinger beherbergt mehrere Galerien und Sammlungen, von denen die **Gemäldegalerie Alter Meister** die bedeutendste ist. Sie wurde von Gottfried Semper entworfen, 1854 fertiggestellt und umfaßt 2000 Werke von Malern aus Deutschland, Flandern, Holland, Frankreich und Italien. Am bekanntesten sind die „Sixtinische Madonna" von Raffael, Rembrandts „Selbstbildnis mit Saskia" und Dürers „Sieben Schmerzen der Maria". August begründete diese Sammlung. Im Ostflügel des Semperbaus zeigt das **Historische Museum** die Prunkwaffensammlung. Die **Porzellansammlung**, nach dem Serail in Istanbul die größte der Welt, ist in der Langgalerie zu sehen.

Architektonisch und musikalisch gleichermaßen berühmt, liegt die nach ihrem Architekten Gottfried Semper (1803-79) benannte **Semper-Oper** in der Bauform der italienischen Hochrenaissance direkt neben dem Zwinger am großzügigen **Theaterplatz**. Vor der Oper thronen das Reiterstandbild König Johanns und ein Denkmal des Komponisten Carl Maria von Weber. Mit dessen „Freischütz", der ersten deutschen Oper, wurde die Semper-Oper nach der Restaurierung 1985 wiedereröffnet.

Weber war von 1817 bis 1826 Hofkapellmeister. Anfang des Jahrhunderts wurden die Uraufführungen von „Salome" und „Elektra" von Richard Strauss begeistert aufgenommen. In dem Bühnenhaus, das seit 1719 vor der Semper-Oper an gleicher Stelle stand, aber 1869 abbrannte, wurden Richard Wagners Opern „Rienzi" (1842), „Der fliegende Holländer" (1843) und „Tannhäuser" (1845) uraufgeführt. Wagner selbst, erst gefeiert, mußte später dramatisch ins Ausland fliehen, als er sich 1849 auf die

Dresdens katholische Hofkirche.

Seite der bürgerlichen Aufständischen stellte und mit Signalen vom Rathausturm aus die unterlegene provisorische Regierung (darunter der russische Anarchist Michail Bakunin) vor den nahenden königstreuen sächsisch-preußischen Regimentern warnte.

Die **Altstädter Wache** mit einer Tempelfront aus sechs ionischen Sandsteinsäulen im Osten des Theaterplatzes entstand nach Plänen von K. F. Schinkel in Anlehnung an die Berliner Neue Wache bis 1831. Dominiert wird der Theaterplatz von der **Katholischen Hofkirche** (1739-1755), Sachsens größter Kirche, die August III. plante. Die 78 Statuen in den Außennischen beeindrucken ebenso wie die holzgeschnitzte Permoser-Kanzel und die Silbermann-Orgel (1753).

1985 wurde der Wiederaufbau des völlig zerstörten **Schlosses** (1547) begonnen, von dem bisher nur das **Georgentor** 1967 fertiggestellt wurde. Die Staatliche Kunstsammlung soll dort untergebracht werden. Von hier aus führt der **Lange Gang** zum **Johanneum** am Neumarkt, einst fürstliches Stallgebäude, heute das Verkehrsmuseum. An der Außenfront des Langen Ganges erstreckt sich der 1876 zunächst in Sgraffito und 1906 auf 24 000 keramische Meißner Fliesen übertragene Fürstenzug, der 35 wettinische Herrscher darstellt.

Mahnmal oder Wiederaufbau: Fast in der Mitte des Neumarktes zieht die Ruine der **Frauenkirche** (1726-43) den Blick auf sich. Vor ihr steht, gebieterisch auf die Bibel weisend, Martin Luther. Die Kuppel der einst 95 Meter hohen Frauenkirche stürzte nach dem Bombenangriff 1945 zusammen. In Dresden wird diskutiert, ob die Ruine als Mahnmal stehenbleiben, oder ob die einst bedeutendste protestantische Kirche Deutschlands wiederaufgebaut werden soll.

Am 1989 eröffneten **Hotel Dresdner Hof** vorbei führt die Sekundogenitur – früher Bücherei des jeweils zweitgeborenen Prinzen, heute Café und Weinstube, zur **Brühlschen Terrasse** (1738) an der Elbe, dem „Fenster Europas" und Anlegestelle der Weißen Flotte. Hier, in der **Jungfernbastei** mit ihren Lustpavillons, erfand 1708 Johann Friedrich Böttger

Eine kleine Pause auf den Spuren der deutschen Romantiker, die die Ausflugsziele um Dresden besonders schätzten.

auf der Suche nach künstlichem Gold das europäische Porzellan. Das **Albertinum** hinter der Frauenkirche, als Zeughaus erbaut, beherbergt neben Skulpturen und der Münzsammlung im **Grünen Gewölbe** die einzigartige Sammlung der Schätze der sächsischen Kurfürsten: Schmuck, Edelsteine, Gemälde des 14. bis 16. Jahrhunderts. Aber auch in der **Galerie Neuer Meister** hängen keine zeitgenössischen Werke, sondern Gemälde aus dem 19. Jahrhundert, wie Caspar David Friedrichs „Kreuz im Gebirge" oder Paul Gauguins „Zwei Frauen von Tahiti".

Essen und Trinken: Gastronomisch hat Dresden seinen Gästen einiges zu bieten: Am Zwinger kann man zwischen Restaurant, Café und Weinstube wählen, im **Italienischen Dörfchen** am Theaterplatz einen Imbiß zu sich nehmen. Über die Stadt verteilt sind für jeden Geschmack Restaurants, Buden, Weinstuben und Cafés.

Das Umland: Wo es heute die Dresdner am Wochenende hinzieht, da suchten die Patrizier seit dem 15. Jahrhundert ihre

Ruhe. In seinen „Jugenderinnerungen" schildert der Dresdener Maler und Schriftsteller Wilhelm von Kügelgen (1802-1867), wie er mit den Eltern die Ferien in **Loschwitz** verbrachte: „Aus der oberen Etage konnte man geradewegs auf eine Weinterrasse treten, die von alten Walnußbäumen gegen die Sonne geschützt war."

Auch der Komponist Heinrich Schütz und der Goldschmied Augusts des Starken machten in Loschwitz Urlaub. Christian Gottfried Körner, der Kunstförderer, lud seine literarischen Freunde ein, unter ihnen Friedrich Schiller, der hier am „Don Carlos" arbeitete. Seit 1896 ist der Ort mit der Straßenbahn zu erreichen.

Oberhalb der Bergstation der Standseilbahn steht das auch zu SED-Zeiten private Forschungsinstitut Manfred von Ardenne mit seinen 450 Mitarbeitern, wo eine erfolgversprechende Krebs-Mehrschritt-Therapie entwickelt wurde. Aus dem **Gasthof Weißer Hirsch**, Schankrecht seit 1688, wurde Ende des vorigen Jahrhunderts ein Sanatorium von Weltruf. Bedeutendstes Naherholungsgebiet

Schloß Pillnitz an der Elbe von der Landseite. August der Starke bevorzugte venezianische Gondeln, um zu seinen Mätressen zu kommen.

Dresdens ist die **Dresdner Heide**, in der Heinrich Cotta (1763-1844) ein weltweit richtungsweisendes Waldwegesystem einführte. In **Klein-Hosterwitz** (Weber-Museum) suchte der Komponist Carl Maria von Weber Entspannung von den Anstrengungen am Hof. Er wollte die Sitzordnung des Orchesters ändern und den Taktstock einführen. Früher wurden die Einsätze vom Klavier aus gegeben. König Friedrich August I. verbot diese Neuerung. Das Orchester hielt zu Weber, und er konnte sich durchsetzen.

Alles über Wagner berichtet das Museum in **Graupa**. Auch Wagner hatte als Generalintendant der Oper dauernd Probleme: Er schaffte es nicht, sein Orchester, die „Wunderharfe", zu vergrößern oder höhere Gehälter durchzusetzen. Als er ins Gut des Großbauern Schäfer nach Groß-Graupa zog, stand die Familie des Bauern Spalier. Die **Bastei** der nahen Sächsischen Schweiz inspirierte ihn zur Lohengrin-Musik.

Über die Loschwitzer Brücke, nach ihrem Anstrich „Blaues Wunder" genannt, und die Pillnitzer Landstraße kommt man auf dem Landweg zum **Schloß Pillnitz**. August der Starke bevorzugte venezianische Gondeln, um über die Elbe zu seinen Mätressen zu kommen. Das „indianische Lustschloß", ausgestattet mit „türkischen und persianischen Meubles", wurde hauptsächlich vom Erbauer des Zwingers Matthäus Daniel Pöppelmann entworfen. Mit seinen geschwungenen Pagodendächern entsprach es dem exotischen Geschmack des höfischen Spätbarock und gilt heute als bedeutendes Beispiel der Chinamode. Die Hauptfassade mit einer breiten, doppelläufigen Treppe ist zur Elbe hin gewandt. Im großartigen Schloßpark fällt besonders die 1770 von Japan eingeführte, heute acht Meter hohe Kamelie auf, die im Frühjahr Tausende zartroter Blüten trägt.

Ausflugsziele elbabwärts: Genau in entgegengesetzter Richtung, elbabwärts, liegen drei Ausflugsziele, von denen jedes wiederum eng mit August dem Starken verbunden ist: Radebeul, Moritzburg und Meißen. Die Fahrt nach **Radebeul** mit der Straßenbahn entlang der Leipziger

Das Karl-May-Museum in Radebeul.

Straße gibt interessante Einblicke in das Leben der Außenbezirke, die von den Bombenangriffen nahezu verschont blieben. Radebeul entstand 1924 aus dem Zusammenschluß von zehn Gemeinden. Ein Kern bildete sich in der 35 000 Einwohner zählenden Stadt nicht heraus. Von der Haltestelle Landgasthof Weißes Roß kann man seine Erkundungen gut zu Fuß fortsetzen oder in die Bimmelbahn nach Moritzburg umsteigen.

Durch alte Weingüter kommt man bequem zum gelben Spitzhaus, heute ein Ausflugslokal, das über eine von Pöppelmann entworfene Treppe zu erreichen ist. Am unteren Ende dieser Treppe schließt sich das Weinbaumuseum **Haus Hoflösnitz** an. Ursprünglich als „Berg- und Lusthaus" gebaut, diente es August während der Weinlese als Ausflugsziel, an dem sich hervorragend Weinfeste und Winzerumzüge feiern ließen. Prachtstück des Museums ist die unter dem Mikroskop zu sehende Reblaus. Diese Laus verwüstete um 1885 die Weinberge. Seit 1920 werden reblausresistente amerikanische Weinstöcke angepflanzt.

Das **Karl-May-Museum** im letzten Wohnhaus des Schriftstellers, der Villa Shatterhand, macht leider einen vernachlässigten Eindruck – trotz der 250 000 Besucher jährlich, die es besser verdient hätten. May war in der DDR bis 1984 geächtet, bis es den SED-Ideologen gelang, ihn als „Vermittler humanistischer Wertvorstellungen" zu rehabilitieren. Der Volksmund meint allerdings, er sei salonfähig gemacht worden, „damit das Volk von Old Shatterhand lernt, die roten Brüder zu lieben." Faszinierender, gerade für Kinder, ist ein Besuch in der **Puppentheatersammlung** im Hohenhaus, dessen Gründerzeit-Interieur vollständig erhalten blieb. Die Atmosphäre in den kostbar möblierten Räumen, denen durch die ausgestellten Puppen alles Steife genommen wird, ist überwältigend.

Zur **Moritzburg** sollte man mit der Schmalspurbahn fahren, die wie ein altes Gespenst durch die Wälder heult. Schloß Moritzburg diente August dem Starken als repräsentativer Rahmen feudaler Jagdgesellschaften, bei denen bis zu hundert Gäste untergebracht werden konnten. Wie sie bewirtet wurden, zeigt das ungemein elegante Museum.

Meißen: Wenig vertrauenserweckend vibriert die Elbbrücke auf dem Weg in die Stadt, deren Markenzeichen das Porzellan mit den gekreuzten blauen Schwertern ist. Meißen, über tausend Jahre alt, war Keimzelle des Landes Sachsen. Die Bebauung des Marktplatzes stammt noch überwiegend aus dem Mittelalter und hat ihre einladende Ausstrahlung erhalten.

In die **Albrechtsburg**, die als erstes Residenzschloß der Wettiner bis 1525 erbaut wurde, verlegte August 1710 seine Porzellanmanufaktur, um das Rezept geheimhalten zu können. August hatte den flüchtigen Apothekerlehrling Johann Friedrich Böttger festgehalten, der mit seinen alchimistischen Kenntnissen Gold herstellen und damit Augusts zerrüttete Staatsfinanzen sanieren sollte. Erfunden hat Böttger dann bekanntlich das europäische Hartporzellan. 1916 wurde ein Porzellan-Museum errichtet, dem eine Vorführwerkstatt angeschlossen ist, in der man die Kunstfertigkeit der Porzelliner bewundern kann.

In Meißen für Europa erfunden: das Hartporzellan.

ELBSANDSTEIN-GEBIRGE

Wohin man von Dresden aus auch kommt, August der Starke war schon da, natürlich auch in der Sächsischen Schweiz, dem sächsischen Teil des Elbsandsteingebirges. Erst spät wurde die Region für den Ferienreisenden und Wanderer erschlossen, als die Eisenbahn 1850 fertiggestellt war und die Dampfschiffahrt 1857 begann. Früher ließen sich die reichen Bürger mit der Sänfte durch die zerklüfteten Berge tragen. In Zukunft wird hier einer der fünf neuen Nationalparks entstehen.

Das Tor zur Sächsischen Schweiz: Der letzte Übergang über die Elbe hat die Entwicklung der Stadt **Pirna** entscheidend beeinflußt. Bis zum späten Mittelalter war sie zentraler Handelsplatz der Region. Heute steht die gesamte Innenstadt unter Denkmalschutz. Obwohl Pirna vom Krieg weitgehend verschont blieb, findet man Ruinen über Ruinen, leerstehende Häuser, die verunstaltet, zusammengebrochen und abgerissen sind, Häuser aus der Zeit der Gotik, der Renaissance, des Barock und Klassizismus. Der Wohlstand des Bürgertums in jener Zeit läßt sich immer noch erahnen, denn der alte bourgeoise Charme schwingt sich heute wieder auf wie verarmter Adel, der kurz vor dem Untergang alle Kräfte mobilisiert, um einem Teil der historischen Pracht neuen Glanz einzuhauchen.

Wiederaufgebaut wurde der Bereich um den Markt, in dessen Mitte sich freistehend das **Rathaus** erhebt. Stilelemente aus fünf Jahrhunderten sind hier vereinigt. Angefangen mit dem Erdgeschoß, das auf ein Kauf- und Versammlungshaus aus dem Jahr 1485 zurückgeht, über gotische Portale und Giebel bis zum Turm (1718) mit einer 1612 erneuerten Kunstuhr.

Die Bürgerhäuser um den Markt herum glänzen mit ihren repräsentativen Hauptportalen, mit Arkadenhöfen und zierlichen Erkern. Sehenswert sind das Haus Markt 3 (um 1500) mit fünffachem Baldachin und Sitznischen und Markt 7, ein Renaissancebau (um 1520) mit steil aufragendem Schmuckgiebel, das **Canalettohaus**. Noch vor wenigen Jahren konnte man den berühmten „Canaletto-Blick" exakt nachvollziehen, der sich dem Meister bot, als er um 1750 den Markt von Pirna malte. Es muß ein malerischer Ort gewesen sein, sonst hätte Canaletto, berühmt durch seine Veduten, die sachgerechten Ansichten von Dresden, Warschau und Wien, wohl nicht mehrere Bilder dieser Stadt geschaffen.

Der Turm der **Stadtkirche** St. Marien, östlich der Innenstadt, lädt ein zu einem Blick auf den historischen Stadtkern, die Ausläufer des Osterzgebirges und der Sächsischen Schweiz. Die Kirche mit einer zweischiffigen Halle und einem schwungvollen Kreuzrippengewölbe wurde um 1300 gebaut und blieb bislang von Krieg oder Feuer verschont.

Über der Stadt liegt die Festung mit dem trügerischen Namen **Sonnenstein**. Wenngleich ihre Geschichte bis ins Mittelalter zurückgeht, stammen die Gebäude aus dem 19. Jahrhundert, als die Bastion zu einer Heilanstalt umge-

baut wurde. Im Dritten Reich wurden hier über 10 000 Kranke im Rahmen des Euthanasieprogramms umgebracht. Selbst ein DDR-Reiseführer über die Sächsische Schweiz unterschlägt dieses unbewältigte Kapitel der Festungsgeschichte. Nach dem Krieg wurden auf Sonnenstein Flugzeugmotoren entwikkelt, heute werden hier psychisch kranke Kinder gepflegt.

Ohne wohlklingenden Namen, dafür mit einer um so romantischeren Geschichte, präsentiert sich der **Barockgarten Großsedlitz**, fünf Kilometer von Pirna entfernt. August der Starke kaufte ihn 1723 und ließ die Freitreppen, Statuen und Wasserspiele für seine ausschweifenden Feste von seinem Spezialisten Matthäus Daniel Pöppelmann auf Vordermann bringen. Heute nutzen Hochzeitspaare den Spiegelsaal des Friedrichsschlößchens als romantischen Hintergrund für ihren großen Tag.

Elbsandsteingebirge: Erst um 1800 wurde die Sächsische Schweiz als Wandergebiet „entdeckt". Die Lokalpatrioten Wilhelm Leberecht Götzinger (1758-1818), ein Magister, und der Pfarrer Carl Heinrich Nicolai (1739-1823) schrieben die ersten Vorläufer moderner Reisebücher und eröffneten damit den Wander- und Klettertourismus. Es waren aber zwei echte Schweizer, die dann der „Sächsischen Schweiz" ihren Namen gegeben haben; beide waren an der Kunstakademie in Leipzig tätig, nämlich Adrian Zingg (1734-1816) und Anton Graff (1736-1813), deren Bilder in den Dresdner Galerien zu sehen sind. Auf der „Malerstraße", dem damals üblichen Wanderweg, erschloß sich auch der Maler Caspar David Friedrich die Sächsische Schweiz mit einem Marsch von drei bis vier Tagen von Dresden bis zum Prebitschtor direkt hinter der Grenze in der heutigen Tschechoslowakei. Zurück ging es dann im Schiff auf der Elbe.

Was zog und zieht die Menschen hierher? Von der Höhe her kann es die Sächsische Schweiz mit den Alpen nicht aufnehmen. Der Große Winterberg bringt es gerade auf 552 Meter. Faszinierend sind die Formenvielfalt von Steilwänden, die freistehenden Felstürme und tiefen Taleinschnitte. Ursprünglich zusammen-

hängende Sandsteinplatten wurden durch die Elbe und ihre Zuflüsse abgetragen, untergraben, zu Klammen und Schluchten ausgewaschen. Natürliche Verwitterungsvorgänge, heute durch die Luftverschmutzung begünstigt, und Felsstürze gefährden Straßen und Wege. Besonders gefährdet aber sind die Kletterer, die den Schwierigkeitsgrad der Felsen unterschätzen. Einige der Kletterfelsen sind inzwischen gesperrt, weil der Stein zu stark bröckelt. Mit fast drei Millionen Feriengästen jährlich war das 368 Quadratkilometer große Landschaftsschutzgebiet der Sächsischen Schweiz nach der Ostsee das Haupturlaubsgebiet für die Bewohner der DDR.

Schaufelraddampfer: Nur mit dem Dampfer lernt man die 51 Kilometer lange Strecke von Dresden bis zum Grenzort Schmilka richtig kennen. Anders als der breite, majestätische Rhein wirkt die Elbe verspielt, freundlich, lustvoll barock. Sechseinhalb Stunden dauert die Fahrt in diese Richtung, in nur vier Stunden schaffen die Dampfer den Weg zurück nach Dresden. Die Rückfahrt kann man

Deutschlands slawischsprachige Vorzeige-Minderheit – die Sorben.

auch in einem der doppelstöckigen Züge mit der Bahn antreten. Als erster Höhepunkt präsentiert sich die zerklüftete Felsgruppe der **Bastei**, von der aus man einen einzigartigen Ausblick auf die Elbschleife hat. Eine 76 Meter lange, auf die Felsen gesetzte steinerne Brücke überspannt an der „Steinschleuder", einem beliebten Kletterfelsen, die Schlucht der Mardertelle. Das Schiff der Weißen Flotte legt bald danach im Kurort **Rathen** an, der für Autos gesperrt ist. Den Sommer über dienen die phantasieanregenden Felsen dem **Freilichttheater** mit über 2000 Plätzen als Kulisse: „Winnetou" steht genauso auf dem Programm wie die beliebten Opern „Hänsel und Gretel" und „Freischütz".

Hinter Rathen wächst die 360 Meter hohe Festung **Königstein** empor. Zwiespältig auch ihre Geschichte: August der Starke ließ sich ein Lustschlößchen gestalten; das größte Weinfaß der Welt mit einem Fassungsvermögen von 250 000 Litern liegt in den Gewölben; im Staatsgefängnis saßen Michail Bakunin, der russische Anarchist, der am Dresdner Aufstand 1849 beteiligt war, und der Sozialdemokrat August Bebel.

Bad Schandau zieht sich an der Elbe entlang. Sehenswert ist die aus einem Stein herausgearbeitete Sandsteinkanzel und ein sandsteinerner, mit einheimischen Edelsteinen geschmückter Altar in der 1704 gebauten Kirche. Wanderer können hier mit der **Kirnitztalbahn**, beste Technik der zwanziger Jahre, zum **Lichtenhainer Wasserfall** fahren. Hier beginnt der Aufstieg zum „Kuhstall", einem elf Meter hohen und siebzehn Meter breiten und sehr tiefen Felsentor, unter dem die Raubritter ihr gestohlenes Vieh in Sicherheit brachten. Nach 51,5 Kilometern Fahrt erreicht das Schiff die Grenzstadt **Schmilka**. Die Elbe bildet dann für einige Kilometer die Grenze zur Tschechoslowakei. Sie ist im Winter häufig zugefroren, denn das Gefälle des Flusses erreicht hier auf einen Kilometer nicht einmal zwei Zentimeter.

Reservat der Minderheiten: Nach diesem beschaulichen Ausflug kommt man durch einen vernachlässigten Teil Deutschlands. Drei Minderheiten leben

Sorbische Schnitzer bei der individuellen Gestaltung des gekreuzigten Jesus.

hier: die slawischen Sorben in Bautzen, die religiösen Herrnhuter im gleichnamigen Ort und um Görlitz die Rest-Schlesier.

Bautzen: Für Rudolf Bahro und für Tausende anderer Oppositioneller in der DDR steht **Bautzen** für das Gefängnis, in dem sie jahrelang festgehalten wurden und von dem aus einige die Fahrt in den Westen antraten – freigekauft von der Bundesregierung.

Die auf Granitfelsen erbaute **Ortenburg** wurde während der deutschen Ostexpansion als Grenzfeste errichtet (1002 bezeugt), gehörte zuerst zu Böhmen und ab 1635 zu Sachsen. In der Altstadt sind die historischen Fassaden vieler Häuser renoviert. Heute wirkt originell, was aus der Not geboren wurde: die Simultankirche, der Petridom mit seinem 85 Meter hohen Turm. Seit der Reformation (1524) wird die Kirche von beiden Konfessionen benutzt. Ein eisernes Gitter trennt die beiden Abteilungen des Gotteshauses. Den Protestanten fiel vertraglich das Langhaus, den Katholiken der Chor zu.

Die Sorben: Verstreut zwischen Bautzen, Hoyerswerda, bis nach Cottbus und dem Spreewald leben die rund 60 000 Sorben, das kleinste slawische Volk. Ihr Dachverband, die „Domowina" (Heimat), hat seinen Sitz in Bautzen. Unter den Nationalsozialisten wurden sie zum „führerlosen Arbeitsvolk" degradiert, die Patrioten endeten im KZ. Später in der DDR wurden die Sorben als trachtentragende, ostereiermalende Vorzeige-Minderheit gehalten, denen Rechte nur zum Schein gewährt wurden. Die traditionelle dörfliche Gemeinschaft wurde mit der Kolchosierung und den Gebietsverlusten durch den Braunkohle-Tagebau rücksichtslos zerstört.

Die Stasi unterhielt eine eigene Abteilung zur Überwachung der Sorben. Auf die Pflege von Sprache, Traditionen und Kultur wirkt sich belastend aus, daß sie unterschiedliche Idiome sprechen, niedersorbisch und obersorbisch, die sprachlich weit auseinanderliegen. Das Erstaunliche ist, daß sich die Sorben dennoch als eigenständiges Volk bis heute behaupten konnten.

Fürst Pückler schleckte mit Frau und Geliebter in Bad Muskau an seinem Eis.

Massengräber: Grausige Knochenfunde und Enthüllungen über den Terror des sowjetischen Geheimdienstes in der Zeit von 1945 bis in die fünfziger Jahre wurden erst nach der Wende 1989 bekannt. Direkt neben dem Gefängnis Bautzen wird das größte Massengrab der deutschen Nachkriegsgeschichte mit den Überresten von 17 000 Gefangenen vermutet. Bautzen war eines der elf sowjetischen Internierungslager, in denen insgesamt 70 000 Menschen umkamen

Herrnhut: Südlich von Löbau, zwischen Bautzen und Görlitz, siedelte sich eine religiöse Minderheit an, die Herrnhuter. 1722 wurde die „Brüdergemeine" von dem pietistischen Graf Nikolaus von Zinzendorf und böhmisch-mährischen Glaubensbrüdern gegründet. In tiefer Religiosität schloß sich die Gruppe auch als Lebens- und Arbeitsgemeinschaft zusammen. Die Frömmigkeit der Herrnhuter spricht besonders das Gefühl an. Am Ostermorgen zum Beispiel zieht die gesamte Gemeinde noch bei Dunkelheit, begleitet vom Posaunenchor, zum Gottesacker, dem Friedhof. Bei Sonnenaufgang wird die Auferstehung Christi gefeiert. Die Gräber sind betont schlicht gehalten, womit die Gleichheit aller Menschen nach dem Tod ausgedrückt werden soll. Das Völkerkundemuseum Herrnhuts zeigt die Ergebnisse ihrer Missionstätigkeit aus Süd- und Ostafrika, Tibet, Kaschmir, Alaska, Labrador, Grönland und Surinam.

Görlitz: Die östlichste Stadt Deutschlands in der östlichen Oberlausitz erlebte ihre wirtschaftliche Blüte im 15. Jahrhundert. Damals wurde an dem wichtigsten Übergang über die Neiße mit Tuch gehandelt, vor allem aber mit Waid, einem blauen Farbstoff. Hier trafen sich zwei bedeutende Straßen; von Stettin über Frankfurt/Oder nach Prag und von Leipzig nach Breslau.

Mehrere spätgotische Kirchen, das Rathaus und das Bürgerhaus erinnern an jene Zeit. Die Türme der fünfschiffigen Pfarrkirche St. Peter und Paul streben hoch zum Firmament. Sehenswert sind der Altar (1695), die Kanzel (1693) und das Ratsgestühl (1695). Noch älter – aus dem Jahre 1510 – ist der Doppelflügelaltar der Oberkirche des ehemaligen Franziskanerklosters; ein weiterer, barocker Altar stammt aus dem Jahr 1713. Mit dem Bau der ältesten Kirche von Görlitz, der dreischiffigen Nikolaikirche, wurde 1452 begonnen.

Heute ist die geteilte Stadt an der deutsch-polnischen Grenze als „letzter Husten von Sachsen" verschrien. Görlitz stirbt einen langsamen Tod. 1949 lebten hier noch rund 100 000 Menschen, heute sind es 76 000. Mit dem Görlitzer Abkommen von 1950 wurde die Oder-Neiße-Linie als „unantastbare Friedens- und Freundschaftsgrenze" von der DDR anerkannt, 1980 jedoch zum Schutz vor dem „Solidarnosç-Bazillus" völlig dichtgemacht. Sie ist heute wieder geöffnet.

Nach Berlin: Über die Fernstraße 115, durch einen fast unbewohnt scheinenden Teil Deutschlands nahe der Grenze zu Polen, erreicht man das aus dem 16. Jahrhundert stammende Schloß in **Bad Muskau**, in dem 1785 Fürst Hermann von Pückler-Muskau geboren wurde. Im Stadtmuseum im Alten Schloß wird dargestellt, wie Pückler den weiträumigen, 200 Hektar umfassenden Landschafts-

Die Altstadt von Bautzen, der Stadt, die politischen Gefangenen in schlechter Erinnerung bleiben wird.

park von 1815 bis 1835 anlegen ließ, der fließend in die freie Landschaft übergeht. Verzauberte Natur auch um **Schloß Kromlau** (1845), westlich von Bad Muskau und ganz in der Nähe um das Jagdschloß in **Weißwasser**, wo natürliche Bäche und Seen nach englischem Vorbild in die Parkanlage einbezogen wurden, auch dies Pücklers Schöpfungen. Auf Schloß Muskau lebte Pückler mit seiner Frau Lucie, genannt „Schnukke". Hierher brachte er auch seine abessinische Geliebte Machbuba von einer Afrikareise mit, die er zwölfjährig auf einem Sklavenmarkt gekauft hatte. Lucie war davon nicht gerade begeistert.

Das Original-Eis, das Fürst Pücklers Namen trägt, unterscheidet sich erheblich von dem, was heute aus der Tiefkühltruhe kommt. Es wird mit aus frischen Erdbeeren, Maronen, Bitterschokolade und Maraschino zubereitet.

An verlassenen Höfen vorbei, einer Schar Entenküken ausweichend und mit Truthähnen konfrontiert, die mitten auf der Straße spazieren, kommt das Braunkohle-Abbaugebiet um **Cottbus** in Sicht.

Daß die Stadt durch ihre günstige Lage an der Salzstraße schon früh wirtschaftlich prosperierte, sieht man ihr heute nicht mehr an. Offengelassene Mietshäuser, vernagelte Häuserfronten und von braunem Kohlestaub überzogene Neubausiedlungen prägen ihr Gesicht. Nur das 1908 entstandene und mit Liebe restaurierte **Jugendstil-Theater** zeugt von besseren Zeiten. Beim Besuch begeistert schon der Bau an sich: außen wie innen geschmückt mit Türmchen, Obelisken und allegorischen Figuren, mit Marmor und Spiegeln.

Frankfurt/Oder: Die Brücke über die Oder nach Polen liegt im Zentrum Frankfurts und ist das einzig Zentrale der Stadt geblieben. Ihren geschichtlichen Höhepunkt hat sie lange hinter sich. Daß diese reiche Handelsstadt einmal der Hanse beitrat (1368), zwischen 1506 und 1811 eine Universität beherbergte, die erste in der Mark Brandenburg, und schließlich mit dem Aufblühen des oberschlesischen Industriegebietes noch einmal kräftig expandierte, läßt sich heute nicht einmal mehr ahnen.

Die Universität wurde nach Breslau verlegt, der östliche Teil der Stadt liegt heute in Polen, Wirtschaft und Kultur orientierten sich nach Berlin, das nur 70 Kilometer entfernt ist. Prominenter Sohn Frankfurts ist der Dichter Heinrich von Kleist (1775-1811). Sein Andenken wird im Museum, einem barocken Kleinst-Schlößchen, bewahrt.

Nach Berlin fährt man auf den Fernstraßen F5 und F1 durch dichte Alleen, deren Baumkronen zusammenwachsen und die Straße in ein zauberhaftes Licht hüllen. An kleinen Seen liegen zwischen Laubwäldern idyllische Dörfer mit blühenden Vorgärten. Dazwischen aber duften endlose Gülle-besprühte Mais-Monokultur-Felder, untrügliche Zeichen der Schweinemast. Nach einem nur kurzen, dörflich verdichteten Übergang künden die Hochhaussiedlungen dicht an der autobahnähnlich ausgebauten Straße vom Aufbauwillen der DDR: keine Vorgärten mehr, gelegentlich noch schlammige Straßen, die Balkons mit Vorliebe zur Straße gebaut, geht es kilometerweit mit Grüner Welle autogerecht in Deutschlands alte und neue Metropole.

Links:
Barocke Pracht auf dem Land.
Rechts:
Bergkirche in Oybin.

GORBATSCHOW

DES WODKAS REINE SEELE

Wodka Gorbatschow. Eiskalt, glasklar und absolut rein. Sorgsam über Holzkohle gefiltert, ist seine besondere Qualität das Ergebnis strenger Reinheitsgebote. Seit dem Ende der Zarenzeit wird Wodka Gorbatschow nach alter Tradition in Berlin hergestellt.

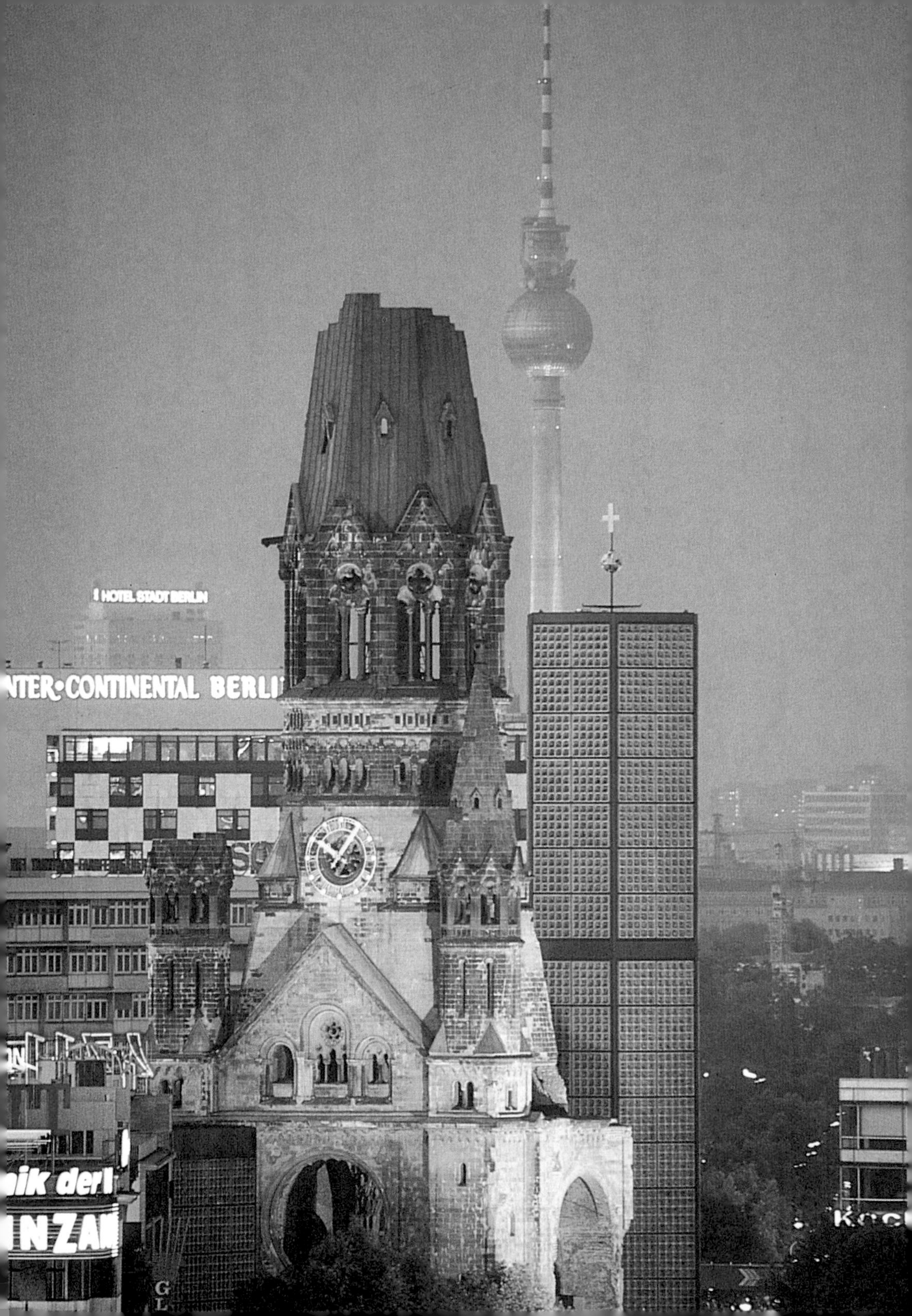
HOTEL STADT BERLIN
NTER·CONTINENTAL BERLI

MYTHOS BERLIN

„Zurückbleiben!" Wer jemals in Berlin U-Bahn gefahren ist, wird dieses Wort, meist preußisch ruppig, seltener sanft ermahnend, in bleibender Erinnerung behalten. Wenn ein Zug anfährt, hat niemand mehr eine Chance einzusteigen. Entweder man ist rechtzeitig aufgesprungen, oder man bleibt eben zurück. Dieser schnarrende Befehl ist wie ein Surrogat dessen, was Berlin ausmacht: Schnell muß es gehen, gewartet wird nicht, immer auf dem Sprung – und wer zu spät kommt... der muß eben auf die nächste Gelegenheit warten.

Berlin, diese rasende Stadt. Geschichte, so scheint es, findet hier ununterbrochen statt, und das nicht nur in Form freudiger Ereignisse wie der Maueröffnung 1989. Geschichte war und ist in Berlin immer konzentriert sichtbar und spürbar gewesen, sei es auf kulturellem Gebiet, sei es auf dem politischen Parkett und oft auch im ganz Alltäglichen.

Die Berliner selbst nehmen es gelassen, daß ihre Stadt für die meisten Besucher mehr Mythos denn realer Lebensraum bedeutet. Als man in aller Welt noch Tränen der Rührung über die Vereinigung der beiden Deutschland vergoß, hielten die West-Berliner schon längst Ausschau nach Wochenendhäusern im neu gewonnenen Umland und die Ost-Berliner nach lukrativen Arbeitsplätzen in West-Berlin. Und die Hauptstadtdiskussion war für die Berliner sowieso schon Schnee von gestern, als man sich in Bonn noch über die Regierungssitzfrage die Köpfe heiß redete. Eine Metropole war Berlin schließlich schon immer, ob nun mit Regierungssitz oder ohne. Die große Historie und das immer wieder Neue wird in Berlin schneller in den Alltag integriert als anderswo.

Doch die Impulse, die aus Berlin kamen, gaben nicht immer zu Freude Anlaß. Allein in diesem Jahrhundert wurden von hier aus zwei Weltkriege geführt, in Berlin wurde die Vernichtung der Juden beschlossen und organisiert. Doch trotz des Schreckens der Nazi-Herrschaft und der nahezu kompletten Zerstörung im Zweiten Weltkrieg blieb das metropolitane Selbstverständnis auch in dem „Trümmerhaufen neben Potsdam" ungebrochen. Die Menschen, oder genauer, die Frauen, bauten die Stadt wieder auf, die Berliner überstanden die Blockade, den Kalten Krieg und letztlich auch den Mauerbau. Statt in Apathie und provinzielle Bedeutungslosigkeit zu versinken, gingen vom eingeschlossenen West-Berlin wieder die entscheidenden Neuerungen aus. Der Studentenprotest der sechziger Jahre nahm hier seinen Anfang, und wenig später richteten sich junge Menschen auf der „kapitalistischen Insel in einem sozialistischen Meer" in alternativen Lebenszusammenhängen ein. Die Ummauerung wurde auch als Chance begriffen: Ist der eine Zug abgefahren, fährt man eben mit dem nächsten.

In Ost-Berlin hielt man es nicht anders. Freilich wurde hier von einem greisen und lebensfernen Politbüro versucht, mit Aufmärschen und roten Fahnen, Repression und Kontrolle eine scheinbar straff organisierte sozialistische Hauptstadt zu kreieren. Aber auch realsozialistische Ost-Berliner sind in erster Linie Berliner. Nischen für einen lebendigen Freiraum fanden sich auch hier. Politisch unliebsame Kunst wurde in Privatwohnungen oder Garagen ausgestellt, Protest und subversiver Widerstand in die Form von Gottesdiensten gekleidet.

Und heute? Spuren der Geschichte finden sich noch überall. Von den Hohenzollern, die über 500 Jahre als Kurfürsten, Könige und Kaiser in Berlin herrschten, sind Kunstwerke und Architektur, das preußische Erbe, übrig geblieben. Aus den „wilden Zwanzigern" blieb der „durchgehend geöffnete" Amüsierbetrieb erhalten. Die Nazis hinterließen Brachland und Narben auf den Seelen ihrer Opfer. Die Alternativszene aus Ost und West hält dagegen eine lebendige Subkultur mit einem gehörigen Widerstandspotential aufrecht. Und die Mauer selbst wird als Museumsstück gehandelt.

Die Züge der Geschichte halten in Berlin nur kurz an, spucken ihre Ladung aus und nehmen andere mit, um dann auf das Kommando „Zurückbleiben!" rasant weiterzufahren.

299

DIE MAUER

Das Wahrzeichen einer Stadt besteht zumeist aus einem unverwechselbaren Bauwerk. Manche Städte haben einen Dom, andere einen Turm, Berlin hatte die Mauer. Kein schönes Wahrzeichen, schließlich schloß sie die West-Berliner ein und die Ost-Berliner aus, oder auch umgekehrt, je nachdem, aus welcher Perspektive man es betrachtet. Dafür war sie aber auch eines der bemerkenswertesten Wahrzeichen, das eine Stadt je geprägt hat: 161 Kilometer lang, vier Meter hoch, auf Seiten der DDR alle sieben Kilometer mit einem Wachturm bestückt, der graue, unansehnliche Beton nächtens taghell beleuchtet und für jeden DDR-Bürger eine tödliche Bedrohung. Auf der West-Berliner Seite war sie mit bunten Graffiti bemalt, an einigen Stellen waren Aussichtsplattformen errichtet, und für manches Gartengrundstück oder auch für einen ganzen Stadtteil, wie zum Beispiel Kreuzberg, hatte sie die Bedeutung eines schützenden Gartenzauns. Fast eine sozioökotopische Idylle hüben, immer eine Gefängnismauer drüben. Mit einer Mischung aus Faszination und Abscheu betrachteten die Berlin-Besucher das Bauwerk, das immerhin über 70 Tote bei Fluchtversuchen gefordert hat. Der leichte Grusel, den die Mauer jedem Betrachter abverlangte, machte ihren eigentlichen touristischen Reiz aus.

Doch die Mauer als Kunstwerk, als Wahrzeichen und als Todesstreifen ist mittlerweile schon wieder Geschichte. Wer heute ein Stück Mauer sehen will, muß schon ins Museum gehen. Nur an einigen wenigen Stellen, wie am Gropiusbau in Kreuzberg, ist sie noch in Stückwerken zu erleben. Ob sie auch dort noch als lebendiges Museumsstück erhalten bleiben wird, ist fraglich. Längst ist das Mauerwerk von den „Mauerspechten" mit Hammer und Meißel zu einer bröckeligen Gefahrenzone ganz anderer Art durchlöchert worden. Der Rest ist längst abgerissen. Oft sind die Übergänge, wo einst die unüberwindliche Grenze stand, gar nicht mehr zu erkennen. Durch die Mauer getrennte Straßen wurden wieder miteinander verbunden, Autos brausen von einem Stadtteil in den anderen, nur dort, wo teilweise noch Wildwuchs und Brachland ist, kann der Verlauf des einstigen Wahrzeichens noch nachvollzogen werden.

Schon überschlagen sich die Stadtplaner, diese Brachen aufzufüllen. Immerhin stand die Mauer in bester City-Lage, und das nun freigewordene Land ist allein schon deshalb bei manchen Bauherren äußerst begehrt. Doch es werden auch Stimmen laut, die für einen Erhalt der Mauernarbe als Grünfläche plädieren, als Naherholungsgebiet und Mahnmal, ein Begehren, das jedoch wenig Chancen auf Erfolg haben wird. Die an chronischem Geldmangel leidende Stadt wird es sich nicht leisten können, derart gewinnträchtiges Gelände einfach nur mit Lupinen zu bepflanzen. Auch wenn derartige Überlegungen suggerieren, daß die 28 Jahre der Teilung Berlins vergessen sind, die Spuren, die die Mauer im Leben der Berliner hinterlassen hat, sind noch lange nicht getilgt.

Niemand will die Verantwortung für die Todesschüsse an der Mauer übernehmen.

13. August 1961: Der Tag, an dem Berlin auf so jähe und brutale Art in zwei Hälften geteilt wurde, begann wie jeder andere Tag im Nachkriegs-Berlin. Menschen aus Ost und West pendelten nahezu ungehindert zwischen den Stadtteilen und vor allem den verschiedenen Gesellschaftssystemen hin und her.

Aus dem Ostteil Berlins, offiziell unter sowjetischer Verwaltung, aber längst schon zur Hauptstadt der DDR deklariert, strömten die Bewohner ungehindert in den Westteil der Stadt, der mit Hilfe der Westalliierten und der Bundesrepublik zum Schaufenster des glitzernden Kapitalismus hochstilisiert worden war. Allzuviele jedoch nutzten den freien Grenzverkehr, um der sozialistischen DDR endgültig den Rücken zu kehren. Die Zahl der Flüchtlinge stieg in die Tausende, die der DDR als wertvolle Arbeitskräfte zum Aufbau einer ohnehin maroden Wirtschaft fehlten. Inmitten des Kalten Krieges war dieses Loch im Eisernen Vorhang den SED-Machthabern schon lange ein Dorn im Auge. Eine Beratung der Parteichefs der Warschauer-Pakt-Staaten Anfang August 1961 in Moskau brachte schließlich den folgenschweren Entschluß hervor: Eine als Staatsgrenze bezeichnete Befestigung sollte den Flüchtlingsstrom und den gefährlichen Einfluß des verhaßten Kapitalismus stoppen.

In der Nacht zum 13. August 1961 dröhnten Panzerfahrzeuge durch den Ostsektor Berlins. Volksarmisten und bewaffnete Betriebskampfgruppen entrollten entlang der Sektorengrenze Stacheldraht und stellten „Spanische Reiter" auf. Am nächsten Morgen war die Grenze mitten durch die Stadt dicht. Die Menschen waren fassungslos. Stacheldraht und hastig errichtetes Mauerwerk trennte nicht nur Ost und West, Kapitalismus und Sozialismus, sondern auch Familien und Freunde, Eltern und Kinder und Arbeiter von ihrem Arbeitsplatz. Manche konnten in letzter Minute über die provisorische Grenze fliehen, mußten jedoch Hab und Gut zurücklassen. Erschütternde Abschiedsszenen und hilflose Wut – Berlin erlebte eine politische und menschliche Tragödie ohnegleichen.

Mauer mit Todesstreifen, der „antifaschistische Schutzwall".

Trotz der rigorosen Abschottung versuchten etliche Ost-Berliner, die Mauer in der folgenden Zeit zu überwinden. In den ersten Monaten nach dem Bau sprangen sie noch aus den Fenstern der Häuser, die unmittelbar an der Mauer standen, krochen durch Abwasserkanäle und ließen sich von Fluchthelfern, die bald ein einträgliches Geschäft machten, durch Tunnel, in Fahrzeugen versteckt oder mit falschen Papieren ausgestattet, auf abenteuerliche Weise in die Freiheit transportieren. Jede noch so versteckte Lücke wurde sogleich von der DDR geschlossen. Unterirdische Verbindungen zwischen den Stadthälften wurden vergittert, U-Bahnzugänge zu Linien, die in den Westen fuhren, vermauert. Die Mauer wurde mit Betonfertigteilen auf vier Meter erhöht, Wachtürme, Hundelaufanlagen, sogar Selbstschußanlagen wurden installiert. Der „antifaschistische Schutzwall", wie die Mauer von ihren Erbauern genannt wurde, erreichte immer größere Perfektion.

Die Entwicklung in Ost- und West-Berlin nahm durch die Trennung unterschiedliche Formen an. Die „Hauptstadt der DDR" besann sich nach jahrelangem Kahlschlag ihres preußischen Erbes und begann, nicht immer stilsicher, den Ausbau zur repräsentativen Metropole. Die „selbständige politische Einheit Westberlin" wurde zum Kuriosum – glitzernd, aber subventioniert, alternativ experimentierend, aber letztlich provinziell. Die Berliner auf beiden Seiten richteten sich mehr oder weniger komfortabel in ihren Teilstädten ein. Die Ältere pflegten ihre Erinnerungen, und die Jungen nutzten die Chance, ihre eigenen Lebensvorstellungen zu verwirklichen. Die nachwachsende Generation konnte sich bald kaum noch an ein ungeteiltes Berlin erinnern. Daß die Mauer fallen könnte, lag in der Vorstellung der meisten Berliner in ferner Zukunft. Der letzte SED-Staatschef der DDR, Erich Honecker, behauptete noch im Frühjahr 1989, daß die Mauer noch in 100 Jahren stehen werde.

9. November 1989: Niemand konnte es recht glauben, daß der Tag des Mauerfalls so bald und so überraschend kommen würde, obwohl schon seit Monaten

Von der Normalität der Mauer zum Kunstobjekt...

alle Anzeichen für eine Wende in der DDR vorhanden waren. Die Öffnung der ungarischen Grenzen, ein Resultat der Entspannungspolitik von Michail Gorbatschow, führte im Sommer 1989 zu einer Massenflucht urlaubender DDR-Bürger Richtung Westen. Das war das Signal für die zu Hause Gebliebenen, von ihrer SED-Regierung Reformen zu verlangen, sollte nicht „der letzte das Licht ausmachen" müssen.

Am 4. November versammelten sich auf dem Ost-Berliner Alexanderplatz nahezu eine Million Menschen, um gegen das verhaßte Regime zu protestieren. Und schließlich verkündete der Regierungssprecher der SED, Günter Schabowski, auf einer der vielen und endlos langweiligen Pressekonferenzen und scheinbar ohne zu ahnen, was das bedeutete, daß die bisherige Reiseregelung, konkret das Reiseverbot, für DDR-Bürger aufgehoben werde. Auch in Berlin. Bis diese Meldung in ihrer ganzen Tragweite erst von den Journalisten und dann von den Berlinern selbst erfaßt wurde, vergingen ein paar Stunden. Noch in der-

selben Nacht war schließlich kein Halten mehr. Im Auto, per Fahrrad und zu Fuß strömten die Menschen aus Ost-Berlin über die Grenze in den Westteil. West-Berliner empfingen sie in Massen mit spritzendem Sekt und heftigem Beifallklatschen. Wildfremde Menschen umarmten sich, Tränen flossen, ganz Berlin war im Freudentaumel. Wochenlang hielt die Euphorie an, wurden die bald verhaßten, weil stinkenden Trabis noch enthusiastisch an jedem Grenzübergang begrüßt. Doch der Alltag und die sich abzeichnende Vereinigung der beiden Deutschland holte die Berliner wieder ein.

Der Abbau der Mauer bedeutete in erster Linie harte Arbeit. Wenn die Berlin-Besucher fragten, wo denn die Mauer geblieben sei, so ahnten sie nicht, daß die Entsorgung des einstigen Wahrzeichens der Stadt eine mühevolle Sache war. Straßen mußten neu gelegt, abgeschnittene U-Bahn-Verbindungen wieder hergestellt werden. Die sozialen und wirtschaftlichen Probleme Gesamt-Berlins traten in den Vordergrund.

Und die Mauer selbst? Dort, wo sie nicht als Schutthaufen gestapelt wird, um als Schotter für den Straßenbau zu dienen, oder in der Innenstadt von Mauerspechten zu allerlei Tand verarbeitet wird, ist sie segmentweise, sofern gewinnbringend bemalt, von einer Handelsgesellschaft der ehemaligen DDR verkauft worden. Ein Jahr nach dem Fall der Mauer hat sie bereits 2,1 Millionen Mark eingebracht, ein Erlös, der dem Gesundheitswesen und der Denkmalpflege in Berlin zugute kommen soll.

Die 28 Jahre gegenseitiger Isolation haben eine ganz andere Mauer in Berlin hinterlassen, eine, die weder über Nacht abgerissen noch vermarktet werden kann. Es ist die Mauer zwischen Menschen aus unterschiedlichen Gesellschaftssystemen, mit verschiedenen Erfahrungen und Wertvorstellungen. Zaghaft noch bewegt man sich in der jeweils anderen Stadthälfte, noch ist es „irgendwie" fremdes Territorium. Mit zunehmenden Konflikten schimpft man aufeinander, baut neue Barrieren. Aber die tagtägliche Auseinandersetzung schafft auch Nähe. Die Berliner werden es bestimmt schaffen, auch die Mauer im Kopf einzureißen.

Berlin und Umgebung

4 km/ 2,5 miles

ZWEI CITIES

Berlin ist von Symbolen geradezu überfrachtet. Zwei Symbolträger leuchten nicht nur weithin über die ganze Stadt, sondern kennzeichnen auch ein weiteres Kuriosum von Deutschlands alter und neuer Hauptstadt: Berlin besitzt zwei Cities, zwei Zentren . Der Fernsehturm auf dem Alexanderplatz, noch als Wahrzeichen der „Hauptstadt der DDR" erbaut, zeigt, wo **Berlin-Mitte**, das historische Zentrum, ist. Der blau leuchtende, rotierende Mercedes-Stern auf dem Europa-Center verweist auf den **Kurfürstendamm**, das vitale, westliche Zentrum. Oder besser: das *noch* vitale Zentrum, denn seit der Öffnung der Mauer läuft die alte Prachtallee Unter den Linden als Flanierstraße dem „Kudamm" den Rang ab. Und was die „erste Geschäftsadresse" angeht, so ist die Friedrichstraße kräftig am Aufholen, zumindest was die Grundstückspreise und somit auch die Mieten betrifft.

Kurfürstendamm: Dennoch hat der Kudamm seine Anziehungskraft nicht eingebüßt. „Ich hab' so Heimweh nach dem Kurfürstendamm", sang einst Berlins ureigenste Künstlerin Hildegard Knef. An der architektonischen Schönheit des Boulevards kann das nicht gelegen haben. Und noch weniger am historischen Gewicht: Der Kurfürstendamm ist in seiner städtischen Gestaltung erst wenig mehr als 100 Jahre alt, obwohl es ihn als Knüppeldamm bereits seit dem 16. Jahrhundert gibt. Damals diente er lediglich als Reitweg für die Kurfürsten, die vom Stadtschloß Richtung Grunewald zur Jagd ritten. Erst in den Gründerjahren nach 1871, als des Kaisers Kanzler Bismarck, von den Pariser Champs Elysées inspiriert, sich eine ebensolche Prachtallee für die neue Reichshauptstadt wünschte, wurde mit dem Ausbau der Vorstadtstraße begonnen. Die Bebauung wurde im „wilhelminischen" Stil vorgenommen: Großzügig, verschnörkelt bis zur Überladenheit, repräsentativ. Die sprichwörtliche preußische Genügsamkeit erfuhr hier ihre größte Niederlage.

Berlin hat nicht nur viele Museen doppelt: Es besitzt zwei Cities. Unten: Der Tauentzien im Westteil ...

306

Die Aufbruchstimmung der Jahrhundertwende nahm trotz dieser Protzigkeit vom Kurfürstendamm Besitz. Hier war Berlin jung, hier waren die wildesten Amüsierbetriebe, und alles, was sich zur Bohème zählte, hatte sich in dieser Gegend zu zeigen. Das galt erst recht für die „wilden Zwanziger". Der berühmteste Treffpunkt jener Zeit, das **Romanische Café**, das dort stand, wo sich heute das schmucklose Europa-Center erhebt, hatte eine Gästeliste, die sich wie das *Who is Who* der damaligen Künstlerelite liest. 1933 war das bunte Treiben jedoch schlagartig vorbei. Den Nazis war die „Dekadenz" im Neuen Westen seit langem ein Dorn im Auge, die zumeist jüdischen Kulturschaffenden wurden verschleppt, ermordet oder vertrieben. Für lange Zeit beherrschte der Totentanz die traditionelle Amüsiermeile.

Die Erinnerung an den einst so lebendigen Boulevard blieb jedoch erhalten. Nach der Zerstörung im Zweiten Weltkrieg und der Teilung der Stadt in Ost und West wurde der Kurfürstendamm zum Zentrum des Westteils ausgebaut. Die eigentliche Stadtmitte gehörte zu Ost-Berlin und war erst recht nach dem Mauerbau nahezu unerreichbar. Die alte Pracht des Kudamms war aber trotz großen Bemühens nicht wiederherstellbar. Spiegelfassaden an häßlichen Neubauten, bis in die jüngste Zeit sogar noch einstöckige Zweckbauten, die eher Baracken ähnelten, prägten das Straßenbild. Immerhin wies man dem Kudamm, angesichts der verlorenen Mitte, die Funktion der Repräsentationspflicht der Geschäftswelt zu.

Teure Läden, Kinos und jede Menge Cafés säumen die breiten Trottoirs. Geschäftsleute, um den guten Ruf ihrer Adresse bemüht, sorgten für die Vertreibung von Billigläden, Pornoshops und Imbißbuden. Zum Weltstadt-Niveau hat den Kudamm schließlich der damalige Kultursenator Hassemer hochstilisiert, als er zur 750-Jahr-Feier 1987 den Mittelstreifen mit sehr umstrittenen Kunstwerken bestücken ließ. Der „**Skulpturenboulevard**" fand jedoch wenig Gegenliebe in der Bevölkerung. Aber immerhin war er um eine Attraktion reicher.

...und im ehemaligen Osten der Alexanderplatz, hier direkt nach der Wende als Zentrum des Schwarzmarktes.

Der Kudamm ist gerade in der Nachkriegszeit wieder zum Synonym westlichen Wohlstands und eines glitzernden Nachtlebens geworden. Nicht umsonst strömten in der Nacht der Maueröffnung die Ost-Berliner ausgerechnet auf diese Straße. „Einmal Kudamm und zurück", das muß für manche – und nicht nur für Ost-Berliner – wie einmal Champagner trinken gewesen sein.

Sehenswürdigkeiten hat der Boulevard auch heute noch zu bieten, wenn auch nicht in formvollendeter klassischer Schönheit. Erster Anlaufpunkt für jeden, der in die Stadt kommt, ist der **Breitscheidplatz** mit der Ruine der alten **Kaiser-Wilhelm-Gedächtniskirche** samt ihrem blauverglasten Neubau. Seit 1983 tummelt sich besonders im Sommer jede Menge buntes Volk um den **„Wasserklops"**, den riesigen Brunnen des Bildhauers Schmettau, direkt neben dem **Europa-Center**. Dieses Gebäude, eines der höchsten in Berlin und mit dem bereits erwähnten symbolträchtigen Mercedes-Stern gekrönt, ist fast eine Stadt für sich, zumindest, was Einkaufs- und Amüsiermöglichkeiten angeht. Edles und Kitschiges ist hier zu haben, überteuerte Speisen werden angeboten, und eine Spielbank bemüht sich, einen Hauch von Monte Carlo zu vermitteln. Kurzum, das Europa-Center ist ein idealer Aufenthaltsort bei Regenwetter, vorausgesetzt, man liebt es, Geld auszugeben.

Stilvoller läßt es sich jedoch im **KaDeWe**, dem „Kaufhaus des Westens" am **Wittenbergplatz** konsumieren. Zwar gehört Europas größtes Warenhaus nicht mehr zum Kurfürstendamm, aber immer noch zum westlichen City-Bereich. Hier gibt es nahezu alles, was man überhaupt kaufen kann; zugegeben – rosa Elefanten (noch) nicht. Dennoch ist ein Besuch in der West-City ohne Abstecher ins KaDeWe nur eine halbe Sache.

Ein Kudamm-Bummel vom Wittenbergplatz über den Breitscheidplatz bis zum **Lehniner Platz** kann unter Umständen einen ganzen Tag dauern. Für alle Bedürfnisse des Tages und der Nacht ist hier gesorgt. Geht man morgens Shopping im Kaufhaus, besichtigt anschließend die Gedächtniskirche, kann man bereits mittags einen kleinen Imbiß im **Café Kranzler** einnehmen. Es ist zwar nicht mehr das legendäre Kranzler der Vorkriegszeit – das stand in Berlin-Mitte –, aber es bietet immer noch einen Hauch des eleganten Berlin. Wen dann anschließend die vielen Kudamm-Geschäfte und ihre nicht immer eleganten Auslagen langweilen, sollte einen Abstecher in die Seitenstraßen machen. Hier beginnt der sogenannte **Off-Kudamm** mit wesentlich geschmackvolleren, aber nicht unbedingt preiswerteren Läden. Auf jeden Fall gibt es hier noch originellere Restaurants, Cafés und Kneipen, wo man einen ganzen Nachmittag vertrödeln kann. Am Abend bietet sich als Kulturvergnügen die **Schaubühne am Lehniner Platz** an. Ursprünglich in Kreuzberg am Halleschen Tor beheimatet, machte das Theater durch hervorragende Inszenierungen seines Hausregisseurs Peter Stein Furore. Auch heute gehört es noch zu den besten Theatern der Stadt, jedoch fehlt den Aufführungen seit ihrem Umzug in das technisch perfekt ausgestattete neue Haus die experimentelle Lebendigkeit. Wer nach soviel gediegener Kultur das legendäre Nachtleben vorzieht, dem sei – je nach Alter und Bedürfnis – die **Diskothek Far Out**, direkt neben der Schaubühne, oder der **Nachtclub Eden** am **Adenauerplatz** empfohlen. Man kann aber auch, wie es selbst die Berliner gerne tun, die ganze Nacht den Kudamm entlang bummeln. Betrieb herrscht dort bis in die frühen Morgenstunden.

Historisches Zentrum: Wesentlich geruhsamer geht es dagegen in **Berlin-Mitte** zu, was aber nicht heißt, daß es hier langweiliger ist. Ganz im Gegenteil. Hier begegnet man unablässig Berliner und vor allem preußischer Historie. Hier stand auch die Wiege der Stadt, die kleine Kaufmannssiedlung an der Spreefurt auf der Höhe der **Mühlendammbrücke**. Freilich ist das meiste an historischer Substanz nicht mehr das eigentliche Original. Und vieles ist gänzlich vom Erdboden verschwunden, wie beispielsweise das **Stadtschloß** der **Hohenzollern**. Zu Beginn der fünfziger Jahre ließen es die damals noch stalinistischen Machthaber in der einstigen DDR abreißen, obwohl es zwar vom Krieg schwer beschädigt, jedoch nicht gänzlich zerstört

Nofretete, die Frau von Pharao Echnaton. Im Original im Ägyptischen Museum zu sehen, aber auch in Gips vorrätig.

MUSEEN IN BERLIN: FÜR JEDEN ETWAS

Wie so vieles in Berlin gibt es auch im Museumsbereich einiges doppelt, denn beide Teilstädte erhoben den Anspruch, Verwalter des preußischen Erbes zu sein.

Museumsinsel: Das **Pergamon-Museum** birgt den wertvollsten Kunstschatz Berlins, den Altar des Zeus und der Athene (180-160 v.Chr.) aus dem westtürkischen Pergamon, eines der sieben Weltwunder; außerdem das Markttor von Milet. Hier sind das Ostasiatische Museum und das Museum für Volkskunde untergebracht.

Im **Bode-Museum** werden Zeugnisse ägyptischer Geschichte von der Vorzeit bis zur griechisch-römischen Zeit ausgestellt. Die **Gemälde-Galerie** zeigt die kunsthistorische Entwicklung in Deutschland, Italien und den Niederlanden vom 15.-18. Jahrhundert. Im **Museum für Vor- und Frühgeschichte** liegen Teile der Sammlung trojanischer Altertümer Heinrich Schliemanns. Gemälde und Plastiken vom Ausgang des 18. Jahrhunderts bis zur Gegenwart zeigt die **National-Galerie**. Werke der Gegenwartskunst und das Kupferstichkabinett sind im **Alten Museum** direkt am Lustgarten zu finden. Das **Kunstgewerbemuseum** im Barockschloß Köpenick zeigt historische Möbel, Porzellane und Lederarbeiten. Höhepunkt: der „Giselaschmuck" aus der Zeit um 1000.

Das **Museum für Deutsche Geschichte**, das Objekte von der Urgesellschaft bis zur DDR beherbergt, ist im Zeughaus Unter den Linden untergebracht. Der Innenhof des Zeughauses ist mit 22 Masken sterbender Krieger bestückt, an den Außenfronten wird der Sieg gefeiert. Das **Hugenotten-Museum** im Französischen Dom auf dem Platz der Akademie stellt das Wirken der Hugenotten in Berlin-Brandenburg dar. Im **Märkischen Museum**, am Köllnischen Park, wird die Kultur- und Geistesgeschichte Berlins ausgestellt. Sehenswert ist das **Postmuseum** in der Leipziger Straße.

Die **Stiftung Preußischer Kulturbesitz** am U-Bahnhof Dahlem-Dorf beherbergt mehrere Museen. Die alten Meister in der **Gemäldegalerie**

sollte man sich in keinem Fall entgehen lassen! Es gibt kaum einen Ort in Deutschland, wo so viele berühmte Maler an einem Ort vereint sind.

Das **Kupferstichkabinett** beherbergt eine der größten graphischen Sammlungen der Welt: rund 25 000 Handzeichnungen alter Meister, 50 000 Blatt Druckgrafiken sowie etwa 1500 illustrierte Bücher, von Dürer bis Breughel, von Botticelli bis Picasso. Das **Museum für Islamische Kunst** stellt die Wege der islamischen Religion dar. Entdeckerreisen für Groß und Klein bietet das **Museum für Völkerkunde** mit den Abteilungen Afrika, Alt-Amerika, Ostasien und Südsee, besonders spannend gemacht für Kinder.

Machen wir einen Sprung zum **Schloß Charlottenburg**: Berühmt in aller Welt ist die Nofretete im großen **Ägyptischen Museum**, eine aus Kalkstein geformte, 48 cm hohe Büste der Frau des ägyptischen Pharao Echnaton aus dem Jahre 1358 vor Christus.

Im gegenüberliegenden Gebäude präsentiert das **Antikenmuseum** eine Sammlung griechischer und römischer Kunstwerke.

Schloß Charlottenburg besitzt eine Sammlung von Berliner Porzellan; Kleinkunst und Vasen aus der Biedermeierzeit; die Galerie der Romantik: Caspar David Friedrich, Schinkel, Spitzweg. Die **Sammlung Bröhan** am Schloß befaßt sich mit Berliner Kunst des 20. Jahrhunderts. In der Nähe des Schlosses unterhält die **Staatliche Gipsformerei** ihre Werkstätten. Man kann dort Kopien von Nofretete erwerben.

Am Funkturm kann man das **Rundfunkmuseum** besichtigen. Die **Neue Nationalgalerie** Am Landwehrkanal ist spezialisiert auf Kunst des späten 19. und 20. Jahrhunderts bis zur Gegenwart: Kandinsky, Klee, Malewitsch, Menzel, Grosz, Dix, Beuys. Ein kurzer Fußweg führt zum **Museum für Kunstgewerbe**: Brüsseler Tapisserien, kostbares Tafelsilber, Stilmöbel. Gegenüber liegt das **Musikinstrumenten-Museum**. Am Landwehrkanal stoßen wir auf das **Bauhaus-Archiv**. Was wäre eine Stadt ohne ihr eigenes historisches Museum? Hierzu muß man das **Berlin-Museum** in Kreuzberg empfehlen, das einen Querschnitt der Berliner Kulturgeschichte zeigt. Die **Berlinische Galerie** im Gropiusbau sammelt Bilder und historische Fotografien aus Berlin.

war. Heute steht hier der kupferfarben leuchtende **Palast der Republik**, Volkskammersitz und Volksvergnügungsstätte unter der SED-Herrschaft, die 1990 wegen Asbestgefahr gesperrt werden mußte.

Erst später, in den siebziger Jahren, besann sich das DDR-Regime auf ihr „preußisches Erbe" und versuchte, die historische Bausubstanz zu rekonstruieren. Manches Vorhaben war sicherlich gut gemeint, schoß aber in der Ausführung über das Ziel hinaus, wie beispielsweise die Restaurierung des **Nikolai-Viertels**. Zwar wurde die **Nikolai-Kirche**, das älteste Bauwerk Berlins aus dem 13. Jahrhundert, wieder aufgebaut. Doch die Häuser um den Kirchplatz wurden zu Berlins „**Disney-World**" verbaut. Dennoch ist ihr Anblick immer noch angenehmer als der der zweckmäßigen Hochhäuser, die den Alexanderplatz und die Leipziger Straße säumen.

Das Entrée nach Berlin-Mitte ist das **Brandenburger Tor**. Dieses Bauwerk war seit seiner Einweihung vor 200 Jahren (1791) stets ein Symbol für deutsches Schicksal und entsprechend mit sehr viel Pathos betrachtet. Hier zog Napoleon Richtung Rußland triumphierend hindurch und schlich sich nach verlorener Schlacht geschlagen drumherum.

Die **Quadriga**, die Siegesgöttin mit vierspännigem Wagen, wurde von ihm geraubt, nach Paris gebracht und erst 1814, acht Jahre später, von General Blücher im Triumphzug zurückgeholt. Hier am Tor wurden 1848 Barrikaden gebaut, marschierten Kaiser und Könige hindurch und strömten die Revolutionäre von 1918 Richtung Stadtschloß, um die Republik auszurufen. Die Nazis inszenierten ihren Siegesmarsch durch das Tor, und zwölf Jahre später, 1945, hißten sowjetische Soldaten die rote Fahne auf der Quadriga.

Nach dem Mauerbau war das Gebiet um das Brandenburger Tor gesperrt, sowohl von der Ost- als auch von der Westseite. Während und nach der Maueröffnung war das Bauwerk das Zentrum aller Hoffnungen und Erwartungen in ein vereinigtes Deutschland – und Treffpunkt all jener, die sich für einen Tag zum „glücklichsten Volk der Welt"

(West Berlins Ex-Bürgermeister Walter Momper) zählten. Ganz unpathetisch wird jetzt geplant, das Brandenburger Tor zur Verkehrsinsel zu machen.

Berlins preußischste aller Straßen ist die Allee **Unter den Linden**. Vieles ist auch hier durch Krieg und realsozialistische Stadtplanung plattgewalzt und kaputtgebaut. Aber immer noch weht dem Flaneur der Hauch der alten Metropole um die Nase. Die klassizistischen Bauwerke des Architekten **Schinkel**, der zu Beginn des 19. Jahrhunderts Berlin zum „Spree-Athen" machte, zeugen noch heute davon, daß Berlin einmal als eine der schönsten Städte Europas galt. Welches Gebäude Schinkels gelungenstes ist, darüber kann man streiten. Manche behaupten, es sei das **Schauspielhaus am Platz der Akademie**, dem ehemaligen Gendarmenmarkt. Eingerahmt vom **Deutschen** und vom **Französischen Dom**, ist der ganze Platz zweifellos ein ästhetisch perfektes Ensemble. Andere bezeichnen die **Neue Wache** Unter den Linden als das reifste Werk. Zumindest ist es Schinkels erstes und ohne Frage

Performance am Breitscheidplatz.

von wirklich klassisch-schlichter Schönheit. Als Anziehungspunkt galt es jedoch hauptsächlich wegen des Zeremoniells der Wachablösung von Volksarmisten der ehemaligen DDR, die mit preußischem Stechschritt vor der als **Mahnmal für die Opfer von Faschismus und Militarismus** dienenden Neuen Wache paradierten. Die Zukunft der Neuen Wache als Gedenkstätte ist derzeit ungewiß. Man streitet noch darum, wessen und wem an dieser Stelle alles gedacht werden könnte.

Ein dritter Favorit für den Titel Schinkels Meisterleistung ist das **Alte Museum** auf der **Museumsinsel**. Es ist sein imposantestes Gebäude. Innen wie außen wurde es ganz seinem Zweck entsprechend, nämlich Kunst zu präsentieren, angelegt. Die gesamte Museumsinsel bietet in Form und Inhalt eine seltene Konzentration an Kunstwerken. Für den Besuch des **Alten** und des **Neuen Museums**, der **Nationalgalerie**, des **Pergamon**- und des **Bode-Museums** sollte man sich mehr als nur einen Nachmittag Zeit nehmen.

Berlin-Mitte atmet nicht nur die Geschichte des friderizianischen, sondern auch des faschistischen und nicht zuletzt des realsozialistischen Berlin. Das **Forum Friderizianum**, rund um den einstigen Opern- und heutigen **Bebelplatz**, ist gesäumt von Bauwerken der verschiedensten Epochen, von Barock wie dem ehemaligen **Zeughaus**, das als Museum dient, über den Frühklassizismus der **Deutschen Staatsoper**, die allerdings so oft umgebaut wurde, daß kaum noch etwas von ihrem alten Stil zu erkennen ist, bis zum **Berliner Dom**, dem Monument des wilhelminischen Prachtbewußtseins.

Auf dem ehemaligen **Opernplatz** verbrannten die Nazis 1933 über 20 000 Bücher ihnen mißliebiger Autoren. Das **Reiterstandbild** Friedrichs des Großen blickt auf den alles überragenden Fernsehturm auf dem Alexanderplatz, den Palast der Republik und das **Marx-Engels-Forum**, wo das Standbild der Väter des historischen Materialismus, Karl Marx und Friedrich Engels, etwas verloren einer ungewissen Zukunft harrt.

Mahnwache Ende 1990 vor der Stasi-Zentrale Normannenstraße.

STADTTEILE

Berlin ist mit 883 qkm die größte Stadt in Deutschland. Doch wer glaubt, daß sie im Laufe der Jahrhunderte zu dieser Größe anwuchs, irrt gewaltig. Bis kurz nach dem Ersten Weltkrieg bestand Berlin aus seinem historischen Zentrum und einigen Vorstädten, eine zwar prachtvolle, aber flächenmäßig keineswegs überdimensionierte Großstadt. Erst 1920 wurden aufgrund einer umstrittenen Gebietsreform sämtliche Dörfer, Kleinstädte und Gutshöfe der Umgebung eingemeindet, in der Begrenzung, die bis heute als Stadtgrenze gültig ist.

Auch die Stadtbezirke wurden in ihrer heutigen Form und Benennung zu dieser Zeit festgelegt. Viele alte Dorfnamen sind deswegen für kleinere Gebiete noch erhalten, wie beispielsweise Dahlem im Bezirk Zehlendorf oder Karlshorst im Bezirk Lichtenberg. So mancher eigenständige Kleinstadtcharakter hat sich über die Jahrzehnte erhalten. Viele kleine „Stadtmitten" sind somit über den ganzen Berliner Raum verstreut.

So ist es auch nicht verwunderlich, daß in manchem Randgebiet Berlins noch dörfliche Strukturen zu finden sind.

Neubausilos: 23 Bezirke hat Berlin insgesamt, drei davon wurden, im Ostteil Berlins, erst in den siebziger und achtziger Jahren neu gegründet: **Marzahn**, **Hellersdorf** und **Hohenschönhausen** zeichnen sich durch gigantische Neubaukomplexe aus. Aus purer Wohnungsnot wurden Hochhäuser mit zwar modernen, aber engen Wohnungen buchstäblich in den märkischen Sand gesetzt. Marzahn, die älteste Siedlung der drei neuen Bezirke, hat lediglich dank der Eigeninitiative seiner Bewohner etwas Urbanität erhalten. Sie pflanzten Büsche und Bäume, installierten Kinderspielplätze und füllten die Infrastruktur mit Leben. Auf den Balkons blühen Geranien.

Ganz ähnlich hielten es auch die Bewohner des **Märkischen Viertels** im Bezirk **Reinickendorf** im Norden Berlins, die mittlerweile stolz auf ihre Siedlung sind. Aber typisch ist das für Berliner Trabantenstädte nicht. In der **Gropiusstadt** im südlichen Bezirk **Neukölln** sind bis heute die sozialen Probleme, Kriminalität und Rechtsradikalismus bestimmend für das Lebensgefühl.

Arbeiterbezirke: Die klassischen Vorstädte prägen einen großen Teil Berlins: **Friedrichshain**, **Kreuzberg**, **Wedding** und **Prenzlauer Berg**. Zu Beginn bis Mitte des vorigen Jahrhunderts, in der Zeit der Industrialisierung und Bodenspekulation, wurden vor den Toren der Stadt erbärmliche Mietskasernen für die Arbeiter aus dem Boden gestampft. Durch den Abriß von Hinter- und Seitenhäusern entstehen inzwischen lichte Höfe, auf denen die Kinder spielen und die Erwachsenen grillen.

Der **Prenzlauer Berg**, in Berlin auch liebevoll „Prenzelberg" genannt, ist mit Abstand der lebendigste Bezirk der Stadt. In den heruntergekommenen Mietskasernen haben sich vorwiegend junge Leute aus dem alternativen Milieu niedergelassen. Besetzte Häuser, Kneipen, Galerien und Projektwerkstätten waren bereits in Zeiten der DDR, wenn

auch unter erschwerten Bedingungen, kennzeichnend für den Prenzelberg. Die Vorliebe der alten SED-Regierung für Disney-World hat sich jedoch auch in dieser Gegend niedergeschlagen. Eine einzige Straße, die **Husemannstraße**, wurde so auffällig auf Alt-Berlin saniert, daß sie fast einem Freilichtmuseum gleicht. Der Rest des Prenzlauer Berges besteht dagegen aus bröckelnden Fassaden an Häusern, die meistens noch aus der Zeit vor dem Ersten Weltkrieg stammen.

Der „Prenzelberg" wird oft mit **Kreuzberg** verglichen, zumindest was die bunte Szene angeht. Jedoch ist Kreuzberg, trotz seines wilden Rufes, längst zum sanierten Vorzeigeobjekt des sogenannten multikulturellen Lebens geworden. Zwar hat Kreuzberg in der Tat einen hohen Ausländeranteil, doch die Multikultur besteht in der Hauptsache aus einem duldenden Nebeneinander, mit derzeit abnehmender Tendenz, statt einem herbeigeredeten Miteinander.

Hier hat sich immerhin die Szene etabliert, wurde nach den Häuserkämpfen

der frühen achtziger Jahre die alternative Subkultur gepflegt. Der Bezirk Kreuzberg ist eigentlich ein Produkt der Gebietsreform von 1920. Er besteht aus den alten Berliner Vororten Südliche Friedrichstadt und Luisenstadt. Die Namensgebung verdankt Kreuzberg dem gleichnamigen Hügel mit dem **Viktoriapark** samt künstlichem Wasserfall.

Die Kreuzberger Straßenschlachten der achtziger Jahre, sei es im Kampf um besetzte Häuser, sei es mit schöner Regelmäßigkeit zum 1. Mai, haben sich längst in einen anderen Bezirk verlagert. In **Friedrichshain**, in der **Mainzer Straße**, tobte im November 1990 der härteste Kampf zwischen Hausbesetzern und Polizei, den Berlin je erlebt hat. Die ganze Straße bot ein Bild der Verwüstung.

Ein Problembezirk war Friedrichshain seit jeher. Als Arbeitersiedlung im vergangenen Jahrhundert unter Umgehung hygienischer Belange aus dem Boden gestampft, wurden die Menschen hier schneller krank oder invalide als anderswo. Fortschrittliche Stadtväter beschlossen deshalb vor mehr als hundert Jahren,

Szenen aus den beiden turbulentesten Vierteln Berlins: Links: Volkskunst in Kreuzberg und unten: Kinder in Prenzlauer Berg.

FRAUENPOWER AN DER SPREE

Berlin ist eine weibliche Stadt. „Berlin", sagt schwärmerisch Johanna, eine junge Frau aus dem schwäbischen Stuttgart, „Berlin ist wie eine Liebesbeziehung. Erst die prickelnde Anziehungskraft, dann die Konfrontation mit einer unerwartet harten Realität und schließlich das Bewußtsein, daß du hier dein Leben selbst in die Hand nehmen mußt und daß dann alles machbar ist." Sie lacht, wie nur eine Berlinerin lachen kann, auch wenn sie aus München, Dresden oder Istanbul stammt: mit blitzenden Augen, lauthals und mit diesem besonderen Charme derer, die sich selbst nicht so bierernst nehmen.

Stadt der Frauen. Nirgendwo anders haben Frauen den Charakter einer Stadt derart geprägt wie in Berlin. Die berühmten Salons von Rahel Varnhagen, Henriette Hertz oder Bettina von Arnim im 19. Jahrhundert sind nur einige der herausragendendsten Beispiele. Bei ihnen traf sich alles, was Rang und Namen hatte – vorausgesetzt, er oder sie hatte auch Geist, denn um sich mit den hochgebildeten Frauen messen zu können, brauchte man mehr als nur einen akademischen Titel oder literarischen Ruf. Und es war die Königin Sophie Charlotte, die im 18. Jahrhundert die Gründung der Akademie der Wissenschaften initiierte und Wissenschaftler wie Leibniz nach Berlin holte.

Nicht nur Geist, auch kämpferischer Mut und soziales Engagement gehörten zu den Eigenschaften, die Frauen in Berlin entwickelt haben. Die Künstlerin Käthe Kollwitz setzte sich für die Ärmsten der Armen ein, für die Kinder, die im Elend lebten. Lina Morgenstern gründete Ende des letzten Jahrhunderts den ersten Arbeiterinnen-Bildungsverein, und Else Lasker-Schüler wählte Berlin, um sich inspirieren zu lassen, als Ort für ihr literarisches Schaffen.

Doch die Berlinerinnen haben sich ihre Stadt ganz subversiv und manchmal auch sehr radikal wiedererobert. Das erste Frauenzentrum der Bundesrepublik wurde in der Stresemannstraße eröffnet, der „Weiberrat" warf auf den männlich dominierten SDS während der Studentenrevolte mit Tomaten. Kinderläden wurden gegründet, um aus der häuslichen Isolation auszubrechen, Frauenhäuser und Mädchenhäuser für mißhandelte Frauen und Mädchen durchgesetzt, die Prostituierten taten sich in der Gruppe „Hydra" zusammen, um für ihre Rechte und ihre Anerkennung zu kämpfen. 1990 wurde das erste selbstverwaltete Frauen-Altersheim ins Leben gerufen.

Vieles haben sich Frauen aber auch auf weniger spektakuläre Weise erobert, zunächst belächelt, aber durch den zunehmenden Erfolg mit Bewunderung bedacht. Das erste nur von Frauen besetzte Haus, eine ehemalige Süßwarenfabrik, ist heute ein feministisches Frauenstadtteilzentrum. Galerien, Cafés, Kneipen, Infotheken, Gesundheitszentren, selbst ein Hotel nur für Frauen gibt es in Berlin (Artemisia, Tel. 878905). Die Liste ist endlos. Manchmal könnte man fast meinen, daß männliche Einrichtungen überflüssig seien.

Selbst der Senat West-Berlins war seit 1989 frauendominiert. Freilich hatte das andere Hintergründe: ein geschickter Coup des 1989 frisch gewählten SPD-Bürgermeisters Walter Momper, der damit seine eigene Popularität steigerte. Fünf Frauen setzte er auf Senatorensessel, drei weitere Frauen nominierte die Alternative Liste. Acht Frauen gegen fünf Männer, mit Skepsis bedacht, mit Euphorie gefeiert, auf jeden Fall kritischer beobachtet als ihre männlichen Kollegen. Doch eine der Senatorinnen lehrte nicht nur ihre Berliner Gegner das Fürchten, sondern gleich die gesamte bundesdeutsche Atomindustrie: Michaele Schreyer, Senatorin für Stadtentwicklung und Umweltschutz, parteilos, aber von der AL ins Amt berufen, verweigerte trotz Widerstands von höchster Ebene wegen des fehlenden Entsorgungsnachweises die Betriebsgenehmigung für den umstrittenen Atom-Forschungsreaktor des Hahn-Meitner-Instituts in Berlin-Steglitz. Solange sie im Amt war setzte sie sich gekonnt durch und verschaffte sich nachhaltig großen Respekt.

Berlinerinnen sind ohnehin einfach härter im Nehmen, aber genausogut auch härter im Austeilen. Das zeigt die Geschichte, das zeigt die Gegenwart, und die Zukunft ist in Berlin ohnehin weiblich oder gar nicht.

wenigstens für eine grüne Oase zu sorgen. Der **Volkspark Friedrichshain** war samt seinem wunderschönen **Märchenbrunnen** als Pendant zum bürgerlichen Tiergarten den kranken, rachitischen Kindern des Bezirks gewidmet.

Die einstige Frankfurter und heutige **Karl-Marx-Allee**, in der nach dem Krieg kein Haus mehr stand, wurde zu Beginn der fünfziger Jahre im Zuckerbäckerstil der Stalin-Ära wieder aufgebaut. Das Monumentale der Bauweise mag nicht jedermanns Geschmack sein, doch immerhin wurden hier Wohnungen errichtet, die dem Anspruch der damaligen Zeit an Komfort und vor allem Licht und Luft genügten.

Im Gegensatz zu den anderen drei Bezirken hat sich im **Wedding** die Szene nicht niedergelassen. Hier ist nach wie vor Berliner Arbeiterbezirk pur. Zu Beginn des Jahrhunderts und bis zur Nazizeit war der Wedding eine Hochburg der Kommunisten. Das Elend der Industriearbeiter, die unbeschreiblichen Wohnverhältnisse waren mit ein Grund dafür, daß der Bezirk als „Roter Wedding" verschrieen war. Der Wedding ist eine Arbeits- und Wohnstadt. Hauptsächlich Computer-Technologie hat sich hier angesiedelt. Der „Rote Wedding" ist zum „Silicon-Wedding" geworden.

Kleinstadtcharakter: Viele Bezirke haben sich noch ihren Kleinstadtcharakter erhalten. **Weißensee** zum Beispiel ist ein Industrie- und Wohnzentrum mit typischem Vorstadtambiente. Einer der zahllosen Seen Berlins, der **Weiße See**, der dem Bezirk seinen Namen gegeben hat, ist mit Park und Freilichtbühne einer der beiden Hauptattraktionen dieser Gegend. Berühmt ist der Bezirk jedoch wegen seines **Jüdischen Friedhofes**, wo ein großer Teil der jüdischen Kultur- und Wirtschaftselite begraben ist, sofern sie von den Nazis nicht in den Vernichtungslagern ermordet wurde.

Seit über 100 Jahren existiert dieser von prachtvollen Grabmälern und auch kleinen Grabsteinen gezierte Friedhof bereits. Viele Gräber sind längst verfallen. Nicht immer ist der Zahn der Zeit daran schuld. Bis heute kommt es immer wieder zu Grabschändungen von rechtsradikalen Jugendlichen.

Ganz anderer Natur sind die „Sehenswürdigkeiten" im Bezirk **Lichtenberg**. Inmitten des Arbeiter- und Industriebezirks, in der **Normannenstraße**, hatte der Überwachungsapparat der SED sein riesiges Domizil aufgeschlagen. Das Ministerium für Staatssicherheit, besser bekannt unter dem Namen **Stasi**, hat sich in dem Gebäudekomplex in der Normannenstraße der lückenlosen Überwachung jedes einzelnen Bürgers gewidmet.

Im Lichtenberger Stadtteil **Karlshorst**, wo im Mai 1945 die Kapitulationsurkunde unterzeichnet wurde, ist bis heute noch ein Teil des Kommandostabes der sowjetischen Streitkräfte stationiert. Aus den einstigen Freunden zu DDR-Zeiten sind mittlerweile für viele Berliner unerwünschte Besatzer geworden.

Hat Lichtenberg noch eher einen kleinbürgerlichen Charakter, so ist der Bezirk **Treptow** ein fast reiner Industrieort. Aber nur fast. Denn die wahre Attraktion des Bezirks sind seine Grünanlagen. Im **Treptower Park** sind noch die letzten Reste von Hitlers zerstörter Reichskanzlei zu bewundern – in Form von Steinen, die in das **Sowjetische Ehrenmal** eingebaut wurden. Viel mehr Besucher zieht jedoch naturgemäß der **Plänterwald** an. Hier „auf'm Rummel", im Vergnügungspark, ist das ganze Jahr über Betrieb. Hauptanziehungspunkt für mittlerweile ganz Berlin ist im selben Park das **Restaurant Zenner**, ein Amüsierbetrieb, der auf eine 400jährige Tradition zurückblicken kann.

Wenig Amüsement ist im benachbarten Bezirk **Neukölln** zu finden. Wer hier wohnt, ist ganz unten, behaupten manche Berliner. Was die Neuköllner natürlich gar nicht gerne hören, denn wer hier lebt, tut es gern. Zumindest behaupten das die Neuköllner – und sei es aus Trotz. Dennoch zeichnet sich der Bezirk mit den meisten Hundehaufen auf dem Trottoir durch ausgesprochene Tristesse aus. Etwas Vorstadtelend, wenig Grün und viel Langeweile sind kennzeichnend für das ehemalige **Rixdorf**, das seinen Namen erst 1912 in Gedenken an Berlins einstige Schwesterstadt Cölln erhalten hat. Bemerkenswert sind die vielen Eckkneipen, die ohne jeden modischen Schnickschnack einen Hauch des alten Berlin vermitteln. **315**

Fast übergangslos geht Neukölln in den Bezirk **Tempelhof** über. Tempelhof hat den ersten **Flughafen** Berlins vorzuweisen, der seit der Errichtung des Flughafens Tegel nur noch für kleinere Flüge genutzt wird. In der zukünftigen Stadtplanung wird jedoch seine Reaktivierung angestrebt. Während der Blockade 1946 landeten hier täglich die „**Rosinenbomber**", die Flugzeuge der Alliierten, die mit Care-Paketen den eingeschlossenen Berlinern zum Durchhalten verhalfen. Das **Luftbrückendenkmal** am Flughafen, auch „Hungerharke" genannt, dürfte als das Wahrzeichen des Bezirks angesehen werden.

Der Bezirk **Schöneberg** hat einen lebendigen Kiez vorzuweisen. Am **Nollendorfplatz** und am **Winterfeldplatz** sind all die schrägen Cafés und Kneipen, die Trödelläden und Antiquariate zu finden. In der **Potsdamer Straße**, lange Zeit als Bordellmeile verrufen, entwickelt sich mittlerweile ein ganz eigener Amüsierbetrieb der Alternativ-Szene. Lobenswerte Neueinrichtung ist seit 1990 das **Quartier**, ein Varieté, das dem metropolitanen Lebensgefühl durchaus gerecht wird. Der Name Schöneberg ist jedoch in erster Linie mit seinem **Rathaus** verbunden, wo das West-Berliner Abgeordnetenhaus seinen Sitz hatte. Dunkle Vergangenheit ist am **Kleistpark** hinter den Königskolonnaden zu finden. Hier steht das **Kammergericht**, wo die „furchtbaren Richter" des Volksgerichtshofes die Widerstandskämpfer des 20. Juli zum Tode verurteilten. Als **Kontrollratsgebäude** der Alliierten wurde es in der Nachkriegszeit nur teilweise genutzt. Es wird überlegt, Büroräume der Justiz hier einzurichten.

Bürgerliche Vorstädte: Berlin besteht nicht nur aus Historie, Szene und Arbeiterelend. Auch ganz grundsolide, bürgerliche Vorstädte inklusive Villenviertel gehören zum Stadtpanorama. **Steglitz** ist einer dieser Bezirke, in der Geschäftsleute und Bildungsbürgertum ihr geruhsames Leben führen. Bis auf eine Ausnahme: die **Schloßstraße**, eine lange Einkaufsstraße und Hauptmagistrale von Steglitz, hat in den letzten Jahren und erst recht nach der Maueröffnung einiges an **Oberbaumbrücke.**

Beschaulichkeit eingebüßt. An Samstagen ist hier ein Betrieb, als gäbe es etwas umsonst. Und nicht nur die Steglitzer drängeln sich hier. Halb Potsdam, etwa 30 Autominuten entfernt, wäre da nicht der unvermeidliche Stau, deckt sich hier mit Waren des täglichen Bedarfs ein.

Sehr viel ruhiger geht es im Bezirk **Zehlendorf** zu. Kultur und Natur sind die Hauptmerkmale dieser Gegend. Zum Stadtteil **Dahlem** gehört der zweite große **Museumskomplex** Berlins, und vor allem ist Dahlem der Sitz der **Freien Universität**, von der in den sechziger Jahren die Studentenrevolte ausging. Die Zeiten der Unruhe und des Protestes sind jedoch vorbei. Die Berliner Studenten plagen mittlerweile andere Sorgen als die große Politik: Die Wohnungsnot in Berlin ist enorm, und für das schmale Budget von Studenten ist angemessener Wohnraum kaum noch vorhanden. Konfliktpunkt in Zehlendorf ist einzig der Forschungsreaktor des **Hahn-Meitner-Instituts**. Die Umweltsenatorin der Alternativen Liste, Michaele Schreyer, hatte ihm die Betriebsgenehmigung versagt, weil weltweit die Endlagerung atomaren Mülls nicht gelöst ist.

Zehlendorfs Charme ist jenseits dieses Konflikts durch den **Grunewald**, die vielen kleinen Seen und vor allem den **Wannsee** mit seinem berühmten Strandbad definiert. Und wer vermutet in einer Großstadt schon ein solches Kleinod wie die **Pfaueninsel**, die nicht nur Erholung, sondern in ihrer landschaftlichen und architektonischen Gestaltung einen Genuß für das Auge bietet?

Am ganz anderen Ende Berlins, nämlich im Norden, ist ein weiterer ruhiger Stadtteil eingemeindet worden. **Reinikkendorf** ist ein Bezirk voller Gegensätze. Der **Flughafen Tegel** macht den Anwohnern mit seinem Lärm das Leben schwer, das **Tegeler Fließ**, eine Schmelzwasserrinne der letzten Eiszeit, ist dagegen eines der schönsten Naturschutzgebiete Berlins. Das **Märkische Viertel** ist eine klotzige Hochhaussiedlung, doch gleich daneben findet sich das noch in seiner dörflichen Struktur erhalten gebliebene **Lübars**.

Auch die Ost-Berliner hatten und haben ihre bürgerliche Wohngegend. Gemeint ist der Bezirk **Pankow** im Norden Berlins, ein für DDR-Verhältnisse ungewöhnlich gepflegtes Wohngebiet. Das kommt natürlich nicht von ungefähr: Im Villenviertel um den **Majakowski-Ring** lebte (und lebt zum Teil noch heute) die Prominenz der alten SED, bis sie sich Anfang der siebziger Jahre nach Wandlitz zurückzog. „**Pankower Regime**" wurde die DDR-Regierung deshalb auch abfällig genannt. Arrivierte Künstler und Diplomaten haben diesen Bezirk seit jeher bevorzugt.

Neuer Westen: Die Aufteilung Berlins nach dem Zweiten Weltkrieg war teilweise auch eine traditionelle Trennung. Der **Rote Osten** wurde den Sowjets zugeschlagen während den **Neuen Westen**, die vornehmeren Stadtbezirke, die Westalliierten erhielten.

Die bedrohliche Großzügigkeit und kalte Pracht des einstigen Regierungsviertels ist im Bezirk **Tiergarten** nur noch in Resten zu sehen. Hitlers **Reichskanzlei** ist dem Erdboden gleich gemacht. Lediglich im alten **Diplomatenviertel** stehen noch die imposanten Villen, die die **317**

Bürgerhäuser in der Badstraße.

Vertretungen vieler Länder beherbergten. Nur der traditionsreiche **Reichstag** ist noch übrig, der nach jahrzehntelangem politischem Tiefschlaf erst am 3. Oktober 1990 zur Vereinigungsfeier der beiden Deutschlands wieder zu neuen Ehren kam. Gleichwohl wird der Name Tiergarten hauptsächlich mit dem gleichnamigen Park in Verbindung gebracht, der größten und auch traditionsreichsten Grünanlage Berlins, an dessen Grenze das dritte kulturelle Zentrum der Stadt liegt. Das **Kulturforum** wurde in der Nachkriegszeit als Pendant zur Museumsinsel geplant. Das eindrucksvollste Gebäude ist die **Philharmonie** des Architekten Scharoun, in der die Berliner Philharmoniker unter ihrem Dirigenten **Karajan** Triumphe feierten.

Zum Bezirk Tiergarten gehörten jedoch nicht nur Kultur und Geschichte, sondern auch der Stadtteil **Moabit**, ein Industrierevier und Arbeiterbezirk in Richtung Wedding, der seinen zweifelhaften Ruhm auf sein Gefängnis begründet. Hier saßen nicht nur die Groß- und Kleinkriminellen Berlins ein, sondern nach der Abrechnung mit dem alten SED-Regime so manche Wandlitzer Prominenz.

Der benachbarte Bezirk **Charlottenburg** war vor der Zwangseingemeindung die reichste märkische Stadt. Viel ist davon nicht geblieben, doch gerade hier in der Gegend nördlich des Kurfürstendamms sind noch hochherrschaftliche Wohnhäuser zu entdecken mit repräsentativen Treppenaufgängen und großzügig geschnittenen Wohnungen. Das besterhaltene Gebäude Charlottenburgs ist jedoch ohne Zweifel das **Schloß**, das es mit seinem Park fast mit Sanssouci aufnehmen kann.

Von weniger eleganter Schönheit ist dagegen das **ICC**, das Internationale Congress Centrum, ein aluminiumverkleideter Koloß, der an ein Raumschiff erinnert. Der **Funkturm** und das nebenan gelegene **Messegelände** machen sich dagegen geradezu altmodisch aus.

Die vornehmste und in einigen Teilen auch teuerste Gegend Berlins ist der Bezirk **Wilmersdorf**, die „Amtsstube" der Stadt, samt einem der höchsten Grünanteile. Hier lebt die gebildete Mittelschicht, Akademiker und viele der höheren Beamten um das Verwaltungsviertel am **Fehrbelliner Platz**. Die „Wilmersdorfer Witwen" sind geradezu sprichwörtlich für den Bezirk. Nicht nur die vielen Seniorenheime der etwas kostspieligeren Art haben dieses Image geschaffen, sondern vor allem die alten Frauen, die als gutbetuchte Witwen in viel zu großen Wohnungen leben, was angesichts der Wohnungsnot von manchen Zeitgenossen als reichlich unsozial betrachtet wird. Die teuerste Wohnadresse, nicht nur in Wilmersdorf, sondern in ganz Berlin, ist das **Grunewaldviertel**. Elegante Neubauten und hochherrschaftliche Villen verströmen einen gediegenen Wohlstand, der so manchen vor Neid erblassen läßt.

Älter als Berlin: Als Berlin zusammen mit der Schwesterstadt Cölln zu Beginn des 13. Jahrhunderts in der Spreeniederung gegründet wurde, lag es exakt zwischen zwei Festungen, die auf eine weit längere Tradition zurückblicken können als Berlin. Und noch heute haben beide Städte, **Spandau** und **Köpenick**, ihren

Besetzte und umkämpfte Häuser im Osten Berlins.

ganz eigenen Charakter bewahrt. Beide haben sich 1920 auch aufs Heftigste gegen die Eingemeindung in die viel jüngere Großstadt gewehrt. Die Spandauer strafen noch heute jeden mit Verachtung, der sie als Berliner bezeichnet.

Auf der **Zitadelle** in **Spandau**, einer mittelalterlichen Befestigungsanlage, herrschten die Askanier, bevor sie dem kleinen Doppelstädtchen Cölln-Berlin den Vorzug gaben. Seine strategische Bedeutung hatte Spandau deswegen aber noch lange nicht verloren. In der Zeit des Soldatenkönigs wurde die Stadt neben Potsdam zur preußischen Waffenschmiede. Und die vorteilhafte Lage an der Mündung der Spree in die Havel begünstigte den Handel. Doch auch die jüngste Vergangenheit brachte einen allerdings etwas düsteren Ruhm. Im Spandauer **Kriegsverbrechergefängnis** saß jahrzehntelang der Nazi, **Rudolf Heß**, seinerzeit Stellvertreter Adolf Hitlers, ein, bis er sich 1987 das Leben nahm. Das Gefängnis wurde danach abgerissen. Heute steht an gleicher Stelle ein Einkaufszentrum.

Im Zusammenhang mit einer kriminellen Tat, wenn auch der weniger furchtbaren Art, ist ebenfalls der Bezirk **Köpenick** über seine Grenzen hinaus berühmt geworden. Der Schuster **Wilhelm Voigt** hatte sich zu Beginn des Jahrhunderts in der Verkleidung eines **Hauptmanns** der Stadtkasse bemächtigt. Das Delikt war mit solcher Dreistigkeit durchgeführt worden, daß selbst der Kaiser, als er davon hörte, schallend gelacht haben soll.

Köpenick besitzt das schönste Wassergebiet Berlins, mitsamt dem größten See der Stadt, dem **Müggelsee**. In Zeiten, als Berlin noch getrennt war, tummelte sich hier in den Sommermonaten ganz Ost-Berlin. Wenn jetzt auch noch die West-Berliner hinzukommen, dürfte es mit der Idylle endgültig vorbei sein. Vermutlich warten die verwöhnten Westler zunächst einmal ab, wie sich die Infrastruktur dort entwickeln wird. Erst einmal erkunden sie noch ihr neu hinzugewonnenes Umland, so daß das grüne Berlin vielleicht weniger überlaufen sein wird als derzeit zu befürchten ist.

Kunsthochschule Weißensee.

POTSDAM

Geschichte: Warum ausgerechnet Potsdam von den preußischen Herrschern derart bevorzugt wurde, bleibt bis heute ein Rätsel. Manche behaupten, daß der Große Kurfürst Mitte des 17. Jahrhunderts die hervorragenden Jagden, eine seiner Lieblingsbeschäftigungen, sehr schätzte. Andere dagegen glauben, daß die Könige, vor allem Friedrich der Große, dem Trubel und der gesellschaftlichen Belästigung des großbürgerlichen Berlin entgehen wollten. Als Kurort war das Städtchen keineswegs geeignet. Wegen des vielen Wassers und der Sümpfe sind Erkältungen und rheumatische Erkrankungen bis heute hier die häufigsten Krankheitsbilder.

Potsdam ist um Jahrhunderte älter als Berlin. 993 wurde es erstmals als Poztupimi („Unter den Eichen"), urkundlich erwähnt, sofern man diesen Namen als Vorläufer von Potsdam akzeptiert. Über Jahrhunderte hatte das wendische Fischerdörfchen an der Havel nicht die geringste Bedeutung, weder wirtschaftlich noch strategisch und schon gar nicht kulturell. Dennoch entdeckte der Große Kurfürst etwa um 1660 sein Herz für dieses verschlafene Nest. Mit dem Bau eines Stadtschlosses erhob er Potsdam zur Residenz. In der Tat ging er in den weitläufigen Wäldern häufig auf die Jagd. Der Wildpark, heute noch unter diesem Namen geführt, war sein bevorzugtes Revier. In die Geschichte Preußens ging Potsdam erstmals durch das berühmte Toleranzedikt von 1685 ein. Der Große Kurfürst gewährte seinen hugenottischen Glaubensgenossen, die durch das Edikt von Nantes aus Frankreich vertrieben wurden, von Potsdam aus Asyl.

Erst sein Sohn, Friedrich I., erster und selbsternannter König in Preußen, machte Potsdam zu einem einzigen Lustgarten. Offensichtlich buchstäblich, denn wie sein Enkel Friedrich der Große später vermerkte, ging es im Potsdamer Schloß reichlich zügellos zu. Kostspielige Lustbarkeiten wechselten ununterbrochen mit neckischen Gelagen ab. Immerhin

Vorherige Seiten: Flötenkonzert in Sanssouci, Gemälde von Adolf Menzel, der 29 Jahre nach dem Tod Friedrichs des Großen geboren wurde. **Unten:** Beschränkte Besucherzahlen sollen das Schloß erhalten helfen.

neigte dieser König nicht dazu, sich in Kriege verwickeln zu lassen. Ein frühes Beispiel des „make love not war".

Ganz anders ging Friedrich Wilhelm I., der spätere Soldatenkönig, mit der mittlerweile ständigen Residenzstadt um. Von der Verschwendungs- und Vergnügungssucht seines Vaters angewidert, führte er nicht nur hier Sparsamkeit bis zum Geiz ein. Seine Untertanen hatten zu arbeiten und damit einer preußischen Tugend zu huldigen, die sich zur Legende verdichtet hat. Um seine geliebte Gardetruppe unterzubringen, die „Großen Kerls", wurde Potsdam zur Garnisonsstadt – der preußische Militarismus, ein weiterer Mythos, war geboren.

Sein heutiges Gesicht, und mithin seinen Ruhm, erhielt der bevorzugte Wohnsitz der Hohenzollern vor den Toren Berlins mit der Regierungsübernahme Friedrich II., der später der Große genannt wurde. Er ließ von seinem Architekten Knobelsdorff nach eigenen Entwürfen das berühmte **Schloß Sanssouci**, „ohne Sorge", bauen. Hierher zog er sich von der Betriebsamkeit der preußischen

Hauptstadt zurück, floh vor den allzu neugierigen und fordernden Bürgern, die ihm mit ihrem Selbstbewußtsein lästig waren. Die Stadt selbst ließ er zu einem wahren Schmuckstück ausbauen, die „Perle an der Havel" entstand.

Seine Nachfolger setzten die Tradition fort. Durch den preußischen Oberbaumeister und Stararchitekten Karl Friedrich Schinkel bekam das barocke Antlitz der Stadt zu Beginn des 19. Jahrhunderts seine klassizistische Ergänzung. Der Gartenbauarchitekt Peter Joseph Lenné machte den Park von Sanssouci zu dem, was er heute noch ist: eine einzigartige Gestaltung aus Kultur und Natur.

Auch die Kaiser der Hohenzollern wußten den immer noch recht kleinen Ort zu schätzen. Als 1886 die **Stadtbahn** Berlin-Potsdam eröffnet wurde, war die Strecke zwischen den beiden Residenzstädten leichter zu bewältigen. Noch im Ersten Weltkrieg, als die Menschen in der Schlacht elendiglich umkamen und die Bewohner des Landes fast verhungerten, ließ sich der Thronfolger, der den Thron nie bestieg, in Potsdam ein weiteres

Orangerie Potsdam.

Schloß bauen. **Schloß Cecilienhof** wurde 1917 fertiggestellt und durfte nach der Revolution von 1918 als einziges von den Hohenzollern noch genutzt werden. Bis 1945 wohnten die früheren Preußenherrscher an diesem recht stattlichen Ort. Bei der Flucht vor der Roten Armee am Ende des Krieges vergaßen sie nicht, sämtliches Mobiliar mitzunehmen.

Im Sommer 1945 war der Cecilienhof Tagungsort der Vertreter der drei Siegermächte, die über die Zukunft Deutschlands berieten und beschlossen. In aller Eile wurde das Schloß neu eingerichtet, um der Delegation die Arbeit zu ermöglichen. Der Tagungsraum mit dem berühmten „Runden Tisch" und die Arbeitszimmer von Churchill, Truman und Stalin sind originalgetreu zu besichtigen. Das „Potsdamer Abkommen" hat dem Ort einen Platz in der Weltgeschichte beschert. Außer einer Gedenkstätte für dieses historische Ereignis beherbergt der Cecilienhof seit den Zeiten der DDR ein Hotel und ein ausgezeichnetes Restaurant, welches tatsächlich einen kulinarischen Genuß verspricht.

Die Beschlüsse des Potsdamer Abkommens sollten nach dem Willen der Siegermächte die demokratische Entwicklung eines einheitlichen Deutschland festschreiben. Wenn die Besucher der Gedenkstätte während des Rundgangs vom Blauen Salon aus einen Blick aus dem Fenster warfen, so hatten sie bis zum Winter 1989 die Realität des geteilten Deutschland vor Augen – die Mauer. Die Grenzanlagen zu West-Berlin versperrten fast 30 Jahre lang den Zugang zum See und zu einem Teil des Parks.

Sanssouci: Wer von einem Besuch in Potsdam spricht, meint in der Regel **Sanssouci**. Und Sanssouci heißt nicht nur das vergleichsweise kleine Schlößchen Friedrichs des Großen, sondern ein ausgedehntes Parkgelände von rund 290 Hektar und zahlreiche andere architektonische und historische Kleinodien. Das eigentliche Schloß wirkt in der Tat ungewöhnlich bescheiden. Kaum erhebt es sich über die Schloßterrassen, als wollte es sich verstecken. Friedrich II. hatte es selbst nach seinen eigenen Bedürfnissen entworfen und ließ es 1745, trotz der

Auf der Potsdamer Konferenz entschieden die Siegermächte über Deutschlands Zukunft.

Einwände seines Architekten Knobelsdorff, von diesem erbauen. Die Innenräume, wenn auch nur zwölf an der Zahl, sind prunkvoll gestaltet. Nicht jeder hat das Glück, sie besichtigen zu können. Die Besucherzahl wurde eingeschränkt, da seit der Maueröffnung der Park und das Schloß von Sanssouci so überlaufen sind, daß die Pflege der Kostbarkeiten nicht mehr gewährleistet war.

In seinem Schlößchen fand Friedrich Ruhe, pflegte die schönen Künste und gab seine berühmten Flötenkonzerte. Der frankophile Preuße hatte über mehrere Jahre auch einen illustren Gast, den französischen Philosophen Voltaire. Die Wortgefechte der beiden scharfsinnigen und eigenwilligen Geister sind legendär. Voltaire verließ Potsdam jedoch reichlich frustriert. Mit zunehmendem Alter wurde der König offensichtlich immer wunderlicher und eigensinniger, Eigenschaften, die dem Franzosen mit der spitzen Zunge gar nicht lagen.

Schloß Sanssouci ist zwar die Hauptattraktion des ganzen Geländes, doch der Park hält in seiner Vielfältigkeit noch so manche Überraschung bereit. Auf der anderen Seite der 2,5 Kilometer langen Hauptallee steht das **Neue Palais**, ein repräsentativer Schloßbau, der Friedrich nach Fertigstellung gar nicht mehr gefiel. Er brachte schließlich seinen Hofstaat und seine Gäste darin unter. Gegenüber liegen auch die **Communs**, die Wirtschaftsgebäude, in denen die Dienerschaft wohnte. Die Restaurierungsarbeiten sind an diesen und auch den anderen Bauten offensichtlich vernachlässigt worden. Bäume wachsen aus den Dachfirsten, und die kunstvollen Giebelfiguren sind schwarz vom Schmutz der Jahrhunderte und vor allem vom zersetzenden Smog der heutigen Zeit. Zugige Fenster und mangelnde Klimatisierung lassen die wertvolle Inneneinrichtung samt unersetzlicher Gemälde verschimmeln.

Entlang der Hauptallee sind hinter geschickt angelegten Baumgruppen und Buschwerk Gebäude der verschiedensten Stilrichtungen zu entdecken. Goldfarben leuchtet beispielsweise das **Chinesische Teehaus** aus dem Grün hervor. Vergoldete Figuren im chinesischen Stil

Russische Soldaten suchen bei vietnamesischen Händlern nach Schnäppchen.

sind rings um das runde Häuschen gruppiert, ein Beispiel für die zeitmodische Vorliebe des 18. Jahrhunderts für Chinoiserien. Das Wohnschloß **Charlottenhof** ist dagegen im klassizistischen Stil von Schinkel erbaut, ebenso wie die **Römischen Bäder**, die die damalige Vorliebe für die Antike belegen. Die **Orangerie** ist das größte Gebäude und im Stil der italienischen Renaissance erbaut. Es diente nicht nur der Unterbringung exotischer Gewächse, sondern wurde auch als Gästehaus genutzt.

Viele Seitenwege in dem weitläufigen Parkgelände führen immer wieder zu neuen Ausblicken: hier ein stilisierter Garten, dort eine marmorne Figurengruppe. Wer in dieser Anlage spazierengeht, kann die Vorliebe der Hohenzollern für die Schloßanlage von Sanssouci gut verstehen.

Nur der Zurückgezogenheit liebende Friedrich der Große wäre heute entsetzt. Eine Minderheit von Besuchern der kulturlosen Art läßt ihren Zivilisationsmüll in den Gärten und schreckt zur Plage aller anderen auch nicht davor zurück, sich so manches „Andenken" aus Gebäudeteilen herauszubrechen.

Innenstadt: Nicht durch Touristen, sondern als Folge der kleinbürgerlichen Ignoranz der Gründerväter der einstigen DDR ist die Innenstadt Potsdams dem Verfall preisgegeben. Die Perle des preußischen Barock, das städtebauliche Schmuckstück in der märkischen Streusandbüchse, ist (fast) nur ein Trauerspiel. Potsdam war neben Dresden und Würzburg eine der historisch schönsten Städte Deutschlands und kann es mit viel Mühe und einigem Glück auch wieder werden.

Wer durch die Straßen der Hauptstadt des Bundeslandes Brandenburg streift, wird nur noch vereinzelt Relikte der einstigen Pracht entdecken können. Manchmal schimmert unter bröckelnden Fassaden und in vernachlässigten Straßenzügen noch ein Hauch des barocken und klassizistischen Potsdam durch, manchmal ist eine Straße oder ein einzelnes Haus sogar stilvoll restauriert. Häufig aber sind die wiederhergerichteten Fassaden nur Potemkinsche Dörfer, denn die SED-Machthaber haben vielfach aus

Polnische Restauratoren wirken, wie hier in Sanssouci, in ganz Europa.

Repräsentationsgründen eine Vorderfront geschönt und den Rest des Gebäudes verkommen lassen.

Das **Holländische Viertel** ist ein Beispiel dafür. Friedrich Wilhelm I., der Soldatenkönig, ließ diese Wohngegend zu Beginn des 18. Jahrhunderts im holländischen Stil errichten. 250 Jahre lang haben diese schmucken Wohnhäuser aus rotem Backstein unbeschadet überstanden. Erst in den vergangenen Jahrzehnten wurde eines nach dem anderen abgerissen, manchmal selbst dann, wenn das Haus hätte restauriert werden können. Das neue, das realsozialistische Deutschland setzte andere Maßstäbe und forderte, wie in Ost-Berlin auch, die Tilgung der feudalen preußischen Vergangenheit. Einige Häuser sind noch erhalten und werden derzeit wieder instandgesetzt. Nur die **Brandenburger Straße**, eine kleine Fußgängerzone und Einkaufsgasse, wurde vollständig restauriert. Ein schlimmes Beispiel deplazierter sozialistischer Baukunst ist das **Interhotel Potsdam**, ein riesiger Betonklotz, der die Silhouette der Stadt verschandelt.

Der Alte Fritz.

Ganz anders plaziert ist dagegen der **Theaterneubau** , der sich als unansehnliche Beton-Neubauruine vor die **Nikolaikirche**, einen Schinkel-Bau, drängt. Hier am **Alten Markt** stand bis 1961 noch das alte **Potsdamer Stadtschloß**, das zwar kriegsbeschädigt war wie das Berliner Stadtschloß, aber nicht völlig zerstört. Das alte DDR-Regime beschloß auch hier in seiner kulturlosen Einfalt, das Gebäude abzureißen, das vom Großen Kurfürsten im 17. Jahrhundert errichtet worden war.

Die Politiker wollten Platz für eine überdimensionierte Magistrale für ihre Aufmärsche schaffen. Damit auch für die Kultur etwas abfiel, wurde entschieden, an diesem zentralen Platz ein Theater namens „**Mehrzweck-Kulturhalle**" zu errichten. Architekt wurde trotz des Protestes von Experten der Erbauer des Flughafengebäudes in Schönefeld. Man kann sich vorstellen, welchen Charme der Theaterneubau versprüht. Manche Investoren spielen mit dem Gedanken, an dieser Stelle die Fassade des alten Stadtschlosses wiederaufzubauen, um innen ein modernes Hotel einzurichten.

Potsdams Kulturstadträtin macht sich dafür stark, daß neben dem Erhalt des historischen Stadtbildes auch ein junges, lebendiges Potsdam entsteht. Wichtige Anregungen für die Erneuerung der Stadt könnten von den DEFA-Filmstudios im Stadtteil Babelsberg ausgehen. 1912, in den frühen Jahren des deutschen Films, errichtete die Filmfirma Bioscop in Babelsberg ein erstes Atelier. Wenig später führte der deutsche Generalstab den für ihn unerfreulichen Verlauf des Ersten Weltkriegs unter anderem auf die schlappe Filmpropaganda zurück. Damit das nicht wieder vorkomme, wurde in Regie der Deutschen Bank die UFA gegründet. Heute wird dort nach amerikanischem Vorbild ein Special-Effects-Studio gebaut. Das in der DDR wegen seiner oft langweiligen Filme – die guten wurden verboten – oft als „Honeckers Hollywood" verspottete Filmstudio könnte so doch noch seinem Namen zumindest teilweise gerecht werden.

Über die Geschichte des Films unterrichtet im Gebäude des ehemaligen Marstalls das Filmmuseum.

Die Fahrt durch Sachsen-Anhalt wird eine Fahrt der Kontraste und der Rückversetzungen. Zwischen den verschiedenen Regionen des Landes liegen Welten. Zurückversetzt wird man im Harz in eine Bilderbuchlandschaft deutscher Romantik. Fachwerkhäuser in kleinen Städten und Dörfern, die eingebettet liegen in unbelastete Nadelwälder und nur über Kopfsteinpflasterstraßen zu erreichen sind, wechseln sich ab mit Feldern auf dunklem Lößboden höchster Qualität, auf denen Zuckerrüben, Weizen und Gerste angebaut werden.

Noch weiter in der Vergangenheit liegt die phantastische Sagenwelt des Brockens, der höchsten Erhebung des Harzes, wo sich Teufel und Hexen ein Stelldichein gaben. Der Zauber, von dem man an einem nebligen Herbstabend im Harz erfaßt wird, trägt sich weiter nach Merseburg. „Eiris sazun idisi, sazun hera duodor...", so beginnt einer der althochdeutschen Merseburger Zaubersprüche, mit dem die Beinverletzung eines Pferdes durch germanische Götter geheilt werden sollte. Ganz in der Nähe, allerdings inzwischen im Bundesland Sachsen, verging ein anderer Spuk: der von vierzig Jahren SED-Regime. In Leipzig, der zweitgrößten Stadt der ehemaligen DDR, fanden die mächtigen Montagsdemonstrationen statt. Rückversetzung also in die allerjüngste deutsche Geschichte. Noch einmal gut sechzig, siebzig Jahre weiter zurück findet man sich dann in einer Gegend wieder, die die Kulisse für frühe sowjetische Revolutionsfilme hätte bilden können, in denen der Manchester-Kapitalismus angeklagt wird: das Industrierevier um Bitterfeld und Wolfen. Stinkende Schlote, blasse und vorzeitig gealterte Arbeiter, verätzte Fensterscheiben. Krankheit und Depression. Schließlich, schon auf dem Weg nach Berlin, liegt an der Elbe Wittenberg, die Stadt, in der Luther von 1508 bis zu seinem Tode 1546 lebte und arbeitete.

Auf eine lange Geschichte kann Sachsen-Anhalt, das Hauptgebiet dieser Reise, eigentlich nicht zurückblicken. Gerade einmal sieben Jahre existierte das Land, nämlich von 1945 bis 1952. Nach dem Zweiten Weltkrieg entstand aus dem Freistaat Anhalt und der preußischen Provinz Sachsen, die nichts zu tun hat mit dem Königreich Sachsen, zunächst die Provinz Sachsen-Anhalt, die 1947 ein Land der DDR wurde – um mit der Verwaltungsreform 1952 gleich wieder abgeschafft und in Bezirke aufgeteilt zu werden. Doch dieses neue Bundesland mit einer Fläche von 20 400 qkm hatte mit dem Erzbistum Magdeburg von 968 bis 1680 doch so etwas wie ein Vorgänger-Territorium – immerhin seit tausend Jahren.

Vorherige Seiten: Wild flattert die Wäsche im Wind. In dieser Landschaft ist kein Wäschetrockner nötig. Links:Köstliche, vollreife Himbeeren, gesammelt beim Summen der Bienen im Sommer, ergeben für die kalte Jahreszeit einen belebendenTrunk.

VON BERLIN IN DEN HARZ

Hat man erfolgreich ein Stück Mauer mit Zertifikat erworben, auf der Glienicker Agenten-Austausch-Brücke das kalte Frösteln genossen und in Sanssouci etwas von den friedlichsten Seiten des Preußentums getankt, eröffnet sich auf der Fernstraße 1, die früher „großdeutsch" von Königsberg über Berlin nach Aachen führte, eine vierzig Kilometer lange Allee, die in die Stadt Brandenburg führt.

Werder: Das bedeutete für die Berliner vor dem letzten Krieg Havelblick, Baumblüte und Obstwein. Die Inselstadt Werder war traditionell das Ausflugsziel im Frühjahr zur Zeit der Baumblüte, wo der Apfel- und später der Pflaumenkuchen frisch in einem der Ausflugslokale am besten schmeckt. Das bekannteste dieser Lokale, die „Friedrichshöhe", ein leicht zerfallenes Klinkergebäude mit Türmchen und Zinnen, erreicht man nach einem Aufstieg über 196 Treppen, um den Blick auf die Gärten und Ausflugsdampfer genießen zu können. Aus der Artenvielfalt des „grünen Gartens" wurde allerdings ein „grünes Ungeheuer", dessen kilometerlange Baumreihen industrieller Obstproduktion angepaßt sind. Dementsprechend gleichgeschaltet schmeckt das Obst der Einheitsmarke „Gelber Köstlicher". Man deckt sich besser an einem der Stände entlang der Straße mit „biologischen" Erdbeeren, Kirschen, Äpfeln oder Pflaumen ein.

Unter einer Baumkrone von Eichen, Linden, Erlen und Ahorn führt der Weg durch die flache, nur von Endmoränenkuppen durchbrochene Niederung des Havellandes. Kanäle verbinden die weitab rechts der Straße liegende Havel mit der Oder und dem Mittellandkanal.

Brandenburg und die Konzerte: Wenn inzwischen die Brandenburgischen Konzerte im Kassettenrecorder laufen und den höfischen Glanz Brandenburgs erwarten lassen, wird die Enttäuschung groß sein. Brandenburg ist eine von Stahl- und Walzwerken geprägte Industriestadt. Daß Johann Sebastian Bachs Konzerte nach dieser Stadt benannt wurden, ist eher ein Treppenwitz der Geschichte. Bach hatte sie für den jungen Fürsten Leopold von Anhalt-Köthen geschrieben, einer verschlafenen Kleinstadt nördlich von Halle, und verkaufte sie einige Jahre später dem Markgrafen von Brandenburg. Bachs erster Biograph Spitta machte die publikumswirksameren „Brandenburgischen Konzerte" daraus.

Die Stadt, genannt „Brennabor", war eine slawische Festung mit einem Heiligtum des Slawengottes Triglaw. Kaiser Heinrich I. bezwang 928 die an einem Havelübergang gelegene Bastion. Erst als im 12. Jahrhundert deutsche Handwerker und Kaufleute hierher zogen, festigte sich die zum Bistum erhobene Stadt. Handel und Tuchhandwerk brachten die Stadt im 14. und 15. Jahrhundert zu wirtschaftlicher Blüte, bis ihr Berlin nach dem Aufstieg zur kurfürstlichen Residenzstadt den Rang ablief.

Zu einem Aufschwung kam es erst wieder, als um 1690 aus Frankreich vertriebene Hugenotten angesiedelt wurden, die neue Methoden der Gerberei mitbrachten. Auch düstere Seiten hat die Geschichte dieser Stadt. Ab 1933/34 war

Links: Fachwerk im Harz: Milliardeninvestitionen für die Bauindustrie. **Rechts:** Halberstadt mit Dom. Der Aufbau lohnt sich, wenn auch vieles nicht mehr zu retten ist.

Brandenburg-Görden eines der ersten Konzentrationslager, in dem etwa 1800 politische Häftlinge umgebracht wurden. Erich Honecker saß hier bis 1945 über zehn Jahre wegen kommunistischen Widerstandes gegen die Nationalsozialisten.

Magdeburg: Für den Transitreisenden, der früher von der Bundesrepublik nach Berlin wollte, war Magdeburg sowohl von der Autobahn wie vom Bahnhof aus nichts als eine von Plattenbau-Wohnhäusern umringte Industriestadt. Ein falscher Eindruck? Nicht ganz. Die Fußgängerzone, Breiter Weg, wurde in DDR-Prospekten als „bemerkenswertes Beispiel zeitgenössischen Bauens" beschrieben. Immerhin, die Zeitgenossen reden nicht von „Bau-Kunst". Durch weitläufige Grünanlagen und gepflegte Blumenrabatte werden die schlimmsten Bausünden kaschiert.

Magdeburg läßt sich gut zu Fuß entdecken. In der Nähe des Centrum-Warenhauses liegt die Universitäts-Buchhandlung „Otto von Guericke". Guericke hat nicht nur die Luftpumpe erfunden:

Mit seinen 1656 konstruierten, leergepumpten „Magdeburger Halbkugeln" konnte er in öffentlich aufgeführten physikalischen Experimenten nachweisen, daß die Kugeln durch den äußeren Luftdruck zusammengehalten wurden. Am **Alten Markt** (Magdeburg-Information) vor dem barocken Rathaus steht das vermutlich älteste freistehende deutsche **Reiterstandbild** (wahrscheinlich um 1240), das Kaiser Otto den Großen darstellt, der Magdeburg im 10. Jahrhundert gründete. An der Elbe entlang, entgegen der Anlegestelle der Weißen Flotte, liegt eine der bedeutendsten romanischen deutschen **Klosteranlagen, Unser Lieben Frauen,** deren Konzertsaal dem 1681 in Magdeburg geborenen Komponisten Georg Friedrich Telemann gewidmet ist. Überragt wird die Stadt vom **Dom,** dessen Entstehung auf das Jahr 955 zurückgeht. Nach einem Brand 1207 wurde die Kirche innerhalb von 311 Jahren im Stil französischer Kathedralen wiederaufgebaut. Erhalten sind das Chorgestühl aus dem 14. und die Kanzel aus dem 16. Jahrhundert. Der erste Eindruck auf die

Der fruchtbare Boden der Magdeburger Börde ermöglicht intensive Landwirtschaft.

Real-Tristesse der Innenstadt wird also durch diese wenigen noch erhaltenen Baudenkmäler wieder gutgemacht.

In den Harz: Auf dem Weg nach Halberstadt führt die Fernstraße 81 durch Felder der Landwirtschaftlichen Produktions-Genossenschaften, die ohne Hekken oder Baumreihen bis zum Horizont reichen und an nordamerikanische Größenordnungen erinnern. Ein harter Kontrast zu den kleinen, durch Erbteilung immer unwirtschaftlicher werdenden Feldern westlich der ehemaligen Zonengrenze. Doch der schwarze, fruchtbare Boden der Magdeburger Börde ist schutzlos der Erosion durch den Wind ausgeliefert. Endlos weite Maisfelder, fast in Monokultur, und Traktoren voller Gülletanks weisen auf Schweinezuchtfabriken hin. Trotzdem – verläßt man in einer der kleinen Orte wie **Egelen**, **Kroppenstadt** oder **Gröningen** die Durchgangsstraße, kann man auf Kopfsteinpflasterstraßen zwischen gut erhaltenen Fachwerkbauten Männer in Arbeitsschürzen beim Plausch beobachten, Hausfrauen in Kleiderschürzen und Kinder, die neben dem Hühnerhof mit Katzen spielen. Nur Strommasten und Fernsehantennen rufen die Gegenwart ins Gedächnis.

Halberstadt: Die alte Residenzstadt des Bistums **Halberstadt** wurde im Zweiten Weltkrieg fast vollständig zerstört. Von 600 damals noch erhaltenen historischen Gebäuden wurden 300, allerdings erst lange nach dem Krieg, abgerissen. Der gotische **Dom**, nach über 250jähriger Bauzeit 1491 geweiht, wurde allerdings ebenso wie die auf der anderen Seite des Domplatzes liegende Liebfrauenkirche mit hohem Aufwand restauriert. Im Kreuzgang des Doms ist die beeindruckende Sammlung des Domschatzes untergebracht: romanische Bildteppiche, Bergkristallkreuze und liturgische Gewänder. Im **Heineanum** dicht neben dem Dom sind 16 000 Vogelbälge und 10 000 Vogeleier ausgestellt – ein Mekka für Ornithologen. Die Stadt mit heute 47 000 Einwohnern wird, wie Meißen, Weimar, Brandenburg und Stralsund, eine Modellstadt werden. Millionenbeträge aus der Städtebauförderung sollen die mittelalterliche Substanz sichern helfen.

Raps und Bienen im Harzvorland.

Altdeutsches Freilichtmuseum: Selbst fachwerkverwöhnte Besucher sind in Quedlinburg überrascht von den zweitausend Fachwerkhäusern aus sechs Jahrhunderten. Der Stadtkern steht unter Denkmalschutz und wurde für die „Welt-Erbe-Liste" der UNESCO vorgeschlagen.

Über die Dächer der heute 30 000 Einwohner zählenden Stadt erhebt sich die romanische **Stiftskirche St. Servatius** (1129), deren Altar und Kirchengestühl von den Nazis zerstört wurden. Die entweihte Kirche mit der Krypta des Gründers des ersten deutschen Reiches, König Heinrich I., wurde eine „Weihestätte" des Dritten Reiches mit einem riesigen Hakenkreuz an der Wand.

Nahe einer Pfalz Heinrichs I. hatte 919 Königin Mathilde, die von ihm Potsdam geschenkt bekommen hatte, ein Frauenstift zur Erziehung der Töchter des Hochadels gegründet. Eine Frau spielte aber auch im Zeitalter der Aufklärung eine hervorragende Rolle: **Dorothea Christiane Erxleben**. Sie begleitete ihren Vater, einen Arzt, bei Krankenbesuchen und studierte als erste deutsche Frau mit Genehmigung des Königs Friedrich II., dem Schöngeist von Sanssouci, in Halle Medizin. Noch während sie auf das königliche Placet wartete, schrieb sie mit 23 Jahren ein Buch, daß es „nötig, möglich und auch nützlich" sei, Frauen studieren zu lassen. 1753 promovierte sie darüber, daß es jedem guten Arzt um die Ursachen der Krankheit gehen müsse, nicht nur um die Symptome. Sie hatte gerade ihr viertes Kind geboren. Eine Frau, die mutig veränderte, was sie vorfand, und damit Zeichen setzte.

Zum Brocken: Zu diesem Kleinod deutscher Geschichte gibt es die Möglichkeit, direkt über die Lutherstadt Eisleben Richtung Leipzig zu fahren. Vom Brocken kann man den herrlichen Rundblick nachempfinden, den der 1831 aus Kopenhagen kommende Märchendichter Hans Christian Andersen hatte: „Bald wurde es immer klarer und wir sahen Städte und Kirchtürme wie niedlichste Miniaturgemälde: Magdeburg, Halberstadt und Quedlinburg, die Türme der großen Domkirche zu Erfurt und die Wilhelmshöhe bei Kassel." Spannender als

Wernigerode mit Schloß.

über die Fernstraße 6, aber etwas schwieriger zu finden, nämlich am Bahnhof von Quedlinburg vorbei, gelangt man nach **Harzgerode**. Steil steigt der Harz hier auf, und kleine Obstplantagen in bäuerlicher Wirtschaft liefern die Grundlage für innere Heizung im Winter: für den Obstschnaps und -likör, der in **Gernrode** offiziell und auf den Höfen schwarz gebrannt wird. Bei Harzgerode führt der Weg weiter über die F 242 Richtung **Hasselfeld** zu dem Dorf **Sorge** direkt vor der ehemaligen deutsch-deutschen Grenze. Und hier von Sorge auf dem Weg nach Elend taucht man in das Herz des Harzes ein, wo sich kalt, majestätisch und in absoluter Ruhe die Nadelwälder bis zum Horizont erstrecken. Sorge und Elend – das Los der Waldbauern im Harz. Sorge und Elend sind aber auch Haltestellen der Harzquerbahn, die seit 1899 von Nordhausen bis nach Wernigerode entlang des einzigen alten Weges den Harz als 60 Kilometer lange Schmalspurbahn erschließt.

„Der Brocken ist ein Deutscher": Für Heinrich Heine („Harzreise" 1824) war der Aufstieg auf den Brocken noch ein Wagnis: „Je höher man den Berg hinaufsteigt, desto kürzer, zwerghafter werden die Tannen, bis nur Heidelbeer- und Rotbeersträucher und Bergkräuter übrigbleiben. Da wird es auch schon fühlbar kälter." Mit 1142 Metern ragt der Brocken über die Baumgrenze empor. Um kaum einen deutschen Gipfel ranken sich so viele Sagen. „Die wunderlichen Gruppen der Granitblöcke werden hier erst recht sichtbar. Das mögen wohl die Spielbälle sein, die sich die bösen Geister einander zuwarfen in der Walpurgisnacht", diesem Frühlingsfest der Hexen, die auf Besen und Mistgabeln einhergeritten kamen und der Legende nach ihrem satanischen Meister huldigten. Heinrich Heine dachte beim Aufstieg „An die große, mystische deutsche Nationaltragödie vom Doktor Faust. Mir war immer, als ob der Pferdefuß neben mir hinaufklettere. Und ich glaube, auch Mephisto muß mit Mühe Atem holen, wenn er seinen Lieblingsberg ersteigt." Beim 28jährigen Johann Wolfgang Goethe klingt es ähnlich: „Ich stand grenzenlosen Schnee

In Quedlinburg: Selbst Fachwerkspezialisten sind überrascht von den Hunderten von guterhaltenen Häusern.

überschauend auf dem Gipfel des Brokken, zwischen jenen ahnungsvollen Granitklippen. Unter mir sah ich ein unbewegliches Wolkenmeer, nur durch höhere und tiefere Lage der Wolkenschichten die drunter befindlichen Berge und Täler andeutend." Oben am Brockenhaus angekommen, stellt man fest, daß die Einsamkeit früherer Tage sich in eine Wallfahrt von bis zu 20 000 Touristen täglich verkehrt hat. Geblieben ist allerdings eine zwischen Skandinavien und den Alpen einmalige Flora und Fauna, ein einzigartiges Naturreservat, das Jahrzehnte hindurch mit Waffengewalt vor Menschen geschützt wurde. Seit 1971 war der Brocken absolutes militärisches Sperrgebiet und tauchte nicht einmal in der Wetterkarte auf. Wie die Zeiten, änderten sich auch die Funktionen der Häuser. Aus dem ehemaligen „Hotel Waldfrieden" der Staatssicherheit wurde das „Haus der Geborgenheit".

Aschersleben: Während dieses leicht fröstelnden Aufenthalts in der deutschen Sagenwelt sind die schnellen Reisenden schon auf dem Weg von Quedlinburg, dem Ausgangspunkt des Abstechers in den Harz, nach Leipzig. Aschersleben ist eine der typischen kleinen Industriestädte, die von einer Wolldeckenfabrik, von Werkzeugmaschinen und der Verpackungsmittel-Industrie lebt. Der Kali- und Braunkohlebergbau hat seine jahrhundertelange Bedeutung verloren, die Förderanlagen wurden abgebaut. Von den mittelalterlichen Wachtürmen, die das Stadtbild prägen, sind noch 15 erhalten. Behutsam wurde begonnen, den Stadtkern ohne Plattenbau zu renovieren.

Etwas abseits der Fernstraße 180 nach Eisleben darbt der alte Zechenstandort **Mansfeld** vor sich hin. Das dortige Schwerindustrie-Kombinat mit seinen Erzgruben, Walzwerken und Fertigungsbetrieben liegt am Boden. Der sozialistische Schlendrian machte die Arbeit der landesweit 47 000 Beschäftigten für den Weltmarkt genauso unrentabel wie die Arbeit der 31 000 Kumpel der Kali-Industrie im Werrarevier und im südlichen Harz, in **Bleicherode** und **Sondershausen.** Unweit von Mansfeld, im Schatten der alles überragenden Kupfer-Abraum-

Eine fast 500 Jahre alte Zierde.

halde von **Sangershausen,** ist auch für die 800 Beschäftigten des Kupferbergbaus „Thomas Müntzer" das Aus bereits gekommen.

Der Reformator **Thomas Müntzer** organisierte hier im 16. Jahrhundert die Haufen aufständischer Bauern. Er befreite den Gottesdienst von „päpstlichen Possen" wie der lateinischen Sprache, der „heuchlerischen" Beichte und den Privilegien der Geistlichen. Anders als Martin Luther predigte er Militanz, „daß sich das Volk mit Mistgabeln widersetzen soll". Die traditionellen Schriftgelehrten beschimpfte er als „närrische, hodensäckische Doktores" und hielt Luther für ein „Bruder Mastschwein". 1525 war ein Drittel Deutschlands gegen Feudalherren und Kirche in Aufruhr. Aber die Fürsten schlossen sich zusammen. In **Frankenhausen,** am Fuße des **Kyffhäuser,** wenige Kilometer von Sangershausen entfernt, wurden 5000 Bauern niedergemetzelt, Müntzer selbst geköpft. Landgraf Philipp von Hessen: „Was in Frankenhausen an Mannspersonen befunden, alles erstochen, die Stadt geplündert." Das Gedenken an die Bauernkriege war der DDR-Führung 53 Millionen Mark für einen monumentalen Rundbau auf dem Kyffhäuser wert, wo Werner Tübke von 1983 bis 1987 ein 123 Meter langes und 14 Meter hohes, nicht heroisierendes Gemälde mit über 3000 Figuren geschaffen hat.

Eisleben, die Lutherstadt: Übermannsgroß steht Martin Luther, der 1483 hier das Licht der Welt erblickte und am 18. Februar 1546 auch starb, am Markt vor dem Rathaus, das nach einem Brand 1532 spätgotisch wieder aufgebaut wurde. Im Luthermuseum, seinem Sterbehaus oberhalb des Marktes, ist das Lebenswerk des Reformators nachgezeichnet. Wie Mansfeld lebte Eisleben vom Bergbau. Luthers Vater führte eine kleine Zeche. Die riesigen Halden des Kupferbergbaus in den Vorstädten zeugen von der Bedeutung, die der Grundstoff der Bronzeerzeugung seit über 4000 Jahren für die Region Eisleben hat. Waffen und Werkzeuge im Heimatmuseum aus der Zeit vor Christi Geburt belegen diese Tradition.

Broiler o.k.,
Bier o.k.,
Wochen-
ende o.k..

U S A & K A N A D A

Das Land der unbegrenzten Möglichkeiten

— auch reisemäßig — und Kanada, wo

sowohl abenteuerliche Wildnis als auch

gehobener Lebensstil

zu Hause sind: ein

scheinbar

unerschöpfliches

Reservoir an Erlebnissen

und Erfahrungen.

DUNGEK CHE CUM CAN CHULLY!

RV

A P A
GUIDES

Dulcolax bei Darmträgheit, für Sie der Weg, wenn es auf Wirkung und Verträglichkeit ankommt.

Das Dulcolax-Prinzip erfüllt eine wichtige Forderung der medizinischen Forschung, die Wirkung einer abführenden Substanz möglichst auf den Dickdarm zu konzentrieren: Der besondere Wirkstoff von Dulcolax ist in einem Dragierpanzer fest versiegelt. Der Wirkstoff wird so geschützt durch den Körper geleitet – bis er den Dickdarm erreicht. Erst hier wird er freigesetzt und regt – mit nur einem verträglichen Wirkstoff – einen trägen Darm an. Bei Dulcolax bleiben Magen- und Leberfunktion, Herz und Kreislauf praktisch unbelastet. Wirkungsvoller können Sie nicht helfen. Fragen Sie in der Apotheke, wo Sie immer gut beraten werden.

Dulcolax

Die zuverlässige Hilfe bei Abführproblemen.

Dulcolax gegen Verstopfung und Darmträgheit. Nicht anwenden bei Darmverschluß. Bei anhaltender Verstopfung ist eine Abklärung der Ursache durch den Arzt erforderlich.   Dr. Karl Thomae GmbH, Biberach an der Riss.

Thomae

HALLE, MERSEBURG UND LEIPZIG

Vor Leipzig liegen zwei traditionsreiche Städte an der Saale, Halle und Merseburg. Sie markieren den Übergang vom romantischen Harz zum industriellen Zentrum Ostdeutschlands. Beide Städte können auf eine bedeutende Geschichte zurückblicken, sind eingebettet in fruchtbare Äcker, liegen malerisch an der Saale und sind doch überschattet vom nahen Industriegebiet, aus dem der Lohn und gleichzeitig die Schäden an Gesundheit und Umwelt kamen. Mit der Schließung vieler Chemieanlagen 1990 wurde die Luft rasch besser, aber Arbeitslosigkeit war die unausbleibliche Folge.

Halle: Ein Besuch in der vom Krieg verschonten Innenstadt widerlegt schnell das Klischee, **Halle** sei eine reine Industriestadt – bei ihrem Alter ist das gar nicht möglich. Die Stadt mit ihren heute 230 000 Einwohnern war seit 968 im Besitz der Bischöfe von Magdeburg. Zu dieser Zeit wurde bereits Salz hergestellt. *Halhus* ist althochdeutsch und bedeutet Salz, Salinen. Im 15. Jahrhundert kam es zwischen den durch den Salzhandel reichen und mächtigen Bürgern und ihren bischöflichen Herren zu erbitterten Kämpfen, bei denen das Bürgertum unterlag. Die **Moritzburg** wurde als Zwingburg zwischen 1484 und 1503 zur Kontrolle der Salzhändler errichtet. Lange allerdings konnten die Bischöfe sich nicht durchsetzen: Mit der Reformation verloren sie ihre weltliche Macht. Nach der Zerstörung der Burg im Mittelalter wurde sie erst spät wieder aufgebaut und dient seit Anfang des 20. Jahrhunderts als Museum, in dem in erster Linie deutsche Künstler ausgestellt werden: Caspar David Friedrich, Franz von Stuck, Wilhelm Lehmbruck und Ernst Barlach. Im 17. und 18. Jahrhundert wurde die 1694 gegründete Universität zu einer der Hochburgen von Aufklärung und Pietismus. Nach der Aufhebung der Sozialistengesetze fand in Halle 1890 der erste Parteitag der SPD statt. Halle war eine Stadt mit starker Arbeiterbewegung, die sich besonders gegen rechtsnationale Tendenzen in den zwanziger Jahren hervortat.

Um mit dem wirtschaftlichen Anschluß der DDR industrienahen Wohnraum zu schaffen, wurde ab 1964 Halle-Neustadt zu einer gigantischen Schlafstadt für über hunderttausend Chemiearbeiter mit ihren Familien aufgebaut.

Der großzügige **Marktplatz** im Zentrum von Halle mit einem faszinierenden Ensemble aus Kirchen und historischen Bauwerken spiegelt den Reichtum der Stadt wider: Ratshof, Stadthaus, Marktschlößchen und die viertürmige St. Marienkirche, die 1537 geweiht wurde. Hier predigte Martin Luther, und auf der Orgel spielte Georg Friedrich Händel, der als prominentester Hallenser gegenüber der Marktkirche in Form eines Denkmals verewigt wurde. Direkt daneben wurde im 15. Jahrhundert der Rote Turm vollendet, ein 84 Meter hoher, freistehender Glockenturm. Westlich des Marktes wurde in der Residenz des Kardinals Albrecht II. aus dem 16. Jahrhundert das Geiseltalmuseum mit interessanten Fossilien eingerichtet.

Merseburg: Mitten durch die Industrieanlagen von Schkopau führt uns der Weg

341

wieder in die frühe deutsche Geschichte. Auf dem Hügel Merseburgs, wo Heinrich I. im 10. Jahrhundert eine befestigte Pfalz bauen ließ, liegen auch heute noch die Attraktionen der Stadt einträchtig nebeneinander: der Dom und das Schloß. Attraktiv war die Stadt schon für die deutschen Kaiser, die hier zwischen 933 und 1212 mehr als 20 Reichstage abhielten.

Eingebettet ist der Baukomplex in den erholsamen und gepflegten Schloßgarten, in dem sich mit dem Ständehaus, einem Palais, der Orangerie und einem Café einige teils reizvolle, teils verfallende Kleinode sammeln. Das **Schloß** ruht auf den Mauern der Kaiserpfalz und wurde vom 15. bis 17. Jahrhundert erbaut. Kulturhistorisch bedeutender ist der 931 als Pfalzkirche Heinrichs I. geweihte **Dom,** der 968 bei der Gründung des Bistums zur Kathedrale erhoben wurde. Der derzeitige Bau wurde 1015 begonnen, immer wieder verändert und erhielt im 16. Jahrhundert mit vier charakteristischen Türmen seine heutige Gestalt.

Prunkstücke der außergewöhnlich üppigen Innenausstattung sind das Bronzeguß-Epitaph (1080), der Taufstein (um 1150) und das kunstvoll geschnitzte Chorgestühl. Weltberühmt ist jedoch das **Domstiftsarchiv** (gegründet 1004 von Bischof Wigbert) mit einer Sammlung mittelalterlicher Handschriften, vor allem den **Merseburger Zaubersprüchen**, die zu den frühesten deutschen Literaturzeugnissen zählen. Sie wurden erst 1841 in der Bibliothek entdeckt, stammen aus dem 9./10. Jahrhundert und kommen wahrscheinlich aus Fulda. Beide Sprüche beinhalten Zauberformeln, mit denen einmal Gefangene befreit, zum anderen Pferde geheilt werden sollen. Die Bedeutung dieses Fundes für die Literaturgeschichte würdigte 1842 der Sprachwissenschaftler Jakob Grimm: eine Kostbarkeit, welchem die berühmtesten Bibliotheken nichts an die Seite zu setzen haben.

Leipzig: Die Stadt dehnte sich so weit aus, daß Merseburg fast zum Vorort wurde. Heute nennt sich Leipzig die „Heldenstadt". Es waren friedliche Helden, die der Wende der DDR auf die Sprünge geholfen haben. Kurz und klar brachten die Marschierer der Montags-

demonstrationen im Herbst 1989 ihre Forderungen in drei sich steigernden Sätzen auf den Nenner: „Wir sind das Volk." „Wir sind ein Volk." „Kommt die D-Mark, bleiben wir; kommt sie nicht, gehn wir zu ihr." Seit dem Herbst 1989 wandelten sich die Montagsandachten in der Nikolaikirche zu offenem Protest. 15 000 Demonstranten marschierten am 2. Oktober rund um die Innenstadt. Eine Woche später, am 9. Oktober, wurden Sicherheitskräfte aus dem ganzen Land in Leipzig zusammengezogen. Die Konfrontation schien unausweichlich. Aber ein über den lokalen Radiosender verbreiteter Aufruf, initiiert vom Kapellmeister des Gewandhauses, Kurt Masur, mahnte zur friedlichen Lösung. Eine der Hauptparolen an diesem Montag lautete dann auch: „Keine Gewalt!" Die Angst vor einer „chinesischen Lösung", wie wenige Monate zuvor auf dem Platz des Himmlischen Friedens in Peking praktiziert, schwebte über der Stadt. Obwohl die gesamte Innenstadt für Kamerateams gesperrt war, filmten DDR-Oppositionelle heimlich die Demonstration, ließen

Dom zu Halle, Treffpunkt von Geschichte und Gegenwart.

die Videocassette nach Westberlin schmuggeln, und noch am gleichen Abend konnte die Welt in West und besonders Ost am Bildschirm den ungebrochenen Willen zu einer friedlichen Wende verfolgen. Gewalt als Reaktion hätte die Führung der DDR noch weiter diskreditiert. Leipzig, die freie Stadt, die nie Residenzstadt war, hatte sich gegen die Herrschaft des ungeliebten Ost-Berlin erfolgreich zur Wehr gesetzt. Genau einen Monat nach dieser Demonstration fiel die Mauer.

Mit 556 000 Einwohnern ist Leipzig die zweitgrößte Stadt der ehemaligen DDR. Sie steht vor schier unüberwindlich scheinenden Problemen bei der Aufgabe, die marode Infrastruktur wieder aufzubauen. 30 000 Wohnungen sind nicht mehr bewohnbar, der öffentliche Nahverkehr muß von Grund auf überholt werden, die Straßen bröseln auseinander. Aber auch ein Drittel der Frischwasserleitungen ist leck, allein die Reparatur des Entsorgungsnetzes wird Milliarden kosten. Immerhin ging die Belastung der Luft durch Schwefeldioxid schon ein

In Eisleben geht die Sonne auf.

Jahr nach der Wende um ein Viertel zurück, nachdem die Schweelereien in den früheren Chemiezentren Espenhain und Böhlen abgeschaltet worden waren. Die Stadt verliert immer mehr Einwohner. In den letzten 22 Jahren wurden es 50 000 weniger, seit 1930 sogar 150 000 – und das bei sonst kaum zu bremsendem Wachstum der Großstädte.

Geschichte: Untrennbar verbunden mit der Geschichte und dem Wohlstand der Stadt ist die Messe. 1268 soll Premiere gewesen sein, als der Markgraf von Meißen die Stadt zum Freihandelsplatz erklärte. Damals spielte Leipzig aber schon eine führende Rolle im Ost-West-Handel. Hier in der Leipziger Tieflandbucht trafen sich die Königsstraße und die Reichsstraße. Im 7. Jahrhundert bestand auf Leipziger Boden bereits eine sorbische Siedlung – die „Lipzi" (Unter den Linden). Kaufmanns- und Handwerkersiedlungen entwickelten sich. Nach der Verleihung des Messeprivilegs durch Kaiser Maximilian I. im Jahre 1497 stabilisierte sich die Rolle Leipzigs als Handelsplatz. Aus dem Osten kamen Gewürze, Orientwaren

und Fleisch, aus dem Westen Kolonialerzeugnisse, Tuche und Schmuck. Das Niederlags- und Stapelrecht wurde 1507 auf einen Bereich von 15 Meilen ausgedehnt – einen Umkreis von 115 Kilometern, in dem keine anderen Messen stattfinden durften. Leipzig, damals mit rund 45 000 Einwohnern, hatte als Messestadt Frankfurt am Main überflügelt. Zu den Privilegien der Stadt gehörte, daß die Wirte und Händler während der Messe erhöhte Preise verlangen durften – unter strenger Kontrolle jeden Mißbrauchs, versteht sich. Steuerschuldner, die sich außerhalb angesiedelt hatten, durften unbehelligt ihren Geschäften in der Stadt nachgehen.

1839 wurde die erste deutsche Eisenbahn-Überlandverbindung von Leipzig nach Dresden eröffnet. Anders als Dresden wurde Leipzig im Zweiten Weltkrieg „nur" zu einem Viertel zerstört.

Universität: Zum Aufschwung der Stadt und zur intellektuellen Blüte trugen zwei weitere Faktoren bei: die Gründung der Universität und die Produktion von Büchern. Nationale Strömungen an der Prager Universität hatten 1409 den Auszug deutscher Professoren und Studenten provoziert. Für sie wurde die Universität in Leipzig gegründet, die heute baulich vor allem durch das 142-Meter-Hochhaus „Steiler Zahn" das Bild der Stadt prägt. Eine Vielzahl weiterer Hoch- und Fachschulen sind hinzugekommen, wie das Zentrum für Sportwissenschaften, die Kaderschmiede des DDR-Spitzensports. Goethe pries die Universität, die „Alma Mater Lipsiensis", in den höchsten Tönen: „Mein Leipzig lob ich mir, es bildet seine Leute." Später verlieh er der Stadt die Auszeichnung „Klein-Paris" und setzte ihr ein literarisches Denkmal: in der beliebten Studentenkneipe „Auerbachs Keller" ließ er eine Szene aus „Faust" spielen. Allerdings war die Sage von Faustens Ritt auf dem Weinfaß schon während Goethes nächtlicher Recherchen in Auerbachs Keller bekannt. Die heute noch zu besichtigenden Bilder zur Faust-Sage hingen damals schon an der Wand. Von der Universität wurden prominente Studenten angezogen: der Historiker Leopold von Ranke, der Philosoph Gottfried Wilhelm Freiherr von Leibniz, die Dichter Friedrich Gottlieb Klopstock, Gotthold Ephraim Lessing, Jean Paul und der Philosoph Friedrich Nietzsche.

Stadt der Verlage: Wissenschaft verlangt immer nach Büchern – in Leipzig wird seit 1481 gedruckt. Sogar das Druckzentrum Frankfurt am Main konnte bald überrundet werden, weil dort die Zensur durch den Mainzer Erzbischof die Drucker bevormundete. Auftrieb brachte auch die Reformation. Im 16. Jahrhundert wurde jeder neue Titel Luthers ein Bestseller. Sein „Neues Testament", zunächst in einer Auflage von 5000 Exemplaren gedruckt, war in wenigen Wochen ausverkauft. In den nächsten fünfzehn Jahren wurden 200 000 Exemplare verkauft, vierzehn als autorisierte Ausgaben und 66 als „Raubdrucke".

Zum Monopolisten des Buchhandels entwickelte sich Leipzig durch ein einzigartiges, bis heute erhaltenes System: Die Verlage vertrieben über die 1842 gegründete „Bestellanstalt" in Leipzig ihre Bücher. Buchhändler schickten ihre Bestellungen dorthin und erhielten (bis

Frauen von der Leipziger Stadtreinigung in der Mittagspause.

344

1945) die Bücher von achtzig Prozent aller Verlage aus einer Hand. Dadurch wurde erheblich rationalisiert und die Bestellzeit verkürzt. Auch bei Menschen, die keine enge Bindung an den Buchhandel haben, wecken die Namen der großen Verlage Leipzigs Erinnerungen: Karl Baedeker, Breitkopf & Härtel, Goldmann, Grieben, Reclam, Georg Thieme.

Völkerschlacht 1813: Selbst an der Völkerschlacht von Leipzig profitierten die Verleger: Nach wenigen Monaten lagen vier Schlachtpläne und die Porträts der entscheidenden Militärs und Politiker vor. Ein Autor, Ludwig Hußerl, brachte es auf zwei dickbändige Bücher und zwei Anekdotensammlungen. Die große Schlacht von Leipzig setzte Napoleons Herrschaft in Europa ein Ende. 190 000 Soldaten auf Napoleons Seite – Franzosen, Belgier, Holländer, Italiener, Polen, Badener, Hessen, Württemberger und Sachsen – waren in Leipzig eingeschlossen von 205 000 Alliierten: Russen, Preußen, Österreicher, einschließlich der Ungarn, Tschechen und Kroaten, dazu Schweden und Engländer. Das Schlachtfeld war kaum von den 22 000 toten Russen, 16 000 Preußen, 15 000 Österreichern und 35 000 Franzosen geräumt, da wurden die ersten Ideen laut, ein Denkmal zu errichten. Aber erst anläßlich der 100-Jahr-Feier weihte Kaiser Wilhelm II. das auf einem 30 Meter hohen Erdhügel stehende und 91 Meter hohe Monument ein – am Vorabend des Ersten Weltkrieges, als Ausdruck des deutschen Nationalismus. Die Aussichtsplattform ist heute einer der Hauptanziehungspunkte der Stadt.

Arbeiterbewegung: Weniger national gesinnt entwickelte sich die deutsche Arbeiterbewegung von Leipzig aus. Ferdinand Lassalle gründete hier 1863 den „Allgemeinen Deutschen Arbeiterverein", die Vorläuferorganisation der Sozialdemokratie. Bedeutende Sozialisten wie Clara Zetkin, Rosa Luxemburg und Franz Mehring arbeiteten bei der 1894 gegründeten *Leipziger Volkszeitung*.

Hauptbahnhof: Den ersten überraschenden Eindruck auf den Reisenden macht der 1915 fertiggestellte **Hauptbahnhof**. Dieser gewaltige Bau ist größer als die

Abbruchsanierung im Stadtteil Connewitz.

Kopfbahnhöfe von Frankfurt, Stuttgart oder München. Die 240 Meter lange Bahnhofshalle überspannt 24 Bahnsteige. Die augenscheinliche Symmetrie der Anlage hat keinen ästhetischen Hintergrund, denn zwei eigenständige Bahnverwaltungen teilten sich das Gebäude: der Osten war sächsisch, der Westen preußisch. Über eine breite Freitreppe verläßt man die knapp 300 Meter lange, 33 Meter tiefe und 27 Meter hohe Querhalle. Jeder Punkt der Innenstadt ist von hier aus in fünfzehn Minuten zu erreichen. Der Weg zum Markt führt über den großflächigen Sachsenplatz, der so phantasielos gestaltet ist wie viele neu entstandene Plätze in Ost und West.

Rathaus: in merkwürdigem Gegensatz zum Bahnhof ist das alte Rathaus asymmetrisch angelegt. Neben dem Turm mit dem „Verkündigungsbalkon" über dem Hauptportal befinden sich links zwei, rechts aber vier Giebel. Die Leipziger Bürger waren kostenbewußte Händler und ließen ihr Rathaus 1556 – in neun Monaten zwischen zwei Messen – auf die Fundamente des früheren gotischen Rathauses und des ehemaligen Zunfthauses der Wollweber setzen. Die Kolonnaden wurden erst 1907 an Stelle früherer Holzbuden errichtet. Das alte Rathaus beherbergt heute das Museum für Stadtgeschichte. Der historische Charakter des **Marktplatzes** hätte erhalten werden können, wenn nicht das 1965 modernistisch errichtete Verwaltungshaus des Messeamtes den harmonischen Gesamteindruck zunichte gemacht hätte. Dem Rathaus gegenüber wurde 1989 die Handwerkerpassage wiedereröffnet, in der anschaulich das mittelalterliche Leben der Stadt nachgebildet wurde. Am Ausgang dieser Gasse über dem Eingang des „Kaffeebaum", des ältesten Kaffeehauses der Stadt in der Kleinen Fleischergasse 4, reicht die lebensgroße Plastik eines Türken einem Putto eine Schale Kaffee. Begeistert über den wunderbaren Kaffee, soll August der Starke diese Statue gestiftet haben – erzählt der Wirt.

Die Thomasgasse führt zur Heimstatt der Thomaner, der **Thomaskirche.** Sie wurde um 1212 als Stiftskirche der Augustiner von Markgraf Dietrich dem

Mülltonnen mit Muschi.

Bedrängten aus Meißen errichtet, mehrfach umgebaut und erhielt unter Claus Roder im 15. Jahrhundert die Form einer spätgotischen Hallenkirche. Zur Gründungsfeier der Universität, 1409, gab es die „Thomasser", wie sie sich selbst nennen, schon 200 Jahre. Zuerst waren es nur zwölf Jungen, die die Schule für Kinder armer Eltern besuchten und den Gottesdienst singend zu unterstützen hatten. Die Thomaner sangen, wann immer es in Kirche oder Staat etwas zu feiern gab, bei Ratswahlen, Krönungen und Friedensschlüssen. Sie wurden zum einzig bedeutsamen Knabenchor des deutschen Protestantismus. Als Johann Sebastian Bach am 13. März 1723 den Chor als Kantor übernahm, klagte er über die schlechte Ausbildung, entließ 17 der damals 54 Sänger, schrieb aber später die meisten seiner Motetten für „seinen" Chor. Heute treten die Thomaner, die sich nie der staatlichen Macht der DDR gebeugt haben, obwohl sie mit dem „Vaterländischen Verdienstorden" ausgezeichnet wurden, in einer Art Matrosenanzug auf, in dem sie weltbekannt wurden.

Zurück am Rathaus findet man auf dessen Rückseite den idyllischen Naschmarkt und die **Alte Handelsbörse**, die 1687 nach italienischen und niederländischen Vorbildern fertiggestellt wurde. Sie diente den Bankiers und Kaufleuten als Treffpunkt während der Messen. Heute finden hier festliche Veranstaltungen statt. Folgt man der Laufrichtung des jungen Goethe, der als Denkmal vor der alten Handelsbörse steht, läuft man geradewegs auf **Auerbachs Keller** in der Mädlerpassage zu. In der runden Halle dieser eleganten Passage ertönt ein Glockenspiel aus Meißner Porzellan. Am Ausgang der Passage rechts steht seit 1901 das **„Städtische Kaufhaus"**, Teil des Messekomplexes. Dies war der Ort des alten Gewandhauses, in dem neben dem Tuchhandel, daher der Name, auch das Orchester untergebracht war. Das neue **Gewandhaus** befindet sich dreigeschossig und repräsentativ am (bisherigen) Karl-Marx-Platz. Zu den großen Kapellmeistern des 1781 gegründeten Orchesters gehörten Felix Mendelssohn-Bartholdy, Wilhelm Furtwängler und Bruno Walter. Zurück zum Ausgangs-

punkt der aktuellen Betrachtungen über Leipzig, zur **Nikolaikirche**, der Hauptkirche der Stadt. Romanisch wurde der Bau im 12. Jahrhundert begonnen, der gotische Chor ist zwei Jahrhunderte jünger, und das dreischiffige, spätgotische Langhaus wurde 1523 geweiht. Stuckdekorationen an Pfeilern und Gewölben, sowie die klassizistische Innenausstattung zeugen vom vergangenen Reichtum der Bürger der Stadt, die dieses sakrale Bauwerk während der Wende 1989 profan als Versammlungsort zu nutzen verstanden.

Außerhalb des Stadtzentrums bietet der südlich gelegene Stadtteil **Connewitz** einen Einblick in die Bauweise der Gründerzeit um die Jahrhundertwende. Gegen den weiteren Verfall der vierstökkigen Wohnhäuser setzt sich hier eine Bürgerinitiative aus Bewohnern, jungen Leuten, Stadtplanern und Architekten zur Wehr, die vor allem gegen Abriß und die „Plattenmafia" kämpft. Einige Häuser in der Stöckartstraße sind besetzt, inzwischen legalisiert, aber ein ständiges Angriffsziel von Skins und Neonazis.

Westkultur von fliegenden Händlern vor Leipzigs Bahnhof.

BITTERES AUS BITTERFELD

Gemessen an der Parole: „Schlagt den Kapitalismus, wo ihr könnt", wurde das Soll im Industrierevier um Halle und Leipzig deutlich übererfüllt. Glückwunsch, Genossen! Hier habt ihr den Kapitalismus um Längen geschlagen. Das war unbestritten die dreckigste Region Europas.

Der Gesundheitszustand der Ostdeutschen liegt gravierend unter dem der Westdeutschen, die Sterblichkeit sogar entschieden höher. Wenige Beispiele zeigen, warum: die Schwefeldioxid-Dauerbelastung im Erzgebirge und im Raum Bitterfeld nördlich von Leipzig führt bei Kindern zu Wachstumsstörungen und zur Schwächung des Immunsystems. Kinder in Bitterfeld sind schmächtig und haben schlechte Blutwerte. Um das Braunkohle-Veredelungswerk in Espenhain südlich von Leipzig erkrankt jedes zweite Kind an den Atemwegen. Nahezu 40 Prozent aller Bewohner der früheren DDR leben in Gebieten, deren Schwefeldioxid-Gehalt erheblich über den gesetzlich zulässigen Grenzwerten liegt. Leipzig, Halle und Chemnitz sind am höchsten belastet.

Die ehemalige Führung der DDR reagierte 1982 auf die Umweltkatastrophe schlicht mit einem Dekret, das alle Daten zur geheimen Verschlußsache erklärte. Die Dimensionen der Katastrophe zeigen einige Vergleiche: Allein das Kraftwerk Cottbus bläst mehr Schwefeldioxid in die Luft als alle Kraftwerke Norwegens und Schwedens zusammen. Insgesamt wird von diesem Waldgift mit 5,6 Millionen Tonnen pro Jahr in Ostdeutschland mehr emittiert als irgendwo sonst in Europa. Die chemischen Werke Buna (Werbespruch: „Plaste und Elaste aus Schkopau") bei Halle leiten mit 20 Kilo Quecksilber täglich zehnmal soviel des Gifts in die Saale, wie der westdeutsche Chemieriese BASF-Ludwigshafen in einem Jahr in den Rhein. Das Quecksilber würde ausreichen, um jährlich drei Millionen Fieberthermometer herzustellen. Die Bewohner von Mölbis wollen ihr Dorf verlassen. Sie sehen, wie die Luft der gigantischen Anlage Espenhain (Stillegung 1991) die Backsteine ihrer Wohnhäuser zerfrißt, und denken an ihre Lungen.

Insgesamt ist die Luft Ostdeutschlands fünfmal so stark belastet wie die Westdeutschlands. Dazu tragen auch die Trabis bei, von denen ein einziger mehr Kohlenmonoxid auspustet als 100 Kat-Autos zusammen. Als Energieverschwender hat sich die ehemalige DDR mit Abstand den Spitzenplatz in der Welt erkämpft. Veraltete Kraftwerke mit einem miserablen Wirkungsgrad verpulvern soviel Energie, daß ein Land wie Dänemark allein aus dem Einsparpotential bequem seinen gesamten Energiebedarf decken könnte. Selbst die Trinkwasserversorgung kann nur aufrechterhalten werden, weil dem Wasser Unmengen von Chlor beigemischt werden.

Bitterfeld: Der Name dieser Stadt ist geradezu ein Synonym für die Katastrophe. Ökotouristisch gut erschlossen, haben Fernsehteams aus aller Welt diese Stadt in den Mittelpunkt ihrer Berichterstattung gestellt. Selbst Jane Fonda war hier. Sie besuchte den Mann, an dem in Umweltfragen kein Weg vorbeigeht: Hans Zimmermann. Der gelernte Rohrleger baute lange vor der Wende eine Umweltgruppe auf, die ständig von der Stasi bespitzelt wurde. Auf sein Konto geht der Video-Film, der im West-Fernsehen Furore machte: „Bitteres aus Bitterfeld." Zusammen mit dem „Umwelt Netzwerk Arche" filmte er die kaum vorstellbaren Lebens- und Umweltbedingungen des Ortes, auf den täglich auf jeden Quadratmeter ein Pfund Braunkohlenstaub niedergingen.

Einige Kilometer weiter in Wolfen leitet das fototechnische Kombinat (ORWO) seine Abwässer seit 16 Jahren in den Silbersee, einen silbrigbraun schäumenden Tümpel, dessen Wasser in die Elbe gelangt. Greenpeace stellte fest, daß der Gehalt an Chlorverbindungen 600mal höher ist als im Rhein. Ein komplettes Chemielabor könnte mit den Abfallprodukten ausgestattet werden: Zyanid, Kadmium, Arsen, Chrom und Kupfer fanden sich in hohen Konzentrationen.

Nicht aller Dreck der ehemaligen DDR ist hausgemacht. Direkt vor Berlin liegen die Mülldeponien Vorketzin und Schöneiche, in die jährlich für 180 Millionen DM Gebühren immer noch über eine Million Tonnen Westberliner Hausmüll geliefert werden, dazu Giftmüll aus Österreich, der Schweiz und den Niederlanden.

Dessau und Wittenberg

Auf der Rückfahrt von Leipzig nach Berlin erreichen wir nach dem Industriegebiet um Bitterfeld und Wolfen zwei Städte, deren Geschichte geprägt ist vom Widerspruch zwischen aufgeklärter Kunst und befreiender Theologie einerseits sowie der Reaktion der jeweiligen Machthaber andererseits: **Dessau,** die Stadt des Bauhauses, und die Martin-Luther-Stadt **Wittenberg.**

Dessau: Östlich vom Hauptbahnhof der Stadt an der Mulde mit 104 000 Einwohnern liegt Dessaus Hauptsehenswürdigkeit, das 1919 in Weimar gegründete und 1925 nach Dessau verlagerte Schulgebäude, das Bauhaus, die bedeutendste Kunstschule dieses Jahrhunderts. Auch in Dessau konnte sich die Gruppe von bildenden Künstlern, Architekten, Planern, Designern und Fotografen um Walter Gropius nur bis 1932 halten. Stockkonservative Politiker in Weimar, später in Dessau die Nationalsozialisten

gruben ihnen das Wasser ab. Auch ein letzter Versuch, das Bauhaus in einem Fabrikgebäude in Berlin zu installieren, schlug fehl. Das Gebäude der Gruppe unter dem letzten Direktor Mies van der Rohe wurde von den Nazis durchsucht und 1933 unter dem Vorwand geschlossen, das Bauhaus sei eine Keimzelle bolschewistischer Zersetzung.

Was wollten diese Reformer der Alltagsästhetik, deren klare Formen unter Verzicht auf jeden Schnörkel sich auf die Planung ganzer Städte in den USA und auf Schulen, Fabriken und Verwaltungen in Westeuropa (Gropius-Stadt in Berlin) auswirkte? Walter Gropius: „Das Bauhaus erstrebt die Sammlung allen künstlerischen Schaffens zur Einheit, die Wiedervereinigung aller werkkünstlerischen Disziplinen – Bildhauerei, Malerei, Kunstgewerbe und Handwerk – zu einer neuen Baukunst als deren unablöslichem Bestandteil." Um die Verbindung zwischen handwerklichen Fähigkeiten und künstlerischer Kreativität zu unterstreichen, nannte Gropius seine Professoren „Meister" und die Schüler „Lehrlinge".

Bitterfelder Sympathisanten der 1989 in Halle gegründeten „Grüne Liga".

Das Bauhaus wollte die Trennung von Handwerk und Kunst überwinden. Aber auch zwischen Handwerk und Technik bestanden nach Meinung der Meister Ludwig Mies van der Rohe, Lyonel Feininger, Moholy-Nagy, Paul Klee, Wassily Kandinsky, Gerhard Marcks oder J. Albers keine unauflösbaren Widersprüche. Ihnen kam es darauf an, stets im Sinne der Menschen funktional und materialgerecht zu gestalten und dadurch die Schönheit ihres Produkts oder den Stil des Gebäudes zu bestimmen. Lehren und Lernen, Theorie und Praxis sollten eng miteinander verbunden sein. Die Ideen des Bauhaus sind heute stilbildend für modernes Bauen, Industrie- und Alltagsdesign und die Kunsterziehung.

In Chicago fand das Bauhaus ab 1937 eine Nachfolge. In der DDR kam es gegen den „sozialistischen Realismus" nicht an. Erst 1977 hat die Stadt das Bauhaus-Gebäude wieder als Museum eingerichtet. Erhalten sind unter anderem das Bauhaus selbst, das von Gropius entworfene ehemalige Arbeitsamt am August-Bebel-Platz und die Bauhaus-Siedlung mit dem Konsumgebäude im Stadtteil Törten sowie die Meisterhäuser in der Ebert-Allee.

Kriegszerstörungen: Weltweit erfolgreich waren auch der Junkers-Flugzeugbau und andere Rüstungsbetriebe der Stadt. Die Folge: Dessau wurde am 7. März 1945 bei einem Angriff von 600 britischen Bombern zu über achtzig Prozent zerstört. Von der 1213 erstmals erwähnten ehemaligen Residenzstadt der Herzöge von Anhalt-Dessau (1471-1918) blieb nur ein nahezu verfallener Flügel des **Residenzschlosses** (1530) erhalten, der restauriert wurde. Auch die **Georgenkirche** (1712-1717) wurde nach dem Brand im Zweiten Weltkrieg wieder aufgebaut. Ihre Blüte erlebte die Stadt unter dem „Alten Dessauer", dem Fürsten Leopold Friedrich Franz von Anhalt-Dessau (1740-1817), der Künstler, Dichter und Architekten um sich versammelte und sehenswerte Bauten auch nahe Dessau errichten ließ, so das unweit südwestlich der Stadt gelegene Schloß Mosigkau und den Wörlitzer Landschaftspark.

Lutherstadt Wittenberg.

Mosigkau: Fürst Leopold schenkte 1742 seiner Tochter Anna Wilhelmine die Herrschaft Mosigkau. Sie verlegte knapp zehn Jahre später ihre Residenz hierher und ließ sich von Knobelsdorff das Rokokoschloß (1752-1757) bauen, heute ein staatliches Museum mit Kunsthandwerk, Porzellan, Fayencen und einer Gemäldesammlung (Rubens, van Dyck, Jordaens). Der Mode der Zeit entsprechend erhaschte man sich im Irrgarten und konversierte anschließend im japanischen Teehaus des Schloßparks.

Wörlitz: Einer der schönsten im englischen Stil errichteten Landschaftsparks Deutschlands, Wörlitz, liegt wie als Ausgleich zum tristen Industriegebiet nicht weit entfernt Richtung Wittenberg (entlang der Landstraße, an der F 107) in den ehemals sumpfigen Elbeauen. Fürst Leopold Friedrich Franz ließ sich von 1764 bis 1800 um sein Jagdschloß diesen grandiosen Park anlegen. **Schloß Wörlitz,** das erste klassizistische deutsche Bauwerk (1769-1773) mit üppigen Wand- und Deckengemälden im Fest- und Speisesaal, beherbergt heute eine Kunstsammlung (Averkamp, Canaletto, Rubens). Die Fahrt mit dem Boot über die durch Kanäle verbundenen künstlichen Seen dauert etwa eine Stunde.

Sie kann aber nicht einen ausgiebigen Spaziergang durch die 112 Hektar der großartigen Parkanlage ersetzen. Über 800 Laubholzarten und eine Vielzahl exotischer Pflanzen, jeder Standort gut geplant, wurden zwischen Hügeln, an verschlungenen Pfaden und Brücken, in Grotten und bei Statuen und antiken Skulpturen gepflanzt. Bauwerke vieler geschichtlicher Epochen schmücken die Anlage: ein italienischer Bauernhof, dorische Säulen, ein griechischer Tempel, ein gotisches Schlößchen und ein Palmenhaus. Alljährlich erholten sich über eine Million Besucher in diesem verwirklichten Traum des „Alten Dessauers".

Wittenberg: Von Westen her, also von Wörlitz kommend, fällt der Turm der **Schloßkirche** gleich ins Auge, dessen Kuppel den Eindruck einer festsitzenden Kaiserkrone erweckt. Von hier aus läßt sich die Stadt, die heute 50 000 Einwohner zählt, überblicken. Vor der

Im Bauhaus-Museum, das an die Hochschule für Gestaltung aller künstlerischen Disziplinen erinnert.

Schloßkirche stand bis zur Osterwoche 1990 ein Panzer, der seine Kanone gen Westen gerichtet hatte. Die Reformatoren von heute holten dieses Denkmal vom Sockel.

Ihr Vorbild Martin Luther schlug am 31. Oktober 1517 nach Bauernaufständen in Ungarn, Siebenbürgen, der Slowakei, der Schweiz und Süddeutschland an die Tür dieser Kirche seine 95 Thesen und löste damit die Reformation aus. Die bronzene „**Thesentür**" ist von 1858. Luther und Melanchthon sind in der Kirche begraben.

Geärgert hat sich Luther damals über die Sonderangebote des Ablaßgroßhändlers Johann Tetzel. Die Vergebung eines Totschlags etwa kostete bei ihm nur acht Dukaten. Ohne es zu ahnen, kam Luther der europäischen Hochfinanz bei einem dubiosen Dreiecksgeschäft in die Quere. Luthers Erzbischof Albrecht, Kardinal von Mainz, hatte sich sein Amt in Rom gekauft und wollte außerhalb der Legalität auch noch einige einträgliche Bischofsitze in seiner Hand vereinen. Dazu brauchte der 25jährige eine Son-

derregelung aus Rom. Kein Problem, die fälligen 23 379 Dukaten finanzierte der Augsburger Bankier Jakob Fugger vor. Papst Leo stellte einen Ablaß aus, von dessen Gewinn sich Fugger zurückfinanzieren und der Bau des Petersdoms mitgetragen werden sollte. Generalvertreter in Sachen Ablaß wurde der Dominikaner Tetzel.

Luthers „Arbeitspapier" verbreitete sich als Bestseller innerhalb weniger Wochen in ganz Europa. Er hatte den Nerv der Zeit getroffen. Politisch noch bedeutsamer war der endgültige Bruch mit dem Papst am 10. Dezember 1520. Luther verbrannte an der heute todkranken **Luthereiche** im Osten der Stadt die Bannbulle des Papstes und das gesamte Kanonische Recht, die Rechtsgrundlage des Mittelalters. Ganz in der Nähe der Eiche liegt das Lutherhaus mit der staatlichen **Lutherhalle**, das weltgrößte Museum über die Geschichte der Reformation, in dem die Bilder des Malers und Lutherfreundes Lucas Cranach d.Ä. den Reformator, seine Frau und die „Zehn Gebote" darstellen.

Kunstwerke und Gebrauchsgegenstände der Bauhaus-Meister im Museum in Dessau.

APA GUIDES LIEFERVERZEICHNIS

Ägypten ISBN 3-575-21346-1
Alaska ISBN 3-575-21325-9
Argentinien ISBN 3-575-21353-4
Athen ISBN 3-575-21020-9
Australien ISBN 3-575-21341-0
Bahamas ISBN 3-575-21329-1
Bali ISBN 3-575-21354-2
Bangkok ISBN 3-575-21007-1
Barbados ISBN 3-575-21331-3
Barcelona ISBN 3-575-21024-1
Belgien ISBN 3-575-21390-9
Berlin ISBN 3-575-21001-2
Bermudas ISBN 3-575-21379-6
Brasilien ISBN 3-575-21342-9
Bretagne ISBN 3-575-21319-4
Brüssel ISBN 3-575-21029-2
Budapest ISBN 3-575-21018-7
Burma ISBN 3-575-21363-1
China ISBN 3-575-21301-1
Edinburgh ISBN 3-575-21023-3
Elsaß ISBN 3-575-21310-0
Florenz ISBN 3-575-21019-5
Florida ISBN 3-575-21355-0
Frankreich ISBN 3-575-21364-X
Gambia & Senegal ISBN 3-575-21392-5
Golf von Neapel ISBN 3-575-21399-2
Gran Canaria ISBN 3-575-21313-5
Griechenland ISBN 3-575-21365-8
Griechische Inseln ISBN 3-575-21315-1
Großbrittanien ISBN 3-575-21366-6
Hawai ISBN 3-575-21367-4
Hongkong ISBN 3-575-21356-9
Indien ISBN 3-575-21347-X
Indonesien ISBN 3-575-21368-2
Irland ISBN 3-575-21357-7
Israel ISBN 3-575-21358-5
Istanbul ISBN 3-575-21011-X
Italien ISBN 3-575-21343-7
Jamaika ISBN 3-575-21369-0
Jemen ISBN 3-575-21309-7
Jerusalem ISBN 3-575-21006-3
Jugoslawien ISBN 3-575-21340-2
Kalifornien ISBN 3-575-21359-3
Kanada ISBN 3-575-21351-8
Kanalinseln ISBN 3-575-21321-6
Karibik ISBN 3-575-21330-5
Katalonien/Costa Brava
ISBN 3-575-21328-3
Kenia ISBN 3-575-21352-6
Korea ISBN 3-575-21370-4
Kreta ISBN 3-575-21314-3
Lissabon ISBN 3-575-21009-6
London ISBN 3-575-21012-8
Madeira ISBN 3-575-21380-1
Malaysia ISBN 3-575-21371-2
Mallorca & Ibiza ISBN 3-575-21311-9
Marokko ISBN 3-575-21304-6
Mexico City ISBN 3-575-21027-6
Mexico ISBN 3-575-21372-0
München ISBN 3-575-21013-6
Nepal ISBN 3-575-21360-7
Neuseeland ISBN 3-575-21348-8
New York ISBN 3-575-21377-1
Nordkalifornien ISBN 3-575-21335-0
Ostafrika ISBN 3-575-21902-8
Ostasien ISBN 3-575-21322-4
Österreich ISBN 3-575-21327-5
Pakistan ISBN 3-575-21306-2
Paris ISBN 3-575-21002-0
Peking ISBN 3-575-21014-4
Philippinen ISBN 3-575-21373-9
Portugal ISBN 3-575-21349-6
Prag ISBN 3-575-21016-0
Provence ISBN 3-575-21316-X
Puerto Rico ISBN 3-575-21394-1
Der Rhein ISBN 3-575-21318-6
Rio de Janeiro ISBN 3-575-21010-1
Rocky Mountains ISBN 3-575-21391-7
Rom ISBN 3-575-21003-9
San Francisco ISBN 3-575-21008-X
Schottland ISBN 3-575-21320-6
Schweden ISBN 3-575-21307-0
Singapur ISBN 3-575-21361-5
Spanien ISBN 3-575-21350-X
Sri Lanka ISBN 3-575-21362-3
Südamerika ISBN 3-575-21401-8
Südasien ISBN 3-575-21323-2
Südkalifornien ISBN 3-575-21338-0
Sydney ISBN 3-575-21021-7
Taiwan ISBN 3-575-21345-3
Teneriffa ISBN 3-575-21324-0
Texas ISBN 3-575-21395-X
Thailand ISBN 3-575-21344-5
Toskana ISBN 3-575-21317-8
Türkei ISBN 3-575-21374-7
Türkische Küste ISBN 3-575-21339-9
UDSSR ISBN 3-575-21308-9
Ungarn ISBN 3-575-21303-8
USA ISBN 3-575-21375-5
USA Nordwest ISBN 3-575-21378-X
USA Südwest ISBN 3-575-21376-3
Venedig ISBN 3-575-21005-5
Wasserwege in Westeuropa
ISBN 3-575-21901-X
Wien ISBN 3-575-21004-7

In Vorbereitung:
Algarve
Amsterdam
Andalusien/Costa
del Sol
Boston
Bueonos Aires
Bulgarien
Chicago
Chile
Costa Rica
Dänemark
Das Große Barrier
Reef & Queensland
Delhi-Jaipur-Agra
Der Nil
Dresden
Dublin
Düsseldorf
Ecuador
Glasgow
Hamburg
Himalaya
Indien-Safari
Island
Japan
Kairo
Kalkutta
Kathmandu
Köln
Korsika
Leningrad
Loiretal
Los Angeles
Madrid
Malta
Melbourne
Miami
Montreal
Moskau
Namibia
Naturerlebnis
Südostasien
New Orleans
New York
Niederlande
Norwegen
Orlando
Oxford
Peru
Polen
Rumänien
Sardinien
Schweiz
Südafrika
Südindien
Südtirol
Tokio
Trinidad &
Tobago
Tschechoslowakei
Tunesien
Umbrien
USA/Neu-England
Vancouver
Venezuela
Vietnam

NEU! APA POCKET GUIDES

Ab April 1991
Algarve ISBN 3-575-21715-7
Athen ISBN 3-575-21719-X
Bali ISBN 3-575-21738-6
Bankok ISBN 3-575-21725-4
Cote d'Azur ISBN 3-575-21726-2
Delhi ISBN 3-575-21737-8
Elsaß ISBN 3-575-21707-6
Kreta ISBN 3-575-21720-3
München ISBN 3-575-21702-5
New York ISBN 3-575-21727-0
Paris ISBN 3-575-21706-8
Phuket ISBN 3-575-21734-3
Rhodos ISBN 3-575-21721-1
Rom ISBN 3-575-21716-5
San Francisco ISBN 3-575-21731-9
Toskana ISBN 3-575-21717-3
Türkische Küste ISBN 3-575-21735-1

In Vorbereitung:
Berlin
Bretagne
Costa Blanca
Costa Brava
Costa del Sol
Gran Canaria
Ibiza
Irland
Loiretal
London
Mallorca
Nepal
Oslo/Südnorwegen
Sardinien
Süd-England
Teneriffa

APA GUIDES
kosten pro Band DM 39,80

APA POCKET GUIDES
kosten pro Band DM 12,80

RV

APA GUIDES

VON DER MARK BRANDENBURG ZUR OSTSEE

Was zu bewahren sich lohnt, soll jetzt auch unter die höchste Kategorie des Naturschutzes gestellt werden: Die Küste zwischen Rostock und Stralsund wurde zum Nationalpark „Vorpommersche Boddenlandschaft" erklärt, und der nordöstliche Zipfel von Rügen wird nun zum „Nationalpark Jasmund". Die Fahrt in den Nordosten Deutschlands verspricht ein ursprüngliches Naturerlebnis zu werden.

Wer von Berlin aus den Nordosten erkunden will, kann auf der Autobahn nach Rostock direkt zur Ostseeküste durchstarten. Reizvoller ist es, die Hauptstadt bei Staaken zu verlassen und der alten F5, der Fernverkehrsstraße Berlin-Hamburg, zu folgen. Sie war lange Zeit die letzte Landstraße im Transitverkehr von der früheren Bundesrepublik nach Westberlin. Bis zum Bau der Autobahn (1982) mußte sie jeder befahren, der von Hamburg nach Berlin wollte. Tag und Nacht rollte auch der Schwerlastverkehr unterm Laubdach der alten Bäume, das die Straße kilometerlang überwölbt.

Ich bin an dieser Straße aufgewachsen. Für uns Kinder waren die bunten Autos auf der Transitstrecke die einzige Verbindung zu einer fremden Welt, nach der wir uns heimlich sehnten. Wir standen gern am Straßenrand und winkten den Autos zu, was uns die Lehrer immer wieder verboten. Den Transitreisenden war es untersagt, mit uns Kontakt aufzunehmen oder die vorgeschriebenen Straßen zu verlassen. Sie blieben für uns unnahbare Phantome.

Preußens Provinz: Auf der alten Transitstraße durchqueren wir die **Mark Brandenburg**. Märkische Landschaft – das sind Felder, Wälder, Weiden und Alleen auf flachem Land, das ist der sprichwörtliche märkische Sandboden. Die Dörfer ziehen sich an der Straße entlang, die Bauernhäuser haben große Freitreppen und wollen wie kleine Gutshäuser aussehen. Alte Adelsgeschlechter wie die Bredows und Ribbecks gaben den Ortschaften ihre Namen. Die liebe-

vollsten Schilderungen dieser Landschaft hat Theodor Fontane, der 1819 in der Neuruppiner Löwenapotheke geboren wurde, in seinen „Wanderungen durch die Mark Brandenburg" verfaßt, .

In **Neuruppin** leben heute 28 000 Menschen. Das einheitliche, klassizistische Stadtbild entstand nach dem großen Stadtbrand von 1787. Die übergroßen Plätze dienten zum Exerzieren. Neuruppin war immer eine wichtige Garnisonsstadt, erst für Preußen, in den letzten Jahren für die Rote Armee. Nun hat die Sowjetunion mit dem Abzug der Truppen begonnen. Die Bundeswehr interessiert sich für das Armeegelände. Neuruppiner Bürger haben sich zu einer Bürgerinitiative zusammengeschlossen und fordern die endgültige Stillegung der Militäranlagen.

Das Heimatmuseum von Neuruppin zeigt Erinnerungsstücke an Fontane und Karl Friedrich Schinkel (1781-1841), den anderen großen Sohn der Stadt. Schinkel war der bedeutendste Baumeister Preußens, außerdem Maler und Bühnenbildner, eine der herausragenden Künstlerpersönlichkeiten des 19. Jahr-

Vorherige Seite: Morgenstimmung in der Mark. Claire und Wölfchen in Tucholskys Roman „Rheinsberg" (**links**: Schloß Rheinsberg) hatten mehr Grund zum Optimismus als dieses junge Pärchen (**rechts**).

357

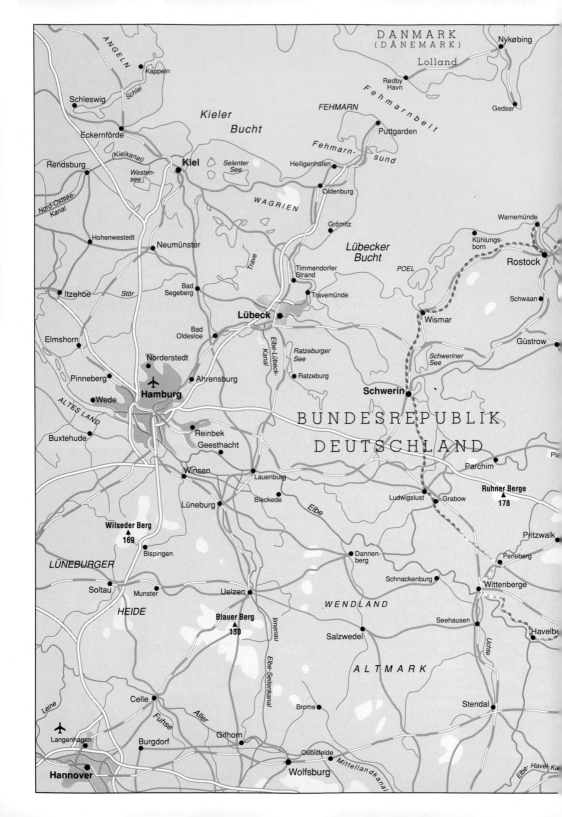

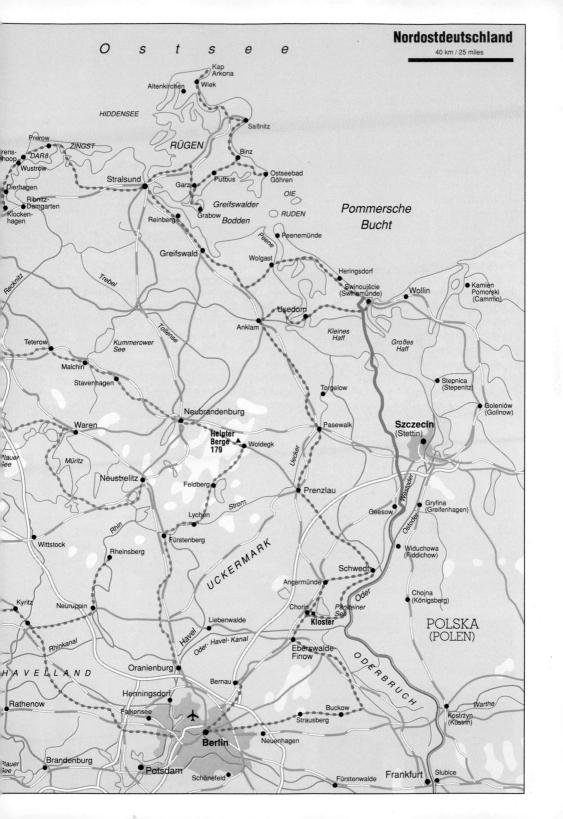

hunderts. Das älteste Bauwerk Neuruppins, die Dominikaner-Klosterkirche aus dem 13. Jahrhundert, wurde 1836-41 nach Schinkels Plänen restauriert. Sehenswert ist auch der barocke Tempelgarten von Schinkels Vorgänger Georg Wenzeslaus von Knobelsdorff, dem Architekten Friedrichs des Großen.

Bekanntgeworden ist der Name der Stadt auch durch den von Gustav Kühn herausgegebenen Neuruppiner Bilderbogen, einen volkstümlichen Vorläufer der Illustrierten. Er berichtete regelmäßig über das Weltgeschehen. Zwischen 1810 und 1935 sollen rund 100 Millionen Bogen gedruckt worden sein. „In jedem Augenblick zu wissen, was obenauf schwimmt, was das eigentliche Tagesinteresse bildet, das war unausgesetzt und durch viele Jahrzehnte hin Prinzip und Aufgabe der Ruppiner Offizin", schrieb Theodor Fontane. „Das war der dünne Faden, durch den weite Strecken unseres eigenen Landes mit der Welt draußen zusammenhängen."

In der ersten Vollmondnacht im August veranstalten die Neuruppiner einen großen Bootskorso. Vom Neuruppiner See geht es über den Rhin nach Altruppin, an illuminierten Gärten mit lustig kostümierten Partygesellschaften vorbei, die kleine, zum Motto der Nacht passende Szenen darstellen.

Nicht weit von Neuruppin liegt das Luch, eine feuchte Niederung, die der Preußenkönig Friedrich der Große vor über 200 Jahren trockenlegen ließ. Kolonisten aus Schwaben, Württemberg und anderen Ländern siedelten sich an und bebauten das Land. Mit ihren kleinen Dämmen zwischen unzähligen schnurgeraden Wasseradern erinnert die flache Landschaft an Holland.

Märkische Romanzen: Von Neuruppin aus ist **Rheinsberg** in 25 Minuten zu erreichen. Kronprinz Friedrich, der spätere Friedrich der Große, hat vor seiner Thronbesteigung vier Jahre lang in dem von Knobelsdorff gebauten Schloß am See gewohnt und in dessen Abgeschiedenheit die charakterlichen Qualitäten seiner unschönen Gattin Elisabeth Christina entdeckt. Hier hat Kurt Tucholsky seine schönste Liebesgeschichte, „Rheinsberg"

Am Kyritzer See, einem von 650 Seen nördlich von Berlin.

(1912), angesiedelt. Seitdem suchen dort viele Pärchen den Liebesrausch, besonders solche, die wie Tucholskys Claire und Wölfchen der Monotonie und Hetze des Berliner Großstadtlebens entfliehen wollen. Eine Gedenkstätte im Schloß erinnert an den Schriftsteller. Draußen im Park stehen Allegorien der vier Elemente Feuer, Erde, Luft und Wasser.

Das Schloß diente jahrelang als Sanatorium für Diabetes-Kranke. Jetzt bemüht sich der hiesige Kunstverein darum, eine neue Nutzung für das Schloß zu finden, die Touristen nach Rheinsberg ziehen soll. Geplant ist, mit einem Kammeroperfestival an die alte Tradition des Musiksommers anzuknüpfen.

Von Rittern und Reformen: Wir fahren zurück zur früheren Transitstrecke, nach **Kampehl**. Im Anbau der Dorfkirche ist die mumifizierte Leiche eines Ritters zu besichtigen. Es heißt, er habe zu Lebzeiten einen Schäfer erschlagen und soll, um seine Unschuld zu beteuern, vor Gericht gesagt haben: „Wenn ich der Mörder gewesen bin, so wolle Gott, daß ich nicht verwese." Der Ritter wurde freigespro-

chen und nach seinem Tod im Jahr 1703 in Kahlbutz beerdigt. Als man ihn neunzig Jahre später umbetten wollte, fand man die Leiche unverwest.

In **Kyritz** (10 000 Einwohner) erinnert ein Denkmal vor dem Kreiskulturhaus an die hier am 2. September 1945 von Wilhelm Pieck, dem ersten DDR-Präsidenten, verkündete Bodenreform, durch die die Großgrundbesitzer enteignet wurden. Kyritz liegt an einer Seenkette, die man mit dem Dampfer und Leihbooten befahren kann.

Die Orte Kyritz, Pritzwalk, Wittstock und Perleberg gehören zur **Prignitz**. Die flache Landschaft mit ihren kleinen Landstraßen, verträumten Ortschaften und Badeseen eignet sich hervorragend für Fahrradtouren im Sommer. Eine Anlaufstelle im internationalen Netz der Radwanderstationen ist das GRAF (Galerie Rosenwinkel Ausbau Fünf), ein selbstverwaltetes Kulturprojekt in Rosenwinkel, das Theateraufführungen, Konzerte und Sportwettkämpfe wie die „Rosenwinkler Bauernolympiade" durchführt.

Schloß Rheinsberg, in dem Friedrich der Große vor seiner Thronbesteigung vier Jahre lang lebte.

Havelberg, nicht weit von der Einmündung der Havel in die Elbe gelegen, besitzt einen gotischen Dom. Am ersten Wochenende im September zieht es viele Besucher zum großen Pferdemarkt auf die Havelwiesen. Daraus entwickelte sich im Lauf der Jahre der größte Flohmarkt der DDR. Früher war der Pferdemarkt auch ein Heiratsmarkt, und noch immer liegen auf dem großen Basar mit seiner Jahrmarktsatmosphäre Flirts in der Luft.

Elbabwärts erreichen wir **Wittenberge**. Hauptproblem der alten Industrie- und Hafenstadt ist die Umstrukturierung der Wirtschaft. Früher war die Zellstoffproduktion ein wichtiger Industriezweig, der die Luft und das Elbwasser belastete. Trotzdem nisten im Umland der Stadt rund hundert Storchenpaare.

Auf dem Marktplatz von **Perleberg** steht eine Rolandsäule. Solche Skulpturen, die einen barhäuptigen Mann mit Schwert darstellen, wurden im Mittelalter in vielen norddeutschen Städten aufgestellt, um an den Kampf der Städte um ihre politische Selbständigkeit und freie Gerichtsbarkeit zu erinnern.

Mecklenburger Residenzen: Wir verlassen die Mark Brandenburg und kommen nach Mecklenburg. Seit 1757 residierten die mecklenburgischen Herzöge in **Ludwigslust**. Damals wurde der Ort erst im barocken, dann im klassizistischen Stil umgebaut. Sehenswert sind das Schloß und der 135 Hektar große Schloßpark. 1837 wurde die Residenz in die 40 Kilometer nördlich gelegene Domstadt **Schwerin** (130 000 Einwohner) zurückverlegt. Das Schweriner Schloß, 1846-57 erbaut, liegt auf einer Insel zwischen dem Burgsee und dem 66 Quadratkilometer großen **Schweriner See**: ein Märchenschloß, das Neuschwanstein des Nordens, in dem ein Schloßgeist, das „Petermännchen" umgehen soll.

Ausflugsschiffe, die in der Nähe des Schlosses ablegen, steuern die Insel Kaninchenwerder an. Dort kann man von der Ausflugsgaststätte oder vom Aussichtsturm aus die Segler und Surfer beobachten. Von Schwerin aus kann man bis nach Berlin schippern. Allerdings nicht mit einer Motorjacht, sondern mit

Links: Früher symbolisierte der Roland Brandenburgs Unabhängigkeit. **Rechts**: Die Opfer der Roten Armee wurden nur geehrt, weil die SED es wollte.

dem Paddel- oder einem kleinen Segelboot. Erst beim Wasserwandern läßt sich der unvergleichliche Reiz der Landschaft rundum genießen. Seit dem 27. Oktober 1990 ist Schwerin wieder Hauptstadt von Mecklenburg-Vorpommern.

Zum Urlaub an die Ostsee: Eine halbe Autostunde nördlich liegt die Ostseeküste. Früher war sie Grenzgebiet und das liebste Reiseziel der DDR-Urlauber. Plätze in den volkseigenen Ferienheimen an der Küste waren sehr begehrt. Jetzt gibt es viel Platz am Ostseestrand und freie Betten in den großen Häusern und Privatpensionen. Da viele Betriebe schließen müssen, ist die Öffnung für Urlaubsreisende oft eine Überlebensfrage. „Jetzt fahren wir wieder mit den Urlaubern auf unsern Kuttern zur See hinaus wie vor zwanzig Jahren", sagt ein Fischer aus Ahlbeck. Das war früher verboten, genauso wie das Segeln und Surfen. Wer mit der Luftmatratze zu weit hinausschwamm, konnte als Grenzverletzer festgenommen werden. Manche romantische Strandkorbstunde in warmen Sommernächten wurde durch Kontrollen von DDR-Grenzbeamten gestört.

Die Landschaft ist vielgestaltig. Schroffe Steilküsten wechseln mit breiten, feinkörnigen Sandstränden. Dahinter liegen Wald und die charakteristischen „Bodden", salzwasserhaltige große Lagunen und Haffs. Landzungen, Fjorde, vorgelagerte Inseln und Halbinseln verwischen die Grenze zwischen Meer und Land. Unsere Reise führt uns an der Küste entlang von Westen nach Osten, von Wismar über Rostock nach Greifswald und Usedom.

Das Hafenstädtchen **Wismar** (57 000 Einwohner) ist im Zweiten Weltkrieg stark zerstört worden und in den folgenden Jahrzehnten weiter verfallen. Es lebt vor allem von einer modernen Werft.

Im 13. Jahrhundert schloß Wismar mit Rostock und Lübeck einen Pakt gegen die Seeräuberei, aus dem später ein Zweig der Hanse hervorging. 1648 bis 1903 gehörte die Stadt den Schweden, die sie 1803 auf ein Jahrhundert an Mecklenburg verpfändeten. Die Schweden bauten Wismar zur größten Festung Europas aus. Während der vielen Kriege

gegen die Schweden wurde die Stadt häufig angegriffen. Die Bombardierungen hat nur die Nikolaikirche mit ihrem 37 Meter hohen Mittelschiff heil überstanden. Am großen, von prächtigen Bürgerhäusern eingefaßten Marktplatz steht „Der alte Schwede", das älteste Haus der Stadt (um 1380 erbaut) mit dreiteiligem Staffelgiebel. Es beherbergt eine gemütliche alte Seemannsgaststätte. Die Wasserkunst auf dem Marktplatz im Stil der niederländischen Renaissance versorgte die Stadt bis 1897 mit Wasser. Im Hafen stehen noch alte Kaianlagen und Lagerschuppen. Von hier aus fahren Schiffe zur Insel Poel, einem beliebten Ausflugsziel. Was es mit den beiden Schwedenköpfen im Hafen auf sich hat, ist nie sicher geklärt worden. Möglicherweise handelt es sich um eine abschreckende Darstellung geköpfter Piraten.

Nordöstlich von Wismar liegt das Ostseebad **Kühlungsborn**, eines der größten Ferienzentren der mecklenburgischen Küste, und **Bad Heiligendamm** mit seinen weißen Kurhäusern. Der Ort ist das älteste Seebad Deutschlands (seit 1793). An der steinigen Küste kann man die Studenten der dort ansässigen Fachschule für Angewandte Kunst bei ihrem Naturstudium beobachten. Eine romantische, denkmalgeschützte Schmalspurbahn mit dem Spitznamen „Molli" verbindet die beiden Orte mit **Bad Doberan**, der einstigen Sommerresidenz des mecklenburgischen Hofes (heute eine Kreisstadt mit 12 400 Einwohnern). Im Doberaner Münster, einer ehemaligen Klosterkirche aus dem 13. Jahrhundert, sind die Grabstätten mehrerer mecklenburgischer Herzöge zu sehen. Die Doberaner Pferderennbahn aus dem Jahr 1807 ist die älteste in Europa.

Das „Tor zur Welt": Mit dem Ausbau der alten Hansestadt **Rostock** (250 000 Einwohner) zum Überseehafen machte sich die DDR in den fünfziger Jahren unabhängig vom Hamburger Hafen. 1419 wurde in Rostock die erste Universität Nordeuropas gegründet. Mit dem Bau der mächtigen Marienkirche, die die Stadtsilhouette prägt, wurde 1230 begonnen. An der Kirche, dem Wahrzeichen von Rostock, ist eine astronomische

Stralsund, die alte Hansestadt an der Ostsee.

Uhr angebracht, die Kaufleute der Stadt 1472 zum Geschenk machten. Gegenüber dem Rathaus sind die alten Patrizierhäuser noch gut erhalten. Auf dem Universitätsplatz sprudelt der sogenannte „Pornobrunnen" mit seinen gewagten Skulpturen im Stil des sozialistischen Realismus. Vom Schock dieses Anblicks erholt man sich in der „Kogge", einer historisch dekorierten Gaststätte in der Wokrenter Straße. Sehenswert sind Reste der alten Befestigungsanlagen; der größte Teil der Stadt besteht jedoch aus weitläufigen Neubaugebieten, die den Stadtkern einrahmen und in denen zwei Drittel der Rostocker wohnen. Die Bettenburgen in Plattenbauweise ziehen sich an der Unterwarnow entlang bis nach **Warnemünde**, Rostocks großem Badeort und Fährhafen.

Schon Fontane hat sich für den Warnemünder Baustil begeistert, der sich dadurch auszeichnet, „daß man an die Fronten der Häuser einen Glaskasten anklebt, der, unter den verschiedensten Namen auftauchend, als Balkon, Veranda, Pavillon, doch immer der alte Glas-kasten

bleibt, wovon das Sein oder Nichtsein aller Gäste und zuletzt auch Warnemündes abhängt. Diese gläsernen An- und Vorbauten geben dem Ort seinen Charakter und dem Badegast sein Behagen." Während der DDR-Zeit zeigte sich an der Mole von Warnemünde unser Fernweh in stummen Szenen: etwa in der Art, wie wir den unerreichbaren Fähren und Handelsschiffen nach Dänemark nachträumten...

Die „Bernsteininsel": Der breite und feinkörnige Strand von Warnemünde ist eine Hochburg der Freikörperkultur. Während in den sechziger Jahren das FKK-Gelände noch durch Schilder markiert wurde, eroberten sich die Nackten im Laufe der Jahre die gesamte Ostseeküste. Nirgendwo sonst in Europa finden Sie einen so langen FFK-Strand. Die Freiheit von textilen Hüllen war eine der wenigen Freiheiten, die toleriert wurden.

Wir fahren weiter zu der großen Halbinsel, die aus den Inseln **Fischland**, **Darß** und **Zingst** erst vor ein paar Jahrhunderten zusammengewachsen ist. Sie steht zum größten Teil unter Naturschutz.

Auf dem Weg zum Darß liegt das **Klockenhagener** Freilichtmuseum mit seinen liebevoll gepflegten mecklenburgischen Fachwerkhäusern. **Ahrenshoop** ist die Diva unter den Ostseebädern, eine Künstlerkolonie schon seit hundert Jahren, und auch im Sozialismus ein Intellektuellentreffpunkt durch die vom Kulturbund der DDR unterhaltenen Ferienhäuser. Hinter Ahrenshoop beginnt der Darßer Urwald. Man erkundet ihn zu Fuß oder mit dem Rad – für Autos ist das Gebiet nämlich gesperrt. Auf dem Westdarß stehen viele malerisch vom Wind verbogene Bäume, sogenannte „Windflüchter". In Perow und Zingst sind die typischen bunten Haustüren zu entdecken. Aber auch die Boddendörfer wie Born und Wiek mit ihren schilfigen Uferzonen lohnen einen Besuch. Darß heißt auch die „Bernsteininsel". Mehr über das „Gold des Nordens", das auf den Inseln gefunden wurde, erfährt man auf dem Festland, im Bernsteinmuseum von **Ribnitz-Damgarten**. Im dort ansässigen „VEB Ostseeschmuck" wurde der Bernstein verarbeitet. Das nahe Flüßchen Recknitz ist die natürliche Grenze zwischen Mecklenburg und Vorpommern.

Stralsund: Die Hansestadt, am Strelasund der Insel Rügen gegenüber gelegen, gilt als die schönste Stadt Norddeutschlands. Bereits 1234 verlieh der slawische Fürst Wizlaw I. der Kaufmannssiedlung das Stadtrecht. 1648 fiel sie mit Vorpommern an Schweden, nach dem Wiener Kongreß 1815 an Preußen. Ganze Straßenzüge der Altstadt sind noch so erhalten, wie sie im 13. und 14. Jahrhundert angelegt wurden, beispielsweise die Fährstraße. Teiche und Parkanlagen umschließen die Stadtanlage mit dem gotischen Rathaus, der Nikolai- und Marienkirche, den Klosteranlagen, Befestigungswerken und Bürgerhäusern. Die schmalen und tiefen Kaufmannshäuser wurden bis ins 18. Jahrhundert hinein nach demselben architektonischen Prinzip gebaut: Die eine Hälfte des Hauses nahm im Erd- und Obergeschoß der Wohnbereich ein, die andere Hälfte eine durch die ganze Tiefe reichende, zweigeschossige Diele, von der aus die Waren der Kaufleute mit einer Seilwinde in die

Papier und plumpe Pumps lassen sich einfach entsorgen…

Speicher im Giebel- und Dachgeschoß gezogen wurden.

Im Kloster St. Katharinen zeigt das Meeresmuseum das 16 Meter lange Skelett eines Finnwals und 120 Arten von Meeresbewohnern in Schaubecken mit frischem Meerwasser. Seit 1936 ist die Stadt durch einen Damm mit Rügen, der größten deutschen Ostseeinsel, verbunden. Eine Hebebrücke läßt von Zeit zu Zeit die Schiffe passieren.

Rügen: Caspar David Friedrichs Gemälde haben die Kreidefelsen von Rügen, die oft hundert Meter steil zum Meer hin abfallen, weltberühmt gemacht. Sein romantischer Malerkollege Philipp Otto Runge rühmte den Ort, „wo der stille Ernst des Meeres von den freundlichen Halbinseln und Tälern, Hügeln und Felsen auf mannigfaltige Art unterbrochen wird", und Karl Friedrich Schinkel empfand die landschaftlich abwechslungsreiche Insel als „großartiges Kunstwerk". Eine ihrer Besonderheiten sind die in die Kreidefelsen eingelagerten Feuersteinbänke, die das Meer an manchen Stellen ausgewaschen hat. Auf der Schaabe und

der Schmalen Heide liegen die Felsen in langen Wällen landeinwärts. Die Steilküsten von Wittow, Jasmund, der Granitz und dem Mönchgut werden ständig vom Meer abgetragen und mußten daher teilweise durch Schutzbauten gesichert werden (Nordperl). Hinter diesen vorgelagerten, vom Inselkern durch Bodden und Wiesen getrennten Halbinseln liegt das Mutterland von Rügen mit den Ortschaften Bergen, Putbus, Ganz und Gingst. Noch weiter nach Westen vorgeschoben, wirkt die lange schmale Insel Hiddensee (siehe Kasten) als Wellenbrecher. Die höchsten Erhebungen auf Rügen sind der Piekberg bei Hagen, der Trenzer Berg nördlich von Saßnitz, der Rugard mit dem Ernst-Moritz-Arndt-Turm und der Königstuhl unmittelbar an der Küste. Von den Aussichten über Meer und Land, die sie bieten, ist eine schöner als die andere.

Das Innere der 926 Quadratkilometer großen Insel steht dem 570 Kilometer langen Küstenstreifen an Schönheit nicht nach: Linden- und Kastanienalleen verbinden die kleinen Ortschaften, am

...aber wie es weitergeht, ist ungewiß.

Straßenrand wachsen wie eh und je Raps, Getreide und Mohnblumen. Nirgends gedeihen schönere Laubwälder, in die sich Schlösser harmonisch einfügen wie Schloß Spyker am Ufer des Jasmunder Boddens und das Jagdschloß Granitz bei Binz, heute ein Jagdmuseum. Von hier aus können weite Teile der Insel und des Greifswalder Boddens überblickt werden. Die große Wiese vor Schloß Ralswiek dient während der Rügenfestspiele als Freilichtbühne.

Zahlreiche vor- und frühgeschichtliche Denkmäler, vor allem Großstein- und Hügelgräber, weisen Rügen als eines der ältesten Siedlungsgebiete aus. Historiker gehen davon aus, daß die Lietzow-Kultur schon in der Jungsteinzeit weite Teile Mitteleuropas mit Werkzeugen aus rügenschem Feuerstein belieferte.

In **Garz**, der ältesten Stadt auf der Insel, erinnert ein Museum an den Dichter und Gelehrten Ernst Moritz Arndt (1769-1860), Rügens größten Sohn. **Putbus** wirkt mit seinen klassizistischen Prachtbauten wie ein englischer Badeort. Auf einer Anhöhe liegt der „Circus", ein kreisrunder Platz, von schneeweißen Häusern umgeben, mit einem Obelisken in der Mitte, der an den Fürsten Malte von Putbus erinnert. Er ließ den Ort 1810 im einheitlichen Stil aufbauen. Im Schloßpark stehen exotische Baumriesen.

Besonders schön wandern läßt es sich auf der Halbinsel Mönchgut. Dort finden sich noch die ursprünglichen rügenschen Bauernhäuser, die ein Gefühl für die Vergangenheit der Insel vermitteln. Die alten Badeorte **Seelin** und **Binz** sind zu einem Hauptanziehungspunkt für Touristen geworden. Im Norden der Insel liegen Caspar David Friedrichs berühmte Kreidefelsen (Königstuhl, 117 Meter) und der Fährhafen **Saßnitz**. Von hier aus verkehren seit 1897 Schiffe ins schwedische Trelleborg. An der Nordspitze Rügens, bei **Kap Arkona**, erhob sich die Jaromarsburg, eine Tempelstätte für die slawische Gottheit Svantevit, von der noch 13 Meter hohe Wälle erhalten sind. 1168 wurde dieses Heiligtum von den Dänen erobert und zerstört.

Einen kurzen Fußweg vom Kap entfernt liegt in einer windgeschützten Mulde das Dörfchen **Vitt**, das von einer Seefahrerkapelle auf einer Felsenklippe beschützt wird.

Universität und Kernkraft: Wieder auf dem Festland, fahren wir weiter an der Ostseeküste entlang, der polnischen Grenze entgegen. Die nächste große Stadt ist **Greifswald,** der Geburtsort Caspar David Friedrichs. Sie ist aus dem 1248 angelegten Kloster Eldena am Ufer des Flüßchens Ryck hervorgegangen, dessen Ruine die Vorlage für eines der berühmtesten Gemälde Friedrichs war und noch heute zu besichtigen ist. Auch Greifswald gehörte seit 1278 zur Hanse. 1456 gründete der legendäre Bürgermeister der Stadt, Heinrich Rubenow, die Universität. An ihr studierten und lehrten so bedeutende Köpfe wie der Reformator Ulrich von Hutten, der Schriftsteller Ernst Moritz Arndt und der Arzt Ferdinand Sauerbruch. Da die Stadt im 18. Jahrhundert wiederholt durch Feuersbrünste zerstört wurde, besitzt sie außer vereinzelten gotischen Backsteinbauten kein einheitliches mittelalterliches Stadtbild mehr. Dank der Entscheidung des damaligen Stadtkommandanten, Greifswald im Jahr 1945 kampflos den russischen Truppen zu übergeben, ist aber immerhin die sehenswerte Altstadt erhalten geblieben. Heute zählt Greifswald 64 000 Einwohner.

Der Name Greifswald wird in letzter Zeit vor allem mit dem unsicheren Kernkraftwerk in der Nähe der Stadt in Verbindung gebracht. Es lieferte früher ein Zehntel des Strombedarfs der DDR und versorgte Greifswald mit Fernwärme. 1976 kam es bei einem Feuer im Maschinenraum beinahe zu einem Super-GAU. Das war nur der schlimmste in einer nicht abreißenden Kette schwerer Betriebsunfälle. 1990 wurden die vier Blöcke des Kraftwerks nach und nach abgeschaltet, da sie nicht den westlichen Sicherheitsstandards entsprachen. Ein eilig errichtetes konventionelles Heizkraftwerk übernahm die Wärmeversorgung von Greifswald. Ob nun der Betrieb nach Umbauten wiederaufgenommen oder das Kraftwerk ganz aufgegeben wird: So oder so wird es der Stadt als ewig strahlendes Denkmal der gescheiterten Utopie vom atomgespeisten sozialistischen Energieparadies erhalten bleiben.

Gerhart Hauptmann beim Produktivspaziergang.

GÄSTE AUF HIDDENSEE

Die ersten Gäste auf dem 17 Kilometer langen Landstreifen, der als riesiger Wellenbrecher westlich vor Rügen liegt, waren Zisterziensermönche. Sie gründeten auf der damals dänischen Insel 1297 ein Kloster. Nur noch ein Torbogen davon ist erhalten. Die Mönche blieben auch nach der Säkularisierung ihres Anwesens im Jahr 1536, denn sie wollten einen „so lieben Ort nicht quittieren".

Fischfang und ein wenig Landwirtschaft waren jahrhundertelang die Lebensgrundlage der Bevölkerung. Im Inselmuseum wird anhand von Hausrat und Mitbringseln der Seefahrer über das einfache Leben der Menschen informiert. Ende des letzten Jahrhunderts entdeckten Künstler und Intellektuelle die Insel, die kleine Schwester Rügens, und sie entwickelte sich, wie Gerhart Hauptmann 1899 schrieb, „zum geistigsten aller Seebäder". Der Dramatiker Hauptmann hatte 14 Jahre zuvor die Insel zum ersten Mal im Alter von 23 Jahren besucht, sofort eine Zuneigung zu ihr gefaßt und das erste einer ganzen Reihe von Gedichten über Hiddensee geschrieben. Von da an wurden die Sommeraufenthalte auf der Insel zu einem festen Bestandteil seines Lebens- und Schaffensrhythmus. Hier erfuhr er Inspiration und Konzentration, hier unternahm er seine morgendlichen „Produktivspaziergänge", in denen er das überdachte, was er nachmittags diktierte. Erst ein halbes Jahrhundert nach seinem ersten Aufenthalt erwarb er das Haus Seedorn in Kloster. In der heutigen Gerhart-Hauptmann-Gedenkstätte darf man auch einen Blick in sein winziges dunkles Schlafkämmerchen werfen. Über seinem Bett hat er, der so viele Worte hinterließ, an die Wand gekritzelt: „Schweigen ist die höchste Kunst." Das Grab von Hauptmann, in dem auch die Urne seiner Frau beigesetzt ist, ist auf dem Inselfriedhof nahe der Gedenkstätte zu besichtigen.

Nach dem Ersten Weltkrieg wurde die Insel zur Künstlerkolonie. Thomas Mann kam und traf Hauptmann, den er dann in seinem Zauberberg-Roman als „Mynheer Peeperkorn" auftreten ließ. Albert Einstein spazierte mit abgetragenem

Mantel bei Wind und Wetter über die Hügel am Dornbusch. Für die Schauspielerin Asta Nielsen baute Max Taut ein Haus mit fließenden Konturen, das Karussell. „Nirgends ist man so jung, so froh und so frei, wie auf dieser schönen Insel." Wie Asta Nielsen scheinen viele Gäste gefühlt zu haben. Sie kamen in Scharen: Sigmund Freud, Käthe Kollwitz, Max Reinhardt, Joachim Ringelnatz, Ernst Barlach, Stefan Zweig, Gottfried Benn, Heinrich George, Carl Zuckmayer und sogar der Bürgerschreck George Grosz, der sich über die Hiddensee-Gesellschaft mokierte.

Nach dem Zweiten Weltkrieg errichtete das Zentralkomitee der SED ein Ferienheim auf Hiddensee. Hier erholte sich unter dem Walmdach des „Hauses am Hügel" der DDR-Spion Günter Guillaume, über den Bundeskanzler Willy Brandt stürzte. Es kamen auch noch Künstler wie der Regisseur Walter Felsenstein, der dadurch die Aufmerksamkeit auf sich zog, daß er seinem Esel einen goldenen Zahn einsetzen ließ. Seine Frau soll nachts nackt auf einem Rappen über den Strand galoppiert sein. So erzählen es die Anwohner. Sie waren auf das SED-Ferienheim nie gut zu sprechen. Während der DDR-Revolution zählte der Inselpfarrer bei den Friedensgebeten bis zu 500 Teilnehmer, fast die Hälfte der Inselbevölkerung. Früher vertraten die aufgeklärten protestantischen Pfarrer von Hiddensee die Einheimischen vor dem Grundherren. Das Ferienheim mit Gaststätte und Fremdenzimmern gehört jetzt der Gemeinde. In drei weiteren Häusern, die das ZK vor der Wende hochziehen ließ, entstanden altengerechte Wohnungen.

Weitere treue Gäste der Insel sind die vielen Vögel, die alljährlich auf ihrem Zug nach Süden hier rasten und schlafen, teilweise auch überwintern. Kanadagänse, Pfeifenenten und Höckerschwäne fliegen die Flachwassergebiete der Insel zu Tausenden an. Die Insel ist zum Naturschutzgebiet erklärt worden, das Autofahren verboten. Die Insel – als „Sylt des Nordens", „Capri Pommerns", „Perle der Ostsee" gerühmt – ist bei reichen und armen Gästen gleichermaßen beliebt. Die Reichen aus Berlin unterhalten ein Ferienhaus in der Heide. In der Vorsaison sitzen Kunststudenten mit ihren Staffeleien auf den Hügeln.

Usedom: Die Insel Usedom ist die letzte Station auf unserer Reise entlang der Ostseeküste. Wir erreichen sie über eine Brücke bei **Wolgast**, dem Geburtsort des romantischen Malers Philipp Otto Runge. Dabei überqueren wir den Peenestrom. Der Ostzipfel von Usedom gehört bereits zu Polen. Das älteste, 1822 eröffnete Seebad **Heringsdorf**, erhielt seinen Namen von Berliner Sommerfrischlern und ist heute mit den Nachbarorten Ahlbeck und Bansin zu einem großen touristischen Ballungsgebiet zusammengewachsen. An der Haffseite der Insel kommt man durch kleine Fischerdörfer; von ihrem Ertrag können die Fischer nicht mehr leben. Die von der Oder angeschwemmten Abwässer haben den Fischbestand fast völlig vernichtet, und was noch gefangen wird, ist ungenießbar.

Kunstliebhaber sollten nach **Lütten-Ort** fahren, der schmalsten Stelle der Insel, wo das Gedenkatelier für den Maler Otto Niemeyer-Holstein zu sehen ist. Wie kaum ein anderer Maler des 20. Jahrhunderts hat Niemeyer-Holstein, der 1984 achtundachtzigjährig starb, sein Werk dem Meer gewidmet. Ganz Usedom ist heute aber immer noch nicht zu betreten, denn die Insel hat auch eine unglückselige Militärgeschichte. In der „Erprobungsstelle der Luftwaffe Peenemünde West" entwickelte der deutsche Physiker Wernher von Braun die erste Flüssigkeitsstoßrakete der Welt, die A 4, Vorläufer jener V 2, mit der London bombardiert wurde. Hitler wollte mit dieser Rakete den Krieg gewinnen. Inzwischen nimmt den prominenten Standort ein Luftwaffenstützpunkt ein.

Zurück nach Berlin: Parallel zur polnischen Grenze fahren wir zurück nach Berlin. Am Anfang des Rückweges liegt **Anklam**, ebenfalls eine frühere Hansestadt, in der sich aber außer der Marienkirche, dem Pulverturm und dem Steintor kaum Zeugnisse der großen Vergangenheit der Stadt erhalten haben. Ein Denkmal erinnert an den Flugpionier Otto Lilienthal, der 1848 in Anklam geboren wurde und 1896 bei einem seiner Flugversuche tödlich verunglückte.

Das Grenzland zu Polen, die **Uckermark**, ist ein seenreiches Hügelland,

teils bewaldet, teils landwirtschaftlich genutzt. Ein stilles Land, durchzogen von vielen Wasserwegen, auf denen Lastkähne gemächlich dahinziehen.

Nordwestlich von Berlin liegen noch zwei sehenswerte Orte: Das **Kloster Chorin** und **Buckow**. 1273 wurde das Kloster gegründet. Im Dreißigjährigen Krieg wurde es zerstört, seit Mitte des 19. Jahrhunderts teilweise wiederaufgebaut. Theodor Fontane schildert das Kloster, wie es uns heute noch begegnet: „Wer hier in der Dämmerstunde kommt und plötzlich zwischen den Pappeln hindurch diesen stillen, einsamen Prachtbau halb märchenartig, halb gespenstig auftauchen sieht, dem ist das Beste zuteil geworden, was diese Trümmer, die kaum Trümmer sind, bieten können. Die Poesie dieser Stätte ist dann wie ein Traum, wie ein romantisches Bild an ihm vorbeigezogen, und die sang- und klanglose Öde des Inneren hat nicht Zeit gehabt, den Zauber wieder zu zerstören, den die flüchtige Bewegung schuf." Während des Choriner Musiksommers finden hier Sinfoniekonzerte statt.

Am Ortseingang von Buckow steht ein Schild: Perle der märkischen Schweiz. „Berg und See, Tannenabhänge und Laubholzschluchten, Quellen, die über Kiesel plätschern, und Birken, die, vom Winde halb entwurzelt, ihre langen Zweige bis in den Waldbach niedertauchen": Das ist, in Fontanes Worten, charakteristisch für die Gegend um Buckow, die die Berliner als Naherholungsgebiet schätzen. In Buckow besaßen Bertolt Brecht und Helene Weigel ein Sommerhaus – heute Gedenkstätte. Hier entstand Brechts letzter Gedichtzyklus, die „Buckower Elegien". Die Stille des Schermützelsees ist in diese Gedichte eingegangen, aber auch schon die Bedrohung der sommerlichen Naturidylle:

„Die Silberpappel, eine ortsbekannte Schönheit /Heut eine alte Vettel. Der See/ Eine Lache Abwaschwasser, nicht rühren!/ Die Fuchsien unter dem Löwenmaul billig und eitel. Warum?/Heut nacht im Traum sah ich Finger, auf mich deutend/wie auf einen Aussätzigen. Sie waren zerarbeitet und/sie waren gebrochen./ Unwissende! schrie ich/ schuldbewußt."

Kyritzer See: ideal mit Boot und Rad zu erschließen.

DIE MECKLENBUR-GISCHE SEENPLATTE

Eines der am dünnsten besiedelten Gebiete Europas erstreckt sich direkt nördlich von Berlin, der größten deutschen Stadt, und östlich von Hamburg. Bis heute ist dieses wunderbar ruhige und von Umweltschäden weitgehend verschonte Gebiet von Reisenden kaum beachtet worden. Dies verwundert nicht, denn die Mecklenburgische Seenplatte verfügt nur ansatzweise über Einrichtungen, die einer größeren Zahl von Menschen den Urlaubsaufenthalt ermöglichen würden. Unsere Rundreise durch die Endmoränenlandschaft läßt nur ahnen, auf wieviel erholsamen Wegen, Flüssen und Seen sich Mecklenburg entdecken läßt. Goldgelb leuchtende Rapsblütenfelder bis an den Horizont, üppiger Klatschmohn in schwülstigem Rot am Feldesrain, saftiggrüne Wiesen auf sanften Hügeln zwischen tiefblauen, ruhigen Seen.

Oranienburg (25 000 Einwohner), das 25 Kilometer nördlich von Berlin an der Fernverkehrsstraße 96 gelegen ist, gehört noch zum Einzugsgebiet der Hauptstadt.

Ursprünglich hieß die um 1200 entstandene Siedlung Bötzow. Im Jahre 1651 wurde mit dem Bau eines neuen Schlosses nach holländischem Vorbild begonnen, das nach der Gemahlin des damals regierenden Großen Kurfürsten von Preußen benannt wurde, Louise Henriette aus dem Hause Oranien. Der Name Oranienburg ging später auf die Stadt über. 1814 zog eine Schwefelsäurefabrik ins Schloß ein, deren Leiter, der Chemiker Friedrich Ferdinand Runge, das Anilin und die Karbolsäure, zwei wichtige Grundstoffe für die chemische Industrie, im Steinkohlenteer entdeckte. Das Schloß und der Lustgarten sind restauriert worden.

In einer alten Brauerei wurde 1933 das erste nationalsozialistische Konzentrationslager errichtet. 1936 entstand nördlich der Stadt das Vernichtungslager Sachsenhausen, in dem 100 000 Menschen, etwa die Hälfte der eingelieferten Häftlinge, umkamen.

Vorherige Seiten: Auch in der DDR konnten sich Alternative aufs Land zurückziehen. **Unten:** Das restaurierte Renaissanceschloß in Güstrow, in den südländischen Duft des Lavendelgartens gehüllt.

Erst im Winter 1990 wurde bekannt, daß in dem KZ nach dem Krieg vom sowjetischen Geheimdienst politisch mißliebige Menschen umgebracht und in Massengräbern im Schmachtenhagener Forst verscharrt wurden.

Auf der ehemaligen Transitstraße zu den in Rügen ablegenden Fähren fahren wir weiter auf der F 96 nach Norden und erreichen die Kleinstadt **Fürstenberg**. Sie liegt auf drei Inseln zwischen dem Röblin-, dem Baalen- und dem Schwedtsee an der Havel. Interessant ist das Schloß (1752), ein barocker Putzbau, dessen Eingangstür aus schwerem Eichenholz mit Rokoko-Ornamenten verziert ist. Im Ortsteil Ravensbrück stand das größte Frauenkonzentrationslager der Nationalsozialisten, heute ebenfalls eine Gedenkstätte.

Strelitzer Seenplatte: Bei Fürstenberg beginnt die Strelitzer Seenplatte, durch die wir zunächst Richtung Osten nach **Lychen** kommen. Dort künden die Reste der Stadtmauer und das alte Stargarder Tor von größeren Zeiten. Weiter nördlich liegt **Feldberg**, wo ein romantischer Hö-

henweg in das alte Kleinbauern- und Fischerdorf **Carwitz** abgeht. Der Schriftsteller Hans Fallada (1893-1947), Autor sozialkritischer Romane im Kleine-Leute-Milieu, floh Anfang der dreißiger Jahre aus dem nervösen Berlin nach Carwitz. In der Mecklenburger Stille wollte der von Geldnot, Alkohol und Affären, aber auch vom Überraschungserfolg seines Romans *Kleiner Mann - was nun?* aufgeriebene Schriftsteller zur inneren Ruhe finden. In nur sechzehn Wochen hatte er die Geschichte niedergeschrieben: den Existenzkampf kleiner Leute in einer Zeit großer Arbeitslosigkeit. „Carwitz ist mir lieber als Hollywood", schrieb Fallada, als 1933 viele Schriftsteller das Land verließen. Nach dem Krieg war er Bürgermeister von Carwitz.

Zurück über Feldberg, und nördlich auf der F 198 stoßen wir bei **Woldegk** wieder auf die alte Transitstrecke, die F 104, auf der wir uns westlich Richtung Neubrandenburg halten. Woldegk allerdings lohnt mit seinen wunderbaren Windmühlen – eine mit einem Café, eine

Mecklenburgischer Kartoffelbauer wartet auf Kunden.

andere mit einer Töpferei – und dem Mühlenmuseum auch einen Besuch.

Hier im Seengebiet entspringt die Havel. Mit ihren vielen Nebenflüssen und Kanälen bildet sie ein enges Wassernetz. Über den Müritz-Havel-Kanal sind die dreihundert kleinen Neustrelitzer Seen mit den über tausend Seen der **Mecklenburgischen Seenplatte** verbunden. Beide Landschaften sind eiszeitlichen Ursprungs. Die Gletscher der Inlandvereisung brachten Geröll und anderes Material heran, schütteten oder stauchten die Moränen auf, schürften Hohlformen aus und hinterließen welche beim Abtauen. Erst in unserem Erdzeitalter, dem Holozän, füllten sie sich wieder mit Wasser. Eine hügelige Landschaft entstand, teils bewaldet, teils landwirtschaftlich genutzt, durchbrochen von schillernden Seen. Auf den dünn besiedelten und wirtschaftlich kaum erschlossenen Landflächen zwischen den Seen finden sich zahllose verborgene Schlösser und Katen, Schlösser, die zum Teil eher großen Fachwerkhäusern gleichen, und andere, die als repräsentative Herrensitze gelten.

Verlassene Backsteinkaten warten geduldig darauf, den Menschen wieder dienen zu dürfen.

Ehe wir östlich ins Zentrum der Mecklenburgischen Seenplatte abbiegen, machen wir noch einen Abstecher ins nördliche **Neubrandenburg** (80 000 Einwohner). Die Stadt wurde im Zweiten Weltkrieg so stark zerstört, daß man von einer „zweiten Stadtgründung" in der Nachkriegszeit sprechen kann. Erhalten hat sich die 2300 Meter lange mittelalterliche Befestigungsanlage, eine acht Meter hohe Ringmauer mit drei Wassergräben, mehreren Wiekhäusern und vier Stadttoren, von denen das berühmteste, das Treptower Tor, ein frühgeschichtliches Museum beherbergt. Der bekannte Dichter Mecklenburgs, Fritz Reuter (1810-1874), lebte 1856 bis 1863 in „Nigenbramborg". Geboren wurde er in **Stavenhagen**, das als „Reuterstadt" auf vielen Landkarten verzeichnet ist. Im Geburtshaus am Markt erinnert ein Literaturmuseum an den Volksdichter, der in seinen Werken das mecklenburgische Platt zur Literatursprache erhoben hat.

Die Müritz, der größte Binnensee nördlich von Berlin.

Wie kein anderer hat er die humorvolle, derbe, aber auch ein wenig zur Sentimentalität neigende Mentalität der Mecklenburger erfaßt. Am Sockel seines Denkmals finden sich seine liebsten Figuren wieder: Mägde und Knechte, Junker und Kaufleute, Advokaten und Geistliche aus dem Mecklenburg des 19. Jahrhunderts.

Nordwestlich von Stavenhagen beginnt die **Mecklenburgische Schweiz**, eine hügelige Moränenlandschaft mit einigen für norddeutsche Verhältnisse ganz außerordentlichen Erhebungen (Hardtberg, Röthelberg). Von der Industrie ist dieses Gebiet mit seinem alten Baumbestand, mit den Seen, seltenen Tierarten und den vielen Herrenhäusern, früheren Adelssitzen, unberührt. Das Reizvollste, was der moderne Großstädter sucht, wird er hier finden: wirklich absolute Ruhe und Entspannung und weder Hotels noch Pensionen. Die Fremdenverkehrsbehörde in **Teterow** knüpft an diesem Punkt an. Sanfter Tourismus soll entwickelt werden, Ferien auf dem Bauernhof, um die unproduktive und umweltschädliche Landwirtschaft sinn-

voll nutzen zu können. Die Mecklenburgische Schweiz ist ein echter Geheimtip für den tourismusgeplagten Individualurlauber, der auf lauten Unterhaltungsbetrieb gerne verzichtet. Die Idylle bei Teterow wird jedes Jahr zu Pfingsten PS-stark geschüttelt, denn dann findet ein internationales Motorradrennen auf einer Grasrennbahn statt.

Weiter auf der F 4 geht es in das Tal der Nebel: Die Stadt **Güstrow** (37 000 Einwohner) besitzt mit dem nach 1558 errichteten Residenzschloß der Herzöge von Mecklenburg-Güstrow den bedeutendsten erhaltenen Renaissancebau in Deutschland. Hier wohnte auch der 1628 zum Herzog beider Mecklenburg erhobene Feldherr Albrecht von Wallenstein. Das Schloß diente im 19. Jahrhundert, nach dem Aussterben der Fürstenfamilie, als Lazarett. 1964-72 wurde es restauriert. Im Lavendelgarten des Schlosses fühlt man sich in eine südliche Landschaft versetzt.

Güstrow, so meinte der Bildhauer, Graphiker und Dichter **Ernst Barlach**, könne sehr wohl neben einer toskani-

Vergnügen am Nachmittag.

schen Stadt bestehen. Er lebte von 1910 bis 1938 in Güstrow und schuf die Bronzeskulptur *Der Schwebende* für die Nordhalle des gotischen Doms. Diese Skulptur wurde 1944 von den Nazis, unter deren Herrschaft Barlach verfemt war, für Rüstungszwecke eingeschmolzen. Eine in der Lüneburger Heide vergrabene Kopie fand nach dem Krieg eine Heimat in der Kölner St. Antoniterkirche. Deren Gemeinde ließ 1952 den Güstrowern zum Geschenk den Abguß fertigen, der heute im Dom hängt. Weitere Werke Barlachs sind in der Gertraudenkapelle und im angrenzenden Park ausgestellt. In seinem Haus (Heidberg 15) wurde eine Barlach-Gedenkstätte eingerichtet, in der Zeichnungen, Plastiken, Graphiken und Bücher gezeigt werden.

Im nahen **Ganschow** wurde in den vergangenen dreißig Jahren das größte Warmblutgestüt Europas herangezüchtet. Pferde sind aus Mecklenburg nicht wegzudenken. Aber es bedurfte der sprichwörtlichen Beharrlichkeit der Bauern, die weitere Zucht der Pferde gegenüber PS-starken Traktoren durchzusetzen. Allein vierzig Lehrlinge werden zur Zeit in Ganschow ausgebildet.

Wir wenden uns jetzt aber entlang der endlos scheinenden Kette von Seen über **Krakow** (F 103) und **Malchow** (F 192) zurück nach Süden, Richtung **Müritz**, dem mit 116 Quadratkilometer größten der mecklenburgischen Seen. Wenn es stürmt, kann man ihn schon fast für das Meer halten, dann bilden sich hohe Wellenkämme, die den Wassersportlern gefährlich werden können. Ansonsten kommen diese hier voll auf ihre Kosten.

Der bekannteste Ort am Ufer der Müritz ist **Waren** (23 000 Einwohner). Seit über 100 Jahren ist Waren Bade- und Luftkurort. In der terrassenartigen Uferbebauung begegnen sich die verschiedenen Baustile des letzten Jahrhunderts. Weinberankte Balkone erinnern an Italien, daneben Kaninchenställe, Wäschetrockenplätze und neue Einfamilienhäuser. Die Kirchturmspitze schmückt kein Heiliger, sondern ein Schwan. Wie in vielen anderen Städten der ehemaligen DDR kämpft eine Bürgerinitiative um den Erhalt der vom Verfall bedrohten Altstadt.

Das Jagdrevier des einstigen DDR-Ministerpräsidenten Willi Stoph war Teil des großen Naturschutzgebiets am Ostufer der Müritz. Umweltschützer wollten daraus ein Wildreservat machen. Aber diese von den SED-Fürsten so sorgfältig geschützte Region wurde nun noch weiter aufgewertet: Sie ist zu einem der fünf neuen Nationalparks erklärt worden. An der Westflanke des Gebietes liegt der 15 Kilometer lange **Plauer See.** Die angrenzenden Ortschaften **Plau**, **Malchow** und **Bad Stuer** wurden schon Mitte des letzten Jahrhunderts von Kurgästen und Erholungsreisenden aufgesucht.

Am Nordende der Neustrelitzer Kleinseenplatte liegt die Stadt **Neustrelitz** (27 000 Einwohner), eine im Jahre 1733 sternförmig um den Markt angelegte Residenzstadt der Herzöge von Mecklenburg-Strelitz. In den Jahren 1918 bis 1933 war sie die Landeshauptstadt des Freistaates Mecklenburg-Strelitz. Das alte Schloß ist 1945 zerstört worden, aber im Schloßpark stehen noch interessante Bauten wie die klassizistische Orangerie, der Luisentempel und der Marstall.

Not macht erfinderisch: Fummeln und Pfriemeln war eine Spezialität der DDR-Werkstätten.

378 Altstadt.

Geld kann man machen.

Oder machen lassen.

Aus Geld mehr Geld zu machen, ist ein völlig norma-
ler Wunsch. Es sollte ebenso selbstverständlich sein,
Ihre Geld-Anlage in kompetente Hände zu geben.
Wie im Rahmen der IDUNA/NOVA. Da können Sie

sich eines überaus erfreulichen Geld-Zuwachses
sicher sein. Und kommen Ihren finanziellen Zielen ein
kapitales Stück näher.

Aktiv im Rahmen Ihrer Ziele.

Versicherungen Altersvorsorge Bausparen Investment

KURZFÜHRER

UNTERWEGS

REISEN IN DEUTSCHLAND

Herzlichen Glückwunsch! Mit diesem Buch liegen Sie richtig. Über ein Drittel aller Deutschen machen inzwischen wieder in Deutschland Urlaub. Manche Urlaubsgebiete schreiben Zuwachsraten von 30 Prozent. Und in Zeiten internationaler Krisen heißt es erst recht: Bleibe im Lande und vergnüge Dich redlich! Erst auf den Plätzen zwei und drei folgen die klassischen Sonnenländer Spanien und Italien.

Dieser Teil des Führers soll Ihnen helfen, Ihre individuelle Reiseroute zu planen und einigen Schwierigkeiten aus dem Weg zu gehen.

MIT DER EISENBAHN

In Deutschland existieren derzeit noch zwei Eisenbahnsysteme: die Deutsche Bundesbahn (West) und die Deutsche Reichsbahn (Ost), mit unterschiedlichen Tarifen und unterschiedlichem Komfort.

IM WESTEN

Von der **Bundesbahn** wird zu relativ hohen Normalpreisen ein guter Komfort auf den Hauptstrecken geboten. Allerdings ist dafür der Verkehr auf den Nebenstrecken spärlich. Ganze Landkreise sind zu verkehrsschwachen Zeiten (nachts und am Wochenende) mit öffentlichen Verkehrsmitteln fast nicht zu erreichen.

Normalerweise sind *Intercity(IC)-Züge* im 1-Stundentakt für Einzelreisende die schnellste und preiswerteste Verbindung zwischen zwei Großstädten. Ab 1991 fahren 60 neue Intercity/Expresszüge Hochgeschwindigkeitsverkehr (280 km/h), sie verbinden die Strecken Hamburg-Hannover-Kassel-Frankfurt-Stuttgart-München. Von Hamburg zum Beispiel gelangt man so in 6 Stunden im 1-Stundentakt nach München. „Doppelt so schnell wie das Auto, halb so schnell wie das Flugzeug", ist die Devise der Bahn für diese Züge.

Auch die alten Bundesländer werden ins Intercity-Konzept einbezogen, Hannover-Berlin und Fulda-Dresden werden im 2-Stundentakt angefahren.

Seit 1988 verkehren *Interregio (IR)-Züge*, die im postmodernen blau-weißen Design den Reisenden (und ab Sommer 91 auch das Fahrrad) im 2-Stundentakt von Großstadt zu Großstadt bringen. Da die Produktion der neuen Wagen für den Interregio zu langsam vorangeht, verkehren auf einigen Strecken bis 1991/92 Pseudo-Interregios im gleichen Takt, die aber noch nicht mit dem Komfort der „echten" IRs (beispielsweise dem Bistrowagen) aufwarten können.

Seit 1990 werden auch *EuroCity (EC)-Züge*, angeboten, die mit komfortablen Wagen die europäischen Metropolen verbinden. Leider sind die neuen, schnellen Züge ab 2.6.91 durch ihren besonderen Tarif teurer als der reguläre Bahnkilometer.

Durchgehende (D)-Züge (und *Fern-D-Züge*) stellen immer noch einen großen Teil der Fernverbindungen der Bundesbahn her, so daß man mit ihnen ohne den IC-Zuschlag alle größeren Städte der Bundsrepublik erreichen kann, während *Eil(E)-Züge* die mittleren Entfernungen bis 250 Kilometer bedienen.

Ganz wenig Komfort bieten die *Nahverkehrszüge*, die dafür in der Regel an allen Haltepunkten der Strecke das Ein- und Aussteigen ermöglichen.

Auf dem Land verkehren *Bahnbusse* sternförmig von den größeren Bahnhöfen aus in die kleineren Orte der Umgebung. Sie sind oft die einzige öffentliche Verkehrsverbindung abgelegener Dörfer mit der großen weiten Welt und fahren dort nur je ein Mal am Tag hin und zurück.

Im Umkreis der Metropolen verkehren *Schnell(S)-Bahnen* und *Untergrund(U)-Bahnen,* die Großstädte und Umland meist im *Verkehrsverbund* mit Stadt- und Regionalbussen sowie Straßenbahnen in Abstän-

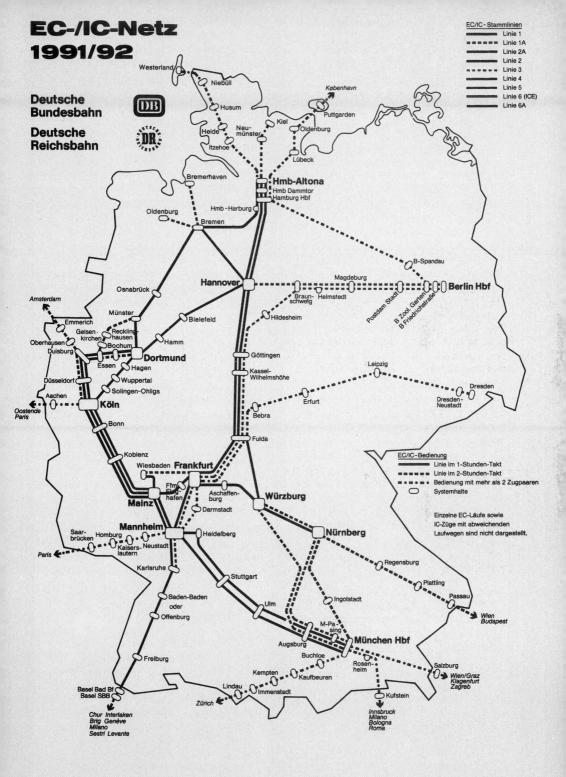

EC-/IC-Netz 1991/92

Deutsche Bundesbahn DB

Deutsche Reichsbahn DR

den zwischen wenigen Minuten und einer halben Stunde verbinden.

Zwischen einigen Großstädten verkehren auch sogenannte *Europabusse* zum günstigen Preis, meist vom Bahnhofsvorplatz des Hauptbahnhofs aus, wo man auch über diese Busse Auskunft erhält.

Fahrräder kann man für 9,50 DM (Gruppen ab 6 Personen 5,- DM) gesamtdeutsch im Gepäckwagen mitnehmen, sofern einer mitgeführt wird. Eine interessante Alternative zur Mitnahme des eigenen Fahrrads im Gepäckwagen ist der Service *Fahrrad am Bahnhof*, den die Bahn vom 1.4.-31.10., manchmal auch ganzjährig, besonders in Feriengebieten eingerichtet hat. Auf rechtzeitige Anfrage hin ist man bei der Bahn sogar bereit, Fahrräder zu Bahnhöfen zu transportieren, die sonst keine Räder vorrätig haben. Die Leihgebühr beträgt pro Tag 8,- DM für ein Rad mit 3-Gang-Schaltung (12,- DM für Nicht-Bahnfahrer). Die Broschüre *Fahrrad am Bahnhof* enthält auch Tourenvorschläge von und zu Bahnhöfen.

Mit dem Service *Rail and Road* kann man sich Leihwagen – notfalls noch vom Intercity aus – direkt an den Zielbahnhof bestellen und mit *Rail and Fly* preisgünstig zu bestimmten Flughäfen kommen.

Autoreisezüge sind eine optimale, aber teure Methode, sich einen Urlaub von Anfang an zu sichern, wenn man große Entfernungen bequem und streßfrei überbrücken möchte.

TARIFE

Die **Tarife** von Bundesbahn und Verkehrsverbunden der Städte werden öfter geändert, was es notwendig macht, sich immer wieder neu zu informieren.

Seit 1.Januar 1991 beträgt der Grundpreis in der 2. Klasse 0,22 DM pro Kilometer; Mitfahrer zahlen 50 Prozent. In der 1. Klasse kostet der Kilometer 50 Prozent mehr. Für Hin- und Rückfahrten über längere Strecken gelten besonders günstige Sparpreise und Supersparpreise, übrigens auch für Mitfahrer.

Man kann unter Umständen mit einem Sondertarif und ohne Zuschlag genauso schnell zum Ziel kommen wie mit dem teuersten IC. Dies gilt insbesondere dann, wenn das Fahrziel nicht in einer Großstadt liegt, sondern auf dem Land, daher sollte man sich immer rechtzeitig darum kümmern, wie eine Strecke am besten zu bewältigen ist – in erster Linie durch genaues Nachfragen am Schalter oder gründliches Studium des Kursbuches.

Generell gilt, daß man auf weiten Strecken am billigsten zum *(Super-) Sparpreis* fährt, der für Fahrten gilt, bei denen Hin- und Rückreise durch ein Wochenende getrennt sind. Noch billiger sind nur die *rosaroten Städteverbindungen* für einige Großstädte zu verkehrsschwachen Zeiten.

Familien fahren mit dem *Familien-Paß* bei drei oder mehr Kindern auf allen Strecken der Bundesbahn um 50% ermäßigt. Und Senioren besorgen sich den *Senioren-Paß* gleich in zwei Varianten und zwar für 75,- DM ohne Wochenendfahrten und für 110,- DM mit Fahrberechtigung am Wochenende.

Reisende, die länger in einem bestimmten Gebiet bleiben, sind mit der *Tourenkarte* gut bedient, weil sie mit ihr über 1000 Bahnkilometer innerhalb von 21 Tagen zurücklegen können. Voraussetzung ist die Anreise mit der Bahn über eine längere Strecke.

Die Bahn hat besondere **Billigangebote für Jugendliche**, die jeweils bestimmte Bedingungen erfüllen müssen, um in den Genuß von Vergünstigungen zu kommen.

Das bekannteste Angebot ist das *Inter-Rail-Ticket*, mit dem man für 420,- DM einen Monat lang durch 21 Länder fahren kann (Achtung: Zuschläge müssen gezahlt werden!) Innerhalb der Bundesrepublik zahlt man den halben Fahrpreis.

Das *Tramper-Monats-Ticket* für 290,- DM bietet freie Fahrt auf den Strecken der Bundesbahn (und für 310,- DM bei Bundesbahn und Reichsbahn), vielen S-Bahn- und Bahnbusstrecken.

Interessant sind ebenfalls der *Taschengeldpaß* (für 40,-DM) für Jugendliche von 12 bis 17 Jahren und der *Junior-Paß* (110,- DM) für Jugendliche von 17 bis 22 sowie Studenten bis 26 Jahren. Mit diesen Pässen reist man ganzjährig um 50 % verbilligt auf den Strecken der Bundesbahn. Zuschläge müssen auch hier extra bezahlt werden.

Für junge Leute bis 26 Jahren, die ein bestimmtes Fahrziel in Europa ansteuern wollen, empfiehlt es sich, in einem Reisebüro nach *twen-* oder *transalpino-tickets* zu fragen, weil sie damit auf langen Strecken wesentlich verbilligt fahren. Dafür ist man

auf bestimmte Züge und bestimmte Bahnhö-
fe beschränkt.

Gruppenreisende, Schulklassen und Vereine erhalten je nach Personenzahl günstige
Angebote für Bahnreisen am Bahnhof des
Heimatortes. Pauschalreisen der Bundesbahn werden in dem Heft *Städtetouren* zusammengefaßt. Für *Schulfahrten* machen
einige Bundesbahndirektionen spezielle
Gruppenangebote. Alle Preise sind in der
Broschüre *Preise* aufgelistet.

IM OSTEN

Die **Deutsche Reichsbahn** wird ihre An-
gebotsstruktur in absehbarer Zeit der Bundesbahn anpassen. Derzeit jedoch bestehen
noch große Unterschiede in Service, Komfort, Streckennetz und nicht zuletzt auch im
Fahrpreis, der bei Fahrten im Reichsbahngebiet 12 Pf pro Kilometer beträgt. Aktuelle
Informationen bekommt man bei der Deutschen Reichsbahn, Verkaufs- und Informa-
tionsbüro Bahnhof Berlin-Steglitz, 1000
Berlin (West), Tel.: 030/792 29 00.

Auch für das Reichsbahngebiet gelten Er-
mäßigungen mit Rückfahrkarte, Mehrtages-
Rückfahrkarte, Mini-Gruppenkarte und Se-
nioren-Karte. Es empfiehlt sich, vor Antritt
der Reise am Bahnhof nachzufragen.

MIT DEM AUTO

Für die Autofahrer brachte die deutsche
Einheit einiges an Erleichterungen, aber
auch komplizierte Verkehrsverhältnisse,
die sich nicht so bald völlig entwirren werden. Während das Autobahnnetz im Westen
gut ausgebaut, aber wegen des hohen Ver-
kehrsaufkommens besonders in den Bal-
lungsgebieten immer voll belastet ist, werden im Osten die Straßen gerade im Eiltem-
po in Ordnung gebracht.

Außerdem gilt bis 1992 in der ehemaligen
DDR noch ein großer Teil der alten Ver-
kehrsregeln, wie die 0,0 Promille- Grenze
für Alkohol, Tempo 100 und das Verbot des
Einfädelns auf der Autobahn. Informationen über den jeweils aktuellen Stand erhält
man bei den Automobilclubs.

PANNENHILFEN

ACE Stuttgart	0711/5303111
Berlin/Ost	2793742 (24Std.)
ADAC Berlin	030/868686
Bremen	0421/446262

Dortmund	0231/171981
Düsseldorf	0211/19111
Frankfurt/M	069/74306
Hamburg	040/23999
Hannover	0511/8500222
München	089/767676
Nürnberg	0911/5390222
Stuttgart	0711/2800111
AvD Frankfurt	069/6661666
DTC München	089/8111212

Polizeinotruf	*110*
Feuerwehr	*112*

**In der ehemaligen DDR gibt es von Ort zu Ort
verschiedene Vorwahlen für den *zentralen Kfz-
Hilfsdienst*. Auskunft unter Telefon 180.**

Potsdam-Kleinm.	26110
Rostock	37271
Schwerin	49225
Neubrandenburg	681323
Magdeburg	30071
Frankfurt/Oder	24101
Cottbus	735490
Dresden	23230
Chemnitz	3682222
Gera	26330
Halle	29575
Leipzig	80555
Erfurt	5540
Berlin	5243565
Suhl	40300

Pannenhilfe der Autoclubs in den neuen Ländern:

ACE Berlin	2 79 37 42 (24 Stunden)
Cottbus	3 04 81
Dresden	4 85 30
Erfurt	53 80
Frankfurt/Oder	31 11 12
Gera	69 00
Halle	87 20
Chemnitz	65 90
Leipzig	3 94 40
Magdeburg	3 36 81
Neubrandenburg	69 50
Potsdam	47 61/43 11
Rostock	38 39
Schwerin	53 71
Suhl	51 20
ADAC Berlin	5 58 88 88
Dresden	43 40 50
Erfurt	55 42 02
Frankfurt/Oder	31 11 11
Gera	2 63 30
Halle	2 95 75
Chemnitz	3 68 22 22
Leipzig	8 05 55
Lübbenau	25 01
Magdeburg	3 00 71
Michendorf	26 11
Neubrandenburg	68 13 23
Parchim	27 33
Rostock	3 72 71
Suhl	4 01 39

Polizeinotruf 110	*Unfallrettung 115*

	Zürich	Zagreb	Wien	Warszawa	Venézia	Trondheim	Tiranë	Thessaloníki	Stockholm	Sofia	Rotterdam	Roma	Praha	Paris	Palermo	Oslo	Oostende	Nápoli	München	Moskva	Milano	Marseille	Málaga	Madrid	Lyon	Luxembourg	London
Amsterdam	1070	1425	1190	1290	1400	1950	2490	2395	1420	2150	60	1690	955	515	2650	1390	285	1910	835	2540	1115	1290	2495	1935	975	420	190
Ancona	700	745	950	1650	340	3000	910	925	2470	1470	1480	300	1150	1265	1130	2440	1445	470	770	2900	425	870	2430	2000	845	1115	1560
Athina	2380	1470	1775	2290	1875	4070	815	500	3540	820	2575	1070	2120	2880	1140	3510	2945	850	2055	3180	2160	2665	4200	3770	2210	2580	3060
Barcelona	1070	1670	1875	2370	1265	3225	2575	2640	2695	2395	1545	1395	1755	1090	2355	2665	1395	1615	1390	3620	1005	500	1065	630	630	1155	1505
Berlin	905	1005	635	585	1135	1670	1995	1900	1140	1655	720	1525	355	1070	2485	1110	910	1745	585	1835	1170	1530	2910	2475	1215	780	865
Beograd	1240	330	635	1075	735	2930	735	640	2400	395	1765	1250	905	1740	2210	2370	1805	1470	915	2430	1020	1525	3060	2630	1470	1440	1920
Bríndisi	1450	1520	1725	2210	1115	3560	580	365	3030	685	2040	600	1710	1825	670	3000	2005	380	1330	3460	1175	1495	3060	2625	1290	1865	2120
Bordeaux	990	1685	2295	2290	1280	3065	2590	2655	2535	2410	1155	1555	1670	700	2515	2505	1005	1775	1305	3540	995	660	1280	720	550	1060	1115
Brest	1205	2010	1840	2255	1650	2960	3070	2980	2430	2730	1050	1920	1635	595	2880	2400	800	2140	1400	3505	1365	1230	1915	1360	915	990	825
Bruxelles	860	1355	1150	1515	1190	2085	2420	2325	1555	2080	150	1480	900	305	2440	1525	120	1700	770	2765	905	1080	2285	1725	765	210	235
Bucureşti	1825	960	1060	1500	1365	3355	910	720	2825	400	2265	1880	1330	2325	1755	2795	2330	2100	1505	1960	1650	2155	3690	3260	2100	2030	2445
Budapest	1010	335	245	685	760	2540	1125	1030	2010	785	1450	1275	515	1510	2235	1980	1515	1495	690	2040	1045	1550	3085	2655	1495	1215	1630
Calais	795	1565	1360	1725	1395	2295	2630	2535	1765	2290	360	1685	1110	300	2645	1735	90	1905	980	2975	1110	1075	2280	1720	760	410	115
Dublin	1315	2020	1815	2180	1940	4835	3085	2990	2010	2745	575	2140	1565	845	3100	1980	545	2360	1435	3430	1565	1620	2825	2265	1305	875	430
Dubrovnik	1620	710	1080	1600	850	3385	460	900	2855	885	2145	480	1360	1970	670	2825	2185	260	1295	2955	1135	1640	3175	2745	1585	1820	2300
Firenze	565	630	835	1535	225	2885	1535	1600	2355	1355	1345	285	1020	1145	1245	2325	1310	505	655	2785	290	610	2170	1740	705	980	1425
Frankfurt/M.	420	980	750	1110	955	1935	2045	1950	1405	1705	455	1245	495	595	2205	1375	525	1465	395	2360	670	975	2355	1920	660	300	640
Genève	280	1025	1230	1580	620	2515	1930	1995	1985	1750	810	910	965	500	1870	1955	805	1130	600	2830	335	475	1850	1420	160	530	920
Génova	425	815	1020	1650	410	2900	1720	1785	2370	1540	1205	515	1035	915	1475	2340	1170	735	670	2900	150	380	1920	1485	425	840	1285
Glasgow	1935	2430	2225	2595	2265	2950	3495	3400	2420	3155	985	2555	1975	1260	3515	2390	955	2775	1845	3845	1980	2030	3235	2675	1715	1285	840
Hamburg	905	1365	1225	860	1330	1450	2430	2335	920	2090	515	1730	680	915	2690	890	755	1950	780	2110	1155	1460	2895	2335	1145	645	690
Helsinki	2080	2400	2030	1975	2505	1015	3390	3295	255	3050	1690	2900	1750	2090	3855	1005	1930	3120	1955	1140	2330	2635	4070	3510	2320	1820	1865
Istanbul	2200	1290	1595	2035	1695	3890	1030	635	3360	565	2395	1600	1865	2700	1670	3330	2765	1380	1875	2660	1980	2485	4020	3590	2430	2400	2880
Kirkenes	3560	3880	3510	3455	3985	1970	4870	4775	1735	4530	3170	4380	3230	3570	5335	2525	3410	4600	3435	2375	3435	2375	3810	4115	5550	4990	3800
København	1205	1525	1155	1100	1630	1150	2515	2420	620	2175	815	2025	875	1215	2980	590	1055	2245	1080	2010	1455	1760	3195	2635	1445	945	990
La Coruña	1945	2655	2860	3245	2250	4020	3560	3625	3490	3380	2110	2380	2630	1655	3340	3460	1960	2600	2265	4495	1990	1485	940	610	1505	2016	2070
Leipzig	750	920	550	735	980	1860	1910	1815	1330	1570	700	1375	270	970	2335	1300	890	1595	430	1985	1015	1445	2820	2390	1130	610	845
Lisboa	2345	2945	3150	3525	2540	4305	3850	3915	3775	3670	2395	2670	2910	1940	3630	3745	2245	2890	2545	4775	2280	1775	615	645	1785	2300	2355
London	885	1590	1385	1840	1510	2140	2655	2560	1610	2315	145	1710	1225	415	2670	1580	115	1930	1005	3090	1135	1190	2395	1835	875	445	
Luxembourg	440	1110	970	1750	975	2095	2175	2080	1565	1835	360	1265	1135	360	2225	1535	330	1485	525	3000	690	875	2220	1785	525		440
Lyon	440	1140	1345	1740	735	2595	2045	2110	2065	1865	915	690	1125	460	1650	2035	735	910	760	2990	450	315	1695	1260		535	115
Madrid	1700	2300	2505	3010	1895	3785	3205	3270	3255	3025	1875	2025	2395	1420	2985	3225	1725	2245	2020	4260	1635	1130	555		470	550	415
Málaga	2130	2730	2935	3430	2325	4345	3635	3700	3815	3455	2435	2460	2815	1980	3420	3785	2285	2680	2455	4680	2070	1565		535	570	45	475
Marseille	755	1195	1400	2030	790	2910	2100	2165	2380	1920	1230	895	1415	775	1855	2350	1080	1115	1075	3280	530		880	440	485	890	590
Milano	275	690	895	1565	285	2605	1595	1680	2075	1415	1055	575	950	835	1535	2045	1020	795	585	2815		335	610	105	435	625	445
Moskva	2550	2290	1950	1250	2560	2155	2870	2680	1390	2360	2555	3070	1865	2905	4030	2140	2885	3290	2230		455	560	405	425	180	370	100
München	320	585	445	980	550	2230	1650	1555	1700	1310	850	945	365	820	1900	1670	890	1165		85	480	610	335	450	250	300	145
Nápoli	1070	1140	1345	2040	735	3395	720	745	2865	1065	1850	220	1525	1650	740	2835	1815		340	415	490	835	190	415	580	235	485
Oostende	980	1475	1270	1635	1305	2205	2540	2475	1675	2200	225	1595	1020	305	2555	1645		665	350	295	325	335	675	440	150	635	260
Oslo	1795	2115	1745	1690	2220	555	3105	3010	750	2765	1405	2615	1465	1805	3570		490	170	245	260	340	660	290	265	405	305	340
Palermo	1810	1880	2085	2780	1475	4130	1130	1035	3600	1355	2590	960	2265	2390		585	155	760	500	450	295	220	805	400	305	790	410
Paris	610	1410	1265	1655	1120	2365	2475	2380	1835	2135	455	1430	1040		105	480	55	655	400	345	310	290	700	415	200	685	310
Praha	685	650	280	615	810	2025	1640	1620	1495	1300	970	1305		700	805	225	710	170	440	480	535	880	360	460	625	405	560
Roma	850	920	1125	1820	515	3175	940	965	2645	1285	1630		970	375	310	750	425	920	700	660	420	90	970	545	570	985	675
Rotterdam	1010	1435	1205	1305	1340	1965	2500	2075	1435	1830		850	120	580	685	110	590	125	325	360	415	765	315	340	505	330	440
Sofia	1635	725	1030	1470	1130	3325	510	320	2795		670	220	790	420	350	595	465	745	740	690	310	130	865	355	615	880	720
Stockholm	1825	2145	1775	1720	2250	825	3135	3040		860	455	810	575	440	540	375	390	425	135	150	595	730	420	565	250	380	195
Thessaloníki	1880	970	1275	1790	1375	3570	395		575	885	240	1065	130	795	900	310	805	140	490	575	630	975	300	555	725	345	635
Tiranë	1975	1065	1370	1810	1305	3665		1005	980	120	790	340	910	540	470	715	585	865	860	810	430	250	985	475	735	1000	840
Trondheim	2355	2675	2305	2250	2780		955	365	220	835	295	810	410	520	625	215	470	215	130	215	530	720	200	505	375	180	275
Venézia	590	405	610	1310		305	900	645	95	780	500	735	620	365	470	420	320	495	175	160	560	650	485	530	175	450	125
Warszawa	1300	1040	700		370	90	875	285	300	755	210	855	300	590	715	180	560	135	215	300	500	770	120	425	455	125	360
Wien	765	370		300	165	215	810	570	160	690	355	650	475	350	445	225	305	425	95	10	450	560	415	420	165	380	100
Zagreb	910		510	765	525	675	525	955	595	405	740	360	860	160	55	640	210	815	555	500	350	275	860	455	355	845	460
Zürich		595	150	215	315	145	770	430	305	650	215	655	335	385	490	105	390	280	175	155	395	565	325	320	305	320	235
	Würzburg	Wilhelmsh.	Wiesbaden	Ulm	Trier	Stuttgart	Saßnitz	Salzburg	Saarbrücken	Rostock	Regensburg	Puttgarden	Passau	Osnabrück	Oldenburg/O.	Nürnberg	Münster	München	Mannheim	Mainz	Magdeburg	Lübeck	Lindau	Leipzig	Köln	Konstanz	Koblenz

Lisboa	Leipzig	La Coruña	København	Kirkenes	İstanbul	Helsinki	Hamburg	Glasgow	Génova	Genève	Frankfurt/M.	Firenze	Dubrovnik	Dublin	Calais	Budapest	Bucureşti	Bruxelles	Brest	Bordeaux	Brindisi	Beograd	Berlin	Barcelona	Athina	Ancona	Amsterdam	
2455	685	2170	800	3155	2715	1675	500	1045	1265	870	440	1405	2135	620	420	1435	2250	210	1110	1215	2100	1755	705	1605	2895	1540		Aachen
2645	1200	2330	1850	4205	1560	2725	1580	2405	490	765	1095	260	450	1990	1535	1100	1705	1330	1760	1505	560	1075	1355	1370	1030		570	Augsburg
4415	2315	4125	2920	5275	1135	3795	2835	3900	2285	2495	2450	2100	1400	3490	3035	1530	1220	2825	3480	3175	470	1140	2400	3140		320	540	Basel
1275	1760	1240	2075	4430	2960	2950	1775	2345	855	790	1290	1110	2115	1935	1390	2025	2630	1395	1280	640	1995	2000	1845		865	585	670	Berlin
3000	190	2720	520	2875	2220	1395	280	1705	1320	1135	555	1240	1715	1295	1000	870	1685	790	1665	1765	1915	1260		630	475	505	90	Bonn
3275	1175	2985	1780	4135	960	2655	1695	2760	1145	1355	1310	960	525	2350	1895	390	630	1685	2335	2015	1850		375	270	650	555	440	Braunschw.
3270	1760	2980	2410	4765	1000	3285	2140	2965	1115	2395	1655	885	120	2550	2095	1875	1085	1890	2320	2155		165	340	405	765	685	380	Bremen
1240	1675	955	1915	4270	2975	2790	1615	1955	1015	705	1210	1245	2130	1545	1000	2040	2645	1005	640		100	260	450	415	865	780	475	Cuxhaven
1880	1565	1595	1810	4165	3295	2685	1510	1665	1410	1075	1190	1635	2500	1255	710	2085	2900	900		335	230	265	115	540	540	550	155	Dortmund
2245	770	1960	935	3290	2645	1810	635	1075	1055	660	405	1195	2065	665	210	1400	2210		475	555	460	290	545	185	750	460	605	Dresden
3905	1600	3615	2205	4335	700	3080	2285	3285	1775	1985	1810	1590	1155	2875	2420	815		545	70	400	290	350	75	590	505	560	80	Düsseldorf
3300	785	3010	1390	3745	1350	2265	1470	2475	1170	1380	995	985	915	2060	1605		25	535	55	375	255	320	95	580	530	580	110	Duisburg
2240	980	1955	1145	3500	2855	2020	845	955	1215	800	615	1400	2275	545		290	315	606	250	175	130	295	405	520	780	775	395	Emden
2785	1275	2500	1390	3745	3310	2265	1090	345	1775	1350	1070	1855	2730		445	340	350	195	280	415	320	190	350	280	635	345	410	Erfurt
3390	1630	3100	2235	4590	1450	3110	2075	3140	1260	1470	1690	1075		335	275	20	35	530	35	360	255	310	95	570	530	580	115	Essen
2385	1085	2070	1735	4090	1920	2610	1445	2270	230	625	960		515	505	395	530	555	630	495	275	285	355	600	450	975	870	640	Flensburg
2445	415	2165	785	3140	2270	1660	485	1480	820	580		645	250	265	465	250	230	460	235	550	455	340	175	555	330	330	260	Frankfurt/M.
1945	970	1660	1365	3720	2315	2240	1065	1755	415		640	545	590	340	590	605	620	180	550	560	465	280	725	95	930	640	785	Frankfurt/O.
2135	1130	1840	1750	4105	2105	2625	1305	2130		860	275	905	495	565	725	495	475	680	495	810	720	600	415	805	75	275	500	Freiburg
3195	1685	2910	1800	4155	3720	2675	1500		345	730	475	990	605	435	890	700	665	550	700	895	765	670	610	680	385	115	700	Garm.-Partenk.
2855	385	2570	300	2655	2655	1175		530	330	570	70	600	195	195	405	215	195	390	180	515	400	285	155	500	385	385	235	Gießen
4030	1590	3745	875	1390	3615		495	655	785	175	565	660	635	300	710	640	650	105	580	660	565	395	650	210	855	565	710	Görlitz
4235	2135	3945	2740	5035		490	440	830	745	375	485	165	365	345	245	380	405	465	340	125	110	195	450	280	815	710	490	Hamburg
3345	3065	5225	2355		150	460	300	685	615	340	345	310	250	195	250	265	280	355	210	220	125	65	320	320	670	570	360	Hannover
3155	710	2870		485	625	575	210	345	225	650	155	785	375	355	605	375	350	470	375	690	600	480	295	590	275	220	365	Heilbronn
615	2630		90	480	610	655	195	340	140	730	140	770	360	435	590	360	340	550	365	675	585	465	280	675	195	230	350	Karlsruhe
2915		320	325	165	305	425	140	530	460	430	195	465	210	125	375	215	225	320	155	375	280	150	295	415	515	410	310	Kassel
	405	710	725	250	95	595	540	925	845	480	585	95	485	445	335	465	490	560	430	215	205	290	535	385	910	810	575	Kiel
620	250	210	225	405	530	600	105	555	345	675	130	670	175	300	440	175	145	495	200	525	420	390	60	610	410	430	155	Koblenz
945	545	240	230	700	840	705	425	210	130	780	370	1005	590	485	820	590	570	600	580	905	815	675	510	725	160	200	580	Konstanz
515	245	305	320	295	425	655	160	650	440	730	195	575	75	355	335	70	40	550	95	420	320	350	25	610	495	525	70	Köln
480	240	500	420	225	385	210	310	485	635	230	380	545	450	135	485	455	465	105	395	450	355	190	465	190	690	415	525	Leipzig
925	525	275	265	680	825	685	460	170	175	760	405	985	625	465	855	625	605	580	615	890	800	670	545	710	220	170	615	Lindau
80	365	670	685	210	75	495	500	885	805	380	540	155	420	405	305	435	465	455	390	200	175	250	505	285	870	770	545	Lübeck
375	235	575	495	150	280	310	340	560	710	200	410	440	395	145	380	405	435	205	350	345	250	85	460	145	765	490	525	Magdeburg
620	220	140	155	375	510	610	90	465	275	685	45	670	235	310	485	235	215	505	250	570	480	360	160	580	330	360	235	Mainz
665	265	65	80	425	555	635	140	400	200	710	85	715	305	335	535	305	280	530	305	620	530	410	215	630	260	285	285	Mannheim
875	480	285	280	635	780	565	450	90	330	640	395	940	640	345	850	635	615	460	640	840	750	620	560	585	375	65	625	München
365	200	405	420	185	280	625	220	745	540	525	280	430	85	325	190	105	130	520	65	285	170	240	175	515	600	595	210	Münster
705	305	250	170	465	605	415	280	260	390	490	225	765	465	195	675	460	440	310	435	675	595	450	390	440	440	170	475	Nürnberg
250	290	560	575	170	165	630	375	810	695	510	430	315	240	365	85	255	280	525	220	95	45	210	325	430	755	690	365	Oldenburg/O.
320	185	455	470	150	230	610	270	705	590	490	330	380	135	310	190	155	180	505	115	225	120	225	225	465	650	585	260	Osnabrück
925	525	455	380	680	825	615	500	260	525	685	440	985	680	390	895	680	660	510	655	890	795	665	605	630	570	255	695	Passau
95	450	755	770	295	160	585	585	970	900	470	630	190	505	490	390	525	550	540	485	285	265	335	590	375	955	855	630	Puttgarden
805	405	335	260	565	705	490	380	215	410	565	325	865	560	270	775	565	540	385	535	775	680	550	490	515	455	140	575	Regensburg
210	495	830	750	340	205	435	630	815	965	225	670	285	550	465	435	565	595	425	520	330	305	380	635	225	1020	745	675	Rostock
755	385	145	210	540	670	750	255	480	285	825	200	830	310	450	575	310	290	645	335	660	555	525	215	745	345	370	265	Saarbrücken
1020	620	435	425	780	920	705	595	190	480	780	535	1080	800	485	990	785	755	600	790	980	895	765	720	730	525	210	790	Salzburg
330	615	950	870	460	325	585	750	935	1085	360	790	405	670	510	555	685	715	480	640	450	425	500	755	295	1140	865	795	Saßnitz
765	365	80	55	525	655	610	260	285	185	685	205	825	425	390	655	425	405	505	425	735	650	510	350	630	265	170	415	Stuttgart
680	365	210	255	465	600	715	220	555	345	790	205	755	240	415	500	240	220	610	260	585	485	505	140	735	405	440	175	Trier
815	415	160	160	570	715	580	350	195	200	655	290	875	510	360	740	510	490	475	500	780	685	555	430	600	230	75	495	Ulm
615	220	150	165	375	505	605	90	485	285	680	40	665	225	305	485	220	200	500	245	570	465	360	160	580	340	370	245	Wiesbaden
305	345	615	625	225	220	665	430	865	745	565	485	370	295	420	75	310	335	560	270	105	105	265	380	495	805	745	420	Wilhelmsh.
610	210	185	105	370	510	475	175	350	330	550	120	670	360	250	570	360	340	370	335	580	485	355	285	520	380	215	370	Würzburg
Kiel	Kassel	Karlsruhe	Heilbronn	Hannover	Hamburg	Görlitz	Gießen	Garm.-Partenk.	Freiburg	Frankfurt/O.	Frankfurt/M.	Flensburg	Essen	Erfurt	Emden	Duisburg	Düsseldorf	Dresden	Dortmund	Cuxhaven	Bremen	Braunschw.	Bonn	Berlin	Basel	Augsburg	Aachen	

KARTENMATERIAL

Die Karten in diesem Buch sind zur orientierenden Übersicht gedacht und sollen Ihre Reiselust anstacheln. Für die genaue Reiseplanung, besonders auch zum Wandern und Radfahren, empfehlen sich die Karten aus dem **Reise- und Verkehrsverlag, München**. Die Euro-City Stadtpläne lotsen Sie durch unübersichtliche Innenstädte. Für die weitere Reiseplanung stehen Euro-Atlanten mit ausführlichen Ortsregistern und die **Länderkarten „Euro-Carts"** zur Verfügung.

Detaillierte und aktuelle Rad- und Wanderkarten liegen unter dem Namen „Regio-Cart" von der Lüneburger Heide bis zum Elbsandsteingebirge vor. Sie sind topographisch genau und verweisen mit vielen Bildsymbolen auf die Sehenswürdigkeiten.

RADELN

Radfahren ist die Art der Fortbewegung, bei der Touristischer Erlebnisgehalt, Förderung der Gesundheit und Schonung der Umwelt den optimalen Zusammenklang finden. Leider hat sich diese Erkenntnis noch nicht bis zu den Verkehrspolitikern herumgesprochen, die es immer noch nicht für nötig halten, bei jedem Fernstraßenbau eine Trasse für Radfahrer gleich mitzuplanen.

Radwege sind, außer mancherorts in Norddeutschland, immer noch seltene Errungenschaften. Ein den Autobahnen vergleichbares Netz von Fernradwegen wird es wohl erst im nächsten Jahrtausend geben. Einstweilen müssen Radfahrer noch bei größeren Touren die Findigkeit von Old Shatterhand besitzen, um auf Strecken auszuweichen, die es ihnen ermöglichen, sicher und angenehm an ihrem Bestimmungsort anzukommen.

Glücklicherweise gibt es mittlerweile in Buch- und Fahrradläden entsprechende Literatur und Spezialkarten, die bei der Streckenwahl helfen. Empfohlen werden können die Karten des Allgemeinen Deutschen Fahrrad-Clubs, Postfach 10 77 44, 2800 Bremen, die verläßliche Informationen über Steigungen, Verkehrsaufkommen und befahrbare Feldwege bieten.

Radwanderführer für spezielle Gebiete gibt es beim Bund Deutscher Radfahrer, Otto-Fleck- Schneise 4, 6000 Frankfurt 71. Detaillierte und leicht zu lesende Rad- und Wanderkarten bietet unter dem Titel „Regio Concept" der RV Verlag im Buchhandel an.

WANDERN

Nirgendwo auf der Welt ist das Wandern als Freizeitsport so weit verbreitet wie in Deutschland. Die Wanderwege werden durch die vielen Vereine bestens markiert und gepflegt.

Es gibt ein differenziertes System von Fernwanderwegen wie den *Rennsteig* im Thüringer Wald und regionale Wanderwege. Durch viele Naturschutzgebiete führen auch *Rundwanderwege*, die jeweils von einem zentralen und gut erreichbaren Ort ausgehen und wieder dorthin zurückführen.

Der Buchhandel vertreibt dazu die Regio-Concept Wanderkarten des RV-Verlags.

Wer Deutschland auf Schusters Rappen erkunden will, braucht Kondition, eine gute Ausrüstung und einen Jugendherbergsausweis.

Organisierte Wanderungen werden von den Gebirgs- und Alpenvereinen, den Fremdenverkehrsbüros und einigen Reiseveranstaltern (Deutsches Jugendherbergswerk, Ameropa) angeboten. Der Vorteil organisierter Touren ist, daß man sich in der Regel um Gepäck, Essen und Übernachtung nicht zu kümmern braucht. Alle Wandervereine haben Hütten, deren Verzeichnisse beim Verein angefordert werden können. Die Hütten stehen meist auch angemeldeten Einzelreisenden offen. Auskünfte erhält man bei den Zentralen der Wanderverbände:

Deutsches Jugendherbergswerk
Bismarckstraße 8, 4930 Detmold 1
Tel.: 05231/740117

Deutsche Wanderjugend
Wilhelmsstr. 39, 7263 Bad Liebenzell
Tel.: 07052/3131

Touristenverein
„Die Naturfreunde"
Bundesgruppe Deutschland e.V.
Großglocknerstr. 28, 7000 Stuttgart 60
Tel.: 0711/337687/88

Deutscher Alpenverein
Praterinsel 5
8000 München

SCHIFFSREISEN

Das Bahnunternehmen *Ameropa* bietet einige romantische Schiffsreisen auf Weser, Elbe, Mosel und Rhein an, die mit den in diesem Reiseführer besprochenen Strecken teilweise identisch sind. Die An- und Rückreise erfolgt mit der Bahn. Mit einem Schiff der *Weißen Flotte* fährt man gemütlich von Ort zu Ort und wird dabei mit Informationen über die Sehenswürdigkeiten versorgt.

UNTERKUNFT

JUGENDHERBERGEN

Die *Jugendherbergen* sind nicht mehr so muffig, wie sie einmal waren. Viele wurden mittlerweile zu regelrechten Freizeitzentren ausgebaut, in denen man alles machen kann, vom Windsurfen bis zum Computerkurs. Das Deutsche Jugendherbergswerk, Bismarckstraße 8, 4930 Detmold, Tel. 05231/74010, hat eine gesamtdeutsche Karte der Jugendherbergen herausgegeben.

Ein besonders interessantes und sensibles Freizeiterlebnis bieten die sogenannten Umweltjugendherbergen an. Sie nennen sich auch „Umweltstudienplatz", um sich von tradtitionellen Herbergen abzusetzen. Bei ihnen können Exkursionen, Freilandstudien und andere „Naturerlebnisse" unter fachkundiger Anleitung gebucht werden. Auch die Herbergsleute selbst achten auf umweltfreundliches Wirtschaften, um zum Nachmachen anzuregen.

Umweltstudienplatz Prien/Chiemsee
Carl-Braun-Straße 46, 8210 Prien
Tel.: 08051/2972

Umweltstudienplatz Benediktbeuern
Don Bosco-Straße 3, 8179 Benediktbeuern
Tel.: 08857/88350

Naturschutzjugendherberge Altenahr
5486 Altenahr/Ahr, Tel.: 02643/1880

Jugendumweltherberge Hoherodskopf
6479 Schotten 12, Tel.: 06044/2760

Umweltstudienplatz Mönchengladbach-Hardter Wald, Brahmstraße 156,
4050 Mönchengladbach, Tel.: 02161/559512

Umweltstudienplatz Tönning
Badallee 28, 2253 Tönning, Tel.: 04861/1280

Euro-Umweltstudienplatz Brilon
Auf dem Holsterloh, 5790 Brilon,
Tel.: 02961/2281

Euro-Umweltstudienplatz Forbach-Herrenwies
Franz-Köbele-JH Haus Nr. 33
7564 Forbach-Herrenwies, Tel.: 07226/257

Informationen über die Jugendherbergen in der ehemaligen DDR erhält man auch vom Jugendherbergsverband, Friedrichstraße 79a, 1080 Berlin (Ost).

CAMPINGPLÄTZE

An *Campingplätzen* ist in Deutschland kein Mangel. Bis zum Sommer 1991 ist damit zu rechnen, daß die *Campingführer* der Automobilclubs genaue Auskunft über die Plätze geben, die einigen Komfort bieten. Ansonsten sollte man sich bei den Fremdenverkehrsämtern und Touristeninformationen der Zielgebiete (siehe Adressenteil) rechtzeitig erkundigen. Auskunft erhält man auch vom Deutschen Camping-Club, Mandlstr. 28, 8000 München 40. Dort liegt bereits eine ausführliche Liste aller Campingplätze in der ehemaligen DDR vor.

PENSIONEN/PRIVAT

Nach *Pensionen und Privatquartieren* sollte man sich bei den Fremdenverkehrsbüros erkundigen. Ihre Preise schwanken sehr und sind nicht immer ein Indikator des Komforts, der geboten wird.

Viele Reiseveranstalter von Pauschalreisen haben inzwischen auch Quartiere in den neuen Bundesländern in ihrem Angebot.

Für Familien mit Kindern, Wohngemeinschaften und Pärchen ist das *Ferienappartement* oder das *Ferienhaus* eine angenehme Form der Übernachtung, weil es die Möglichkeit bietet, den eigenen Rhythmus beizubehalten, keine festen Vorgaben für Essenszeiten existieren und – nicht zuletzt – weil man mehr „Intimsphäre" hat als bei anderen Unterbringungsarten. Buchungen kann man am besten über die Kataloge der großen Ferienhausvermieter in den Reisebüros machen.

Wer auf dem Lande wohnen und seinen Urlaub selber planen will, greift zu den beiden „Handbüchern für naturnahe Freizeitgestaltung", die 3 000 Bauernhofbeschreibungen (West) (DM 12,-) bzw. 2 500 Privatquartiere und Gasthöfe auf dem Lande (Ost) (DM 5,-) enthalten – nebst Beschreibung der Freizeitangebote. Die beiden übersichtlichen Verzeichnisse sind beim Landschriften-Verlag, Heerstr. 73, 53 Bonn 1 erhältlich, ebenso die Broschüre „Zu Gast beim Winzer" (DM 16,80).

GASTHOF/HOTEL

Eine nicht zu verachtende Art der Unterbringung auf dem Land ist bis heute der *Gasthof*, der meist mit einer deftigen, ländlichen Küche verbunden ist. Im Gasthof besteht die beste Gelegenheit, mit Einheimischen zu reden und etwas über die Region zu erfahren. Dafür geht es bisweilen etwas lauter zu als in einer Pension.

Lokale *Hotels* mit unterschiedlicher Ausstattung werden in der Regel durch die Fremdenverkehrsämter oder durch die Allgemeine Deutsche Hotelreservierung, Beethovenstr.69, 6000 Frankfurt/Main, Tel.: 069/75721 vermittelt. Daneben unterhalten in der Bundesrepublik Hotelketten eigene Vermittlungen. Ansprechbar ist aber auch immer das nächstgelegene Hotel der Kette.

Crest Hotels
Isenburger Schneise 40
6000 Frankfurt/M 71
Tel.: 069/6781234
Fax: 069/6702634

Hilton International
Kaiserstraße 47
6000 Frankfurt/M 1
Tel.: 069/250102
Fax: 069/235049

Holiday Inn International
Mailänder Str. 1
6000 Frankfurt/M 70
Tel.: 01305678

Penta Hotels GmbH
Auguste-Viktoria-Straße 15
6200 Wiesbaden
Tel.: 0611/ 377041
Fax: 0611/303960

Romantik Hotels KG
Freigerichtsstraße 5
8757 Karlstein a. M.

Tel.: 06188/5020 und 6891
Fax: 06188/6007

Sheraton Hotels & Inns
An der Hauptwache 11
6000 Frankfurt/M 1
Tel.: 01303535
Fax: 069/69772209

SRS (Steigenberger Reservation Service)
Postfach 164 40
6000 Frankfurt/M 16
Tel.: 069/215718
Fax: 069/60509450

BESONDERE HINWEISE

TOURISTISCHE INFORMATIONEN

Überall in Deutschland, wo es Touristen hinzieht, wartet auch ein Fremdenverkehrsamt oder eine Tourist-Information (mit einem „i" gekennzeichnet). Von daher sollte man einfach auf Verdacht an die betreffenden Stellen in der als Ziel gewählten Stadt oder Gegend schreiben, um mehr Informationen zu bekommen. Langsamer, aber sicherer wird man über die Verkehrsämter in der Bundesrepublik (West) informiert.

Deutscher Fremdenverkehrsverband e. V.
Niehbuhrstraße 16b,
5300 Bonn 1
Tel.: O2228/214071-73

Fremdenverkehrsverband
Schleswig-Holstein e.V.
Niemannsweg 31
2300 Kiel 1
Tel.: 0431/56302 oder 561061

Fremdenverkehrsverband
Nordsee-Niedersachsen-Bremen e.V.
Gottorpstraße 18
2900 Oldenburg
Tel.: 0441/14535

Fremdenverkehrsverband
Lüneburger Heide e.V.
Glockenhaus
2120 Lüneburg
Tel.: 0413/42006

Harzer Fremdenverkehrsverband e.V.
Marktstraße 45
3380 Goslar 1
05321/20032

Fremdenverkehrsverband
Weserbergland-Mittelweser e.V.
Falkestraße 2
3250 Hameln 1
Tel.: 05151/24566

Verkehrsverein GmbH Münster
Berliner Platz 22
4400 Münster
Tel.: 0251/510180

Touristik Münsterland
„Das Grüne Band"
Hohe Schule 13
4430 Steinfurt
Tel.: 02551/5099
Fax: 02551/7144

Landesverkehrsverband
Westfalen e.V.
Balkenstraße 40
4600 Dortmund 1
Tel.: 0231/571715

Landesverkehrsverband
Rheinland e.V.
Abraham-Lincoln-Straße 38-43
6200 Wiesbaden
Tel.: 0611/73725 oder 367226

Fremdenverkehrsverband
Rheinland-Pfalz e.V.
Löhrstraße 103
5400 Koblenz
Tel.: 0261/31079

Fremdenverkehrsverband
Saarland e.V.
Am Stiefel 2
6600 Saarbrücken 3
Tel.: 0681/35376

Landesfremdenverkehrsverband
Baden-Württemberg e.V.
Bussenstraße 23
7000 Stuttgart 1
Tel.: 0711/481045

Fremdenverkehrsverband
Neckarland-Schwaben e.V.
Wolhausstraße 14
7100 Heilbronn
Tel.: 07131/629021 oder 629062

Fremdenverkehrsverband
Schwarzwald e.V.
Bertoldstraße 45
7800 Freiburg i.Br.
Tel.: 0761/31317

Fremdenverkehrsverband
Bodensee-Oberschwaben e.V.
Schützenstraße 8

7750 Konstanz
Tel.: 07531/222312

Fremdenverkehrsverband
Franken e.V.
Am Plärrer 14
8500 Nürnberg 81
Tel.: 0911/264202 oder 264204

Fremdenverkehrsverband
München-Oberbayern e.V.
Sonnenstraße 10
8000 München 2
Tel.: 089/597347

Fremdenverkehrsverband
der Freien Hansestadt Bremen
Bahnhofsplatz 29
2800 Bremen 1
Tel.: 0421/3636-1

Fremdenverkehrsverband
Allgäu/Bayerisch-Schwaben
8900 Augsburg 1
Tel.: 0821/33335

Fremdenverkehrsverband
Ostbayern e.V.
Landshuter Straße 13
8400 Regensburg
Tel.: 0941/560260 oder 520262

Verkehrsamt Berlin
Europa-Center
1000 Berlin 30
Tel.: 030/21234

Hamburg-Information GmbH
Neuer Jungfernstieg 5
2000 Hamburg 36
Tel.: 040/351301

In den fünf neuen Ländern erreicht man die touristischen Informationszentren unter dem Städtenamen mit dem Zusatz „-Information". Hier einige Beispiele:

Berlin-Information
Informationszentrum am Fernsehturm
O-1020-Berlin
Tel.: Berlin 2 12 46 75 (Auskunft)
2 12 45 12 (Gruppen)

Dresden-Information
Pragerstraße 10/11
O-8010 Dresden
Tel: Dresden 4 95 50 25

Eisenach-Information
Bahnhofsstraße 3-5
O-5900 Eisenach
Tel.: Eisenach 48 95/61 61

Erfurt-Information
Bahnhofsstraße 37
O-5020 Erfurt
Tel.: Erfurt 2 62 67

Frankfurt-Information
Karl-Marx-Straße 8a
O-1200 Frankfurt/Oder
Tel.: Frankfurt/Oder 2 22 49/ 2 44 77

Gotha-Information
Hauptmarkt 2
O-5800 Gotha
Tel.: Gotha 4036

Halle-Neustadt-Information
Wohnkomplex VII Block 338
O-4090 Halle-Neustadt,
Tel.: Halle-N. 65 63 98/ 65 62 98

Jena-Information
Ernst-Thälmann-Ring 35
O-6900 Jena
Tel.: Jena 2 46 71

Leipzig-Information
Sachsenplatz 1
O-7010 Leipzig
Tel.: Leipzig 7 95 90/ 79 59 2 00

Magdeburg-Information
Alter Markt 9
O-3010 Magdeburg
PSF 266, Tel.: Magdeburg 3 19 67

Potsdam-Information
Friedrich-Ebert-Straße 5
O-1560 Potsdam
Tel.: Potsdam 2 30 12

Rostock-Information
Schnickmannstraße 13/14
O-2500 Rostock
Tel.: Rostock 2 26 19/ 3 46 02

Sächsische Schweiz-Information
Jakobistraße 5
O-8300 Pirna
Tel.: Pirna 8 52 35

Weimar-Information
Marktstraße 4
O-53OO Weimar
Tel.: Weimar 21 73/ 56 90

Wittenberg-Information
Collegienstraße 8
O-4600 Wittenberg
Tel.: Wittenberg 22 39/ 25 37

Rügen-Information
Hauptstraße 9
O-2337 Binz auf Rügen
Tel.: Binz 81 241

SANFTES REISEN

Jedes Jahr nehmen mehr Urlauber die Umweltprobleme ihrer Ferienregion wahr. Der Grund: geschärfte Sinne, aber auch die Verschlechterung der ökologischen Situation. Der Trend geht zum sanften Tourismus.

Gleichzeitig werden von Reiseveranstaltern und den Feriengebieten mehr Angebote gemacht, die schonend mit der Natur umgehen. Der Zukunftsforscher Robert Jungk stellte eine Bilanz des Tourimus auf. Auf der Ist-Seite sieht er: Massentourismus, Hektik, Abklappern von Sehenswürdigkeiten, Bequemlichkeit und Knipssucht. Für die Sollseite fordert er: Reisen in kleinen Gruppen, Muße, landesüblichen Lebensstil, Lernfreude und Takt.

Vorreiter des sanften Tourismus in der Bundesrepublik ist der Studienkreis für Tourismus, Postfach 16 29, 8130 Starnberg. Die Evangelische Kirche hat eine eigene Stelle für sanften Tourismus und bietet (gegen DM 5.- in Briefmarken und frankierten A 5 Rückumschlag) die Broschüre „Tourismus mit Einsicht" an: Arbeitskreis Tourismus, Postfach 476, 7000 Stuttgart 1. Darin stellen sich 28 Organisationen aus 11 Ländern vor, die sich mit sanftem Tourismus auseinandersetzen.

Eine umfangreiche Sammlung mit Adressen, Informationen und Ideen stellt der „Anders Reisen Almanach 90/91" des Rowohlt-Verlages vor. Über „Jugend und sanften Tourismus" schreibt der Arbeitskreis sanfter Tourismus des Bund Naturschutz, 8000 München 22, Schönfeldstr. 8. Die Initiative „Sport mit Einsicht e.V." Robert-Koch-Stieg 1, 2000 Hamburg 20, informiert über umweltverträgliche Sportreisen. „Ferien auf dem Lande – Freizeit auf dem Bauernhof" heißt eine Broschüre der „Zentrale für den Landurlaub", Heerstraße 73, 5300 Bonn (siehe auch unter Pensionen).

Naturverbundenen Urlaub bieten auch die folgenden Zielgebiete an:

„Strandspaziergang – Urlaub mit Köpfchen", Gemeinschaft Ostfriesischer Inseln, Postfach 2060, 2970 Borkum.

„Natur und Urlaub", Fremdenverkehrsverband Schleswig-Holstein, Niemannsweg 31, 2300 Kiel.

„Naturpark Altmühltal", Notre Dame 1, 8078 Eichstätt.

NATOUR, Köblerfeldstr. 20, 8830 Treuchtlingen.

Nationalpark Bayerischer Wald, Postfach 124, 8352 Grafenau.

Verkehrsamt Kleines Walsertal, im Walserhaus, 8985 Hirschegg.

KULTURELLES

FESTE

Nachfolgend die wichtigsten deutschen Feste in chronologischer Reihenfolge. Genauere Informationen über die nicht immer zum gleichen Zeitpunkt stattfindenden Feste liefern die Fremdenverkehrsämter.
(W) = Westdeutschland
(O) = Ostdeutschland

JANUAR

(W) Villingen-Schwenningen
Villinger Fasnet – Faschingszug und -riten, berühmt wegen ihrer furchterregenden und farbenprächtigen traditionellen Kostüme.
(W) München
Schäfflertanz, Faschingszug

FEBRUAR

(O) Berlin
Musiktage im jährlichen Wechsel mit der Musikbiennale, Festival des politischen Lieds
(O) Wasung
Wasunger Karneval
(W) Köln
Karnevalszug
(W) Mainz
Karnevalszug

MÄRZ

(W) Rothenburg ob der Tauber
Schäfertanz auf dem Marktplatz Ende März und an weiteren Tagen im Sommer.
(O) Arnstadt, Eisenach, Erfurt, Gotha, Weimar
Thüringer Bachtage
(O) Frankfurt
Musikfesttage

(O) Leipzig
Internationale Frühjahrsmesse und Buchmesse

APRIL

(O) Weimar
Shakespeare-Tage
(O) Werder (bei Potsdam)
Baumblüte – Volksfest und Veranstaltungen

MAI

(W) Überlingen
Schwedenprozession. Die Prozession findet statt an einem Sonntag im Mai und einem anderen Sonntag im Juli.
(W) Insel Reichenau (Bodensee)
Blutfest. Fest in historischen Kostümen am letzten Sonntag des Monats.
(W) Nördlingen
Stabenfest
(O) Dornburg
Rosenfest
(O) Dresden
Internationales Dixieland-Festival und *Dresdner Musikfestspiele*
(O) Finsterbergen
Holzhauer- und Fuhrmannsfest
(O) Vogtland
Vogtländische Musiktage und *Internationale Festtage der Harmonika*
(W) Höxter
Conveyer Musikwochen – Klassische Konzerte.

PFINGSTEN

(W) Rothenburg ob der Tauber
Reichsstadtfesttage
(W) Schwäbisch Hall
Kuchen- und Brunnenfest

MAI BIS SEPTEMBER

(W) Brühl
Schloßkonzerte. In der Brühler Burg werden Stücke der Klassiker aufgeführt.
(W) Hameln
Rattenfänger-Spiele. Freilufttheaterstücke.

(W) Oberammergau
Passionsspiele. Finden alle 10 Jahre statt (das nächste Mal im Jahre 2000).
(W) Schwalmstadt-Ziegenhain
Salatkirmes. Jedes Jahr am zweiten Wochenende nach Pfingsten.
(W) Schwalmstadt-Treysa
Hutzelkirmes. Jedes Jahr am zweiten Wochenende im August.

MAI BIS OKTOBER

(W) Regensburg
Orgelwochen – Orgelkonzerte, die jeden Sonntag in der Minoritenkirche des städtischen Museums stattfinden.
(W) Donauwörth
Kammerkonzerte bei Kerzenlicht in der Burg Leitheim.

JUNI BIS JULI

(O) Arnstadt
Wollmarkt
(O) Berlin (Ost)
Köpenicker Sommer und Pankower Sommer
(O) Chorin
Choriner Musiksommer
(O) Greifswald
Greifswalder Bachwoche
(O) Halle
Händelfestspiele
(O) Leipzig
Internationaler Bach-Wettbewerb
(O) Potsdam
Parkfestspiele Sanssouci
(O) Nordhausen
Rolandsfest
(O) Weimar
Internationaler Musiksommer
(W) Lüneburg
Bachwoche. (Hauptsächlich) die Werke von Johann Sebastian Bach werden in der zweiten Juni-Woche aufgeführt.
(W) Göttingen
Händel-Festspiele. Eine ganze Woche lang Konzerte und Opern von Händel.
(W) Oldenburg
Kultursommer. Ein Fest mit Konzerten, Volkstänzen und Theateraufführungen.

JUNI BIS AUGUST

(W) Bad Segeberg
Karl-May-Spiele. Die Fan-Gemeinde der berühmten Karl-May-Romane leistet sich ihr jährliches Spektakel unter freiem Himmel – ein Stück Wilder Westen mit Pferden, Indianern und Vorführungen.
(W) Bad Hersfeld
Festspiele in der Stiftsruine.
(W) Passau
Während der *Europäischen Wochen* werden Dramen und Konzerte in der Nibelungenhalle aufgeführt.

JUNI BIS SEPTEMBER

(W) Meersburg
Internationale Schloßkonzerte. Klassische Konzerte im Schloß jeden Samstag.

JULI

(W) Cuxhaven
Wochenende an der Jade. Fest im Hafen mit Windsurfing und Musik.
(W) Ansbach
Rokokospiele im Schloß. Theater, Konzert und Tänze aus dem achtzehnten Jahrhundert. Mehrere Aufführungen täglich.
(W) Kaufbeuren
Tänzelfest. Großes Kinderfest mit Armbrustschießen, Marionettentheater und Aufmärschen.
(W) Mindelheim
Frundsberg Festspiele. Eine ganze Stadt im Fest-Pomp.
(W) Straubing
Agnes-Bernauer-Festspiele. Tragödien der Agnes Bernauer, alle vier Jahre (das nächste Mal 1992).
(W) Überlingen
Schwerttanz in der Stadthalle.

JULI BIS AUGUST

(W) Neunburg
Burgfestspiele. Prunkvolle Spiele am Rande des Bayerischen Waldes.
(W) Kiefersfelden
Ritterspiele – realistisches Mittelalter.

(W) Altdorf bei Nürnberg
Wallenstein-Festspiele. Theater und Prozessionen.
(W) Heidelberg
Schloßspiele. Klassische Konzerte im Heidelberger Schloß.
(W) Konstanz
Internationale Musiktage.
(W) Bayreuth
Wagner-Festspiele.

AUGUST

(O) Frauenwald
Rennsteigfestspiele
(O) Weimar
Festabende zu Goethes Geburtstag (um den 28. August)

SEPTEMBER

(O) Berlin (Ost)
Festtage des Theaters und der Musik
Weißenseer Blumenfest
(O) Cottbus
Cottbusser Musikherbst
(O) Dresden
Internationales Schlagerfestival
(O) Freyburg
Winzerfest
(W) Stuttgart
Cannstatter Wasen – Volksfest.
(W) Koblenz/Bonn
Rhein in Flammen. Feuerwerk am Rhein.
(O) Leipzig
Musiktage
(W) Nürnberg
Nürnberger Kulturzirkus. Fest mit Musik und Theaterstücken.
(O) Ostsee
Zeesbootregatta in Bodstedt

SEPTEMBER BIS OKTOBER

(W) München
Oktoberfest. Das auch als *Wies'n* bezeichnete bierselige Volksfest beginnt mit rituellem Faßanstechen, bietet außer einem riesigen Vergügungspark jede Menge bayrische Originale und beginnt in der letzten Septemberwoche, Dauer zwei Wochen.

OKTOBER

(W) Bremen
Bremer Freimarkt. Volksfest in der zweiten Oktoberhälfte.

OKTOBER BIS NOVEMBER

(O) Halle
Hallische Musiktage
(O) Leipzig
Gewandhausfesttage; Internationale Dokumentar- und Kurzfilmwoche
(O) Weimar
Zwiebelfest

NOVEMBER

(W) Hamburg
Hamburger Dom. Großer Jahrmarkt auf dem Heiligengeistfeld.

NOVEMBER BIS DEZEMBER

(W) Nürnberg
Christkindlmarkt. Der berühmteste Weihnachtsmarkt in Deutschland geht von der letzten Novemberwoche bis zum 24. 12.

DEZEMBER

(O) Schneeberg (Erzgebirge)
Fest der Freude und des Lichts. Weihnachtliches Fest mit vielen Schnitzereien.

LITERATURHINWEISE

ZUR DEUTSCHEN GESCHICHTE

Geoffry Barraclough: *Die mittelalterlichen Grundlagen des modernen Deutschland.* Weimar 1955, eng. Orginal 1946. Ein führender englischer Historiker betrachtet aus konservativer Sicht wohlwollend den Gang der deutschen Geschichte.

David P. Calleo: *Legende und Wirklichkeit der deutschen Gefahr. Neue Aspekte zur Rolle Deutschlands in der Weltgeschichte von Bismarck bis heute.* Bonn 1981. Der amerikanische Historiker wendet sich gegen die in der Bundesrepublik in den siebziger Jahren dominierende These vom „deutschen Sonderweg".

Gordon A. Craig: *Deutsche Geschichte 1866-1945. Vom Norddeutschen Bund bis zum Ende des Dritten Reiches.* München 1985, US-Orginal 1984. Der in Berkeley lehrende Schotte betrachtet wohlwollend skeptisch das 19. und 20. Jahrhundert.

Ludwig Dehio: *Deutschland und die Weltpolitik im 20. Jahrhundert.* München 1955. Dehio hat als erster die „deutsche Katastrophe" in den Zusammenhang von Hegemonie und Gleichgewicht in Europa gestellt.

Alfred Grosser: *Geschichte Deutschlands seit 1945. Eine Bilanz.* München 1974, dtv. Der französische Politologe präsentiert ein kenntnisreiches Werk über die deutsche Nachkriegsgeschichte.

Gerd Koenen: *Der unerklärte Frieden.* Frankfurt 1985. Der Publizist erklärt im Nachklang der Friedensbewegung die Klärung der deutschen Frage mit den östlichen Nachbarn als zentrale Aufgabe.

Guido Knopp/ Eckehard Kuhn: *Die deutsche Einheit, Traum und Wirklichkeit.* Erlangen 1990. Die beiden Fernsehjournalisten bieten einen populärwissenschaftlichen Einstieg in die deutsche Geschichte im 19. und 20. Jahrhundert.

Rolf Steiniger: *Deutsche Geschichte 1945-1961.* Zwei Bände, Frankfurt 1983. Der Innsbrucker Historiker erörtert die Chancen der Wiedervereinigung in den 50er Jahren.

Deutsche Geschichte der neuesten Zeit. Reihe zur wissenschaftlichen Einführung. Namhafte deutsche Historiker behandeln für wissenschaftlich Interessierte die zentralen Fragen vom Wiener Kongreß bis heute. dtv-Reihe, München.

AKTUELLE BÜCHER

Reinhold Andert, Wolfgang Herzberg: *Der Sturz.* Aufbau Verlag, Berlin, DM 29,80. Die Wende aus der Sicht der Honeckers.

Günter Gaus: *Wendewut.* Hoffmann und Campe, DM 28,-. Als Ständiger Verteter jahrelang in der DDR, faßt Gaus seine vielen Gespräche nach dem Fall der Mauer in eine Erzählung.

Wolfgang Leonhard: *Das kurze Leben der DDR.* DVA Stuttgart, DM 29,80. Geschichte der DDR von der „Gruppe Ulbricht" bis zu den ersten freien Wahlen.

Christoph Links/Hannes Bahrmann: *Wir sind das Volk.* Peter Hammer Verlag. Chronologie der Ereignisse zwischen dem 7. Okober und 17. Dezember 1989.

David Marsh: *Deutschland im Aufbruch.* Paul Zsolnay Verlag, 48 DM. 40 Jahre deutsche Geschichte aus Sicht des Bonner Korrespondenten der *Financial Times*.

Hans-Joachim Maaz: *Der Gefühlsstau. Ein Psychogramm der DDR.* Argon-Verlag, Berlin, DM 19,80. Eine hervorragende Analyse, wie 40 Jahre DDR das Innenleben jedes einzelnen Menschen prägte.

MfS: „Ich liebe Euch doch alle". Basis Druck, DM 11,80. Befehle und Lageberichte des Ministeriums für Staatssicherheit zur Lage der Nation Januar bis November 1989.

Jürgen Petschull: *Die Mauer. 1961-1989.* Stern Buch, DM 29,80. Mit vielen Fotos und Dokumenten.

Michael Schneider: *Die abgetriebene Revolution.* Elefanten Press, DM 29,80. Gegen die deutsche Euphorie und die verpaßte Chance der Demokratisierung.

Ulrich Wickert (Hrsg.): *Angst vor den Deutschen.* Hoffmann und Campe, DM 36,-. Aufsätze u.a. von Hans-Dietrich Genscher, Günter Grass, Václav Havel, Arthur Miller, Lutz Rathenow, Rolf Schneider, Friedrich Schorlemmer, Patrick Süskind.

VISUELLE BEITRÄGE

REGISTER

C

G

H

I, J

K

L

M

N

O

Oberaula, 214
Oberbergen, 197
Oberhausen, 113, 117
Oberhof, 261, 264
Oberrotweil, 197
Obersalzberg, 170
Oberstdorf, 20
Oberursel, 211
Oberwesel, 96
Odenwald, 137, 207
Ofterdingen, Heinrich von, 258, 260
Oldenburg, 233
Opelzoo, 211
Opitz, Martin, 37
Oranienburg, 293, 374
Ortenburg, 292
Österreich, 46, 47, 48, 49, 51, 52, 191
Österreich-Ungarn, 54
Ostfriesen, 229
Ostfriesische Inseln, 207, 231
Ostpreußen, 58
Ostsee, 87, 243, 363, 365
Ostverträge, 69
Otterndorf, 234
Otto der Große, 25
OTTO Huus, 230

P

Papen, Franz von, 57
Paracelsus, 37
Parlamentarischer Rat, 66
Parthenon, 188
Partnachklamm, 168
Passau, 185, 188
Paul, Jean, 142, 344
Peenemünde, 370
Peine, 207
Pellworm, 235
Perleberg, 362
Permoser, Balthasar, 283
Perthes, Julius, 261
Petrarca, 37
Pfalzgrafenstein, 95
Pforzheim, 123
Picasso, 180, 241
Pieck, Wilhelm, 66
Pirna, 289
Planck, Max, 55
Plauer See, 378
Plöner See, 246
Poel, Insel, 364
Polen, 48, 56, 58, 65, 74, 224, 281
Pommern, 56, 61
Pöppelmann, Matthäus Daniel, 283, 290
Porsche, Rudolf, 223
Porta Nigra, 103
Porta Westfalica, 224
Posen, 50
Potsdam, 322–327
Potsdamer Abkommen, 61, 324
Preußen, 46, 48, 52
Prien, 182
Prignitz, 361
Prunn, Schloß von, 186

Pückler-Muskau, Fürst Hermann von, 293
Putbus, 368

Q, R

Quedlinburg, 336, 337, 338
Radebeul, 286
Radolfzell, 192
Raffael, 283
Ranke, Leopold von, 344
Rastatt, 51
Rathen, 291
Ravensbrück, 375
Recklinghausen, 117
Regensburg, 28, 29, 46, 117, 185, 186
Regensburger Domspatzen, 187
Reichenau, Insel, 192
Reichsburg Cochem, 101
Reichsparteitag, 58, 144, 145
Reichstag, 46
Reichstagsmuseum, 187
Reichswehr, 56
Reinhardswald, 220
Reinhardt, Max, 369
Remagen, Brücke von 106
Reit im Winkl, 170
Rembrandt, 283
Rennsteig, 262
Reuchlin, Johann, 37
Reuter, Ernst, 66
Reuter, Fritz, 377
Rhein in Flammen, 96
Rheinbund, 47
Rheinebene, 123, 196
Rheinfall, 192
Rheingraben, 123
Rheinische Zeitung, 49
Rheinischer Städtebund, 92
Rheinsberg, 360
Rhens, 97
Rhön, 213
Ribnitz-Damgarten, 366
Riegel, 197
Riemenschneider, Tilman, 37, 140, 155
Riemenschneider-Altar, 156
Ringelnatz, Joachim, 369
Ringsby, 247
Rinteln, 222
Rohe, Mies van der, 350
Röhn, 207
Romanshorn, 191
Romantische Straße, 19, 87, 136, 153
Ronneburg, 20, 274
Röntgen, Wilhelm Conrad, 55, 139
Rorschach, 191
Rosenberg, Alfred, 63
Rosenwinkel, 361
Roßfeld-Höhenstraße, 170
Rostock, 357, 363, 364
Rothenburg ob der Tauber, 156
Rothenfels, Schloss, 139
Rottach-Egern, 169
Rottenbuch, 162
Rotterdam, 91, 238
Röttingen, 155
Rubenow, Heinrich, 368
Rüdesheim, 93, 94

406

Z

A
B
C
D
E
F
G
H
I
J
a
b
c
d
e
f
g
h
i
j
k
l